电动汽车动力电池系统设计与制造技术

王　芳　夏　军等　著

科学出版社
北　京

内 容 简 介

本书内容立足于我国电动汽车产业的实际情况，从多个角度对动力电池系统的设计与制造进行了系统化的梳理和论述，可以用于指导企事业单位的方案论证、产品开发、技术研究、生产制造和售后服务等工作。全书共 8 章，包括动力电池系统技术发展综述、总体方案设计（系统设计）、结构与电连接设计、电池管理系统（BMS）设计、热管理设计、结构仿真分析、试验验证，以及生产制造技术，可以为读者提供丰富的工程实践参考。

图书在版编目（CIP）数据

电动汽车动力电池系统设计与制造技术/王芳，夏军等著. —北京：科学出版社, 2017.8

ISBN 978-7-03-054120-8

Ⅰ. ①电… Ⅱ.①王… ②夏… Ⅲ. ①电动汽车–蓄电池–系统设计 ②电动汽车–蓄电池–制造 Ⅳ.①U469.702

中国版本图书馆 CIP 数据核字(2017)第 184497 号

责任编辑：朱 丽 杨新改 / 责任校对：韩 杨
责任印制：赵 博 / 封面设计：耕者设计工作室

科学出版社出版
北京东黄城根北街 16 号
邮政编码：100717
http://www.sciencep.com
涿州市般润文化传播有限公司印刷
科学出版社发行 各地新华书店经销
*
2017 年 8 月第 一 版 开本：720×1000 1/16
2024 年10月第十次印刷 印张：24 1/4
字数：470 000

定价：128.00 元

(如有印装质量问题，我社负责调换)

序 Foreword

改革开放以来，经过持续30年的经济增长，我国的经济总量已经跃居世界第二，成为具有国际影响力的大国。但是，经济的快速增长，给自然资源和生态环境带来了巨大压力。如何根据我国的能源资源情况，改变经济发展模式，降低单位国内生产总值（GDP）能耗，提高可再生能源的比例，是我们迫切需要解决的问题。我国是缺油的国家，根据中国工程院咨询报告《中国可持续发展油气资源战略研究（2020—2050）》估计，“我国已探明的石油储量不到世界的2%，剩余可采储量约为50亿吨，若每年产量维持在1.7亿～1.8亿吨，仅能再采30年”。“预计到2050年，我国汽车保有量为2.5亿辆，汽车用油量约为2.5亿～2.8亿吨，占石油总需求的40%～45%”。最近的数据显示，我国目前汽车保有量已达到2亿辆。中长期我国汽车年产销量估计在4000万辆左右。2016年，我国进口原油3.8亿吨，石油对外依存度已达65.5%，能源安全令人忧虑。另一方面，“温室气体排放总量持续攀升，全球CO_2排放中，25%来自汽车。汽车排放污染已经成为我国城市大气污染的主要来源”，现在我国 CO_2 排放量已居世界第一。我国已批准加入《巴黎气候变化协定》，成为第23个完成了批准协定的缔约方。一方面要实现经济发展，另一方面要控制CO_2的总体排放量，要不断地降低化石能源的占比，逐步摆脱对煤炭、石油、天然气等石化资源的依赖。推动能源结构从化石能源为主向非化石能源为主转变。

作为能源消耗大户和温室气体排放大户的汽车产业，如何满足汽车对石油日益增长的需求？如何为降低CO_2排放做出贡献？中国工程院咨询报告《中国石油需求的远景展望与替代战略研究》给出了明确的答案：“在各种替代石油方案中，只有电替代方案才能既实现汽车能源多元化，又能消除汽车对环境的污染。大力发展电动汽车，既是保证我国能源安全的战略措施，也是我国汽车工业实现跨越式发展的重大机遇”。

2001年，我国启动了新能源汽车专项，明确提出纯电驱动是国家战略。在国家多项产业政策的扶持下，我国新能源汽车产业走上了快速发展的道路，逐渐超越其他国家，成为全球新能源汽车产销第一大国。

在新能源汽车专项启动会上，时任科学技术部长的徐冠华院士指出：电动汽车的关键是电池，电池的关键是成本和安全。大家很快达成共识，电动汽车的动力电池就是锂电池。我国在 1987 年启动的第一个“863”计划就把锂电池列为重点项目，为锂电池产业提供了知识储备、技术储备和人才储备，为电动汽车的发展奠定了基础。

动力电池系统［含电芯和电池管理系统（BMS）］是电动汽车的核心部件，决定了整车的续驶里程、成本、使用寿命、安全性等关键指标。如果这个核心部件做不好，整车的性能就无从谈起，我国政府的新能源汽车发展目标也就很难实现。

目前大量的基础研究集中在电池新材料和单体电池的改性研究上，这是电动汽车得到突破性进展的基础。然而在电动汽车上应用的不是单体电池，而是由大量单体电池组成模块，再由若干模块组成的电池系统。电动汽车的性能并不是简单地由单体电池决定，而是在很大程度上由电池组的性能和参数所决定的。因此从电动汽车的性能需求出发，直接需要匹配的是电池组的参数。单体电池通过串联来获得高压，并联来获得高容量的电池组，从而出现了若干单体并联，上百单体串联的单体网络结构。电池组能量密度，耐久性和安全性等性能相比单体电池都会有一定程度的下降。电池组表现的行为已无法通过相似原理用单体电池的行为去衡量。

电池系统是电动汽车的动力源。它需要监控和记录单体电池的状态，包括各单体电池的电压、温度、荷电状态（SOC）、健康状态（SOH）和功能状态（SOF）。同时电池系统还应保证单体电池的合适工作环境（如温度）并防止单体电池滥用行为的发生（过充、过放、过流等）。更智能的电池系统需要及时发现单体电池可能存在的安全问题并提供解决方案，缓减单体间的差异，提高电池组的使用寿命。电池系统应具有尽可能小的体积和质量，从而保证所选用单体电池在能量密度上的优势得到充分发挥。电池系统还应能提供电池组适时的状态信息，为电动汽车驾驶人员提供决策依据。

电池系统的构成包括：①外壳：为电池系统中其他部件提供安装空间，并减少电动汽车环境对其他部件的冲击，在电动汽车发生碰撞等安全问题时能保护其中的零部件。②串并联电池组：由单体电池通过连接片等串并联构成，所有的其他部件都是保证其正常工作或优化其工作。③电池管理系统（BMS）：广义的电池管理系统还包括安全系统、热管理和充电管理；狭义的电池管理系统主要功能包括监测和估算单体电池状态，与外部设备通信，保证单体电池的安全运行条件，实现电池组的部分修复功能。④安全系统：具有两部分功能，一是对电池本身安全问题的检测与防护，包括电池内短路、漏液、失火的检测，报警与隔离；二是对来自外部危害的防护，包括碰撞刺穿防护、高温隔离和防水处理等。⑤热管理：一个良好的电池热管理系统需要保证电池组处于正常的工作温度范围内，既能保证电池组在低温的环境中工作，也要保证电池组有足够的散热能力。更重要的是要保证单体间工作温度的一致性。⑥充电系统：充电倍率和充电时间上的选择多样性可以使电池组的寿命或充电电价得以优化。

当前对电池组系统应开展更深入的研发，不仅需要大量的资金投入，更需要多学科专家参与，进行大量的工程实践。本书作者为工作在产学研一线的学者和专家，他们结合自己的工作和科研经验，系统地总结和论述了动力电池系统的开发流程和工程经验，推动了技术的融合，加快了知识的普及和提高，必将为性能优异的动力电池组设计和生产做出贡献。

可以相信，随着更多的专家学者将新能源汽车的相关知识加以归纳、总结和共享，我国的新能源汽车产业一定会取得更加辉煌的成就。

2017 年 7 月

前言 Preface

得益于政府产业政策的扶持和全球最大汽车市场的支撑，我国的新能源汽车产业在“十二五”期间取得了爆发式的增长，一跃成为全球新能源汽车产销量第一的国家，走在了世界的前列。这一良好的势头延续到了“十三五”期间，2016年我国新能源汽车的产销量均超过了50万辆，市场渗透率已经超过了1%，继续领跑全球新能源汽车市场。

我国新能源汽车产业所取得的成绩是值得肯定的，是政府、高校、科研院所、企事业单位、用户共同推动的结果，成绩的背后是广大从业人员的辛勤付出与汗水。我们不仅在产销量数据上取得了良好的成绩，在产品和技术层面也取得了明显的突破，完成了“三纵三横”的产业布局，技术类型涵盖混合动力、插电式混合动力、纯电动、燃料电池，产品形态涵盖乘用车、商用车、专用车、微型车，并初步掌握了电池、电机、电控、整车等领域的核心技术。

我们要看到，我国新能源汽车产业的发展，并不是完全市场化的结果，“十二五”期间所取得的成果，主要的功劳还是政府的产业扶持政策，尤其是补贴政策。这一阶段的产业政策，引领作用是非常明显的，客观上加速了技术的突破、产品的丰富和市场的形成。“十三五”期间，我国新能源汽车产业将进入无人区，往前看，成功的经验和模式几乎没有，必须依赖于自我探索、自我积累、自我突破，不断完善和丰富产业生态。我国新能源汽车产业的发展，将逐步由政策引导向市场自我调节过渡，在新的发展阶段，政策的作用和影响将逐渐淡化，市场自我调节机制将建立起来，产品和技术将成为决定新能源汽车未来的关键所在。2020年以后，随着补贴政策完全退出，技术成熟度和产品竞争力将成为用户选择新能源汽车的首要因素。

在整车层面，整车企业需要开发出消费者认可的车型，在续驶里程、使用寿命、可靠性、安全性、快速充电、销售价格等方面，让用户切实地感受到新能源汽车的好处。在零部件层面，“大三电”和“小三电”仍然是长期技术攻关的方向，电力传动、“三电”集成、动力总成等也是重点研究方向，没有成熟的零部件技术，就没有成熟可靠的新能源汽车产品，新能源汽车的普及也就无从谈起。

动力电池系统是电动汽车的核心部件，是电动汽车的动力源，对新能源汽车的发展有重要的影响。2012 年 6 月 28 日，国务院颁布的《节能与新能源汽车产业发展规划（2012—2020 年）》文件，2016 年 10 月 26 日，中国汽车工程学会发布的《节能与新能源汽车技术路线图》，以及 2017 年 3 月 1 日，工业和信息化部、国家发展和改革委员会、科学技术部以及财政部四部委发布的《促进汽车动力电池产业发展行动方案》，均对动力电池系统的技术指标提出明确而具体的要求。如《促进汽车动力电池产业发展行动方案》中明确提出，2020 年，动力电池系统的能量密度要大于 260 Wh/kg，成本要小于 1 元/Wh，使用环境温度达到–30～55℃，充电倍率达到 3C。相对于当前的技术水平而言，这是一个非常大的挑战，也是电动汽车大规模推广和普及的瓶颈所在。

为了更好地推动我国新能源汽车产业的健康发展，提高产品成熟度，加快新能源汽车的普及速度，科学出版社联合中国汽车技术研究中心、杭州捷能科技有限公司等单位的专家，编写出版《电动汽车动力电池系统设计与制造技术》一书。本书是继《电动汽车动力电池系统安全分析与设计》出版后，电动汽车系统丛书的第二部专著，汇聚了行业前沿的技术创新和工程实践，集合了大量的产品案例，全面地论述动力电池系统的设计与制造技术。

本书内容立足于我国电动汽车产业的实际情况，从多个角度对动力电池系统的设计与制造进行了系统化的梳理和论述，可以用于指导企事业单位的方案论证、产品开发、技术研究、生产制造和售后服务等工作。全书共 8 章，包括动力电池系统技术发展综述、总体方案设计（系统设计）、结构与电连接设计、电池管理系统（BMS）设计、热管理设计、结构仿真分析、试验验证，以及生产制造技术，可以为读者提供丰富的工程实践参考。

本书由王芳和夏军负责统筹规划和整理，第 1 章由夏军负责编写，第 2 章由孙世强负责编写，第 3 章由陈敏负责编写，第 4 章由谭晓军负责编写，第 5 章由蒋碧文负责编写，第 6 章由刘勇负责编写，第 7 章由王芳、刘仕强、林春景负责编写，第 8 章由黄昌明、武文华、李静等负责编写，福建星云电子股份有限公司、上海昭宏自动化机械有限公司也参与了部分编写工作。限于编者和各位作者的能力，本书的内容并不能涵盖与动力电池系统相关的所有知识，希望广大读者，能够向出版社和编委会积极反馈建设性的意见，也希望有更多的专家和学者参与到本书的再版工作中来，一起推动本书的修改和完善。

本书的筹备、编写和出版，得到了以下单位和公司的大力支持，在此一并表示感谢：

中国汽车技术研究中心

杭州捷能科技有限公司

微宏动力系统（湖州）有限公司

福建星云电子股份有限公司
湖北德普电气股份有限公司
大族激光新能源装备事业部
深圳市瑞能实业股份有限公司

对于本书出版和发行给予大力支持的行业同仁，编者在此表示诚挚的谢意。凝聚行业同仁的智慧，加快知识的普及，提升行业整体技术水平，共同推动新能源汽车产业的健康发展，是我们义不容辞的责任。

王　芳　夏　军
2017年7月

目录 Contents

01

电动汽车动力电池系统技术发展综述

1.1 电动汽车发展史

1.1.1 电动汽车的第一个黄金时代

世界上第一辆内燃机汽车诞生于 1886 年，而在此之前，电动汽车就已经出现在大街上了。1873 年，英国人 Robert Davidson 首次在马车的基础上制造出一辆电动三轮车，它由铁锌电池（一次电池）提供电力，由电机驱动，比内燃机汽车的出现时间早了 13 年。早期的电动三轮车如图 1-1 所示。

图 1-1 早期电动三轮车

1890 年，美国依阿华州诞生了第一辆四轮电动汽车，时速高达 23km/h，创造了当时汽车行驶速度的世界纪录。

随着铅酸电池技术的不断发展，电动汽车产品也得到了更快的普及。1912 年，美国已大量生产电动汽车，到了 1915 年，美国的电动汽车年产量超过 5000 辆，保有量达到了 5 万辆。

19 世纪末 20 世纪初，电动汽车在性能方面超越了同时代的其他类型汽车。电动汽车在早期的汽车领域中占有举足轻重的位置，这一时期可以称之为电动汽车的第一个“黄金时代”。电动汽车作为汽车工业的先锋，一度成为市场的主流。

20 世纪 20 年代初，在美国的汽车保有量中，蒸汽汽车占 40%，电动汽车占 38%，而内燃机作动力的汽车仅占 22%。可以想象，电动汽车是多么受用户欢迎。

但是，随着石油的大规模开采和提炼、内燃机技术和动力传动技术的进步，以及 1912 年美国工程师 Charles Kettering 发明了启动机，内燃机汽车在低成本、长里程、高便利性的等方面优势逐渐凸显出来，从而取代了蒸汽机汽车和电动汽车，成为市场的主流。

1.1.2 电动汽车的第二个黄金时代

第二次世界大战之后，全球经济进入高速发展阶段，欧美传统资本主义强国以及东亚、东南亚、南美等区域的强劲经济增长，带动了全球不可再生资源消耗量的急剧增加，加速了人类对生存环境的破坏，造成了严重的空气、水、土壤污染，导致了全球性的三大危机：资源短缺、环境污染、生态破坏。

汽车排出的废气在日光作用下，形成以臭氧为主的光化学烟雾。这种烟雾中含有臭氧、氧化氮、乙醛和其他氧化剂，滞留市区久久不散。1952 年 12 月，美国洛杉矶市的一次光化学烟雾，造成了严重的空气污染，导致多人死亡。

1952 年 12 月，伦敦上空受高压系统控制，工厂生产排放的废气、居民取暖排出的废气，以及汽车排放的尾气积聚在城市上空。当时，伦敦空气中的污染物浓度持续上升，许多人出现胸闷、窒息等不适感，发病率和死亡率急剧增加。

此外，20 世纪 70 年代还发生了一个全球性事件，对内燃机汽车的发展产生了严重影响。1973 年 10 月第四次中东战争爆发，原油价格从每桶 3.011 美元提高到 10.651 美元，使油价猛然上涨了两倍多，从而触发了第二次世界大战之后最严重的全球经济危机。

环境污染日益加重，使得内燃机汽车成为民众讨伐的“罪魁祸首”之一，石油危机的爆发，则让高度依赖汽车和石油的欧美日等工业发达国家和地区，产生了“石油恐惧症”。于是，一度销声匿迹的电动汽车，在沉寂了 50 年之后，迎来了自己的第二个“黄金时代”。

1972 年，宝马的故乡慕尼黑主办了夏季奥运会。两辆名为 1602e 的橙色电动车（图 1-2），出现在世人眼前。1602e 首发于 1969 年，搭载宝马与博世共同开发的电动马达，配合铅酸蓄电池供电，重量高达 349 kg。

20 世纪 70 年代，一家名为 Sebring Vanguard 的美国电动汽车制造商推出了 CitiCar 车型（图 1-3），这一电动车型的最高时速为 71 km/h，续航里程为 64～96 km。Sebring Vanguard 当时总共生产了超过 2000 辆 CitiCar 电动车，成为全美电动汽车销量冠军。

图 1-2　1972 年宝马 1602e 电动车

图 1-3　Sebring Vanguard CitiCar 电动车

但是，由于这一时期的电动汽车仍然采用铅酸电池，大而笨重，高效率的电机技术也没有明显进展，在动力和续驶里程方面始终无法与内燃机汽车抗衡，加上基础设施不完善，使用的便利性不佳，并不具备大规模商业化的条件，仅靠环保的春风和短暂的石油危机推动，根本无法撼动燃油车的统治地位。因此，在昙花一现之后，电动汽车的第二个“黄金时代”就被雨打风吹去，渐渐归于沉寂。

1.1.3 电动汽车的第三个黄金时代

历史的车轮行进到20世纪90年代，全球发达经济体已经逐渐进入高收入、低增长时代，民众对经济的增长速度已经不是十分关注，对生活质量的追求成为其首要目标，保护自己生存的环境不被破坏成为发达国家的紧迫任务，因此发达国家和国际组织对于环保的重视达到了前所未有的高度。

绿色低碳成为能源发展的主要方向，对能源供给、消费、技术等方面带来巨大影响，清洁能源发展将推动能源结构从化石能源为主向非化石能源为主转变。全球能源体系正在发生深刻的变革，从能源的生产、输送，到能源的使用，都在不断降低化石能源的占比，逐步摆脱对煤炭、石油、天然气等石化资源的依赖。这其中，电能替代化石能源，提高电能在终端能源消费中的比重，实现“以电力为中心”的用能模式转变，将是各个碳排放大国的重要手段。

近年来，除了风能、太阳能等清洁能源发电方兴未艾，获得高速的增长之外，作为化石能源消费终端的汽车产业，也正经历着一场新的变革，在汽车产业走过一百多年的历程之后，将重塑人们对汽车的认识和理解，为拯救地球环境的行动贡献自己的力量。

美国在1990年通过了《清洁空气法案修正案》(*Clean Air Act Amendment*)和1992年通过了《能源法案》(*Energy Policy Act*)，又一次激发起了汽车厂商对于电动汽车的热情，一定程度上推动了电动汽车第三次“黄金时代”的来临。

1990年，通用公司在洛杉矶车展上推出了Impact电动车。1996年，以Impact的核心技术和设计为原型，通用汽车又推出了EV1电动车型（图1-4）。早期型号的EV1使用铅酸蓄电池，每次充电后最大续驶里程的理论值可以到144 km左右，最高行驶时速为128 km/h。后来，通用汽车用镍氢蓄电池替代铅酸电池，使得EV1的续驶里程也随之增加到176 km。

1997年12月，丰田公司正式在日本推出了“普锐斯”车型（图1-5），并在

图1-4　通用EV1电动汽车

图1-5　丰田Prius

2000 年面向全球市场正式投产。从 1997 年到 2015 年，丰田共推出了 4 代“普锐斯”车型，累计销量超过 1000 万辆（截至 2017 年 2 月）。

2008 年，特斯拉在 Lotus Elise 双门跑车的基础上研发了 Tesla Roadster 双座电动跑车。从 2008 年面世到 2012 年停产，Roadster 一共卖出了 2250 辆左右，是世界上第一款大规模量产的电动跑车。

2010 年，通用汽车向市场推出了雪佛兰 Volt（沃蓝达）增程式电动车（图 1-6），成为全球第一个量产增程式混合电动车的厂家。

2012 年 6 月 22 日，特斯拉公司的电动轿车 Model S（图 1-7）正式下线，交付给消费者。截止到 2016 年底，Model S 累计销量已经超过 10 万辆，带动了全球电动汽车市场的高速发展。

图 1-6　雪佛兰 Volt（沃蓝达）

图 1-7　特斯拉 Model S

在国外电动汽车产品日新月异，蓬勃发展的同时，中国的电动汽车市场也呈现出产销两旺的态势。2016 年中国新能源汽车（大部分是纯电动和插电式混合动力汽车）销量达到了 50.7 万辆（图 1-8），占全年新车销售的比例达到 1.8%，保有量已经突破 100 万辆，销量和保有量均位居全球第一。

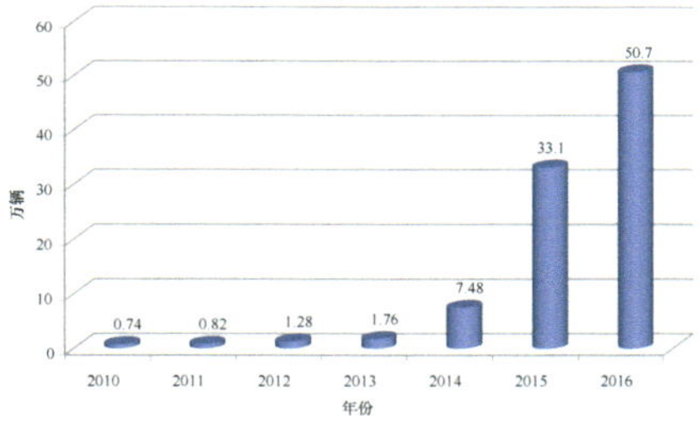

图 1-8　2010～2016 年我国新能源汽车销量统计

1.2　电动汽车 Pack 产品分类

动力电池系统（也可以称为动力电池包，battery pack），是一个电能存储装置，通常由电池组、机械部件、热交换组件、电子控制单元，以及必要的线束、开关、熔断器和连接器构成，其主要功能是通过电能和化学能的相互转换，来实现电能的存储和释放。

在传统的燃油车中，有一个 12 V 或者 24 V 的蓄电池组（图 1-9），一般采用铅酸蓄电池，主要为车载电子电气设备供电，并为车辆启动时的发动机点火提供足够的脉冲电流。这个电池组的功能较为简单，不需要存储很多的电能，也不需要持续的大电流充放电，所以尺寸较小，结构简单，要求低成本，免维护，可靠耐用，使用寿命一般在 3 年左右。

在混合动力汽车和纯电动汽车产品中，除了传统的车载蓄电池组之外，还会多出一个更大的、功能更丰富的、结构也更为复杂的动力电池系统（图 1-10）。按照所存储电能的大小，有几百 Wh 的 Pack，有几 kWh 的 Pack，也有几十 kWh 甚至几百 kWh 的 Pack。按照其在整车上的功能，有参与制动能量回收的，有提供辅助动力输出的，有与发动机联合驱动的，也有直接提供动力驱动的。按照其采用的储能单元，有采用铅酸蓄电池的，有采用镍氢电池的，有采用锂离子电池的，也有采用其他类型电池的。从在整车上的布置来看，有与传统的 12 V 或 24 V 铅酸蓄电池融为一体的，有安装在发动机舱的，有安装在尾舱或后备箱的，有安装在车辆底盘的，也有安装在车顶的。从电压平台看，有 12 V 和 48 V 这样的低压系统，也有 100～800 V 的高压系统。

图 1-9　车载 12 V 铅酸电池组示例

图 1-10　动力电池系统示例

根据 Pack 产品的用途、构成、布置方式等，我们将动力电池系统做了一些简单的分类，让读者能够更方便地阅读和理解。

1.2.1 动力储能电池的分类

作为动力电池系统的核心，储能电池的选择是至关重要的，这关系到电池系统的能量密度、使用寿命、产品性能、成本等关键指标。利用化学反应的可逆性，实现电能和化学能相互转换的二次电池，是动力电池系统的不二选择。

按照动力电池系统所采用的储能电池类型，电池 Pack 产品大概走过了铅酸蓄电池、镍氢电池和锂离子电池三个时代。

1. 铅酸蓄电池

铅酸蓄电池（lead-acid battery）是电极主要由铅及其氧化物制成，电解液是硫酸溶液的一种蓄电池。在放电状态下，正极主要成分为二氧化铅，负极主要成分为铅；在充电状态下，正负极的主要成分均为硫酸铅。

铅酸蓄电池主要由正极板、负极板、电解液、隔板、电池槽、电池盖、极柱、注液盖等组成（图 1-11）。主要优点是电压稳定、价格便宜；缺点是能量密度低、使用寿命短和日常维护频繁。老式铅酸蓄电池一般寿命在 2 年左右，而且需定期检查电解液的高度并添加蒸馏水。不过随着技术的进步，铅酸蓄电池的寿命变得更长而且维护也更简单了。

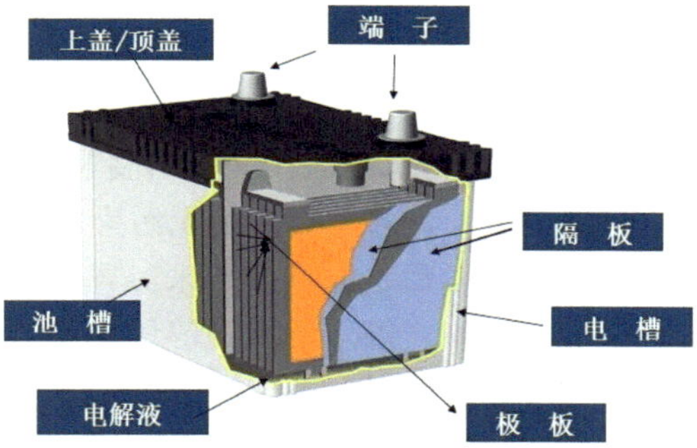

图 1-11 铅酸蓄电池组成

铅酸蓄电池应用范围广泛，在交通、通信、电力、军事、航海、航天、航空各个经济领域都有大量的使用，是全世界使用范围最为广泛的化学电池产品，其产品应用领域包括不间断电源、电力电源、后备电源、通信电源、计算机电源、潜艇和船舶电源、航空电源、电力储能、电动工具、应急灯、牵引车、助力车、叉车、汽车、电动自行车等。

铅酸蓄电池是 1859 年由法国人普兰特（Plante）发明的，至今已有一百多年的历史。铅酸蓄电池经过一百多年的发展，大概走过了以下几个阶段：开口式铅酸蓄电池、密封阀控式铅酸蓄电池（VRLA），以及近年来兴起的铅碳蓄电池。由于在负极加入了活性炭，铅碳蓄电池的循环寿命、能量密度、充放电倍率等均有了大幅度的提升。

在电动汽车的第一个和第二个“黄金时代”，铅酸蓄电池一直是电动汽车的首选储能装置，获得了大规模的应用。但也正是由于其能量密度低、大而笨重、循环寿命短、维护频繁等缺点，使得电动汽车在续驶里程、使用寿命等方面始终无法与燃油车竞争，不得不退出历史的舞台。虽然最新的铅酸蓄电池技术已经有了长足的进步，但是因为有了更为先进的电池技术的出现，所以在电动汽车的第三个“黄金时代”，铅酸蓄电池已经不再成为储能装置的首选，除了通用第一代 EV1 采用铅酸蓄电池之外，其他的电动汽车已不再使用这种笨重的蓄电池，铅酸蓄电池逐渐淡出了人们的视线。

2. 镍氢电池

在镍氢电池（Ni-MH）出现之前，镍镉电池（Ni-Cd）已经获得了大规模的商业化应用，在早期的电动工具和电子产品上，大量应用镍镉电池作为可反复充放电的电源装置。但是，镍镉电池的“记忆效应”较为严重，循环寿命较短，而且镉是重金属，毒性较强，会带来严重的环境污染，为了解决这些问题，镍氢电池应运而生。

镍氢电池采用与镍镉电池相同的镍氧化物作为正极，金属氢化物作为负极，碱液（主要成分 KOH）作为电解液，主要组成部分包括正极片、负极片、隔膜、盖帽、绝缘层、外壳等（图 1-12）。镍氢电池的能量密度可以达到镍镉电池的两倍，比镍镉电池更轻，使用寿命也更长，并且对环境无污染。

镍氢电池在 20 世纪 90 年代以后迅速发展起来，凭借能量密度高、可快速充放电、循环寿命长、记忆效应很小，以及无污染等优点在笔记本电脑、便携式摄像机、数码相机及电动自行车等领域得到了广泛应用。

在电动汽车领域，镍氢电池现主要应用于混合电动汽车，丰田在“普锐斯”车型上首先采用镍氢电池作为储能装置，从而推动了镍氢电池在电动汽车产品上的大规模应用。以丰田第三代“普锐斯”为例，所采用的镍氢电池组（图 1-13）由松下制造，重量为 53.3 kg，使用 168 个电压为 1.2 V 车用级镍氢电池串联而成，电池组总电压为 201.6 V，电池容量 1.3 kWh。“普锐斯”的镍氢电池组，使用寿命可以达到 10 年以上，通过前三代产品的大量使用和验证，这个数据是真实可靠的。

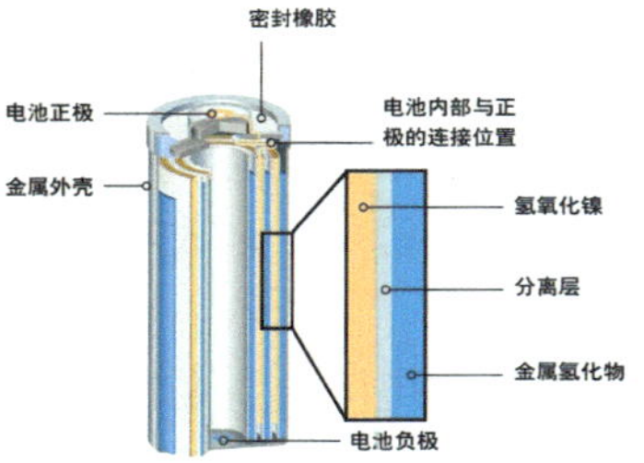

图 1-12　镍氢电池组成示意图

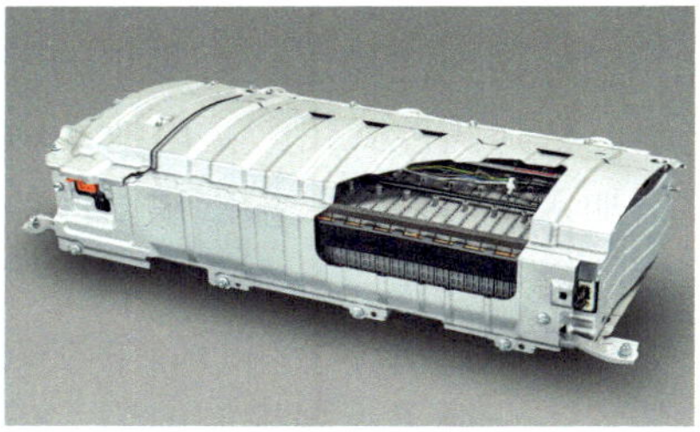

图 1-13　丰田“普锐斯”电池系统

除了丰田的“普锐斯”之外，其他使用镍氢电池的混合动力车辆，包括本田 Insight 和 Honda Civic Hybrid，福特汽车 Ford Escape，雪佛兰 Chevrolet Malibu。使用镍氢电池的纯电动汽车有通用汽车第二代 EV1，本田 Honda EV Plus，福特汽车 Ford Ranger EV 等。

但是随着锂离子电池的快速发展，其优越的性能全面超越镍氢电池，因此在电动汽车领域，镍氢电池逐渐被锂离子电池所取代，丰田的第四代“普锐斯”已经开始采用锂离子电池，其他采用镍氢电池的混合动力车型和纯电动车型也大多停产，或采用锂离子电池来替代镍氢电池。在短暂的辉煌之后，如同在笔记本电脑、数码产品、电动工具等产品领域遇到的情况类似，镍氢电池将逐步被锂离子电池所取代。

3. 锂离子电池

锂离子电池是一种主要依靠锂离子在正极和负极之间往返移动来工作的二次电池（充电电池）。在充放电过程中，Li^+在两个电极之间往返嵌入和脱嵌：充电时，Li^+从正极脱嵌，经过电解质嵌入负极，负极处于富锂状态；放电时，Li^+从负极脱嵌，经过电解质重新嵌入正极。

与其他化学电源相比，锂离子电池具有长寿命、大倍率、高能量密度、无污染等显著优势，发明之后的商业化应用速度非常快，已经普及到各种应用化学电源的场合，比如手机、笔记本电脑、平板电脑、数码产品、电动工具、医疗器械、电动自行车、汽车、船舶、飞机等，成为发展最为迅速的二次电池。

锂离子电池一般由正极、负极、电解质、隔离膜、集流体、外壳等构成（图 1-14）。从结构上看，与其他化学电源产品并无明显不同，其产品外形有圆柱形、方形、软包等几种常见的形状。在商业化应用中，锂离子电池的正极材料有钴酸锂、磷酸铁锂、锰酸锂、镍钴锰三元、镍钴铝三元等几种锂金属氧化物，负极材料

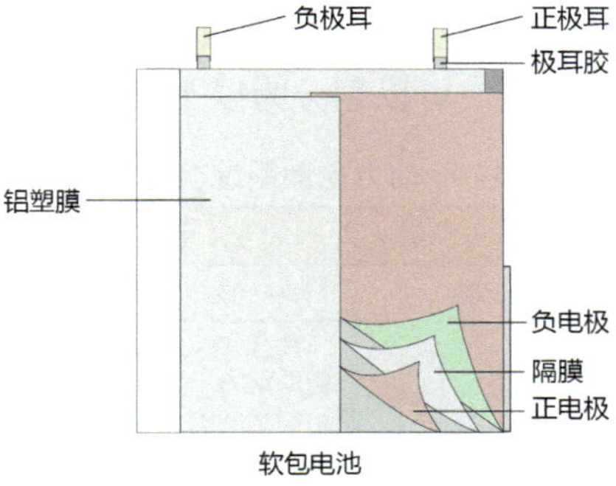

图 1-14 锂离子电池组成示意图

有石墨（天然石墨和人造石墨）、无序碳材料（软碳和硬碳）、硅碳复合材料、钛酸锂、单体硅、硅合金、锡基合金、铝基合金、镁基合金、锑基合金等。电解质通常由高纯度的有机溶剂、电解质锂盐和必要的添加剂等原料，在一定条件下，按一定比例配制而成。有机溶剂有 PC（碳酸丙烯酯），EC（碳酸乙烯酯），DMC（碳酸二甲酯），DEC（碳酸二乙酯），EMC（碳酸甲乙酯）等材料。电解质锂盐有 $LiPF_6$，$LiBF_4$ 等材料。隔膜主要有单层 PP（聚丙烯），单层 PE（聚乙烯），双层 PP/PE，三层 PP/PE/PP 复合膜等。

锂离子电池在电动汽车领域获得了大规模的商业化应用，经过近十几年的发展，已经逐渐成为市场主流。如采用锂离子电池的特斯拉的 Model S 车型，P90D 版本的续驶里程可以达到 526 km［新欧洲测试循环（NEDC）工况］，百公里加速仅需 2.9 s，性能指标已经完全可以比拼燃油车，甚至犹有过之。经过多年的技术发展，采用锂离子电池作为储能装置的电动汽车终于在产品的关键指标上达到甚至超越燃油车，这是电动汽车第三个“黄金时代”至今仍然方兴未艾的主要原因。目前，制约锂离子电池在电动汽车领域继续发展的主要瓶颈在于其单位成本、循环寿命、充电速度、安全性等方面仍然还有较大的提升空间，是其大规模商业化的主要制约因素，也是锂离子电池未来发展的重点方向。

除了特斯拉之外，通用、福特、宝马、大众、奔驰、丰田、本田、雷诺日产等汽车行业巨头，以及国内的新能源汽车企业，也都采用锂离子电池作为自己旗下电动汽车产品的动力储能电池。当然，在具体的技术路线选择上，又有很多的不同，但是限于篇幅，不在本书中予以论述。

1.2.2 动力电池系统的功能分类

动力电池系统在整车上的功能是比较多样的，主要有发动机启停、发动机熄火滑行、制动能量回收、转矩助力、动力辅助、油电混合驱动、电力直接驱动等。根据动力电池系统的功能不同，可以划分为以下几大类产品，见表 1-1。

表 1-1 动力电池系统功能分类

对比项	微（弱）混	轻混	强混	插电式（含增程式）	纯电动
电/油混合比	5%	5%～25%	25%～50%	50%以上	100%
功能	启/停 加速助力 制动能量回收	启/停 辅助动力 制动能量回收	启/停 辅助动力 制动能量回收 纯电动行驶	辅助助力 制动能量回收 纯电动行驶 外部充电	制动能量回收 纯电动行驶 外部充电
最大节油效果	5%～10%	10%～20%	20%～35%	50%以上	100%

1. 混合动力汽车动力电池系统

（1）微混系统

早期的微混系统，比较典型的产品是 12 V 启停（start-stop）系统，对汽车减排有一定的效果，特别是在拥堵的城市工况中，能够减少 5%左右的二氧化碳排放。

启停系统的原理是，当车辆处于停止状态（非驻车状态）时，发动机将暂停工作（而非传统的怠速保持），暂停的同时，发动机内的润滑油会持续运转，使发动机内部保持润滑；当松开制动踏板后，发动机将再次启动，为车辆提供驱动动力。在发动机暂停工作期间，由于润滑油一直在循环，即使频繁的停车和起步，也不会对发动机内部造成磨损。

可以看出，启停系统的主要功能是在路口等红灯期间，将发动机关闭，汽车没有尾气排放。红绿灯越多，道路越拥堵的路况，启停系统的减排效果越明显。但是，启停系统对于郊区和高速路况几乎没有实质性的帮助，因此其减排效能是有很大局限性的，所以近年来有被 48 V 微混系统逐渐取代的趋势。图 1-15 为 48 V 应用示例。

图 1-15　48 V 应用示例

48 V 微混系统作为弱混技术的一种，将是未来一段时间性价比较高的汽车节能减排技术解决方案。48 V 微混系统可以看成是 12 V 启停系统的升级版，主要部件有 48 V 储能电池、48 V/12 V 双向 DCDC、48 V BSG/ISG、电动增压器（可选配置）、电池管理系统等。48 V 微混系统具有启停、能量回收、动力辅助、纯电驱动（短暂）、滑行等功能。48 V 微混系统所采用的动力电池组，其容量一般在 1 kWh 以下，体积和重量均较小，在整车上容易安装和集成。

在油耗指标和碳排放要求日益严格的情况下，如何减少汽车尾气排放，降低油耗，满足法律法规的要求，已经是全球各国汽车公司的紧迫任务。要在短时间内大规模推广电动汽车（EV）和插电式混合动力汽车（PHEV），面临着成本大幅攀升、用户接受度不高、基础设施建设不足等现实困难，但通过在原有的内燃机汽车基础上增加 48 V 微混系统，技术难度小、成本增加不多（小于 1000 美元）、产品成熟度高，可以较好地平衡法规要求和市场认可度。自 2013 年开始，48 V 微混系统率先在欧美的一些中高端车型上得到应用，并有望在 2020 年之前得到大规模的推广和普及。

12 V 启停系统和 48 V 微混系统，在节油和减排效果方面并不具有很大的优势，无法满足更低排放和更低油耗的长远目标，因此只能算是内燃机汽车往新能源汽车过渡的阶段性产品，在未来 5～10 年，存在一定的市场空间，最终仍然要被节油效果更为明显的 HEV、PHEV 和 EV 所取代。

（2）轻混及强混系统

HEV（hybrid electric vehicle），即混合动力汽车（包含轻混和强混类型），是指配备 2 个以上驱动装置（动力源）的车辆，工作原理如图 1-16 所示，目前以发动机和电动机的组合为主流。在行驶的低速区发挥力量的电动机，和在高速区发挥力量的发动机相互补充，以最佳效率充分发挥组合装置的驱动性能，使低油耗/低排放和强劲动力行驶一举两得。

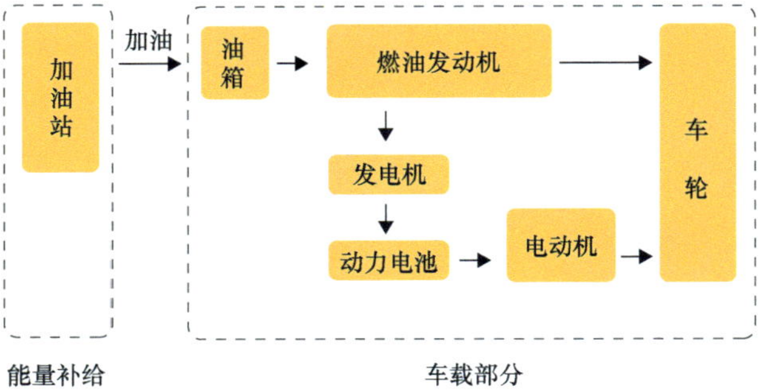

图 1-16　HEV 工作原理示意图

HEV 车型配备的电池容量不大（1～5 kWh），不提供外部充电接口，电池通过汽车运行过程中的能量回收进行充电，或者利用车辆在行驶时发动机的多余功率驱动发电机充电。

HEV 车型的电动机功率也不大，在起步、加速和低速行驶等场景辅助燃油发动机或单独提供动力。因为有了电动机的辅助，充分发挥了电动机的大扭矩优势，在起步和加速过程中的整体效率得到提升，并使车辆整体油耗显著下降。

在 HEV 的产业化方面，日本一直走在世界的前列。例如，以丰田为代表采用双电机串联/并联式混合动力系统的技术路线；以本田为代表采用单电机并联式混合动力系统的技术路线，使得日本车企始终掌握着低油耗混合动力技术的主导权。

与此相对，欧洲和韩国的汽车厂商则在集中采用单电机并联式混合动力系统以及单电机并联式插电式混合动力系统的同时，也采用通过逆变器将电池电压转换为驱动用交流电并控制驱动电机的系统。

混合动力汽车的混合动力结构形式分为三种，分别是并联式、串联式以及混联式（图 1-17）。串联式混合动力汽车，由发动机驱动电动机并由电动机驱动车轮，发动机不能直接驱动车轮，因此只有一种工作模式。并联式混合动力汽车，由发动机和电动机共同驱动车轮，也可两种动力分开驱动，但是不能在驱动状态给电池充电。混联式混合动力汽车，可单独依靠电动机或发动机行驶，也可使用两种动力联合驱动，还能一边用电力驱动，一边给电池组充电，兼有串联式和并联式的优点，但是系统结构和运行策略也最为复杂。

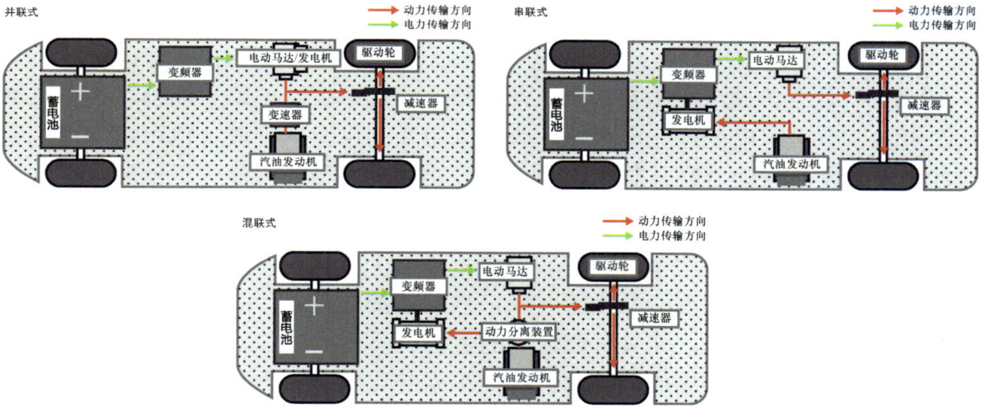

图 1-17 混合动力的三种结构形式

丰田的“普锐斯”是采用混联式混合动力技术的代表车型，它的主要工作模式有：①起步、低速行驶和倒车（纯电模式）。②通常高速行驶状态下（纯油模式）。③急加速状态（油电混合模式）。④制动过程（能量回收模式）。⑤驻车状态。

丰田“普锐斯”第四代混合动力汽车，低配版车型采用 168 个镍氢电池单体组成的电池组，电压为 201.6 V，重量为 53.3 kg。高配版车型使用的电池组由 56 个锂离子电池单体组成，电压为 207.2 V，重量比镍氢电池组减少了 16 kg，如图 1-18 所示。在新一代混合动力架构以及先进底盘辅助下，第四代“普锐斯”的平均油耗数据达到了 3 L/百公里，二氧化碳排放量则为 70 g/百公里，已经完全可以满足 2020 年的油耗指标和碳排放指标。

除了“普锐斯”之外，丰田的混联式混动技术还广泛应用于“雷克萨斯”、“卡罗拉”、“凯美瑞”等车型，推动了混合动力技术的发展和普及。

图 1-18　丰田“普锐斯”电池系统

在丰田的带领下，本田、奥迪、宝马、标致雪铁龙、现代，以及国内的一些车企，也都纷纷推出了自己的混合动力车型。

（3）插电式混动系统

PHEV 既有传统汽车的发动机、变速箱、传动系统、油路、油箱，也有电动车的电池、电机、电控这三电系统，既可以用发动机驱动行驶，也可以用电机驱动行驶，或者两种动力联合驱动行驶。而且 PHEV 车型的电池容量比较大，有充电接口，可以反复充电，可做较长里程的纯电动行驶。如果每次都是短途行驶，有较好的充电条件，则插电式混合动力汽车可以不用加油，当作纯电动车使用，具有电动车的优点。在无法充电的时候，只要有油就可以一直行驶下去，行驶里程不受充电条件的制约，又具有燃油车的优势。

但是，一辆车内要集成电动车、燃油车两套完整的动力系统，势必造成插电式混合动力汽车的成本较高、结构复杂、重量较大，相对于单纯的燃油车和电动车又有一些劣势。不过，在续驶里程大幅度提高，充电站大面积普及，充电时间明显缩短之前，插电式混合动力汽车作为燃油车与纯电动车/燃料电池汽车之间的过渡产品将长期存在下去。

根据结构不同，插电式混合动力系统可以分成下面几类。

a. 增程式插电混合动力系统

这一类插电混合动力，严格来说仍然是电动车。车内只有一套电力驱动系统，包括电机、控制电路、电池，其工作原理如图 1-19 所示。增程式插电混合动力车的电动机直接驱动车轮，发动机则用来驱动发电机给电池进行充电。因为发动机并不直接驱动车轮，因此也不需要变速箱。这相当于在普通的电动车上装载了一台汽油/柴油发电机，用来在电量不足的时候，给电池组充电。

这种模式的优点很明显：具有电动车的安静、起步扭矩大的优点，可以当纯电动车使用，在充电方便的条件下只充电、不加油，使用成本较低；相比其他插

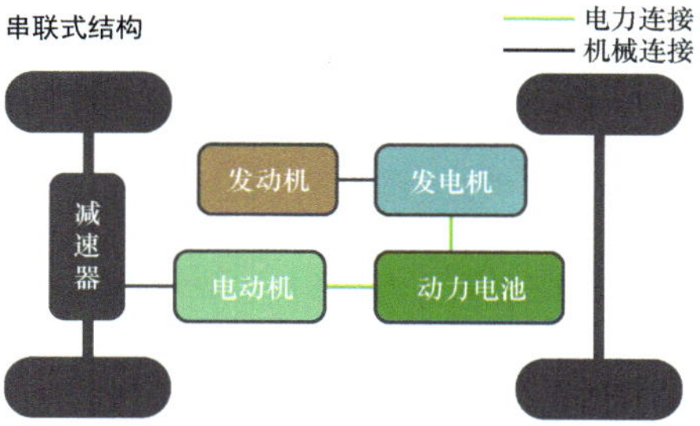

图 1-19　增程式插电混合动力系统原理示意图

电混合动力模式，增程式插电混合动力可以不用变速箱，成本略有降低。因为发动机不直接驱动车轮，发动机转速和车轮转速、汽车速度没有直接关系，通过控制系统优化，可以让发动机一直工作在最佳转速，即使在充电不便时，市内堵车路况下油耗也比较低，发动机噪声也可以控制得非常小。

当然，这种模式也有缺点：由于发动机和发电机并不直接驱动车轮，造成了这部分功率的浪费，而发动机和发电机带来的重量并不减少。在高速路况下，油耗反而偏高。这是因为高速路况下，如果发动机直接驱动车轮，则可以一直工作在最佳工作模式下，而增程式插电混合动力多了一个转换过程，转换本身要消耗能量，造成油耗反而偏高。

b. 并联式插电混合动力系统

这一类插电混合动力车内有两套驱动系统，大多是在传统燃油车的基础上增加电动机、电池、电控整合而成，电动机与发动机共同驱动车轮，其工作原理如图 1-20 所示。车内只有一台电机，驱动车轮的时候充当电动机，不驱动车轮给电池充电的时候充当发电机。

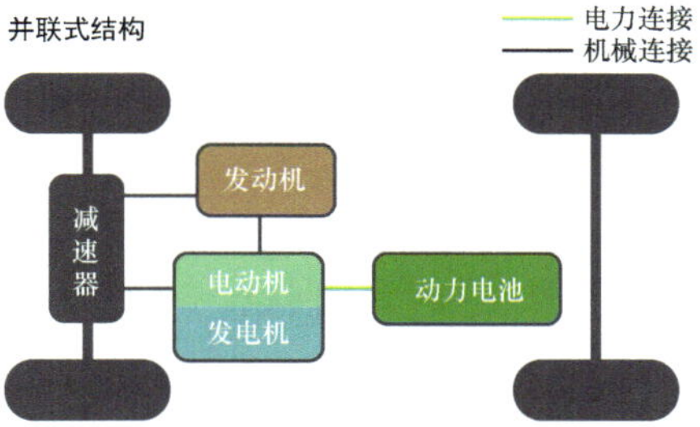

图 1-20　并联式插电混合动力系统原理示意图

并联式插电混合动力的优势在于：电动机、发动机共同驱动车轮，没有功率浪费的问题，例如电动机 50 kW，发动机 100 kW，只要传动系统能承受，整车功率就是 150 kW。在纯电模式下，同样有电动车安静、使用成本低的优点。而在混合动力模式下，有非常好的起步扭矩，加速性能出色。因为只是在变速箱上（分变速箱输入端 P2 和输出端 P3 两种增加方法）增加了一台电动机，在传统燃油车基础上改动较小，成本也比较低。

这种模式的缺点是：在混合动力模式下，发动机不能保证一直在最佳转速下工作，油耗比较高。只有在堵车时因为可以自带发动机启停功能，油耗才会低；因为只有一台电机，不能同时发电和驱动车轮，所以发动机与电动机共同驱动车轮的工况不能持久。持续加速时，电池的能量会很快耗尽，转成发动机单独驱动模式。

c. 混联式插电混合动力系统

与并联式插电混合动力一样，这种模式也有两套驱动系统，但不同的是，混联式有两个电机，其工作原理如图 1-21 所示。一个电动机仅用于直接驱动车轮，还有一个电机具有双重角色：当需要极限性能时，充当电动机直接驱动车轮，整车功率就是发动机、两个电机的功率之和；当电力不足时，就充当发电机，给电池充电。

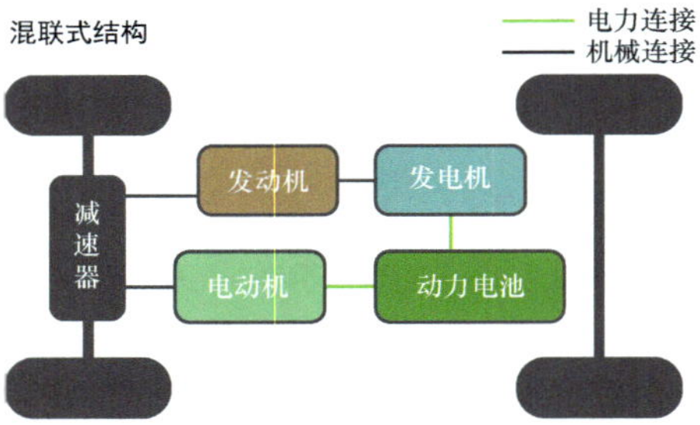

图 1-21　混联式插电混合动力系统原理示意图

因此，混联式同时具有增程式和并联式的优点：在纯电模式下电动车安静、使用成本低；在增程模式下，没有“里程焦虑”，而且发动机可以一直控制在最佳转速，油耗低，噪声小，振动小；在并联模式下，两台电机，一台发动机可以一起工作，三者功率加起来具有非常好的起步和加速性能，是一种比较完美的组合。

其缺点就是，两台电机、发动机、变速箱一个都不能少，配套的控制电路、电池、传动系统、油路也不能少，总体成本要高于其他类型的插电混合动力，车的总重量也会大一些。而因为要控制两个电机和一台发动机，还有不同的工作模式，控制系统也要相对复杂，这也会提高成本。

插电式混合动力汽车的动力电池系统，其电池容量一般在 7～20 kWh 之间，纯电行驶里程一般在 40～100 km 之间（增程式混合动力汽车除外）。由于需要纯电动行驶，为了达到足够的驱动功率，对电池功率密度的要求更为严格，由此带来的单位电池成本也较纯电动汽车的动力电池系统要高一些。

2. 纯电动汽车

纯电动汽车（BEV）是电动汽车发展的终极形态，完全以电力来驱动车轮行驶，不再有任何燃油消耗，是不同于现有内燃机汽车的产品。自20世纪90年代以来，纯电动汽车已经逐渐摆脱了原有的一些瓶颈和制约因素，进入了一个全新的发展阶段。总结起来，纯电动汽车有如下几方面的优点。

（1）环保

纯电动汽车在运行过程中可以做到零污染，完全不排放污染大气的有害气体。即使按所耗电量换算为发电厂的排放，造成的污染也少于传统汽车，因为发电厂的能量转换率更高，而且集中排放可以更方便地安装减排治污设备。

随着清洁能源发电在电力产生环节的占比不断提高，每度电的污染物排放还会呈现不断下降的趋势，当清洁电力占绝对多数时，纯电动汽车有望实现真正的零排放。

（2）省钱

以乘用车为例，电动汽车的平均百公里电耗大约为15 kWh，家用充电的话，成本不到10元，如果是商用充电站充电，成本大约在20～30元，电动汽车的每公里使用成本是明显低于燃油车的。如果是出租车、网约车、专车等运营场合，车辆的日均行驶里程通常会超过200 km，年行驶里程在10万km左右，电动汽车的使用成本具有非常明显的优势，能够为商业化营运带来更大的效益。

未来，随着电池系统能量密度的提升，整车轻量化水平的提高和三电集成的更优化设计，电动汽车的百公里电耗还会进一步降低，从而更加凸显电动汽车的使用经济性。

（3）噪声小

得益于电机技术的发展和进步，电动机在运行中的噪声和振动水平都要远远小于传统内燃机。在怠速和低速工况下，电动汽车几乎没有噪声，也没有发动机引起的低频振动，乘坐的舒适性要远远好于传统的内燃机汽车。随着速度的提升，胎噪和风噪成为噪声的主要来源，两者的舒适性差距才不那么明显。电动汽车的这一特点对于提升汽车的NVH（noise，vibration and harshness）性能、简化NVH设计，无疑会有很大的帮助。

（4）节能

1度电的能量为3.6×10^6 J，1 L 93号汽油的能量约为3.4×10^7 J。假如一辆纯

电动乘用车的百公里电耗为 15 度电，共消耗能量 5.4×10^7 J，一辆 1.6 L 排量乘用车的百公里能耗为 8 L 93 号汽油，共消耗能量 2.7×10^8 J。可以看到，内燃机汽车的百公里能耗大约是纯电动汽车百公里能耗的 5 倍。即便考虑发电端到用电端的能耗要大于燃油提取到燃油使用端的能耗，纯电动汽车的端到端能耗仍然大大低于燃油车，从整个社会能源节约的角度来讲，使用电动汽车具有非常重要的意义。

（5）结构简单，维护方便

比较一下电动汽车和传统汽车的底盘、动力总成、传动系统等，电动汽车的结构是如此的简单。电动汽车不再需要复杂的传动机构和占据了大量空间的排气系统，维护起来方便了很多，同时空间也得到了大幅的扩展。

由于没有复杂的动力总成系统和传动系统，电动汽车的维护成本也得以降低，并有望在将来明显延长免维护时间。

（6）驾驶体验好

在包括电动机和传统内燃机在内的以旋转的方式来进行输出的设备上，功率、扭矩和转速遵循公式：功率=扭矩×转速。所以在同等功率水平之内，扭矩决定了一台车的加速性能，扭矩越大，加速性能越好。

电动机在起步的时候，就可以以最大功率输出，而此时电机转速很低（可以从零转速启动），所以起步扭矩非常大，起步加速非常迅捷，几乎没有延迟效应。而传统汽车的发动机，起步的功率并不大，起步时的怠速转速一般达到 800 r/min 以上，较小的起步功率和较大的起步转速，导致起步扭矩较小，起步加速的反应慢，驾驶者有明显的动力滞后感觉。

并且，电动汽车还能方便地实现四轮驱动，通过在前后桥各放置一个电机的双电机驱动方案，或者通过四轮电机方案（轮毂电机或轮边电机），电动汽车可以实现精准的扭矩分配和四轮实时驱动，为汽车带来强大动力的同时，也为用户提供更强大的操纵体验。

当然，由于技术发展还不够成熟，纯电动汽车也存在着续驶里程短，充电时间长，充电网点少，产品售价高，电池寿命衰减快，可靠性和安全性有待于提升等一系列的缺点，在一定程度上制约了纯电动汽车的推广和普及。

作为纯电动汽车最核心的部件，以乘用车为例，纯电动汽车使用的动力电池系统，容量一般在 15～90 kWh，续驶里程在 100～500 km，充电倍率可以达到 1C，家用充电需要 7～8 h 充电时间，快速充电需要 1 h 的时间，使用寿命可以达到 5 年或 10 万 km 的基本要求，用于运营的纯电动汽车可以达到 40 万 km 以上的使用里程。

1.2.3 动力电池系统在整车的安装位置

电动汽车所增加的动力电池系统，由于体积大、重量重，很难在整车上找到非常完美的安装空间，在电池包的布置上，需要考虑以下几个方面：

第一，要尽可能地在有限的空间内，布置更多的电量，这样才能达到更大的续驶里程，减少充电的频次，任何可以利用的空间，都有利于整车电量的提升。

第二，要充分考虑电池包的位置对整车安全性能的影响，尤其是在发生碰撞、翻滚、跌落等极端情况下，电池包是否会因为很大的加速度或严重的挤压变形，发生起火和爆炸，或者是否会有电池包的部件进入乘客舱，引起附加伤害。

第三，要充分考虑电池包的重量和形状对整车结构寿命的影响，因为电池包的重量通常达到数百公斤，给整车的底盘和悬挂带来很大的静态载荷和动态载荷，在长时间的振动、冲击条件下，很容易引起整车机械部分的疲劳损伤，降低寿命。

第四，要充分考虑电池包的散热条件，尤其是在高温工作条件和高电气载荷工作条件下，电池包会产生大量的热量，如果散热条件不理想，或者靠近热源，会引起电池包的寿命加速衰减。

第五，电池包在整车的安装位置还会影响到整车的轴荷分配和重心，进而影响到整车的驾乘体验和舒适性。

我们总结了市场上几款常见的电动汽车产品，将电池包在整车上的装配空间和位置加以概述，以供读者参考。

1. “工”字型和“T”字型电池包安装

早期的电动汽车，都是基于传统的燃油车进行改装，去掉发动机、变速箱、油箱和一些传动装置，这样整车上空出来的空间是最适合安装电池包的。

华晨宝马芝诺 1E 纯电动汽车就有一个典型的“工”字型电池包，在宝马 X1 车型的基础上，充分挖掘可以利用的布置空间（图 1-22），前后串联的三个高电压

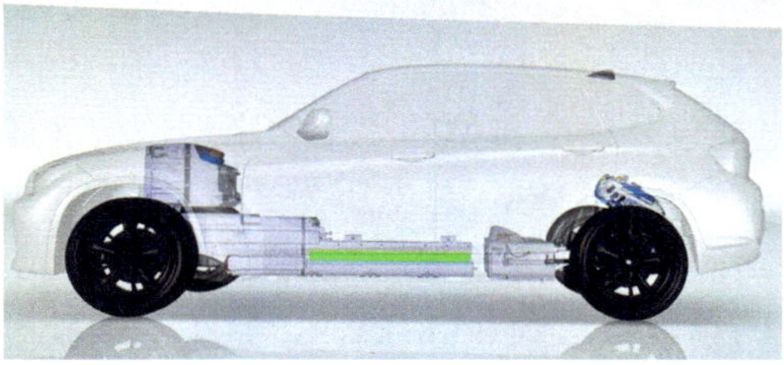

图 1-22　芝诺 1E 纯电动汽车电池包安装位置

蓄电池单元则被安装在车身的前部（前机舱盖下方的发动机位置）、中部（传统的传动轴通道中）和后部（传统燃油箱的位置），这样的设计可以确保更好的前后轴负荷分配，赋予车辆更低的重心，同时让车辆在碰撞发生时更加安全。

雪佛兰“沃蓝达”（Volt）是一款典型的“T”字型电池包布置（图 1-23），因为是一款增程式电动车，因此发动机和油箱仍然保留，设计师充分利用了去掉变速箱和传动轴后的空间和后排座位下面的空间，将电池包设计成一个“T”型。

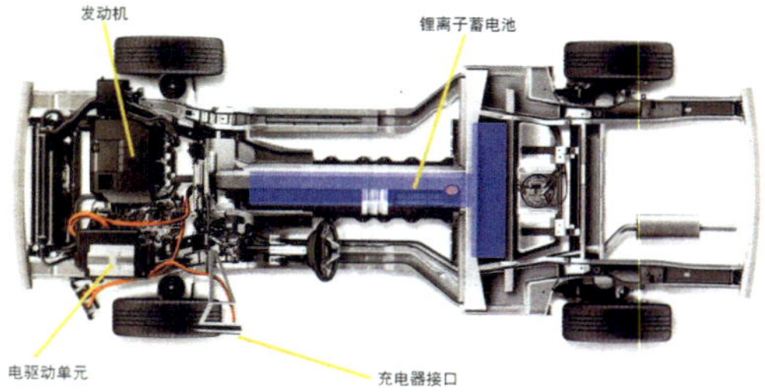

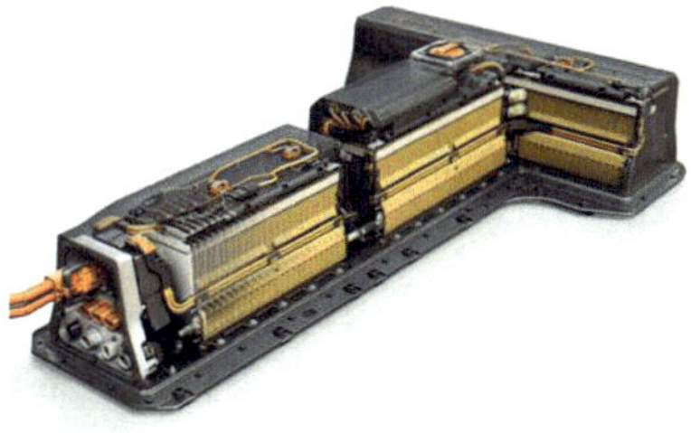

图 1-23　Volt“T”字型电池包及安装位置

不管是华晨宝马芝诺 1E，还是雪佛兰 Volt，都是在传统燃油车基础上做了非常小的改动，空间非常有限，能够装载的电池包体积和重量都受限，因此容量不大，续驶里程也有限。华晨宝马芝诺 1E 采用宁德时代（CATL）的磷酸铁锂电池，Pack 容量为 27 kWh，可达到 150 km 的续驶里程；第一代雪佛兰 Volt 车型采用 LG 的锰酸锂电池，Pack 容量为 16 kWh，纯电续驶里程为 64 km。

2. “土”字型电池包安装

要想进一步提升整车的续驶里程，就必须要增加整车的电量，有两个可行的途径：提高电池包的能量密度，在同样的空间内存储更多的电量；扩展电池包的空间，增大电池包的体积和重量，进而增加可用电量。

一般而言，能量密度的提升是比较缓慢的，受制于电动电池技术的进步速度，很难在短时间内大幅度改善，那么就需要我们在电池包的体积上面做文章，从整车上面挖掘更多的空间，来装载更多的电池，存储更多的电量，从而提升电动汽车的续驶里程。

2015 版 e-Golf 电池包是一个典型的“土”字型结构（图 1-24），充分利用了整车上的空间。总电量为 24.2 kWh，总电压为 320 V，容量为 75 Ah，电池包重量为 313 kg，体积为 229.4 L。2016 年起，大众选用新的三元电芯，在原有体积不变的情况下，电池包的总电量达到 35.8 kWh，整车的续驶里程也从 134 km 提升至 200 km。

图 1-24 e-Golf“土”字型电池包及安装位置

吉利帝豪 EV 车型则是另一款“土”字型电池包的代表（图 1-25），为了装载更多的电池，吉利还对整车的底盘做了二次开发，腾出了更多的形状规则的空间，用于容纳锂离子电池组。2015 款的帝豪 EV 采用了宁德时代的三元电芯，电量为 44 kWh，续驶里程达到 250 km。2017 款的帝豪 EV，仍然采用同样的三元电芯，但是对电池包、热管理系统和动力总成做了设计优化，从而使续驶里程达到了 300 km。

图 1-25 吉利帝豪 EV 电池包安装位置

“土”字型的电池包，可以将电动汽车的续驶里程提升到 200～300 km，如果想进一步提升续驶里程，就有相当大的难度了，因为整车可拓展的空间已经被挖掘得差不多了。

3. 一体式（滑板式）电池包安装

受限于传统燃油车的结构局限，不管怎样挖掘可用空间，始终不能实现电动汽车的最优化设计。客户对于电动汽车续驶里程的需求，已经从 100 km、200 km，提升到 300 km、400 km，甚至是 500 km 以上。在这种情况下，电池包和底盘的一体化设计，已经逐渐成为一种必然的趋势。

这是一种全新的产品思路，整车的设计需要围绕核心零部件电池包来展开，将电池包进行模块化设计，平铺在车辆的底盘上，以最大限度获得可用空间，调整整车的重心位置，同时还可以利用电池包的结构来加强底盘的强度和刚度，也可以利用整车的框架强化对电池包的结构防护。

最早采用这种方案来做整车设计的是特斯拉，在畅销的 Model S 和 Model X 车型上，特斯拉都采用了电池包和底盘的一体化设计，如图 1-26 所示，以达到最优的车辆性能。得益于领先对手的设计思路，Model S 车型可以给用户提供多种规格的电池包容量，从 60 kWh 一直扩展到 90 kWh，续驶里程可以达到惊人的 526 km（P90D 版本），这是在传统燃油车进行改造所无法达到的。

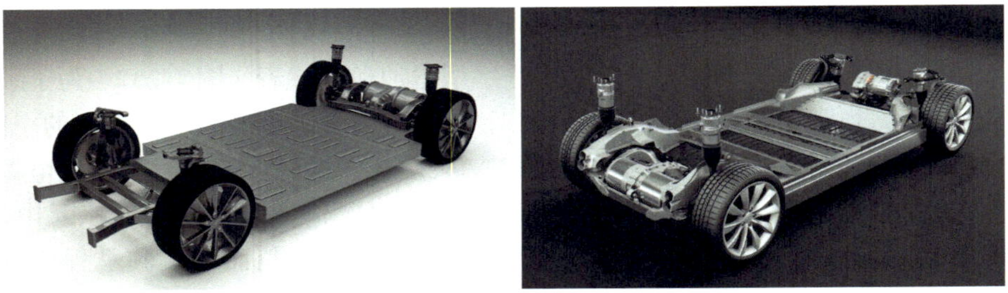

图 1-26　一体式电池包安装示例

在特斯拉的成功指引下，大众和宝马等车企也纷纷跟进，推出了自己的一体式电动汽车产品解决方案。

大众汽车集团推出了电动汽车专用平台：MEB 平台（图 1-27），预计将于 2019 年投入使用，该平台具有较强的扩展性。这意味着，大众的设计师可以通过改变轴距、轮距以及座椅布局，以应用于更多种类的车辆制造。而安装在底盘上的电池组则尤其引人瞩目，由于完全模块化设计，它允许工程师按照适用车辆的类型来调整电池组的数量和大小，从而满足不同车型的需求。大众汽车集团希望借助 MEB 平台（电动车模块化平台）将纯电动车的续驶里程提升至 400～600 km 之间，完全可以对标目前的燃油车。

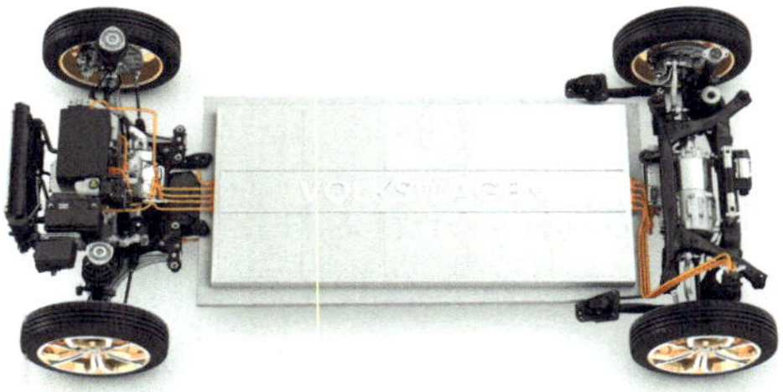

图 1-27　大众 MEB 车型一体式电池包示例

1.3　电动汽车 Pack 的关键技术

电动汽车需要的是一个能量的载体，根据汽车的使用环境、用户习惯、市场特点，这个能量载体需要具备以下几个特征：

1）能量密度要高，用较小的体积和重量，装载更多的电量，从而跑得更远。

2）环境适应性要好，能够满足酷暑、严寒、涉水、高海拔、高盐雾腐蚀等使用环境。

3）使用寿命要长，汽车产品不是易耗品，通常需要高频次地使用 5～10 年。

4）可靠性和安全性要好，在正常使用下不易发生故障，在极端情况下要保证安全。

5）价格要便宜，虽然每公里的能耗费用低，但是车辆购置成本不能明显高于燃油车。

我们知道，电池包（Pack）是由很多个电池单体（电芯）通过复杂的电连接工艺和机械连接工艺所组成的，为了有效地、可靠地使用，还增加了许多的传感器和控制器，以及为满足恶劣使用环境的热管理系统。简而言之，电池包是一个多学科交叉的综合型产品，涉及大的学科种类有十几个。它也是一个高度集成的产品，在非常有限的空间内，包含的零部件种类有上百个（图 1-28）。

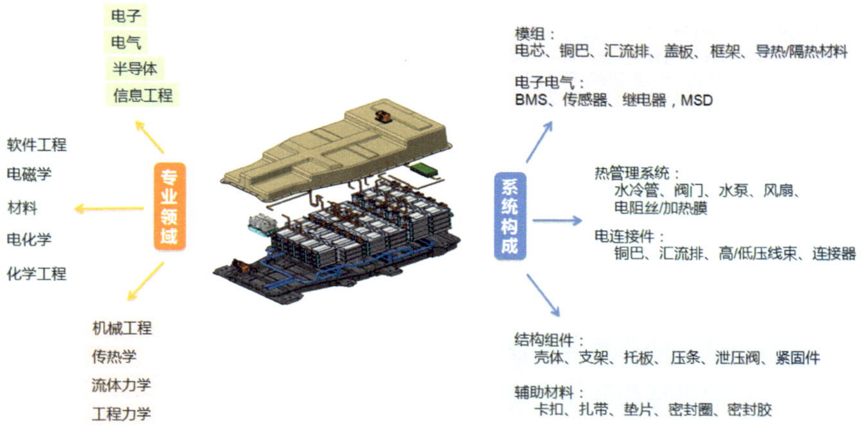

图 1-28　电池包所涉领域及系统构成示例

但凡是系统级产品，其组件数量越多，涉及的学科越多，应用场景越复杂，那么产品的开发难度也呈几何级数增长。本小节的内容，在于抽丝剥茧，抓住 Pack 产品开发的几个关键技术，予以简单的论述。

1.3.1 系统集成技术

电池包（Pack）产品的开发和应用，最为核心的是机、电、热、化这 4 个方面（图 1-29）。

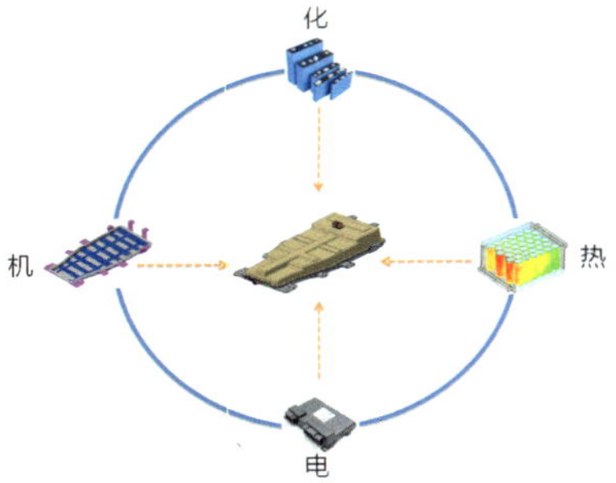

图 1-29 电池系统的“机、电、热、化”四个核心技术

机即机械，电池包装载在汽车上，所以首先得考虑和满足机械方面的特性，产品需要具有足够的强度和刚度，在振动、冲击等机械载荷下不发生形变和功能异常，在碰撞、挤压、翻滚、跌落等事故状态下有足够的安全防护。

电是指电子和电气，电动汽车依靠电能来驱动车辆行驶，瞬时功率可能高达几百千瓦，电压范围从几十伏特到几百伏特，电流也可以达到正负几百安培，大电流的充电和放电，以及高电压的输出，意味着电池包有很高的电气载荷要求，对导体截面积、连接阻抗、发热、绝缘、老化等都有非常严格的要求。此外，整个电池包由非常多的单体电池构成，为了有效地管理这些电池，控制电池包的充放电，以及响应整车层面的功能需求，电池包中还有一套非常复杂的电池管理系统（BMS），由传感器、执行器、控制器（电控单元）等组件构成，采集系统的电压、电流、温度等数据，进行复杂的计算，与整车其他部件进行通信，完成特定的功能，实时判断系统的运行边界，控制系统的异常状态等。

热指的是电池包的热管理，这里有两个层面的含义。首先是针对外部环境的热管理要求，在北半球的高纬度地区，冬季的室外温度会达到–30℃，甚至更低，而在低纬度地区，夏季的地面温度可以达到 50℃以上，电动汽车必须面对严寒和酷暑这两个极端的使用环境温度要求。目前的电池技术，还无法应对这种挑战，为了延长电池的使用寿命，也不能让电池工作在如此宽广的环境温度下，所以必须在电池包产品设计的时候，为电池装配一个“空调”系统，夏季能够降温，冬季能够加热，从而解决大范围变化的环境温度所带来的挑战。其次是针对内部的热管理要求，因为电池内阻和电气部件阻抗的存在，充放电条件下，电池包内部会发热，电流越大，发热量越大，如果不能及时把内部产生的热量散出去，轻则影响电池的寿命，导致使用寿命快速衰减，重则引起热失控，带来安全问题。电池包产品的热管理系统是非常复杂的，要解决加热、散热、保温、热均衡等几个方面的问题，这将在后续的章节中有专门论述。

化指的是电化学，也就是电池的化学机理。以目前大量使用的锂离子电池为例，其表现出来的物理特性是由其化学机理所决定的。锂离子在正极和负极之间来回地穿梭，与正极和负极发生化学反应，改变分子结构，从而在正负极间表现出充电和放电的物理特性（电子移动）。化学反应的数量规模，决定了电池的充放电能量（产生的电子数量）；化学反应的快慢，决定了电池的充放电速度；化学反应的可控与不可控，决定了电池安全性；化学反应的可逆程度，决定了电池的寿命。电池内部的化学反应，除了跟电池本身的材料相关之外，还与外部的电气载荷和温度有非常大的相关性，如同我们所知的，大倍率的充放电或者高温下使用，会导致电池寿命衰减，短路会导致热失控等现象，就是这个道理。

系统集成的概念，是复杂系统产品开发的关键，除了对各个子系统需要有深入的研究之外，还要特别关注子系统的接口、交叉、相互影响等，以及由此表现出来的新特性。举例来说，电池包的电子和电气组件，在较强的机械载荷下，是否会发生连接松动？是否会加速老化？电气组件与结构组件的距离，是否会影响到绝缘性能？BMS 功能失效，是否会导致电芯发生过充，并进而引起热失控？温度的变化，对电池荷电状态（SOC）计算精度会产生什么样的影响？长期高温下使用，电池的寿命会如何衰减？

电池包产品的系统集成技术，在于梳理机、电、热、化之间的相互关系、相关作用、相互影响，定量和定性地分析产品是否可以满足产品设计指标。这其中就需要应用大量的工程分析方法，辅助以仿真分析和测试验证，才能达到产品设计目标。

关于电池包系统集成方面的内容，将在本书的第 2 章予以详细描述。

1.3.2 电芯设计及选型

在电池包产品的设计中，电芯的设计或选型最为关键。通常而言，对于自己研发和生产电芯的企业来说，在电池包产品的开发过程中，包含电芯设计与开发的内容，会基于客户的要求，开发一款满足电池包产品设计目标的电芯。对于独立的电池包企业而言，在匹配整车需求的时候，就需要选择一款合适的电芯，一般会选择已量产的电芯，或者接近于量产的电芯（B 样或者 C 样阶段），当然，有能力的电池包企业也可以推动电芯企业同步开发全新的电芯产品，常见的动力电池类型如图 1-30 所示。

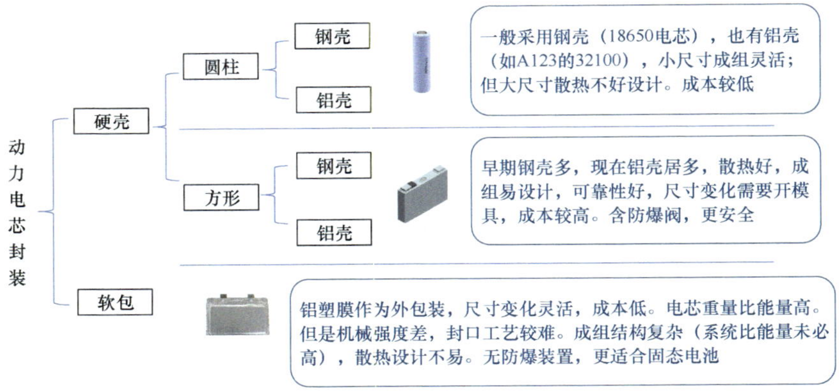

图 1-30　常见动力电池类型

在电芯设计和选型工作当中，我们首先要对市场上的主流电芯技术路线、产品性能、产品外形，以及产品成本等有大致的了解。其次，我们要从整车及电池包层面的产品需求开始，采用合理的系统分析方法，逐步推导出电芯的设计需求，来指导我们的电芯设计和选型工作。

需要着重关注的电芯设计及选型要素：电性能（能量密度及功率密度）、外形尺寸、循环寿命和日历寿命、单体成本等。除此之外，还要考虑产品的技术成熟度、供货周期、产品生命周期等，常见电芯选型的流程如图 1-31 所示。

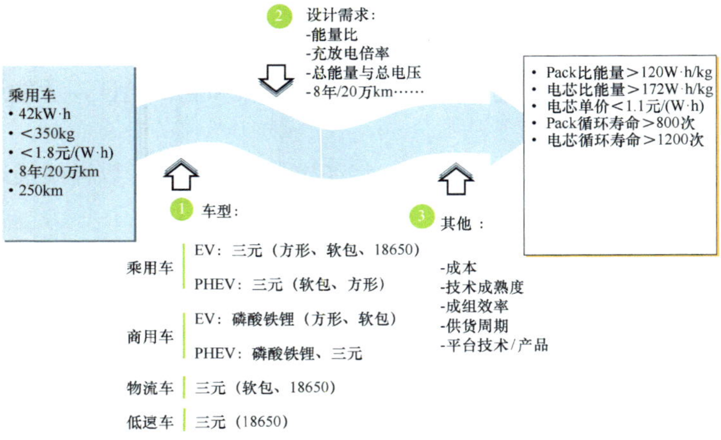

图 1-31　电芯选型流程示例

1.3.3 结构设计技术

电池包的结构设计，是根据整车对于电池包的产品功能要求、性能要求、包络尺寸要求、重量要求、挂点要求、接口要求、防护要求等，确定合适的箱体设计和电池包内部的电池模组设计、电连接设计、紧固设计等。在电池包产品的结构设计当中，最为关键的是电池模组设计和箱体设计。

电池模组设计需要考虑所选电芯型号、模组能量密度、电流密度、外轮廓尺寸、机械接口、电气接口、模组加热/散热、隔热、防火阻燃等因素，需要满足振动、翻滚、跌落、滑车、挤压、绝缘、针刺、海水浸泡等方面的要求，其结构设计要点如图 1-32 所示。

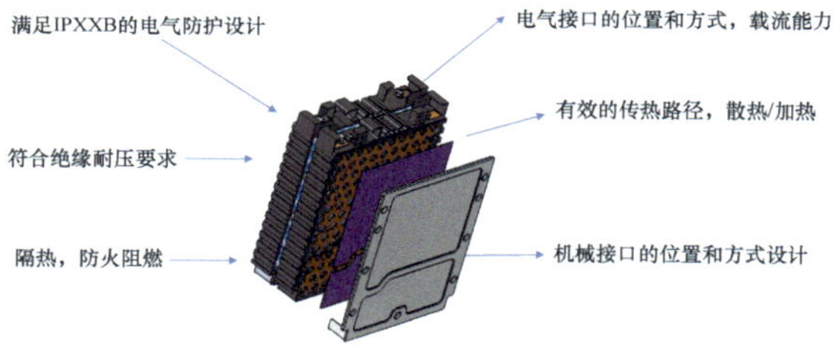

图 1-32　电池模组设计要点示例

电池包的箱体设计，需要考虑电池包外包络尺寸、电池模组尺寸、电池包结构强度、机械接口、电气接口、电池包能量密度、功率密度、加热/散热要求、保温要求、防护要求、制造工艺、成本等方面的因素。在产品的设计目标上，除了满足基本功能要求之外，还需要满足振动、冲击、翻滚、跌落、滑车、碰撞、密封防护、接触防护、绝缘防护、等电位、防火阻燃、泄压防爆方面的要求（图 1-33）。

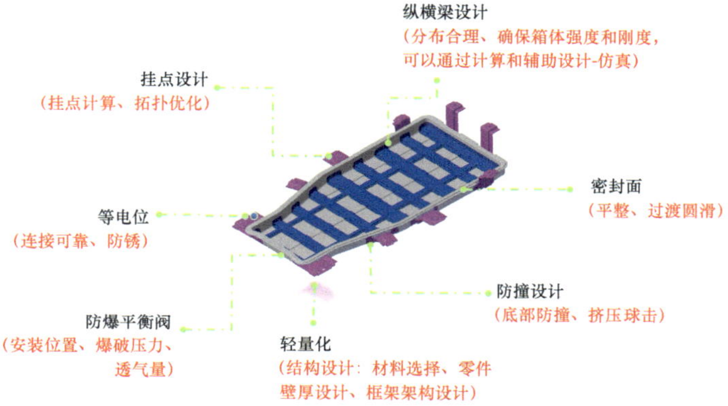

图 1-33　箱体设计要点示例

关于电池包结构设计的内容，将在本书的第 3 章予以详细描述。

1.3.4 电池包电子电气设计

电池包产品与电相关的设计，可以分为电气设计和电子设计两部分。电气设计主要指高低压线束、连接器、铜巴、汇流排、端子、继电器、保险丝等电气件的设计与选型，需要考虑的因素主要有载流能力、接触阻抗、耐压等级、机械特性、阻燃等级、老化特性、耐腐蚀、绝缘防护、接触防护、密封要求、连接工艺、制造和加工成本等。有关电连接的设计内容，将合并在本书的第 3 章，予以论述。

电子设计，主要是指电池管理系统（BMS）的设计，包含硬件设计和软件设计两个部分。BMS 作为电池包系统的控制核心，需要完成数据采集、计算、上下电控制、能量管理、通信、数据存储、故障诊断、告警、保护等多重功能，常见功能如图 1-34 所示。

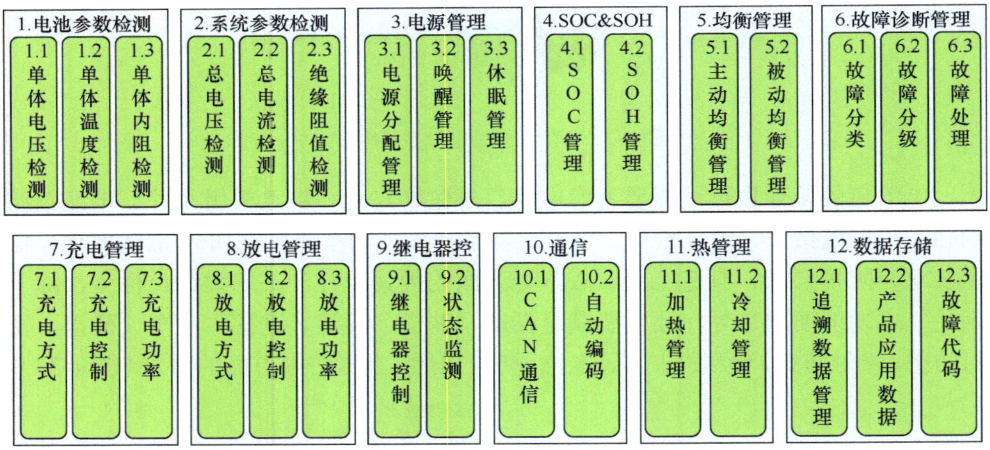

图 1-34　BMS 功能示例

除了以上的功能之外，未来 BMS 将在其他几个方面有更深入的发展：更加智能化的能量管理，通过对单体电芯的建模和自学习功能，实现更加精确的荷电状态（SOC）、健康状态（SOH）、能量状态（SOE）计算；在 AUTOSAR 基础上的软件分层和分布式开发，并实现软件的快速迭代和 OTA 远程更新；云服务和大数据结合，对电池包所有数据进行分析，实现远程在线诊断，及时发现和修复隐患；完全满足 ISO 26262 的功能安全要求，进一步提升电动汽车的安全等级。

关于 BMS 设计的内容，将在本书的第 4 章予以论述。

1.3.5 电池包热设计

电池包的热设计有两个目标：控制电芯的工作温度和控制不同电芯的温度差。前者会严重影响整个电池包的性能和寿命，后者会严重影响电池包内部的短板效应，导致电池组一致性变差。要达到这两个热设计目标，就要考虑加热、散热、热均衡、保温等 4 各方面的措施。

对于电芯而言，最佳的工作温度范围在 20～30℃，电池包内部的电芯温度差控制在 5℃以内比较合理。显然，要把工作温度和温差控制在这么严格的范围内，电池包的热管理系统将会变得非常复杂，所以通常会把工作温度范围放宽到 10～40℃，把电池包内部温差控制在 5～8℃，这样可以在电池包的性能、寿命和成本之间达到一个比较好的平衡状态。

对于散热设计而言，可以考虑的散热方式有自然冷却、风冷、液冷、冷媒直冷等几种方式。我们需要根据外部环境温度、电池寿命要求来推导电芯的工作温度限值和温差限值，需要根据系统运行工况、电芯发热功率、电气件发热功率等来计算系统的换热系数，再综合考虑技术复杂度、Pack 内部的安装空间、散热速率以及成本等因素，选择最合理的散热设计（包括冷却方式和冷却回路等），散热设计的一般流程如图 1-35 所示。

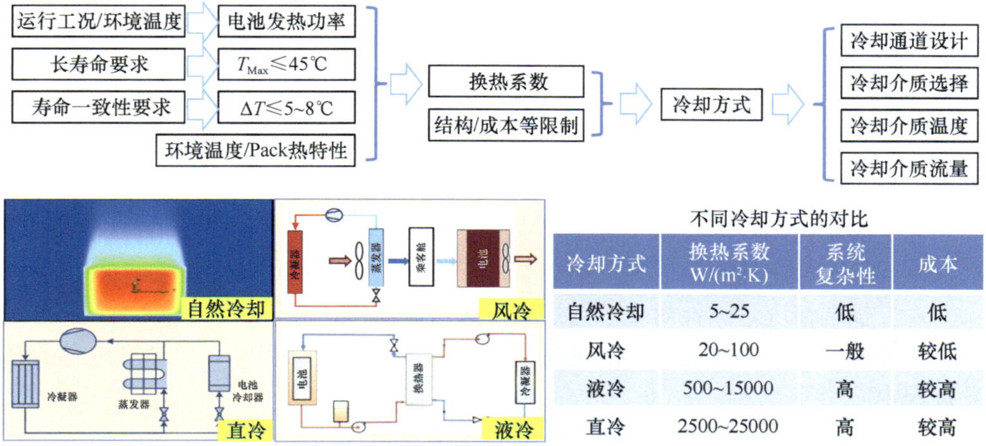

不同冷却方式的对比

冷却方式	换热系数 W/(m²·K)	系统复杂性	成本
自然冷却	5~25	低	低
风冷	20~100	一般	较低
液冷	500~15000	高	较高
直冷	2500~25000	高	较高

图 1-35 散热设计流程示例

对于加热设计而言，可以考虑的加热方式有加热膜、PTC、液热等几种方式。加热设计的思路与散热设计相似，一般的设计流程如图 1-36 所示，此处不再赘述。

关于电池包热设计的内容，将在本书的第 5 章予以论述。

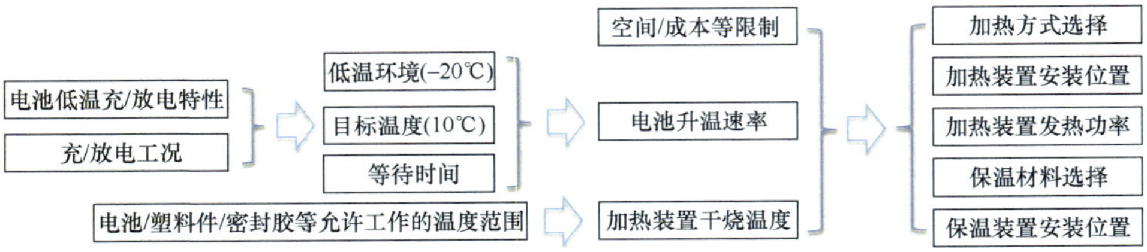

常见的几种加热方式(装置)

不同加热方式的对比

	加热膜	PTC	液热
厚度(mm)	0.3~2	5~8	集成在液冷中
干烧温度(℃)	60~90	30~70	25~40
升温速率(℃/min)	0.15~0.3	0.15~0.35	0.3~0.8

图 1-36　加热设计流程示例

1.3.6 电池包安全设计

电池包的安全设计，基本上围绕电池包的内部组件构成和可能发生的安全风险展开，确定合理的产品安全设计目标和框架（图 1-37），指导具体的产品开发工作。

图 1-37　Pack 安全设计的四大内容

1. 化学安全

电芯发生热失控，可能会产生电解液泄漏、起火和燃烧等现象，造成乘客或车辆外部人员受伤。针对电芯而言，如何确保各种运行条件和使用情况下的化学和热稳定性，确保不产生安全风险，这是必须要考虑和解决的问题。需要考虑的情况包括：

- 额定范围内的正常工况；
- 长距离运输和长时间存储；
- 极端情况，如针对电芯的过充、过放、挤压、穿刺、火烧等。

在各种情况下，都要为电芯的安全性确定合理的设计目标，贯穿到电芯的开发过程中。

针对动力电池系统的其他组件而言，化学安全还涉及电解液或冷却液泄漏所导致的化学腐蚀（有可能造成内部短路）、盐雾腐蚀、阻燃和有害气体排放等。

2. 电气安全

针对动力电池包内部的电子电气系统而言，电气安全是首要考虑的因素，各种与“电”有关的安全风险，都必须考虑到：

- 绝缘配合；
- 等电位（接地）；
- 短路防护；
- 绝缘状态监控；
- 高压连接器互锁；
- 高低压隔离；
- 电磁兼容性（EMC）；
- 故障自诊断。

电气安全，不仅要考虑被动防护，如各种线缆和连接器的绝缘保护，高低压连接器的闭锁装置，以及良好的电磁兼容性等，还需要考虑如何做到故障的自诊断和主动防护，如绝缘状态监控、高压互锁检测、接触阻抗检测等，确保在故障发生的初期就主动介入，将风险降到最低。

3. 机械安全

机械安全主要针对整个电池包箱体以及内部的结构件而言，确保在各种机械载荷和外部破坏性因素的作用下，电池包的机械特性不会发生重大的变化，消除产品的安全风险。需要考虑的因素包括：

- 密封防护（防尘防水）；
- 振动；
- 冲击；
- 碰撞；
- 跌落；
- 碎石冲击；
- 重物锤击；
- 翻滚；
- 金属物穿刺；
- 燃油火烧（针对混合动力车）。

4. 功能安全

功能安全是针对电池管理系统（BMS）而言的，要确保电池管理系统在任何一个随机故障、系统故障或共因失效下，都不会导致安全系统的故障，从而引起人员的伤亡、环境的破坏、设备财产的损失。也就是 BMS 与安全相关的功能无论在 BMS 正常情况下或者 BMS 异常情况下都应确保正常发挥作用。

关于电池包的安全设计，本书不予详细论述，请参考《电动汽车动力电池系统安全分析与设计》。

1.3.7 电池包仿真分析技术

仿真分析是通过计算机建模和计算，对产品设计进行验证的重要手段。合理利用仿真分析手段，既可以在产品开发早期，作为主要分析方法，来验证产品设计的合理性，及时发现设计存在的问题和缺陷，避免后续的设计更改成本和周期，也可以在产品开发后期，作为辅助分析手段，降低对测试工作的依赖，减少测试工作量。

电池包仿真分析技术，如图 1-38 所示，可以分为结构仿真、热流体仿真、电化学仿真三大类。结构仿真的内容包括拓扑优化、形貌优化、形状优化、尺寸优化、静强度分析、密封界面分析、模态分析、随机振动分析、机械冲击分析、滑车分析、挤压分析等。热流体仿真的内容包括电化学-热力学耦合仿真、热场分布、流程分布、热失控仿真等。

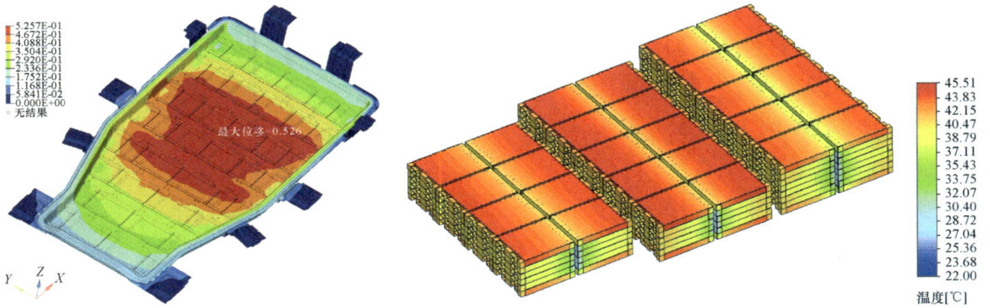

图 1-38 电池包仿真分析示例

在产品开发的不同阶段，综合应用不同的仿真分析方法进行仿真分析，可以快速查找设计问题，避免盲目试错，缩短开发时间，节约开发成本。仿真结果的精确度，决定了仿真手段可以达到的效果，这要求产品力学模型、热学模型的建立，工作边界条件，相关约束条件等，都要比较准确，才能获得比较理想的仿真结果，接近真实情况。

关于电池包的仿真分析技术，将在本书的第 5 和 6 章予以详细论述。

1.3.8 电池包工艺设计

将电池包的所有物料，按照特定的方式和方法，加工成电池包产品，满足出货的要求，这就是电池包工艺设计要达到的目标。

电池包的装配过程，可以分为电池模组装配、电池包箱体装配、下线测试（end of line，EOL）三个大的阶段。在电池模组装配阶段，关键工艺有分容、清洗、入壳/框、焊接、涂胶、测试等，因为模组的设计相对标准化，且复用度高，因此电池模组的装配过程可以做到高度自动化。在电池包箱体装配阶段，关键工艺主要有电池模组安装、水冷组件安装、线束连接、紧固件装配、壳体安装、连接器安装等，针对设计定型且量产规模很大的电池包，是可以做到 Pack 箱体装配高度自动化的，但是对于量产规模达不到一定程度的电池包产品，做自动化生产的代价是非常高昂的，设备折旧成本相对较高。电池包的 EOL 包括功能测试（通信，上下电控制等）、安全测试（耐压等级、绝缘阻抗、等电位、绝缘监测精度、高压互锁等）、气密性测试（IP 防护验证）、容量测试（抽检）等，主要是为了验证电池包的生产装配是否可以达到出货要求。

关于电池包的工艺设计，将在本书的第 8 章予以详细论述。

1.4 我国电动汽车 Pack 技术发展趋势

电动汽车产品要走入千家万户，在运营市场和个人市场占据非常重要的地位，必然要在续驶里程、环境适应性、使用寿命、购置成本等方面能够追赶甚至超越传统的燃油车，这也给电池包的技术发展带来了更高的挑战。

1.4.1 我国新能源汽车的发展阶段

我国新能源汽车的发展阶段，从 2009 年开始算起，到 2020 年，可以大致划分为 4 个阶段，如图 1-39 所示。

图 1-39 我国新能源汽车的发展阶段

第一个阶段：2009～2013 年。这个阶段，是技术、产品、用户、市场的积累期，其特点是核心技术、产品形态、用户使用习惯等基本上还在摸索，到底该怎么搞，大家都不知道。但是有一点是毋庸置疑的，就是一定要发展节能与新能源汽车这个产业，这涉及我国能源安全，事关我国汽车产业能否做强，也是我国制造业转型升级的必由之路。

第二个阶段：2014～2015 年。经过第一个阶段的探索，核心技术有了一定的突破，产品形态呈现多种多样的局面，用户也慢慢地接受了新能源汽车这个新鲜事物，最重要的是，由于中央财政补贴和地方财政补贴的双重刺激，吸引了众多的企业和资本进入了这个产业，从而造成了 2014 年和 2015 年的井喷式发展。

第三个阶段：2016～2017 年（进行中）。我们把这个阶段称为窗口期，或者摇摆期，是因为这个阶段是政策逐步让位于市场的阶段，但是由于政府对于监管的加强，以及“消化”前期政策所遗留的额外问题需要一定的时间，客观上加剧了产业发展的波动，使得行业的发展在一年当中会出现大起大落的情况。

第四个阶段：2018～2020 年（预测）。我们把这个阶段称作突破期，政府建立新能源汽车产业发展的长效机制，逐步取消短期的行政刺激行为，以行业监管者的身份出现，将产品和技术的主导权交还给市场本身，从而一举奠定我国新能源汽车产业在全球的领先地位。

1.4.2 我国政府制定的 2020 年关键技术指标

不同的国家，对于新能源汽车的发展有各自的考虑，选择了适合自己的技术路线。我国新能源汽车产业的发展，在产业目标、市场目标、技术路线等方面都有非常明确的规划，对整个产业的发展起到了非常好的促进作用。这其中有三份比较重要的文件（表 1-2），对动力电池及 Pack 的技术路线会有很大影响，值得我们关注。

表 1-2　动力电池及 Pack 相关的 2020 年技术指标

政策名称	2020 年技术指标
《节能与新能源汽车发展规划（2012—2020 年）》	Pack 能量密度≥300 Wh/kg Pack 成本≤1.5 元/Wh
《节能与新能源汽车技术路线图》（2016 年）	纯电动车续驶里程>300 km 新能源汽车在汽车年度销量的占比达到 7%～10%，保有量≥500 万辆 电芯能量密度≥350 Wh/kg，Pack 能量密度≥250 Wh/kg 电芯成本≤0.6 元/Wh，Pack 成本≤1 元/Wh 电芯循环寿命≥4000 次/10 年，Pack 循环寿命≥3000 次/10 年
《促进汽车动力电池产业发展行动方案》	电芯能量密度≥300 Wh/kg Pack 能量密度≥260 Wh/kg，Pack 成本≤1 元/Wh 使用环境温度达到–30～55℃，充电能力达到 3C 动力电池总产能达到 100 GWh，龙头企业产能达到 40 GWh

2012年6月28日，国务院下达关于印发《节能与新能源汽车产业发展规划（2012—2020年）》的通知。这是我国新能源汽车产业发展过程中最重要的一份纲领性文件，将节能与新能源汽车产业提高了国家战略的高度，对市场、产品、技术都做出了明确的规划。

2016年10月26日，受国家制造强国建设战略咨询委员会、工业和信息化部委托，中国汽车工程学会组织逾500位行业专家历时一年研究编制的《节能与新能源汽车技术路线图》（2016年）正式发布，本项技术路线图描绘了我国汽车产业技术未来15年发展蓝图，对新能源汽车产业的技术路线做出了更加详细的规划。

2017年3月1日，工业和信息化部、国家发展和改革委员会、科学技术部以及财政部四部委公布了《促进汽车动力电池产业发展行动方案》，以加快提升我国汽车动力电池产业发展能力和水平，推动新能源汽车产业健康可持续发展。

这三份文件中，与动力电池及电池包相关的2020年技术指标要达到表1-2中的要求，需要在工程技术方面有比较大的创新。

1.4.3 技术挑战及发展趋势

以纯电动乘用车为例，2020年的典型技术参数如下所述。

450 km的续驶里程，已经完全可以满足运营市场的需求，达到每天只充一次电的目标。车辆使用可以适应我国东北地区和华南地区的广泛温度变化，在快充状态下，可以做到15 min充满80%的电量，整车的整备质量小于1.5 t，百公里能耗在15度电以下（图1-40）。

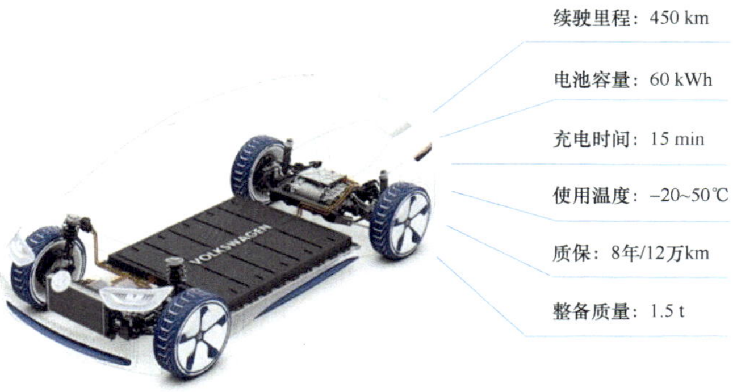

图1-40 2020年纯电动乘用车典型技术参数

为了达到政府规划的技术指标，充分满足市场对于纯电动汽车的需求，电池包技术必须在以下几个方面取得明显的进步。

1. 系统集成效率的大幅度提升

按照电芯能量密度 300 Wh/kg 和电池包能量密度 260 Wh/kg 的目标来计算，电池包系统的集成效率要做到 85%（图 1-41），而当前乘用车电池包的集成效率普遍在 60%左右，这意味着集成效率需要大幅度提升，才能达成目标。

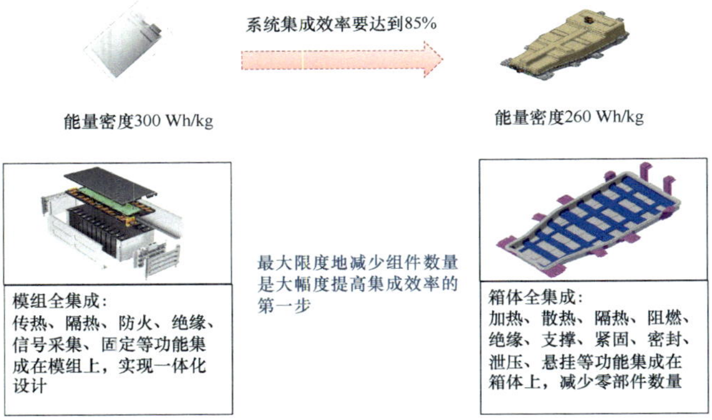

图 1-41　系统集成效率提升目标

要提高电池包的集成效率，有两个可行的途径，一是优化 Pack 内部的结构设计，大幅度减少电池包内部的组件数量，将更多的组件和功能集成在模组和箱体上，从而大幅减轻重量；另一个是采用轻量化的材料，如采用铝合金或复合材料代替高强度钢，采用塑胶件代替金属件等，也可以明显减轻 Pack 重量。

2. 广泛的温度适应性

冬天可以在零下 20℃，甚至零下 30℃的低温下工作，夏天可以经受 50℃的地面高温而不趴窝，同时还要承受 3～4C 的快充，这是电动汽车大范围推广的必要条件。要满足这一要求，高换热系数和快速热交换的液冷/液热系统将成为电池包的标配。

液冷/液热系统的设计目标是在–20～50℃环境温度和 3～4C 快充工况下，将电池单体的工作温度控制在 10～40℃、电池单体间的温差控制在 5～8℃以内。

综合运用仿真分析和测试验证等手段，达到液冷/液热系统的最优化设计，才能做到–20～50℃的使用温度范围，以及大倍率和长寿命使用。

液冷/液热系统的设计，必须与整车的冷却循环系统相互匹配，必须与电池包的结构设计高度集成，必须达到极高的热交换效率。

3. 3～4C 的快充成为标配

想象一下，我们开着电动汽车出门，在充电站需要花费 1 个小时的时间进行充电，如果碰上充电排队，可能需要花费 2 个小时，甚至更长的时间，没有比这更糟糕的体验了。家用慢充和充电站快充相结合，是电动汽车普及的关键因素之一，对于出租、公交、物流等领域的营运车辆来说，快充的重要性甚至要远远大于慢充，因为充电的时间是无法载客或载货的，充电时间越长，意味着运营效率越低，损失越大。

比较合理的快充要求，是在 15 min 内，充满 80%左右的电量，这要求电池包达到 3C 以上的充电能力，在电芯的设计选型、电连接设计、热设计以及 BMS 的能量管理方面，都要做出非常大的技术突破，其技术要点如图 1-42 所示。

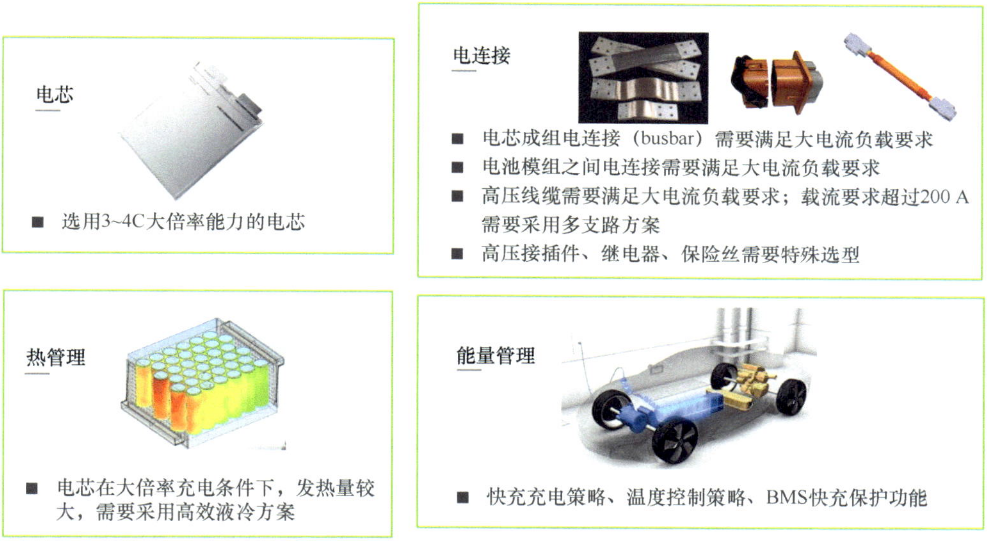

图 1-42　快充技术要点示例

4. 与车同寿命的电池包产品

因为电池包的成本很高，如果做不到与车同寿命，车辆的维护成本将非常高昂，用户显然不会愿意为这额外的成本买单。

以乘用车为例，如果是个人用户购买，通常需要达到 8 年/12 万 km 的寿命要求，如果用于营运，寿命可能要达到 6 年/40 万 km。

要达到如此严格的寿命要求，除了电芯的循环寿命和日历寿命要达到目标，还需要电子、电气、机械组件也要达到 8 年以上的使用寿命。除此之外，在电芯的成组技术、系统的热管理和能量管理，以及电池包的售后维护等方面，也都有非常高的要求，其主要的技术要点如图 1-43 所示。

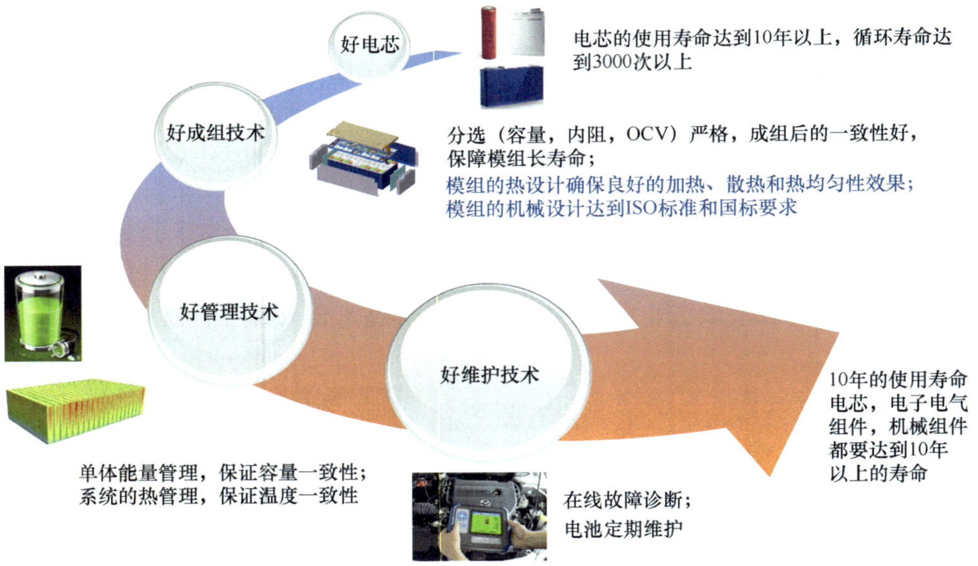

图 1-43　长寿命技术要点示例

5. 总结

电池包技术的发展，涉及多学科、多领域的知识，需要跨学科的技术融合，需要综合性的、系统性的产品开发思维，不能简单地把电化学、电子、电气、机械等作为核心技术看待，还要看到电池包产品所涵盖的材料、热交换、电磁兼容等方面的技术特征。

要开发一个可以装车的电池包产品很容易，要量产一个寿命、稳定性、可靠性、安全性都完全符合汽车级要求的电池包产品，则需要大量的工程实践、理论计算、计算机仿真和测试验证，还需要基于足够数量的产品进行迭代设计，不断地优化和完善。

本书的目的在于通过系统的工程方法，为广大读者展示电池包产品设计与制造的流程，加快知识的传播和技术的融合，推动新能源汽车产业的技术进步。

参考文献

电动汽车的六大优点与四个缺点. 2017. http://www.swsm.net/forum.php?mod=viewthread&tid=441909&from=portal
电动汽车发展史. http://www.docin.com/p-1500416981.html, 2016
伏开飞. 2015. 装有 CVT 的 PHEV 关键参数匹配与能量管理研究. 重庆: 重庆大学
高云芳. 2015. 新型负极膨胀剂的制备及对铅酸蓄电池性能影响. 杭州: 浙江工业大学

耿玉德, 张朝辉. 2013. 开启洁净空气的持久战. 林业经济, (3): 64-66
界面. 一篇文章读懂插电式混合动力. http://www.jiemian.com/article/347675.html, 2015
梦莎. 2014. 伦敦多管齐下铁腕治雾 摘掉“雾都”黑帽. 绿色环保建材, (3): 74-79
你不知道的宝马 E1 和宝马电动汽车发展史. http://shuoke.autohome.com.cn/article/546465.html, 2016
魏雷. 2011. 油价波动的分析对中国的启示. 新财经(理论版), (5): 25-26
夏军. 2015. 1kg 锂电芯能量相当于 103 g 的 TNT 炸药 解析动力电池与汽车安全. [2016.06.04]. http:// www.d1ev.com/38564.html
夏军. 2016. 新能源汽车产业政策应逐步让位于市场. http://www.d1ev.com/47357.html
杨淑霞. 2003. 电动汽车异步电机直接转矩控制的研究. 成都: 西南交通大学
袁野. 2011. 电动汽车刹车系统的研究. 北京: 北京交通大学
CEEC. 2015. 《巴黎协议》落定 助推能源电力转型. http://www.chinaeol.net/news/view.asp?id=79824&cataid=10
HYBRID 技术奠基者 丰田 Prius 历史回顾. http://www.autohome.com.cn/culture/201605/887913all.html?pvareaid=101380, 2016.

02

动力电池系统总体方案设计

2.1 动力电池系统总体方案设计概述

2.1.1 动力电池系统总体方案设计流程

动力电池系统产品设计的基本目标是保证整车开发目标设定的性能和功能得到实现。为了满足电动车辆的应用要求，第一，需要从整车的性能需求考虑动力电池系统的工作电压、可用能量、充放电功率需求；第二，需要满足整车安全的需求，包括电气安全、机械安全、化学安全及功能安全要求；第三，需要考虑质量要求，以及可能的成本，包括购买成本和综合使用成本（使用和维护成本）；第四，还包括可制造性、可采购性、可装配性、可测试性、包装运输、售后服务、可回收性等要求；另外，还包括重量、允许的运行条件及环境温度范围等要求。在现有的技术条件下，采用整体系统设计的方法，在高能量、高安全性、高可靠性、重量轻、成本低、易维护、易实现梯次利用等方面综合平衡考虑，为整车提供具有最佳综合使用性能的动力电池系统产品。

动力电池系统产品的开发需要遵循汽车级产品开发的基本步骤和过程，按照汽车级产品“V”模型开发模式（图 2-1）从系统级需求描述和分析开始，逐步迭代到子系统、零部件，分层分级进行设计、分析、验证到整车确认，确保开发的产品完整性、可靠性、安全性等。项目启动之后，根据客户要求定义产品开发范围及边界、需要达成的技术指标、成本目标，以及开发进度要求等，然后开展总体方案的工作。

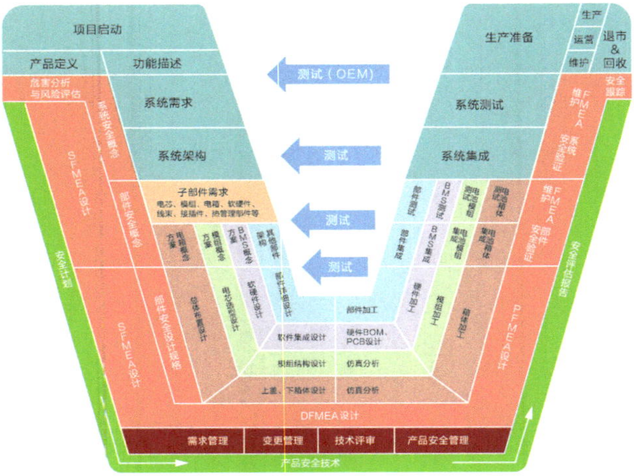

图 2-1 汽车级产品“V”模型开发模式示意图

2.1.2 动力电池系统的总体需求分析

总体需求分析的主要目的是分析、沟通和理解整车及用户对动力电池系统产品的相关要求，确定总体方案的设计需求和预期能达成的目标，并分析与实际需求之间存在的差距。在产品开发初期，系统需求分析的主要作用是构建产品总体功能、初始架构、总体结构等，具有决策性、方向性、策略性。

1. 产品开发相关背景信息分析

产品开发相关背景信息的沟通、分析和确认，主要包括电动车辆类型、目标销售区域、目标用户群体、典型工况、整车重量、尺寸空间，以及开发计划等要求。

- 电动车辆的类型。例如：纯电动汽车（BEV）；插电式混合动力汽车（PHEV）；混合动力汽车（HEV）或其他。
- 目标销售区域。主要用于识别销售的目标区域所在地的法律法规要求（如北京地标、上海地标）、运输法规要求（如空运或海运需要满足 UN38.3），以及当地的气候环境等特殊性要求等。
- 目标用户群体。例如：个人私家车用户、企业级用户（用于出租营运、公共交通等）等，用于识别典型运行工况和用户使用习惯（如公交快充）。
- 纯电续驶里程要求。综合工况或者等速条件下，整车纯电续驶里程要求，主要用于评估总能量（电量）设计与续驶里程需求的匹配性。
- 典型评估工况。例如：NEDC 综合工况或 WLTC 工况。
- 整备重量及能耗评估结果。整车跑轮毂或实车功能测试得到的百公里能耗数据；用于评估总能量（电量）设计的合理性。
- 开发主要时间节点计划。例如：整车冬季、夏季测试，整车公告等。用于评估产品样件开发进度与整车开发计划的匹配性。
- 产品批量生产时间和需求量预测。预测每年或者每个月需求数量（或者整车销量规划），用于评估产线开发进度及产能匹配能力。
- 需要开展第三方认证的要求。例如：国家或地方标准认证要求等。

2. 动力电池系统产品的总体功能

作为电动车辆的重要组成部分，动力电池系统用来给一个车载高压电气系统提供电能的吸收、存储和供应，并且可以通过车载充电机或者连接到电网或发电机的专门充电装置进行充电。总体功能及要求如下：

- 提供电能（支持整车驱动，同时支持其高压附件系统工作）。
- 充电功能（接收交流充电器和直流充电机充电）。
- 回收电能（接收整车电机再生制动回收的电能）。
- 存储电能（支持长时间的能量存储，不发生明显自放电或能量损失）。
- 满足工作温度、存储温度、湿度条件，以及海拔条件等环境要求。
- 满足整车电机、电机控制器等工作电压范围要求。
- 满足能量、充放电功率性能要求。
- 满足使用寿命、存储寿命要求。
- 满足机械性能和安全要求，包括机械刚度和强度；重量/轻量化要求；机械振动和冲击；跌落；碰撞防护；密封防护要求（防水防尘），以及满足机械滥用（挤压、穿钉等）安全要求等。
- 提供高压回路的接通和切断功能。
- 满足电气性能和安全要求，包括电气负载、电气连接可靠性、高压安全标志、电气绝缘、耐压、电气间隙和爬电距离、等电位、接触防护，以及电气滥用（外部短路、过充电、过放电等）安全要求。
- 满足压力平衡/补偿，以及紧急排气要求。
- 满足阻燃性能要求。
- 满足耐腐蚀要求。
- 满足热失控蔓延控制要求。
- 满足外部火烧要求。
- 提供电池物理参数（电压、温度、电流等）实时检测功能。
- 提供电池状态［荷电状态（SOC）、健康状态（SOH）等］估算功能。
- 提供 CAN 通信功能、CAN 网络管理功能。
- 提供故障诊断和预警功能。
- 提供电池安全保护（过充电/过放电/过温保护等）功能。
- 满足高压电安全管理要求，至少包括高压互锁（HVIL）、高压绝缘监测、继电器状态诊断、碰撞断电保护。
- 满足功能安全要求。
- 满足电磁兼容（EMC）要求。
- 满足热管理要求，包括高温散热、低温加热、保温、热分布均匀性要求。
- 满足可制造性、可维护性要求。
- 满足质量与可靠性要求。
- 满足相关法律法规及相关政策性要求。
- 满足强检认证相关要求。

- ➢ 满足环境兼容性要求。
- ➢ 满足可回收、梯次利用要求。

3. 动力电池系统的初始架构

由于动力电池系统产品涉及电化学、材料学、机械工程、电子电气、传热学、流体力学、信息工程等多个复杂的专业技术领域，因此需要进行系统架构设计，将专业技术集中的共用部件或子系统抽取出来，通过功能划分并形成子部件产品平台，方便各子模块并行开发和复用，有效提高开发效率和质量。动力电池系统产品的架构设计重点在于将整个系统进行子系统的分析和分解，并产生子系统内的部件或零部件，以及阐明子系统及与零部件之间的接口关系。主要包括：

（1）与车辆的外部接口

- ➢ 与车辆底盘的机械安装空间及固定；
- ➢ 与整车高压配电箱的电气连接接口；
- ➢ 与车辆控制器单元、低压供电电源（12 VDC 或 24 VDC）的电气连接接口；
- ➢ 与车辆地的接地连接接口；
- ➢ 与外部环境保持压力平衡及紧急排放的排气接口。

（2）内部子系统之间的接口

- ➢ 电池模组、电池管理系统组件、高压盒、热管理系统组件、高低压线束和接插件、平衡阀等部件在电池箱体中的机械安装、固定；
- ➢ 电池模组、电子电气部件（电池管理系统组件、高压盒等）、热管理系统组件、高低压线束和接插件之间的电气连接，包括电池模组在电池箱中的接地连接、电池模组之间的高压电气连接；电池模组与电池管理系统从控模块之间的电气连接（电压、温度采集）、电池管理系统中主控模块与从控模块、高压盒之间电气连接等。

- ● 单个电池包构成的动力电池系统产品架构图

通常电动乘用车由一个电池包构成，电池系统的产品架构图示例如图 2-2 所示。可以明确划定产品开发的边界及其与整车、外部环境之间的关系，其中虚线框界定了电池系统开发的边界和范围；同时，也明确划定产品内部子系统开发边界及子系统之间的连接关系。

- ● 多个电池包构成的动力电池系统产品架构图

通常电动商用车，尤其是电动大巴的布置空间较大，搭载的电量也较多，通常由多个电池包和独立的高压箱构成，其电池系统的产品架构也略有不同，如图 2-3 所示。对于采用独立高压箱的电池系统，电池管理系统中主控模块和高压电气部件一般会布置在高压箱中，而从控模块则一般布置在电池箱中。对于手动服务开关的布置，会选择位于电中心附近的电池包进行配置。

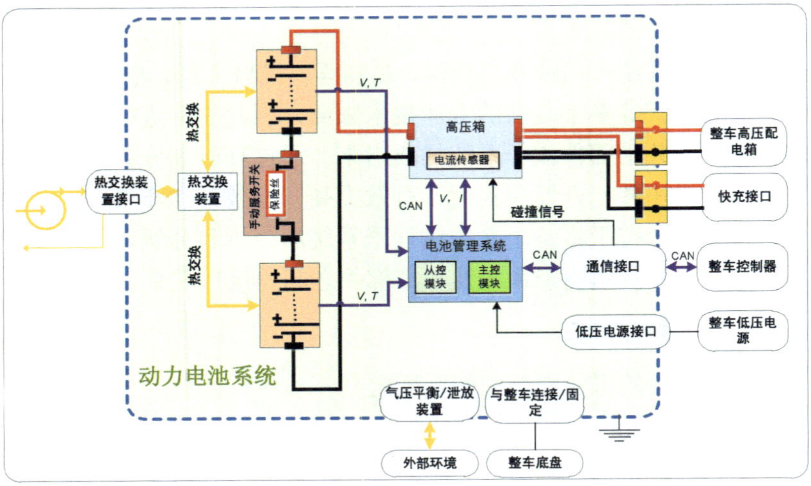

图 2-2　动力电池系统产品架构图示例（1）

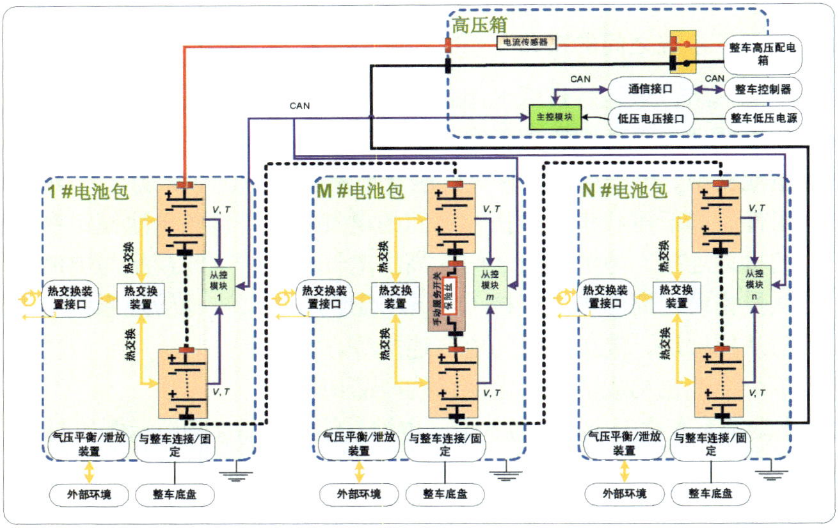

图 2-3　动力电池系统产品架构图示例（2）

4. 动力电池系统的总体结构

系统方案设计通常采用类似于结构化的分析方法，将一个复杂的产品分解成多个容易分别实现和维护的子系统层级。按照结构组成划分，整个动力电池系统各主要子部件构成如下所述。

1）电池模组。主要由单体电池、模组结构件（如端板、侧板、底板、盖板、绝缘、导热部件等）、电池参数检测传感器（如温度/电压采样传感器及线束等）、电气连接部件（如电芯串并联汇流排、模组输出极等）等组件构成。

2）电池箱体结构组件。主要由电池箱体（上盖、下壳体）、固定/支撑结构部件（支架、压板/压条等）、密封组件（如密封条）、平衡阀（具有防爆功能）、标准件（如螺栓、螺母、垫片等）等组件构成。

3）电子电气组件。主要由电池管理系统、继电器、保险丝、电流传感器、预充电阻、高/低压线束、连接器等组件构成。

4）热管理系统组件。冷板、软管、管接头、弹性支撑、电阻丝/加热膜等组件构成。

5）功能辅件。平衡防爆阀、卡扣、扎带、密封圈/垫、密封胶、导热胶等组件构成。

2.1.3 动力电池系统的基本性能参数

1. 额定电压

动力电池系统的额定电压和电压应用范围必须与电动车辆的高压系统部件如电机及电机控制器等进行匹配。

2. 工作电压范围

动力电池系统的工作电压范围主要是与整车电机及电机控制器等高压部件允许的工作电压上下限要求相适应。

3. 总容量

在规定条件下（例如 25℃，1C 放电或 1/3C 放电）的放电容量要求。

4. 总能量

在规定条件下（例如 25℃，1C 或 1/3C 放电），从满电态 100% SOC 完全放电至 0% SOC 时所能放出的总能量/总电量要求。

5. 可用能量

在规定条件下（例如 25℃，1C 或 1/3C 放电），从可用 SOC 上限值放电至 SOC 下限值时，所能放出的总能量/总电量要求。

6. 可用 SOC 范围

与可用能量对应的是可用 SOC 范围，这主要受限于单体电池的应用限制。

7. 峰值放电功率

在特定时间（一般不大于 30 s）内以规定条件能够提供的最大放电功率。

8. 峰值充电功率

在特定时间内以规定条件能够提供的最大充电功率。

9. 寿命

循环寿命在规定的充放电终止条件下，以特定的充放电制度进行充放电，达到寿命终止条件之前所能进行的循环次数，通常规定放电容量低于初始容量的80%作为寿命终止条件。

使用寿命是寿命终止条件之前能够按照规定的功能要求接受指定操作的时间，是系统工作时间和空闲时间的总和。其中，工作时间是系统处于系统自检和预处理、提供电能、回收电能、充电存储电能、均衡等过程的时间总和；空闲时间是系统处于休眠状态，没有能量流动的状态所对应的时间总和。

2.1.4 动力电池系统产品参数匹配性分析

1. 额定电压及电压应用范围

对于高速电动车辆动力电池系统的额定电压等级，参照《电动车辆高压系统电压等级》（GB/T 31466—2015）可选择 144 V、288 V、320 V、346 V、400 V、576 V 等。对于微型低速电动车动力电池系统的电压等级，100 V 以下主要以 48 V、60 V、72 V 和 96 V 为主。

动力电池系统的额定电压及电压范围必须与整车所选用的电机和电机控制器工作电压相匹配，因此为保证整车动力系统的可靠运行，需要根据电动整车电机的电压等级及工作电压范围要求，选择合适的单体电池规格（化学体系、额定电压、容量规格等）并确定单体电池的串联数量、系统额定电压及工作电压范围。通常允许使用的电压范围上限为系统额定电压的 115%～120%，下限为系统额定电压的 75%～80%。

2. 动力电池系统容量

整车概念设计阶段，从整车车重和设定的典型工况出发，根据续驶里程、整车性能（最高车速、爬坡度、加速时间等）要求，可以计算出汽车行驶所需搭载的总能量需求。动力电池系统容量主要基于总能量和额定电压来进行计算。

$$系统容量=\frac{总能量}{系统额定电压}$$

$$系统可用容量=\frac{总能量\times 可用SOC(\%)}{系统额定电压}$$

3. 功率和工作电流

整车在急加速情况下，动力电池系统需要提供短时脉冲放电功率，对应的工作电流为峰值放电电流；在紧急刹车情况下，需要提供短时能量回收功率，对应的回馈电流为峰值充电电流。

$$峰值放电工作电流=\frac{峰值放电功率}{系统端电压}$$

$$峰值充电工作电流=\frac{峰值回充功率}{系统端电压}$$

整车在平路持续加速或长坡道时，动力电池系统需要提供稳定的持续放电功率，此时要求能够长时间稳定输出一定额度的电流，即持续放电工作电流。

$$持续放电工作电流=\frac{持续放电功率}{系统端电压}$$

4. 可用 SOC 范围

在动力电池系统产品设计上，由于 SOC 可用范围会直接影响总能量的设计，直接体现到单体电池的选型及数量要求，因此，也会对电池箱体的包络尺寸设计、内部布置及安装空间间隙以及对总体成本等方面产生最直接的影响。动力电池系统 SOC 应用范围的选择首先考虑整车对充放电功率和可用能量等方面的需求，同时结合单体电池在不同温度条件下的充放电能力（功率和能量）、存储性能（自放电率）、寿命、安全特性，以及电池管理系统的 SOC 估算精度等影响因素来确定。

动力电池系统在其应用 SOC 范围内必须满足整车负载的峰值放电功率要求，保证电池系统具有的峰值放电能力大于负载的最大功率需求；同时，为了尽可能多地接受回收的能量，应满足所设定的峰值充电功率/回充功率要求。由于动力电池系统的充放电功率能力主要受选用的单体电池功率能力限制，其中：在低温、低 SOC 条件下，单体电池的放电功率会受到限制；在低温、高 SOC 条件下，单体电池的充电/回充功率会受到限制。因此，需要结合整车动力系统峰值（放电/回充）功率需求，定义 SOC 可用范围。

动力电池系统 SOC 使用范围的选择还要根据整车设计的纯电续驶里程目标，

通过分析整车能耗情况确定对应的可用能量需求，计算动力电池系统可用能量与整车能量需求差距，并调整 SOC 使用范围需求。

通常为了更好地保护动力电池系统，并延长其使用寿命，充电时不能将其充满电（接近 100% SOC），放电时也不能完全放电（低于 5% SOC），否则可能会损坏单体电池、缩短其使用寿命。但是，如果单方面为了延长动力电池使用寿命而加大电池系统的能量，来减小 SOC 使用区间，对于系统成本和空间布置都会产生不利影响。

由于动力电池均存在一定程度的自放电，因此，考虑到电池包的存储周期可能达到 3 个月以上（6 个星期的工厂/物流/配送和 6 个星期的存储区存储）的情况，为避免因为自放电而导致发生电芯过放电的情况发生，通常动力电池系统的 SOC 的下限应不低于 5%。

综上所述，动力电池系统 SOC 使用区间的选择应该综合权衡以上各个影响因素，因此，需进行综合平衡选择，确定 SOC 使用区间的最佳方案。通常，BEV 动力电池系统 SOC 可用窗口 10%～95%；PHEV 产品 SOC 窗口 20%～95%；HEV 产品 SOC 窗口 30%～70%。

5. 温度应用范围

动力电池系统的温度应用范围主要考虑：低温条件下对单体电池的充电、放电功率和能量的影响；高温条件下对单体电池的寿命和安全特性的影响。基于整车对应的持续放电和脉冲放电功率能力要求，以及单体电池在低温条件下的充电窗口，确定温度下限应用范围。为避免由于温度过高引起单体电池寿命的快速衰减和出现热失控，根据单体电池的温度特性及以往电池包产品使用经验，确定温度上限应用范围。

（1）工作温度范围

一般情况下，动力电池系统要求在–20～60℃外部环境温度中能正常工作。

在低温条件下，动力电池系统由于受到单体电池功率特性的限制，很难满足整车正常条件下的峰值放电或峰值回馈充电功率需求。在高温条件下，动力电池系统由于受到单体电池温升特性、安全及可靠性应用温度范围等因素的限制，不能允许按峰值放电或峰值回馈充电功率进行工作。因此，需要基于单体电池的温度和功率特性，在低温、低 SOC 状态下对应放电功率能力和高温、高 SOC 状态下的充电功率能力结合使用温度区间进行限制。

（2）存储温度范围

一般条件下，要求动力电池系统产品能在–40～60℃范围内能进行存储。

由于动力电池系统产品装配完成之后，会经历由制造工厂出厂，经由物流运输（夏季高温运输途中暴晒）和配送到整车厂物料仓库存储区进行存储的情况，因此，要求动力电池产品能满足：在环境温度不超过 45℃条件下，允许存储 2～3 个月，不发生明显的寿命衰减（或出现明显的不可逆容量损失）。

2.2 单体电池的选型与设计

2.2.1 单体电池的选型与设计概述

单体电池是动力电池系统的基本组成，是电动车辆的能量存储装置，主要为车辆提供电能的吸收、存储和供应。单体电池的比能量、比功率和循环寿命等参数，直接影响电动车辆续驶里程、加速和爬坡能力、使用寿命等性能。单体电池的选型和设计主要根据输入的动力电池系统性能要求等信息，转化为对它的设计开发要求等，如表 2-1 所示。

表 2-1 单体电池选型和设计输入输出表

输入	输出
● 产品的应用背景（车辆类型 BEV/PHEV、个人用户/出租运营、日均行驶里程、开发计划等） ● 额定电压及工作电压范围要求 ● 寿命起始时（BOL，25℃下），需提供的总能量要求 ● 寿命起始时（BOL，25℃下），需提供的最小可用能量要求 ● 持续放电功率 ● 峰值脉冲放电功率，持续时间 ● 峰值回馈/充电功率，持续时间 ● 快速充电功率/倍率（充电站/桩快速充电） ● 慢速充电功率/倍率（车载充电机慢速充电） ● 产品的重量/体积能量密度要求 ● 产品设计使用寿命和质量保证要求 ● 产品应用的环境条件和区域 ● 产品的使用温度范围 ● 产品的存储温度范围 ● 产品的重量 ● 相关行业规范、法律法规及认证要求	● 单体电池产品技术成熟度要求 ● 单体电池化学体系限制性要求 ● 单体电池额定电压、工作电压范围 ● 单体电池串联数量需求 ● 单体电池容量设计或选型需求 ● 单体电池并联数量需求 ● 单体电池持续放电功率能力需求 ● 单体电池峰值放电功率能力需求 ● 单体电池持续充电倍率能力需求 ● 单体电池峰值回馈功率能力需求 ● 单体电池重量能量密度要求 ● 单体电池循环寿命要求 ● 可用温度（工作、储存）范围需求 ● 单体电池测试、认证要求 ● 单体电池限制性使用要求

2.2.2 单体电池的选型依据

与铅酸蓄电池、镍氢电池相比，锂离子电池具有工作电压高、比能量高、循环寿命长、自放电率低等优点，并且具有使用电压范围宽、无记忆效应、环境友好等优点，是目前公认比较适用于电动车辆的动力电池类型。由于电动车辆产品需求的不断提升和技术进步，现有的锂离子动力电池产品的技术水平仍存在较大的限制，不仅仅是在产品性能和安全性方面，还包括产品的成本因素等。因此，提高锂离子动力电池的比能量、使用寿命和安全性，并降低其成本等，既是动力电池研究的热点，也是选型考虑和设计优化的重点。

单体电池的选型和设计主要考虑以下几方面的因素，包括：

- 电动车辆的应用类型和特点，尤其是不同类型电动车辆对动力电池需求的差异性；
- 动力电池自身特点的差异性，包括动力电池产品性能、安全性、产品技术和工艺成熟度、产品价格、产能保证能力，以及环保因素等。

在动力电池选型过程中，需要重点关注动力电池特点的差异性，包括不同正负极材料体系和结构形式的动力电池产品，其对应的产品性能、安全性、产品技术和工艺成熟度、产品价格、产能保证能力，以及环保因素等方面。按照正负极材料体系进行划分，主要包括磷酸铁锂 $LiFePO_4/C$、镍钴锰三元 NCM/C、锰酸锂 LMO/C 等。

按照单体电池的结构形式划分，几种典型的锂离子动力电池优缺点比较及应用建议，见表 2-2。

表 2-2　典型锂离子动力电池优缺点及应用建议

电池结构	优势	劣势	应用建议
圆柱形	1）壳体以钢壳为主，结构成熟，工艺制造成本低； 2）自动化生产工艺成熟度高、生产效率高； 3）成品率及电芯一致性高	1）一个电池包中所需要的单体电池量非常大，达到上万只，成组成本相对较高； 2）圆柱电芯的循环寿命较短，NCM 电芯寿命约 800～1200 次； 3）机械结构的高功率限制	1）BEV 应用，适用于中低端乘用车、物流车、微型车、低速车； 2）整车纯电续驶里程 150～200 km，仅适用于个人用户，不推荐应用于出租车； 3）成组设计应避免汇流排上电流密度分布不均匀，改善散热路径
铝塑膜软包	1）重量轻，软包电池重量较同等容量的钢壳锂电池轻 40%，较铝壳锂电池轻 20%； 2）体积能量密度高，采用软包装电芯可节约体积 20%以上； 3）可根据客户的需求定制，开发新的电芯型号	1）电芯壳体机械性能较弱，容易发生漏液； 2)配套设备还未完全形成自动化； 3)对外部模组保护结构的要求较高,成组工艺相对复杂； 4）散热设计相对困难	1）BEV 应用为主，少量可满足 PHEV，适用于中高端乘用车、商用车等； 2）需要配合成熟可靠的模组和电池包设计； 3）应改善散热路径； 4）改善绝缘防护设计
方形硬壳	1）壳体以铝合金为主，结构可靠性高； 2）电芯循环寿命较长，NCM 电芯寿命约 3000～4000 次，LFP 电芯寿命已经有超过 6000 次产品	1）壳体较重导致电池组能量密度有限，自动化生产程度低； 2）配套设备还未完全形成自动化； 3）机械结构件成本较高	1）BEV/PHEV/HEV 应用均可，适用于中高端乘用车、商用车等； 2）电池成组应用需要重点考虑电芯膨胀

2.2.3　单体电池容量选型设计

电池的单体容量不仅与电池类型有关，还与常见的生产规格有关，因而，对于单体电池容量确定的过程，即是单体电池选型的过程。单体电池容量选择时需要考虑的因素主要如下所述。

（1）单体电池的技术成熟度

基于已经设计定型的单体电池，单体电池容量的选择优先考虑已经批量稳定生产的电芯容量规格。对于非定型设计的单体电池，则需要考虑单体电池技术可行性和生产工艺成熟度，以及单体电池开发进度与动力电池产品开发进度的匹配性。

（2）单体电池的安全性

单体电池容量越大，其安全性能挑战越大，同时也影响单体电池的散热。

（3）整车电池安装位置和空间的限制

由于电动车辆需要尽可能地增加乘坐空间或有效载荷空间，同时还要考虑整车载荷分配，因此整车上用于动力电池系统的安装空间非常有限，可利用的空间尺寸也受到较大的限制。因此，选择合适尺寸的单体电池在电池箱体中进行布置，这样可以合理地利用电池箱内部有限的安装布置空间，最大限度提高电池箱空间体积利用率。同时，为了能兼顾不同整车厂不同车型的布置需求，单体电池的尺寸设计需要考虑通用性和标准化。

（4）考虑单体电池串并联组合后总能量与设计容量差别

如果是基于已经设计定型的单体电池进行选型，由于单体电池容量是固定的，因此成组之后的总能量可能与所需的电池总能量有一定差别。因此，在选择单体电池容量时还要通过计算，选择组合后能最接近预期的总电量的单体电池。

2.2.4 单体电池选型和容量设计示例

1. 纯电动乘用车系统参数和方案设计

某综合工况条件下续驶里程达到 300 km 的纯电动乘用车电池系统性能参数如表 2-3 所示。

根据整车综合工况条件下纯电续驶里程设计不低于 300 km 的目标、车速目标、单位里程能耗分析结果，初步设计动力电池系统总能量需要达到 55 kWh，可用能量约 46 kWh。整车选用的电机和电机控制器额定工作电压为 350 V 平台产品，则系统总容量和可用容量分别为

$$系统总容量=\frac{总能量}{系统额定电压}=\frac{55\,000\ \text{Wh}}{350\ \text{V}}=157.1\ \text{Ah}$$

表 2-3 某 300 km 纯电动乘用车电池系统性能参数表

序号	项目	单位	技术要求
1	总能量	kWh	≥55
2	可用能量	kWh	≥46
3	SOC 运行窗口	%	≥85
4	动力电池系统标称电压	V	350
5	动力电池系统工作电压范围	V	220～420
6	持续放电功率	kW	≥55 @30min，25℃
7	峰值放电功率	kW	≥220 @10s，25℃
8	车载充电功率	kW	6.6
9	快速充电倍率	—	80% ΔSOC @15min，25℃
10	峰值充电功率	kW	≥150 @10s，25℃
11	工作温度范围	℃	–30～60
12	使用寿命	—	10 年或者 24 万 km
13	循环寿命	次	≥800
14	自放电率	%/月	≤3
15	总重量	kg	≤460

$$\text{系统可用容量}=\frac{\text{总能量}\times\Delta\text{可用SOC}(\%)}{\text{系统额定电压}}=\frac{55\ 000\ \text{Wh}\times 85\%}{350\ \text{V}}=133.5\ \text{Ah}$$

则单体电池容量选型和设计，以及可以选用的并联方案如表 2-4 所示，具体选择哪一种容量规格，需要结合 2.2.2 节和 2.2.3 节来进行选择。

表 2-4 单体电池容量选型、设计与并联方案示例

	方案 P1	方案 P2	方案 P3	方案 P4	方案 P5	方案 P6
单体电池容量选型或设计	157 Ah 单体电池	79 Ah 单体电池	52 Ah 单体电池	39 Ah 单体电池	3.1 Ah 单体电池	2.8 Ah 单体电池
单体电池并联方案	1 并	2 并	3 并	4 并	51 并	56 并
系统容量	157 Ah	158 Ah	159 Ah	158 Ah	158.1 Ah	156.8 Ah

基于电池系统总能量和重量需求确定系统比能量的最低要求应不低于 120 Wh/kg，因此可选用具有高能量密度特点的三元体系锂离子动力电池。基于电池系统额定电压和三元体系单体电池额定电压 3.65 V，计算系统的单体电池串联数量 n：

$$\text{单体电池串联数量}n=\frac{\text{电池系统额定电压}}{\text{单体电池额定电压}}=\frac{350\ \text{V}}{3.65\ \text{V}}=95.9\approx 96$$

则单体电池可选用的串联方案及系统电压参数如表 2-5 所示。

表 2-5　单体电池串联方案示例

	方案 S1
单体电池化学体系选择	三元镍钴锰
单体电池电压平台	3.65 V
单体电池工作电压范围	2.80～4.20 V
单体电池串联方案	96 串
系统额定电压	350.4 V
系统工作电压范围	268.8～403.2 V

基于电池系统峰值功率与总能量比值（*P*/*E*）约为 4，可知应选用偏能量型的单体电池，按系统集成效率约为 60%计算，则单体电池的比能量应不低于 200 Wh/kg。

基于电池系统使用寿命（10 年或 24 万 km）和循环寿命（800 次）要求，预计应选用单体电池的循环寿命应不低于 1000 次。

由于不同用户群体日均续驶里程需求的差异性，以及不同阶段与之相关的政策驱动等因素，整车在不同时期的纯电续驶里程也存在不同设计需求，例如 150 km、200 km、250 km、300 km、400 km 和 500 km 等。依次类推，系统的总容量、单体电池的容量设计和系统串并联方案示例，如表 2-6 所示。

表 2-6　不同续驶里程需求的单体电池容量选型与系统方案示例

序号	纯电续驶里程（km）	总能量（kWh）	额定电压（V）	总容量（Ah）	单体电池容量选型/设计和系统并联方案示例
1	150	26	350	74.3	软包/方形：74 Ah，xS1P；37 Ah，xS2P；25 Ah，xS3P；19 Ah，xS4P 圆柱（18650）：2.4 Ah，xS31P；2.2 Ah，xS34P
2	200	35	350	100.0	软包/方形：100 Ah，xS1P；50 Ah，xS2P；33 Ah，xS3P；25 Ah，xS4P 圆柱（18650）：2.6 Ah，xS38P；2.4 Ah，xS42P
3	250	44	350	125.7	软包/方形：126 Ah，xS1P；**63 Ah，xS2P**；**42 Ah，xS3P**；32 Ah，xS4P 圆柱（18650）：2.8 Ah，xS45P；2.6 Ah，xS48P
4	300	55	350	157.1	软包/方形：157 Ah，xS1P；**79 Ah，xS2P**；**52 Ah，xS3P**；39 Ah，xS4P 圆柱（18650）：3.1 Ah，xS51P；2.8 Ah，xS56P
5	400	74	350	211.4	软包/方形：106 Ah，xS2P；**70 Ah，xS3P**；**53 Ah，xS4P** 圆柱（18650）：3.5 Ah，xS60P；3.1 Ah，xS68P
6	500	95	350	271.4	软包/方形：136 Ah，xS2P；90 Ah，xS3P；68 Ah，xS4P 圆柱（21700）：4.5 Ah，xS60P；圆柱（18650）：3.5 Ah，xS78P

2. 插电式混合动力乘用车系统参数和方案设计

某综合工况条件下续驶里程达到 50 km 的插电式混合动力乘用车电池系统性能参数如表 2-7 所示。

表 2-7　某 50 km 续航里程插电式混合动力乘用车电池系统参数表

序号	项目	单位	技术要求
1	总能量	kWh	≥13
2	可用能量	kWh	≥9
3	SOC 运行窗口	%	≥70
4	动力电池系统标称电压	V	350
5	动力电池系统工作电压范围	V	220～420
6	持续放电功率	kW	≥13@30 min，CD，25℃
7	峰值放电功率	kW	≥85@10 s，CD，25℃ ≥70@10 s，CS，25℃
8	持续充电功率	kW	6.6
9	峰值充电功率	kW	≥50@10 s，25℃
10	工作温度范围	℃	–30～60
11	冷却方式	—	主动液冷
12	冷启动功率（–30℃）	kW	≥7@持续时间：5 s-(5 s 休息)-5 s-(5 s 休息)-5 s
13	使用寿命	年	≥10
14	CD 循环寿命	次	≥3000
15	自放电率	%/月	≤3
16	总重量	kg	≤120

注：CD，charge depleting，能量消耗；CS，charge sustaining，能量维持

基于电池系统峰值功率与总能量比值（*P*/*E*）约为 6.5，可知应选用偏功率型的单体电池，按系统集成效率约为 65%计算，则单体电池的比能量应不低于 165 Wh/kg。

基于电池系统使用寿命（10 年）和循环寿命（3000 次）要求，预计应选用单体电池的循环寿命应不低于 4000 次。

由于不同用户群体日均续驶里程需求的差异性，以及不同阶段与之相关的政策驱动等因素，整车纯电续驶里程也存在不同设计需求，例如 50 km、60 km 和 80 km 等。依次类推，系统的总容量、单体电池的容量设计和系统串并联方案示例，如表 2-8 所示。

表 2-8　不同续驶里程需求的单体电池容量选型与系统方案示例

序号	纯电续驶里程（km）	总能量（kWh）	额定电压（V）	总容量（Ah）	单体电池容量选型/设计和系统并联方案示例
1	50	13	350	37.1	软包/方形：37 Ah，xS1P；19 Ah，xS2P
2	60	15.7	350	44.9	软包/方形：45 Ah，xS1P；22 Ah，xS2P
3	80	20	350	57.1	软包/方形：57 Ah，xS1P；28 Ah，xS2P

2.3 机械结构概念设计

2.3.1 机械结构总体设计概述

机械结构总体设计主要包括动力电池系统总体布置方案设计、电池箱体和电池模组结构概念方案设计等。基于整车提供的包络空间尺寸要求，进行总体结构方案设计，其中，电池包的最大外形尺寸设计能够满足车辆内部安装空间尺寸以及安装、维护要求；电池包内部尺寸应保留最大容纳空间，应利于位于电池包内部的子部件，如电池模组、水冷板、电池管理系统、高低压接插件及线束的排布和安装。电池箱体结构强度要保证有较高的安全系数，以保证车辆在发生碰撞时电池包的整体结构不受破坏，不会进入乘员舱；在有限空间约束下，尽可能保证电池模组及单体电池能实现均匀散热；保证电池箱体能与车身连接紧固；保证电池箱体有足够高的密封性。几种典型的电动车辆电池包，图 2-4 所示。

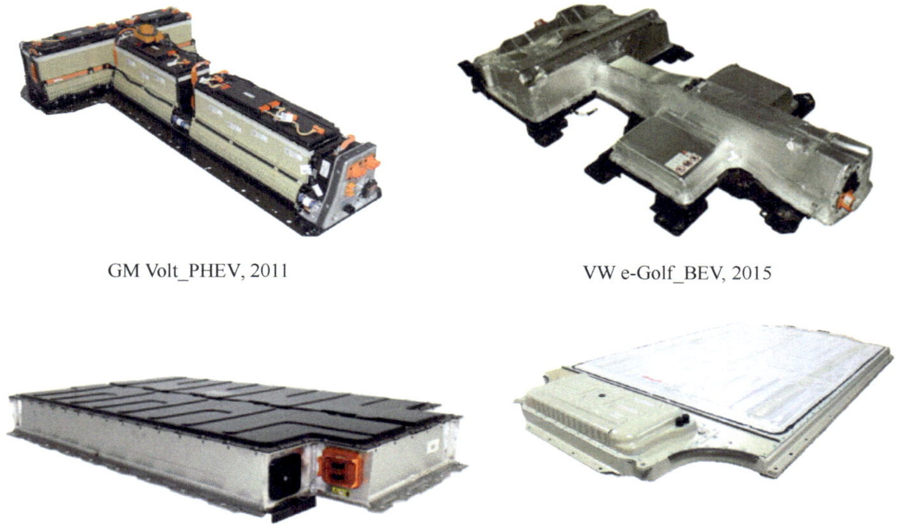

GM Volt_PHEV, 2011

VW e-Golf_BEV, 2015

BMW i3_eREV, 2014

Tesla Model S60_BEV, 2013

图 2-4 典型电动车辆电池包形状

机械结构设计的输入及输出如表 2-9 所示。

表 2-9　机械结构设计输入输出表

输入	输出
● 动力电池系统/电池包的外形包络尺寸 ● 动力电池系统/电池包在电动车辆上的安装固定要求 ● 动力电池系统/电池包在车辆上的安装空间限制性要求（装配间隙和方向，以及接插件插拔方向等） ● 单体电池选型方案（包括化学体系、容量规格、外形尺寸、总数量、串并联方案等） ● 单体电池成组应用技术和工艺平台 ● 电池模组产品平台 ● 电池模组外形尺寸要求 ● 热管理系统组件选型、尺寸及安装空间需求 ● 电池管理系统组件选型、尺寸及安装空间需求 ● 高低压电气部件选型、尺寸及安装空间需求 ● 重量及轻量化要求 ● 机械结构强度要求 ● 机械寿命要求 ● 碰撞防护要求 ● 防水防尘要求（密封等级）	● 动力电池系统/电池包外形 3D 图 ● 动力电池系统/电池包尺寸调整建议和需求 ● 动力电池系统/电池包在电动车辆上的安装挂点数量和位置建议 ● 固定要求，内部安装固定要求 ● 接口要求，内部安装接口要求 ● 电池模组概念方案（单体电池成组方式）和数量 ● 电池模组总体布置方案 ● 模组总重量要求，箱体重量要求 ● 模组结构强度要求，内部安装固定要求 ● 高压电气直接接触防护（IPXXB，IPXXD）和间接接触防护（等电位）要求 ● 热管理系统接口定义 ● 电磁兼容要求 ● 测试验证要求

2.3.2 机械结构设计要求

1. 机械结构设计通用要求

整车坐标系主要依据 ISO 4130—1978《道路车辆三维参考系统和基准符号定义》来进行定义，主要是方便尺寸校核。其中，*X* 轴与驾驶方向的反向平行且坐落在车辆纵向的中心平面上，*Z* 轴垂直向上。要求动力电池系统产品的机械设计基于直角右手坐标系（如图 2-5 所示）进行开发，以利于产品开发过程中的数据校核。

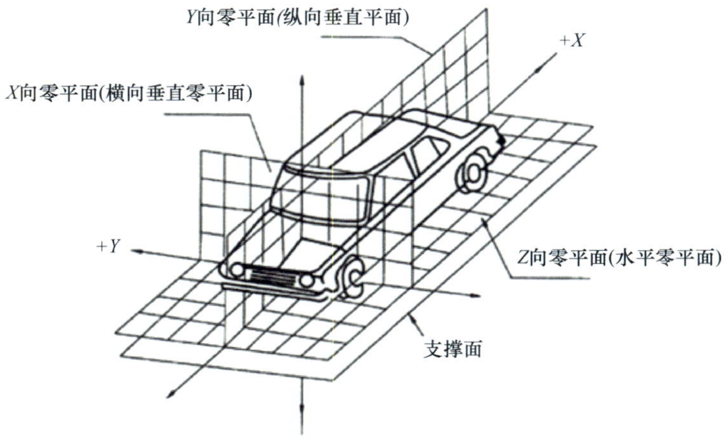

图 2-5　三维坐标系

2. 重量与轻量化

与传统燃油汽车相比，由于电动车辆目前所选用的动力电池的比能量远低于传统燃油汽车，且电池系统的重量占比较大，因而也使得整车的整备质量大幅增加，导致电动车辆的续航能力相形见绌，因此，相比于传统燃油汽车，电动车辆对于轻量化的要求更为迫切。

动力电池系统的结构设计需要以提高产品的质量比能量和质量比功率为目标，通过轻量化设计提高产品的集成效率。

3. 外观标识

要求具有永久标识，注明单体电池的化学体系类型和动力电池系统的基本参数以便识别。基本参数包含：电池系统中单体电池化学体系类型、额定电压、总能量、最大放电电流、最大充电电流、电池系统整体质量等。

要求具有安全风险警示标签，其中警告标识的位置、尺寸和内容必须遵照相应的设计要求、标准和规则。优先在电池包的第一可视面或者清晰醒目位置设置高压危险符号。

4. 机械刚度和强度

目前在动力电池系统产品开发和应用过程中，主要存在以下共性问题：

1）由于电池包的质量较大，电池箱体下壳体纵横梁/加强筋的边缘部位应力都比较集中，容易发生疲劳失效。

2）电池箱体下壳体的中心区域变形量较大，会影响整车离地间隙和通过性。

由于电池箱体承受着电池组等部件的质量，因此其强度、刚度必须满足使用要求才可以保证整车行驶的安全性。动力电池系统须进行合理的结构设计，机械刚度和强度设计要求能保证具有足够强度和刚度，尤其是在典型的极限工况（如紧急制动、越过路面障碍或颠簸路面、急转弯等）条件下，电池系统各部分不发生破坏和失效。例如，要求满载条件下，取冲击加速度 1g、3g 进行静强度的计算，对应的变形量小于 3 mm（具体可以结合整车离地间隙对应的允许最大变形量进行调整和确认）。

5. 机械振动和冲击

根据已有的电池包机械振动试验测试结果分析，发生失效的主要问题及原因，归纳如下：

1）单个电池包自身有较大的重量，通常采用吊挂悬置方式固定在整车车身上，容易出现电池箱体局部应力过大，尤其是电池箱下壳体的纵横梁上对应于电池模组固定的部位更容易发生开裂。

2）电池箱体外壳破裂。

3）电池箱内部支架结构损坏。

4）接插件、标准件（螺栓/螺母）出现松动。

5）高低压线束磨损，导致出现绝缘电阻降低或短路。

6）在焊接上，存在局部位置焊接点间距过大，造成板件之间连接强度不足的情况。电池箱加工过程中，实际焊接结果与焊接要求（焊接位置、焊点大小及数量等）不完全一致，导致实际耐振动性能下降。

由于路面的不平度，电动车辆在行驶过程中所承受的载荷具有振动激励源多样化、随机性的特点，因而常采用随机振动来模拟电池包在该过程中的振动特性。目前针对动力电池系统随机振动条件下的结构疲劳分析，主要使用频域分析方法，即通过采集典型行驶工况对应的路谱信息，得到时间历程的样本函数，并将其转化成和概率有关的函数，如功率谱密度（power spectrum density，PSD）函数。功率谱密度可以从频域角度准确地描述载荷的统计规律，因而，载荷工况一般以功率谱密度-频率曲线的形式进行定义。将电池箱受到的振动来源分解为 3 个方向（*X*、*Y*、*Z*）的功率谱密度，电池箱在使用过程中也主要是受 *Z* 向振动源的影响较大。根据 GB/T 31467.3—2015 第 7.1 节电池系统经受的随机振动载荷（对应测试功率谱密度曲线见图 2-6），按一个样品每个方向测试 21 h，可等效认为能够满足 24 万公里以上的机械寿命要求。电池系统也因底盘或者安装位置不一样，而有其自身的随机振动谱，因此也可以根据自身的车型和安装位置来采集路谱，制定随机振动测试载荷。对于用于出租运营电动车辆，由于城市运营工况的特殊性，

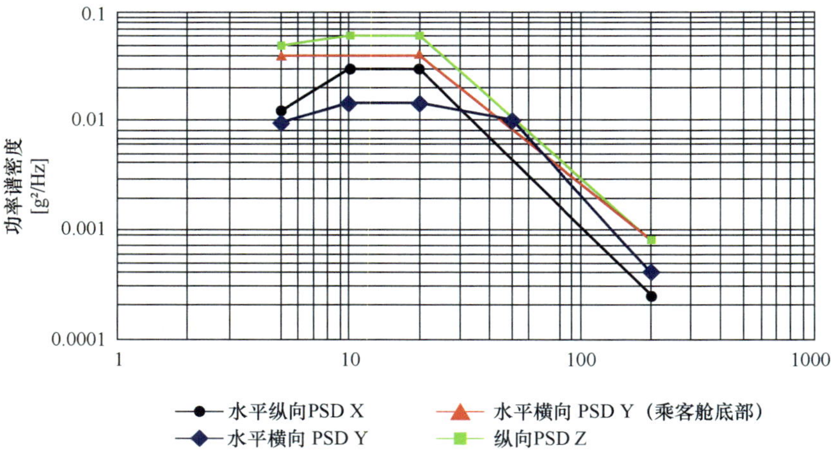

图 2-6　电池包或系统的振动测试功率谱密度曲线

要求达到50万公里甚至更高的机械寿命要求，最好能按实际运行的典型工况来采集实际路谱数据，并针对性制定对应于50万公里或更高累计行驶里程要求的随机振动测试载荷。

由于动力电池系统的抗振动与抗冲击性能会直接影响其基本性能、安全性、可靠性以及耐久性等，因此，电池包的结构设计应能满足多变运行环境和行驶工况条件下的疲劳寿命要求，能满足结构耐久测试和整车耐久试验要求。经历机械冲击试验（例如施加25 g、15 ms的半正弦冲击波形）后，要求箱体外部及内部不应有机械损坏、变形和紧固部位的松动现象。

6. 碰撞

相比于传统汽车，电动车辆在碰撞中的特殊性体现在两方面：一是高能量、大质量的动力电池包在碰撞中受到挤压损伤时（电池包挤压变形量超过能容忍的极限）可能会引起起火、爆炸；二是高电压的电驱动系统碰撞后可能会与乘员发生直接或间接接触从而引发电击伤害。电动车辆在碰撞、翻车等情况下，高压线束可能会出现脱落、短路、损坏等情况，通过车体带电，乘员遭受触电危险，危害乘员人身安全；动力电池组可能会发生挤压、短路、穿刺等故障，造成电池内部或外部短路，从而引起电池的热失控，造成起火、泄露、爆炸等事故，危害乘员人身安全。要求电池包的结构设计能满足整车碰撞要求，模拟碰撞过程中不能发生电解液的泄漏、电池箱壳体破裂或固定结构失效、着火或爆炸等现象。如果电池包中包含液冷系统，则水冷板中的冷却液不能发生泄露。

7. 挤压

挤压主要是模拟整车发生碰撞过程中，电池模组及电池箱内部高压电气部件可能受到的机械接触式作用力、变形量及位移，进而可能形成的危害事件，是碰撞安全的进一步补充。对于采用方形电芯或软包电芯的电池模组，由于单体电池内部卷芯结构的差异性，包括卷绕结构和叠片结构的差异性，其在不同方向上允许的挤压变形量有较大差异，因而受到挤压之后的安全风险也不同。例如：单体电池的极片采用卷绕式结构，其大面挤压风险高，因而电芯或电池模组在整车上的布置应优先将电芯窄边沿 Y 方向布置。

首先，必须限制电池包（包括内部电池模组或电芯）在 Y 方向的变形压缩量（主要依靠整车的侧面碰撞防护设计），避免发生过大的挤压和结构侵入，导致发生漏电和电解液泄漏的情况。同时，必须限制电池包（包括内部电池模组或电芯）在 X 方向的变形压缩量（主要依靠整车的后碰碰撞防护设计），避免发生后纵梁以及副车架等结构侵入，导致发生漏电和电解液泄漏的情况。

8. 密封防护要求

由于整车行驶环境的复杂性，尤其是安装在车辆底盘下方或者安装位置较低的区域，当电动车辆遇到涉水、暴雨等危险工况时，可能由于水汽的侵袭引起电池的电气故障、短路、漏电等危害，因此必须为电池系统提供防水、防尘的环境。电池包的密封性直接影响到电池系统的工作安全，影响到电动车辆的使用安全。通常，密封防护等级要求达到 IP67，才能保证电池包密封防水，电池组不会因为进水而短路。在一些要求较高的场合也需要满足到 IP68 的要求。

9. 底部抗石击性能

在车辆行驶过程中，安装在车辆底部的电池箱体容易受到飞石撞击，尤其是溅起的小石子长期重复的冲击，会对电池箱体底部的保护漆膜造成损坏，导致金属部件缺少防护而发生生锈。通常参考传统燃油汽车，要求在电池箱体底部设置一层防护装甲（例如采用厚度约为 2～4 mm 且具有弹性的树脂保护层），要求满足防腐蚀、防石击要求。

10. 底部球击和穿刺

道路上可能会出现各种石块、混凝土块，如果没有得到及时清理，并且驾驶员在车辆行驶过程没有有效避让道路上的这些异物，则安装在整车地板下方的电池箱体很容易受到冲击变形，从而可能对电池箱内部的电池模组、水冷板形成挤压。道路上还可能会出现各种尖锐异物，例如钢筋、钢板尖头、拖车挂钩等，如果安装在整车地板下方的电池箱体受到这些尖锐异物的猛烈撞击，很可能将电池箱底部击穿并对内部的电池模组形成穿刺作用。

2.3.3 电池包在整车上的布置

1. 电动乘用车电池包的布置

对于传统车企而言，主要基于传统畅销的燃油车型进行电动化改造，希望新开发的电动车辆能够利用现有生产线改造并进行生产，因此要求新设计的电动车辆整车架构与原来传统车型有类似的组成形式（如有完整的可承载的下车体、相似的底盘结构及装配方式等）。基于传统燃油车产品平台进行改造开发的电动车辆（乘用车），其电池包在整车上的布置主要分布在以下六个区域（图 2-7）。

1）A 区：前地板区域下方。

由于整车乘坐空间和离地间隙的限制，A 区域内在 Z 方向上可用的空间非常有限，不利于尺寸较大的电池模组（单体电池）的布置。

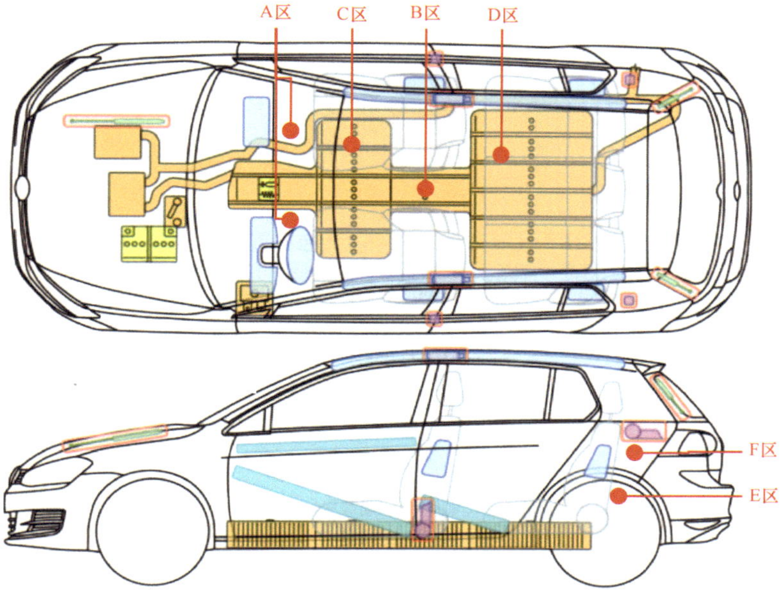

图 2-7 电动乘用车电池包布置示意图

2）B 区：中央通道。

B 区域属于中央通道轮廓，其布置环境相对固定，可以充分利用中央通道区域来布置电池包；同时，需要在中央通道尺寸、座椅布置及后排通过性之间找到技术平衡点。另外，电池包的高压系统需要与整车前舱的电器零部件进行连接以实现电力的传输。中央通道是比较好的连接通路，并且可以为高压线缆提供较好的保护，因此可将电池包的高压输出端板布置在此区域。

3）C 区：前排乘客座椅下方区域。

C 区域整车布置上受到人机工程、座椅运动和装配、离地间隙及碰撞安全等方面因素的影响。由于电池包尺寸较大，除了靠制造精度保证配合关系外，电池包和整车车身地板应保证有 5～10 mm 以上间隙，以保证装配间隙。

4）D 区：后排乘客座椅下方区域。

D 区域在传统燃油车辆上用于布置燃油箱，纯电动乘用车没有燃油箱，因此此区域可用于布置电池包。与 C 区域一样，电池包和整车车身地板应保证有 5～10 mm 以上间隙。

5）E 区：行李箱/后备箱地板下方区域。

E 区域属于传统燃油车备胎槽的位置，此区域布置电池包会导致无法布置备胎或只能布置小尺寸备胎，相应的随车工具可能会有变化。

6）F 区：后排座椅后方的行李箱/备箱内部区域（牺牲行李箱空间）。

F 区域是直接以牺牲行李箱空间为前提的布置区域，通常不优先考虑在此布置电池。由于 F 区很难和其他几个区连接起来，若只在这个区域布置电池，电量很难满足行车需求，如果穿透行李箱地板和 E 区连成整体，意味着车身结构会和传统车辆有很大区别。相对而言，此区域的改造幅度和难度均较大。几款纯电动汽车电池包布置比较见表 2-10。

表 2-10　几款纯电动汽车电池包布置位置比较

车型	电池包位置	电池包规格	续驶里程（km）
Mitsubishi MiEV_BEV，2011	底盘正下方（B、C、D 区）	326V/50Ah	100
Nissan LEAF_BEV，2011	底盘正下方（B、C、D 区）	360V/66Ah	130
BMW i3_BEV，2014	底盘正下方（B、C、D 区）	363V/60Ah	130（eREV：240）
VW e-Golf_BEV，2015	底盘正下方，“土”字型（B、C、D 区）	322V/75Ah	134
Tesla Model S60_BEV，2013	底盘正下方（A、B、C、D、E 区）	302V/205Ah	300
华晨宝马之诺 1E_BEV，2013	“工”字型，中央通道 B 区+后排座椅下方 D 区位置	345V/80Ah	150

整车厂根据整车车身地板结构，并考虑整车底盘、电器件、内外饰件的影响，同时，结合以下限制性条件和需要满足的要求，初步给出电池包可布置的位置和可放置的空间范围边界。主要包括：

1）基于电动车辆的乘员数量、续驶里程等设计目标，初步估算需要的电池包容量大小，并推算出动力电池包的空间需求。

2）整车配置要求（例如行李箱/后备箱空间要求，影响电池包的布置位置及空间）。

3）整车最小离地间隙（一般满载最小离地间隙大于 100 mm）。

4）电池包的防护结构（与地板之间的安全间隙、碰撞防护结构等）。

5）工艺装配需求（机械安装接口、电气连接接口及装配操作间隙）等因素。

在确定动力电池包尺寸包络的过程中，需要同时考虑车身地板空间允许范围、工艺装配方法、动力电池所需的容量大小、可以选用的电池模组或单体电池的长宽高尺寸及排列方式等因素。由于空间局限性，单个区域布置电池通常无法满足电动车辆对于电量的要求，需要在几个区域同时布置电池包。如图 2-8 所示是基于传统燃油车产品进行改造的纯电动乘用车电池包，可知 B、C、D、F 等区域均作为电池包的布置空间得到利用。

对于传统燃油车改造的纯电动乘用车而言，由于整车底盘结构设计和电池包包络尺寸的差异性，很难实现其尺寸的标准化。表 2-11 是几种比较典型的不同位置电池包尺寸。基于表 2-11 中电池包的共性尺寸分析，并对照《电动车辆用动力蓄电池产品规格尺寸》（GB/T 34013—2017）中电池模组推荐尺寸，可知：

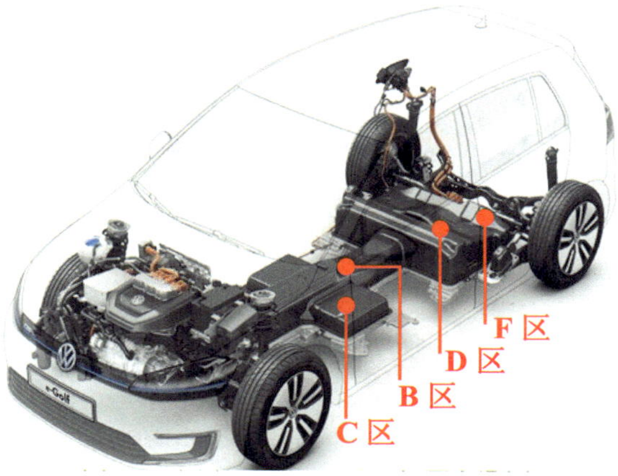

表 2-11　不同位置电池包尺寸分析　　（单位：mm）

电池包尺寸分解	电池包 A	电池包 B	电池包 C	共性尺寸
B 区（*Y*×*Z*），最小	170×145	160×170	166×162	160×145
C 区（*X*×*Y*×*Z*），最小	390×300×145	380×340×139	460×313×141	380×313×139
D 区（*X*×*Y*×*Z*），最小	323×956×250	343×950×254	573×830×269	323×830×250
E 区（*X*×*Y*×*Z*），最小	160×755×250	170×839×214		160×755×214

1）考虑电池包内部电池模组的布置要求，电池模组与电池箱上盖之间的安全间隙要求大于 5 mm，电池模组尺寸：151 mm (*W*)×108 mm (*H*)×252～590 mm (*L*)，保持模组宽度（*W*）和高度（*H*）不增加，通过长度（*L*）方向上扩展，可以在整车的 B、C、D 和 E 区域进行布置。

2）经统计估测，基于传统燃油车进行改造，对应的电池包 A 和电池包 B 的空间体积可以达到 180～200 L，基本能实现 150～220 km 纯电续驶里程所需电量的布置；经过大幅改造，对应的电池包 C 的空间体积可以达到 240～280 L，基本能实现 250～300 km 纯电续驶里程所需电量的布置。

由此可知，由于受到单体电池质量比能量和体积比能量的提升速度有限，以及整车布置空间的限制因素，基于传统燃油车的空间改造进行电池包的布置很难满足未来电动车辆的续驶里程达到 500 km 以上的需求。因此，需要进行全新电动车辆底盘开发，并与电池系统进行一体化设计。图 2-9、图 2-10 和图 2-11 分别是 Tesla、Benz 和 VW 对应于可满足 300～500 km 续驶里程的电动汽车及搭载的动力电池系统。

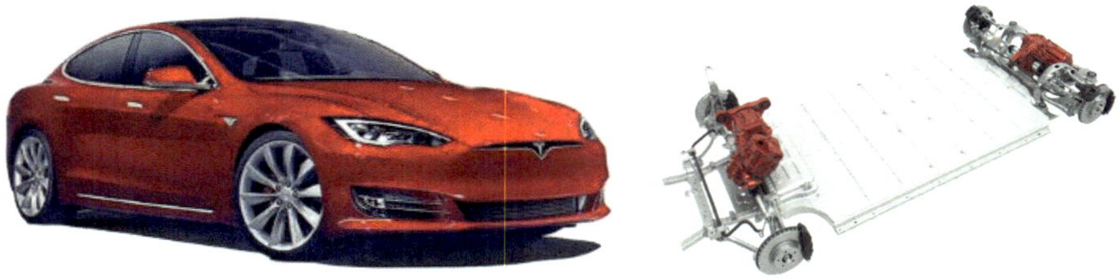

图 2-9　Tesla S60-P90：300～500 km（2013 年开始上市）

图 2-10　Benz Generation EQ：400～500 km，预计 2020 年上市

图 2-11　VW，BUDD-e 概念车：500～600 km，预计 2020 年上市

2. 电池包在整车上的固定与碰撞防护

通常选择车身上钣板等级和厚度较高的部分作为基础，将电池箱体有效固定在整车车身上，通过受力分析和计算，确定具体的结构、材料型号和厚度；与车辆之间连接的固定结构设计固定支架，增加安装支架的强度，保证在碰撞等恶劣工况条件下不发生变形；均匀对称布置安装点。由于电池箱体质量较大，如果车身厚度不能满足相关机械强度和焊接标准要求，需要采用局部加厚车身的方式来保证足够的机械强度和焊接质量，从而使电池箱体固定结构能有足够的安全系数，尤其是在发生激烈碰撞过程中，避免由于电池箱体固定结构失效或者车身对应位置发生破裂，而出现电池箱窜入乘客舱的情况。

电池箱体与车身连接固定时，主要选用螺栓紧固方式，通过综合评估电池箱体的重量、碰撞工况加速度，以及与接合面的摩擦系数等因素，来确定需要的螺栓规格和性能等级。采用螺栓紧固的主要优点是可靠性较高，但缺点是会增大电池安装和拆卸的难度，不适宜于快速更换电池箱体的应用场合。此外，电池箱体装卸时，为方便快速定位和安装，通常会设计一个定位梢。

考虑车辆在发生正面碰撞、侧面碰撞及后碰撞过程中对电池箱体可能造成的挤压破坏，尤其是在车辆发生碰撞时，车辆的侧面和后面部位容易产生较大的变形，因此在与整车讨论动力电池系统的布置过程中应充分考虑有效的碰撞保护措施，避免因整车布置不合理和结构防护设计不充分，导致碰撞发生之后继而产生漏电、漏液以及起火等二次伤害的发生。首先，应对动力电池包在整车上的布置和碰撞防护提出相应的要求，尽可能布置在车辆碰撞的非变形、吸能区域内，避免动力电池在碰撞中发生挤压变形；同时，应分析碰撞过程中电池箱体及其内部（例如电池模组）产生的最大变形情况，并结合单体电池和电池模组允许的最大侵入尺寸或挤压变形量来判断碰撞过程中的安全风险。动力电池包的固定方式尽量采用与车身纵梁等稳固件连接；高压配线位置的线路布局尽量与车身非变形结构相连接，同时加强高压线的绝缘保护。在动力电池系统开发过程中需要与整车数据进行充分的校核，并进行装配可行性分析。

2.3.4 电池包总体布置方案设计

通常整车厂会结合整车可用空间，考虑总电量布置空间需求、安装空间和安全间隙等相关因素后，提供一个电池包的大致包络尺寸空间。在有限的空间约束下，在电池箱体内部布置电池模组、电池管理系统、高压系统、热管理系统等，保证电池单体及模块均匀散热，保证电池的一致性、提高动力电池系统的使用寿命、安全性与可靠性等。

1. 电池模组的排布

电池包由多个电池模组构成，电池模组的排布既影响电池包内部有限空间的利用，也直接影响到电池包内部温度场分布、机械安全和电气安全等性能。在对动力电池系统技术需求进行分析和分解的基础上，基于现有可选用的单体电池成熟产品和未来产品开发路线规划，初步确定总体方案中单体电池的规格及串并联方式。对于汽车级产品，原则上优先选用已经经过验证的成熟产品，同时，争取采用单一类型的电池模组方案进行方案布置，这更有利于产品的设计、原材料及零部件的供应、生产制造、售后更换等，从而降低产品开发的技术风险，并能降低产品的开发周期和成本。典型的电池模组排布示例，如图 2-12 所示。

(a)

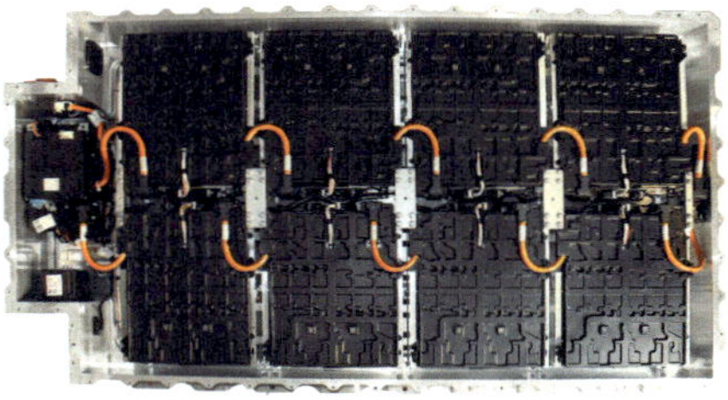

(b)

图 2-12 电池模组排布示例

（a）Tesla Model S；（b）BMW I3

2. 电池箱体纵横梁的布置

固定结构要有足够的强度以支撑加速度很大情况下质量很大的电池组，箱体底部设计纵横梁，安装固定后与车身连成一体增加车身承载强度。选择车身上钢板等级和厚度较高部分作为基础，将电池组有效固定，通过受力分析和计算，确定纵横梁具体的结构、材料型号和厚度。对于纵横梁和车身的固定连接处，应通过增加加强板或改进结构等措施保证强度，使电池箱体在恶劣工况下此处不发生变形。

3. 高低压线束的布置

高低压线束的布置设计充分利用了空间优势，将高低压线束严格区分开布置，实行高压在低、低压在高的布线形式，其中高压动力电缆通过线夹进行固定，并满足电气间隙的要求，低压通信线束则通过在电池模块顶部的线槽，与各个系统产生电连接关系。必须保证整个电池包高低压线束系统布置的安全性和可靠性，在视觉上也显得更加美观，并且方便维护。

1）电池内部的低压用电部件通过低压线束连接至电池包管理系统内，管理系统根据模块电池控制系统、冷却系统及高压回路控制系统控制线束传送来的信号来发送相应的指令，使各用电设备进行正常工作。低压线束通过在模块电池顶部壳壁预留的线槽，将电池内部的模块电池控制系统、冷却系统及高压回路控制系统与电池包管理系统连接。

2）根据各用电器件的功率不同，确定各种导线的线径及规格型号。电池内部的使用环境较好，故电源、普通信号线最后选择使用汽车级的导线，耐温等级达到–40～120℃；CAN 通信导线采用带屏蔽层的双绞导线。

3）电池包的高压部分通过高压动力电缆连接至高压配电箱，通过闭合或断开高压配电箱内的高压继电器来实现电池包内部与对外高压直流动力电缆的连接与断开。高压动力电缆部分通过电池包内壳壁的线扣固定在箱体地板上，最后连接至高压配电箱。高压动力电缆的布置需充分考虑到弯曲半径，避免弯曲电缆脱离连接端的电连接。

2.3.5 电池箱体和电池模组概念方案设计

1. 电池箱体概念方案设计

电池箱体是动力电池系统总成的载体，对产品的安全运行和防护起着关键作用，直接影响整车的安全性。电池箱体的结构设计主要包括电池箱上壳体、下壳体等部件的壳体材料选择，制造工艺方案选择等。电池箱体结构设计要点如下：

- 能量密度：比能量、轻量化；
- 热管理：热均匀性、热管理系统效率、导热、散热、保温、加热；
- 连接可靠性：过电流能力、电气连接可靠性、机械连接可靠性（防松）；
- 可制造性：生产效率、优率、成本；
- 机械安全：机械振动、冲击、强度、碰撞、挤压、侧翻、底部球击、跌落等；
- 电气安全：高压标识、电气绝缘、电气间隙、爬电距离、防触摸、等电位连接；
- 防护安全：防水防尘（IP67&IP6K9K）、防盐雾腐蚀；
- 其他：电池箱火烧、热失控蔓延控制、电池箱内外压力平衡和紧急排放。

电池箱体的设计主要包括上盖、下箱体、密封结构件、压条、支架等，其材料选择和结构形式主要取决于电池箱体的尺寸大小、结构形式(规则或异形结构)、机械强度和轻量化目标等要求。

电池箱体上盖主要起密封作用，受力不大，通常选用镀锌薄钢板进行折弯拼焊或者冲压成型。在电池箱上盖结构非常异形的情况下，如果采用钢板折弯拼焊或者冲压拉伸均会有较大加工难度，且制造效率难以达到批量化要求，同时考虑到整体电池箱体的轻量化需求，上盖也可选用复合材料进行制作，例如聚酯片状模塑料（SMC）、玻璃纤维增强树脂（GMT）、纤维增强复合材料（FRP）和长纤维增强热塑性材料（LFT）等。

电池箱体下箱体是整个动力电池系统产品的承载件，电池模组主要布置在下箱体里面，因此电池箱体内部要有嵌槽、挡板等结构措施使电池模组在车辆行驶的状况下可靠固定，在前后、左右、上下各个方向上均不发生窜动，避免对侧壁和上盖造成冲击，影响电池箱体寿命。下箱体可以采用拼焊工艺，底板可以选用高强度钢并冲压出加强筋，在与车身连接点位置做 X、Y 方向的“井”字型加强梁，提高下箱体的抗弯扭强度。下箱体的主要材料及成型方式包括：折弯型材钣金材料，冲压型材钣金材料，铸铝成型材料，焊接挤型铝材料。结合批量及生产效率需求、成本需求、轻量化需求及强度质量需求做出综合性的选择。

电池箱体上盖与下箱体之间密封面的设计对密封性起重要作用，其设计需要配合电池箱体结构和密封圈一起设计。密封面应尽可能保持在同一个平面，避免出现较多的曲面结构。由于上盖和下箱体是通过螺栓连接，所用螺栓数目较多，因此保证孔的同轴度尤其重要，需在合理布置螺栓孔位置的同时，位置尺寸尽量圆整，且在 X、Y 向呈对称布置。连接螺栓数目的选择需根据密封性高低和拆装工作量大小两方面综合考虑。

2. 电池模组概念方案设计

电池模组主要由单体电池、模组结构件、电池参数检测传感器、电气连接组件等构成。电池模组结构设计要点如下：

- 能量密度：比能量、轻量化；
- 热管理：导热、散热、加热；
- 连接可靠性：电气连接可靠性、机械连接可靠性（防松）；
- 可制造性：生产效率、优率；
- 机械安全：机械振动、冲击、电芯膨胀力；
- 电气安全：电气绝缘、电气间隙、爬电距离、防触摸、等电位连接；

电池模组的机械设计主要按以下要求进行：

- 单体电池之间的串并联可靠性连接、单体电池之间导电连接距离尽可能短且连接内阻小，汇流排能满足最大载流能力要求。
- 机械安全设计。电池模组装配松紧度适中，各结构件具有足够的刚度和强度，防止因电池的内压变化而产生变形或破坏，并且要严格避免振动过程中单体电池的移动。
- 电气安全设计。单体电池之间、单体电池与结构件之间达到电绝缘；电气间隙和爬电距离；接触防护；等电位连接等。
- 根据电池包整体结构设计要求，能够提供与水冷板进行良好的热交换。
- 电池模组温度采样的布点应能体现其特征温度。
- 电池模组的标准化及可扩展性设计。可由不用数量的单体电池进行串并联扩展设计、零部件尽量复用。
- 具有安装固定位置，能牢固地固定在电池包内部。
- 电池模组中的结构件应具有良好的制作工艺性，制作简单、方便，易批量化加工制作，低工艺成本。
- 具有良好的装配工艺性，方便安装、拆卸；应尽可能通用、具有互换性。
- 在满足刚度和强度的前提下，尽量减少材料用量，重量尽量减轻。

➢ 在满足性能要求的前提下，尽量采用廉价易得的材料。

2.4 电池管理系统概念设计

2.4.1 电池管理系统设计概述

电池管理系统（battery management system，BMS）的主要任务是保证电池系统在安全的电压、电流、温度范围内运行，并预防个别电芯早期损坏、在异常情况下采取干预措施；并根据环境温度、电池状态及车辆需求，决定电池的充放电功率，尽可能延长电池的使用寿命；提供车辆控制电池系统所需要的状态信息等。针对纯电动车辆，电池管理系统不仅能够正确监测使用过程中消耗的电池能量，而且能够预测电池的剩余电量，并根据汽车的当前行驶工况，预测汽车的续驶里程，这样可减轻驾驶员的心理焦虑，避免出现半路抛锚。对于混合动力电动车辆，电池管理系统不仅要检测电池的剩余电量，还要能预测电池的功率能力，以便监控电池的使用工况，在汽车启动和加速时能提供足够的输出功率，刹车时能回收更多的能量，并且不对电池造成伤害。因此，电池管理系统主要是配合纯电动车辆的能量管理，为满足驾驶员期望的工况对电池系统进行功率和能量的平衡，这也是保持电池系统正常运行、保证车辆运行安全和提高电池寿命的一种关键技术。

2.4.2 电池管理系统基本功能

电池管理系统的功能主要包括数据采集、状态估计、数据显示、热管理、数据通信、安全管理、能量管理和故障诊断，其功能框图如图 2-13 所示。

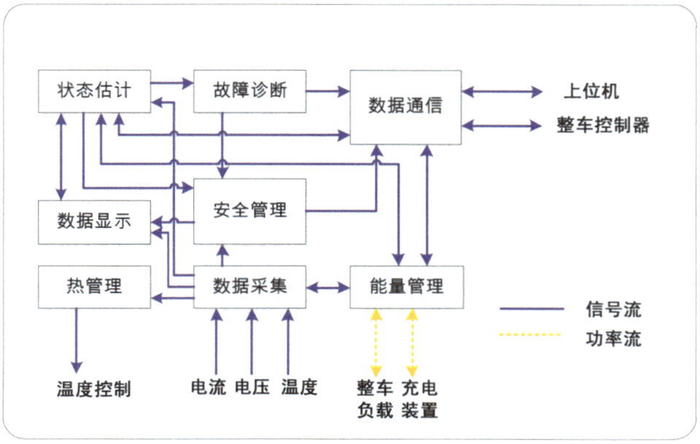

图 2-13　电池管理系统功能框图

2.4.3 电池管理系统设计要求

电池管理系统负责管理电池的充放电、电池的均衡、电池的热管理、与整车之间的通信以及故障的诊断、实时数据存储等。一般要求关键部件能采用汽车级元器件来开发，主控芯片、关键的电子元器件等都要求采用汽车级产品并满足汽车电子相应的测试标准。电池管理系统设计输入输出信息见表 2-12。

表 2-12 电池管理系统设计输入输出表

输入	输出
● 单体电池化学体系 ● 单体电池规格参数，额定电压和容量 ● 单体电池一致性 ● 单体电池 OCV-SOC 曲线 ● 单体电池的短时脉冲功率能力，单体电池 SOC-温度-脉冲放电功率，单体电池 SOC-温度-脉冲充电功率 ● 单体电池的持续充电能力，单体电池 SOC-温度-充电倍率 ● 单体电池允许的工作电压、电流、温度范围 ● 单体电池的安全使用电压、电流、温度范围 ● 电池系统规格参数，额定电压和容量 ● 单体电池的串并联形式及数量 ● 电池箱体内部结构布局信息 ● 热管理要求，加热和冷却 ● 高压控制要求 ● 通信要求	● 数据采集，采样速度、精度、量程 ● 电池状态估计，SOC、SOH 要求 ● 能量管理要求，控制充放电过程 ● 热管理要求，保持电池温度均衡 ● 安全管理，监测电池的电压、温度、电流是否超过安全范围 ● 电池均衡，主动均衡或被动均衡要求 ● 故障诊断功能 ● 通信功能，通信接口要求，通信速率 ● 电气控制，电池过压、欠压、过流 ● 漏电保护控制要求 ● 诊断功能，诊断项目要求 ● 故障分类 ● 管理系统功耗要求 ● 高压电气系统检测要求，高压系统电压、电流、绝缘阻抗等 ● 测试验证项目及要求

1. 单体电池电压检测

单体电池电压检测，要求对电池系统内部所有单体电池的电压进行检测。通常要求单体电池电压检测的测量范围为 0～5 V，全部单体电池测量周期不超过 50 ms，单体电池（模块）电压检测精度不大于±0.5% FS（满量程），且全温度范围内采样误差不大于±10 mV。

2. 温度检测

温度检测包含单体电池和电池模组内部的温度检测，以及电池系统内部特殊位点的温度检测。由于电池模组内部温度分布的不均匀性，因此除了温度传感器的选择之外，温度采集位点的选择必须能反映单体电池整体温度的实时变化，能体现模组内部的极限温度。具备断线和短路故障检测能力。通常要求温度采集范围–40～125℃，采集周期不大于 1 s，全温度范围内采样误差不大于±2℃，0～50℃范围内采样误差不大于±1℃。

3. 高压系统电压检测

高压系统电压检测能够分别采集电池系统内侧电压、高压继电器外端电压（靠近整车高压侧）。检测数据可通过 CAN 总线发送到整车网络。通常要求高压系统电压的采样周期不大于 10 ms，检测精度不大于±0.5% FS，且最大误差不超过±5 V。

4. 母线总电流检测

高压系统母线总电流检测，通常规定充电电流为负值、放电电流为正值。检测母线电流值可通过 CAN 总线发送到整车网络。通常要求母线电流检测的采样周期不大于 10 ms，总电流检测精度不大于±2% FS（满量程），且最大误差不超过±5 A。

5. SOC 估算

SOC 是整车系统评估电池系统电量的唯一依据，依据电池系统的当前状态和运行工况，按单体电池的类型及 OCV-SOC 曲线特点和一定的策略对 SOC 累积误差进行修正，并对 SOC 的变化能进行平滑处理。在电池系统的整个寿命周期内，需要满足设计精度要求。管理系统需通过 SOC 估算数据，通过 CAN 总线发送到整车网络。通常对于选用磷酸铁锂体系的单体电池，对应 SOC 估算误差要求不超过 8%，而对于选用镍钴锰三元体系的单体电池，对应 SOC 估算误差要求不超过 5%。

6. SOH 估算

SOH 能依据电池当前状态和电池信息，通过记录和计算电池充满和放电结束过程的电量数据，在满足设定条件情况下估算出电池的实际容量。SOH 需要能体现累积充放电容量、功率和电芯内阻变化对电池寿命的影响。估算数据通过 CAN 总线发送到整车网络。通常 SOH 估算误差要求不超过 5%。

7. 功率限值估算

应具备功率限值估算功能，能根据电池实际状态，实时准确告知整车当前可用持续充放电功率及峰值充放电功率。通常功率限值估算误差要求不超过 5%（功率估算值不得超过电池系统的实际功率能力）。

8. 充放电管理

应具备电池充放电管理功能，能在高 SOC、低 SOC、高温度、低温度等条件下对电池的充放电过程（允许的电流、电压限值）进行保护。针对电池当前 SOC 与电芯温度，根据单体电池供应商提供的充放电许用功率和电流窗口对充放电能力进行估计，从而得到电流限值并发送给整车控制器或者充电机，由整车控制器或充电机执行限制电流。

充电过程中应能依据电池的当前信息，为充电机实时提供电池的最大允许充电电流，电池的实际充电电流应在允许的充电电流和充电机的设计最大输出电流之间取较小值。

能对能量回收过程进行管理，能给出动力电池可接受的最大回馈电压和可接受回馈电流的SOC范围，根据当前温度给出动力电池能接受的最大回馈电流值。

9. 均衡功能

电池系统应具备均衡的功能，来保证电芯的一致性。

10. 绝缘电阻监测

要求能实时测量高压动力母线正负极，充电机正负极（充电时）和车底盘之间的绝缘电阻状态，并按照GB/T 18384.1—2015、GB/T 18384.3—2015等相关标准对绝缘进行分级：

1）正常：≥500 Ω/V；

2）轻微绝缘故障：介于100 Ω/V与500 Ω/V之间；

3）严重绝缘故障：≤100 Ω/V。

在工作状态下能对整车高压电系统（直流母线）的绝缘电阻进行周期性测试，测试值必须能够通过CAN总线发送到整车网络；要求在高压上电后能实现对绝缘电阻的检测；在进行绝缘检测时不能降低整车的绝缘性能。绝缘电阻测量范围为0～5 MΩ，全工况范围内，有效的绝缘阻值采集时间不大于3 s。通常电池系统绝缘电阻检测精度为–30%～0。

在车辆行驶模式、慢充模式、快充模式下都能够执行绝缘检测。快、慢充充电过程中发生绝缘故障应立即断开继电器并记录相应的故障。

11. 高压互锁（HVIL）检测

应能对与电池系统直接相连的高压接插件连接可靠性进行检测，能分别对主回路、充电回路和维修开关的互锁状态进行单独检测。

在非充电模式下，如果上电后检测到主高压互锁失效，能通过CAN总线发布高压互锁失效信息，当超过一定时间或接收到整车控制器给出继电器断开指令之后可以切断主继电器；如果在上电前或过程中检测到主回路高压互锁失效，能通过CAN总线发布高压互锁失效信息并停止闭合主继电器。在充电模式下，如果在充电过程中，检测到充电回路高压互锁电路失效，能通过CAN总线发布高压互锁失效信息，并切断充电回路的继电器。

12. 碰撞信号检测

应具备碰撞信号检测功能，能够识别整车发出的碰撞信号，例如由安全气囊发出的硬线信号或来自 CAN 网络的碰撞信号。

13. 碰撞断电管理

当检测到有效的碰撞信号后，应具备断开高压继电器切断高压输出的能力。当接收到来自 CAN 网络或硬线中任意一个碰撞信号时，均应切断所有高压回路。

14. 总线通信功能

具备与整车控制器、车载充电机及直流充电桩等其他控制器通信功能。通信内容包括：

1）模拟量：动力电池系统总电压、母线电流、单体电池电压、温度、绝缘电阻值。

2）动力电池相关信息及状态：动力电池组当前工作状态，如快充、慢充、放电等，电池管理系统零部件信息和电池组信息。

3）故障：按故障类型及定义的故障码。

4）通信形式：支持标准帧和扩展帧 CAN 通信。

5）通信策略：按约定的通信协议的要求执行。

15. 充电功能

能根据需求实现快充和慢充功能。充电模式、充电协议能满足国家标准相关要求。电池管理系统能与车载充电机和整车控制系统联合实现充电功能。

能检测充电枪插枪 CC、CP 信号，能被充电枪的 CC 或者 CP 信号唤醒，要求能满足国家标准相关要求。

16. 过充电/过放电/过温保护

具备电池保护功能，保证电池系统工作在最佳的工作状态，保护条件包括并不限于过充、过放、过温等。

17. 诊断功能

具备电池系统故障诊断功能，系统上电后对电压、温度、通信、时钟、存储器、内部通信等部件进行检测，同时对电池的过压、欠压、过流、过温、SOC 过低/高以及一致性等电池故障进行判断和报警。故障诊断的范围必须涵盖电池系统故障诊断清单，存储数据的安全性和完整性满足系统寿命要求。

2.4.4 电池管理系统概念设计方案

电池管理系统一般采用模块化分布结构设计，具体由从控模块、主控模块、强电控制模块等构成。一般通过采用内部 CAN 总线技术实现模块之间的数据信息通讯。若以拓扑架构方式来定义电池管理系统主要可分为集中式（centralized）和分布式（distributed）两类。

（1）集中式 BMS

集中式电池管理系统主要由一体机和高压开关盒等部件构成，其系统架构如图 2-14 所示。

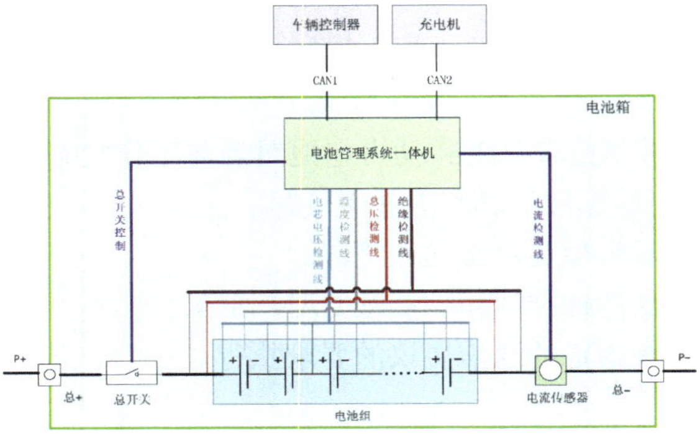

图 2-14 集中式电池管理系统的系统架构

主要是将从控模块和主控模块的功能进行一体化设计，将单体电池电压采集、电池温度和充电枪插头温度采集、电流采集、绝缘检测、总电压检测、充放电控制和通信功能一体化，将高低压进行分离、检测与通信分开处理，提高产品的抗干扰能力，并缩小产品体积等。通常用于容量低、总压低、电池系统体积小的场景中。

（2）分布式 BMS

分布式电池管理系统主要由多个从控模块、主控模块、高压控制单元等部件构成，其系统架构如图 2-15 所示。分布式的 BMS 架构能较好地实现模块级（Module）和系统级（Pack）的分级管理。

由从控模块负责对单体进行电压检测、温度检测、均衡管理以及相应的诊断工作；由高压控制单元负责对动力电池系统的电池总压、母线电流、绝缘电阻等状态进行监测（母线电流可由霍尔传感器或分流器进行采集）；且从控模块和高压

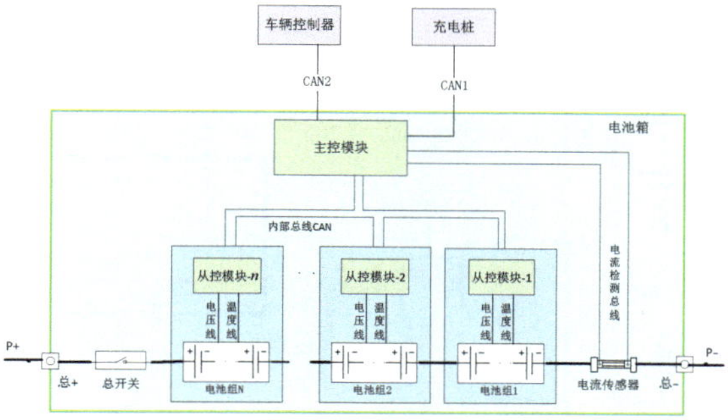

图 2-15　分布式电池管理系统的系统架构

控制单元分别将分析后的数据发送至主控单元，由主控单元进行动力电池系统评估、电系统状态检测、接触器管理、热管理、运行管理、充电管理、诊断管理，以及执行对内外通信网络的管理。

目前主流的量产电动车型普遍采用了分布式的 BMS 架构，如 Tesla Model S/X，BMW i3/i8/X1，GM Volt，荣威 e550/e950/eRX5，BYD 秦/唐等。分布式 BMS 架构的优势在于可以根据不同的电池系统串并联设计进行高效的配置，BMS 连接到电池之间的线束距离更短、更均匀、可靠性更高，同时也可以支持体积更大的电池系统设计。

2.5　高压电气系统设计

2.5.1　高压电气系统设计概述

动力电池系统中的电气系统主要包括高压电气系统、低压电气系统和控制器局域总线（controller area network，CAN）通信网络系统等，某动力电池系统的电气系统架构图如图 2-16 所示。

高压电气系统主要包括接触器、预充电阻、电流/电压传感器、高压线缆或铜巴、汇流排、保险丝或手动服务开关（MSD）、高压接插件等相互连接组成。动力电池系统输出的高压直流电通过电机控制器驱动电机转动，同时通过直流电压转换器或逆变器向空调压缩机、油泵电机、气泵电机提供电能，共同构成了整车的高压电气系统。

高压电气系统的设计目标是满足整车高压系统动力电能的传输要求，确保高压系统安全可靠地运行。高压电气系统的设计主要包括：高压电气部件的选型和设计、高压部件和高压线束防护与标识、预充电回路保护、高压过载/短路保护等。

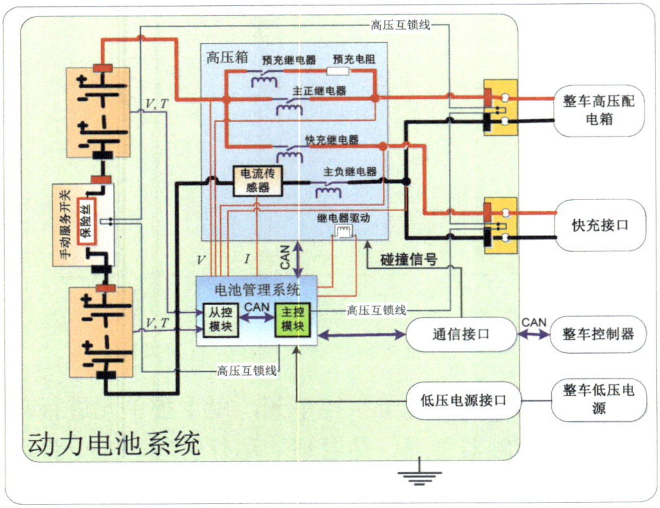

图 2-16 动力电池系统的电气系统架构图

2.5.2 高压电气系统设计要求

1. 高压电气设计通用要求

高压电气系统应根据系统电压、电流等级和应用环境等因素 （如车载工况、温度、湿度、海拔、电磁等）进行选型和设计开发。电池包内部电气布置的设计应符合相关技术标准要求。

2. 高压电气部件标识

要求在电池包外部以及内部高压电气部件的第一可视面或者清晰醒目位置设置高压危险标识，能警示用户与维修人员在保养与维修过程中注意这些高压部件。通常，要求高压危险标识颜色底色为黄色，边框应使用黑色，具体可参考《电动汽车 安全要求 第 1 部分：车载可充电储能系统》（GB/T 18384.1—2015）中第 4 节的标识和标记要求，如图 2-17（a）所示。对于电池箱体外部粘贴的高压危险

图 2-17 高压警告标识

警告标识，其内容应包含高压触电、注意安全、使用前请阅读使用说明书、禁止用手直接触碰等，如图 2-17（b）所示。

为了能提示和警示用户和维修人员，要求高压线束应采用橙色线缆并用橙色波纹管对其进行防护，同时高压连接器也应标识为橙色，起到警示作用。

3. 绝缘和耐压

在全生命周期内，要求高压电气系统的输出端（正极和负极）与电池箱体之间的绝缘阻抗大于 2.5MΩ，或者满足《电动汽车　安全要求　第 3 部分：人员触电防护》（GB/T 18384.3—2015）规定的高压电气回路绝缘阻抗要求。同时，动力电池系统的绝缘防护设计还需要考虑密封性能，主要是因为水或者水蒸气进入电池系统内部会引起系统内部的高压带电部分与壳体通过阻值较低的水相连接，导致高压绝缘失效。另外，高压电气系统也要具有绝缘失效检测功能，具体通过电池管理系统（BMS）进行检测。

高压电气系统的输出端（正极和负极）与电池箱体之间的耐电压强度应满足《电动汽车　安全要求　第 3 部分：人员触电防护》（GB/T 18384.3—2015）规定的相关要求。

4. 直接接触防护

直接接触防护主要包括电气绝缘和屏护防护要求。除了满足上述绝缘防护要求之外，高压电气系统的带电部件，应具有屏护防护，包括采用保护盖、防护栏、金属网板等来防止发生直接接触。这些防护装置应牢固可靠，并耐机械冲击。在不使用工具或无意识的情况下，它们不能被打开、分离或移开。其中，带电部件在任何情况下都应由至少能提供《外壳防护等级（IP 代码）》（GB 4208—93）中 IPXXD 防护等级的壳体来防护，同时规定在打开电池箱体上盖后，应具有 IPXXB 防护等级。

5. 间接接触防护

间接接触防护主要包括等电位、电气间隙和爬电距离要求。

动力电池系统应通过绝缘的方法来防止与高压电气系统中外露可导电部件的间接接触，所有电气部件的设计、安装应避免相互摩擦，防止发生绝缘失效。尤其是高压线缆的布置需要考虑安全间隙，并进行必要的固定和绝缘防护，应避免在行车过程中与可导电部件发生摩擦。

电池箱体必须与车辆的地（车身作为电平台）实现等电位连接，连接阻抗应不超过 0.1 Ω。电池包上的所有可接触的导电金属部件（比如模组金属端板/侧板、电池箱体金属上盖、金属支架、水冷板等），都必须与电池箱体是等电位连接的。对于等电位连接所用的导体（比如接地线等），要求其颜色是黑色，便于维修和拆卸时辨认。等电位连接的螺栓或线束还需满足一定截面积大小的要求，一般要求等电位连接的导线或螺栓其截面积总和需大于等于电池系统中高压导线截面积。

动力电池系统应满足《低压系统内设备的绝缘配合 第1部分：原理、要求和试验》（GB/T 16935.1—2008）中电气间隙和爬电距离相关要求，尤其是电池模组需要重点关注。

6. 预充电回路保护

由于整车端高压电气系统中存在大量的容性负载，直接接通高压主回路可能会产生高压电冲击，为了避免接通瞬间的大电流冲击，高压电气系统需具有预充电功能。通常，要求预充电时间不超过 1000 ms，并且在短时间内的频繁上下电不能出现预充电阻过热损坏的现象。预充电过程中，应能对整车端高压回路的绝缘、短路状态进行判断和失效保护。

7. 余能泄放保护

由于整车端高压电气系统中存在大量的容性负载，断开高压主回路之后仍存在较高的电压和残余电能。为避免可能带来的危害，在高压回路切断后应采用余能泄放的方法，保证动力电池系统端电压不超过 60 VDC。通常要求整车高压电气系统具有主动能量泄放电路。

8. 过载/短路保护

高压电气系统中的所有零部件都必须满足典型使用工况的动力负载要求，并且能满足一定的过流能力，不能允许规定的行驶工况条件下出现过热导致高压部件绝缘层融化、烧蚀或者冒烟的情况。同时，应合理地控制过流时间，防止整个动力系统因为长时间过载而发生过热起火事件。

当高压电气系统中发生瞬时大电流或者短路时，要求能自动切断高压回路，以确保高压附件设备不被损坏，避免发生电池的热失控，保证驾乘人员的安全。高压电气系统设计可以设置过载或短路的保护部件，例如设置熔断器等。

9. 高压电电磁兼容性

高压线束布置和接插件选型应考虑电磁兼容需求。高压线束设计时，主回路动力线缆与信号线尽量采用隔离或分开布线。电池包外部连接用高压线束、高压接插件选型要求接地和屏蔽隔离。

10. 高压电气功能安全

依据 ISO 26262《道路车辆功能安全标准》对高压电气系统功能进行危害分析与风险评估，对应的汽车功能安全完整性等级和安全目标如表 2-13 所示。

表 2-13 高压电气系统 ASIL 与安全目标

序号	安全功能	严重度	发生率	可控度	功能安全完整性等级（ASIL）	安全目标
1	电池管理系统（BMS）整体功能安全	S3	E4	C2	ASIL-C	BMS 应有足够的手段来保证 BMS 整体可靠运行，准确并及时监控系统状态，进行高压安全管理
2	高压互锁	S3	E2	C2	ASIL-A	应能覆盖高压连接部件，当检测到高压回路断开时，能立即切断高压输出
3	碰撞断开高压	S3	E1	C3	ASIL-A	应能在发生碰撞时，接收到碰撞信号，并立即切断高压输出
4	继电器控制和状态诊断	S2	E4	C2	ASIL-B	控制和诊断逻辑应能保证继电器按照指令正确地动作，出现异常时能及时进行处理
5	绝缘检测	S3	E2	C1	QM	

2.5.3 高压电气系统概念设计方案

1. 高压电气负载匹配

高压配电主要通过接触器、高压线缆或铜巴、汇流排、保险（或手动服务开关）、高压接插件等相互连接，将动力电池系统的电能输送到车辆高压系统。因此，高压系统中的各电气部件首先应基于电气负载特性来进行选型设计，负载特性主要包括稳态电流强度、电压要求，以及瞬态条件下的电流强度及波形（脉冲时间、频率）等。在整车大负荷工况运行时，动力电池系统的电压降较大，因此需要考虑对工作电流的影响。

2. 高压线束线径截面积选择

高压线束的主要功能是在有电压和所需的安装环境下安全传递电流。高压电缆承载的电流较大，线束的直径随之变粗，这对布线走向以及电磁干扰和屏蔽就变得非常重要。高压线束要在车内的较小空间布置，必须有良好的柔软性；高压线束处于车上的高振动环境，必须有良好的耐磨性；为避免车内走线的安全隐患，高压线束一般从外部穿过，必须有良好的机械防护和固定。基于高压线束所连接的电气部件的负载特性计算稳态电流强度，确定电缆的截面积。在 125℃下，常见铜芯电缆线径截面积与载流量的匹配参见表 2-14。

表 2-14 铜芯导体截面积与载流量

序号	I_{MAX}（A）	T_{MAX}（℃）	导体截面积（mm^2）
第 1 档	40	125	6
第 2 档	150	125	35
第 3 档	250	125	50
第 4 档	350	125	70

3. 高压熔断器选型

熔断器主要是在高压回路发生过载或者短路现象时，能对高压线束以及高压电气部件起到保护作用，避免出现过热甚至熔断起火。高压熔断器需要根据熔断器工作环境温度、尺寸限制、负载电流和短路电流特性、电压特性、连接方式等选择合适的类型。原则上，要求熔断器额定电压需大于动力电池系统的最高工作电压，电流分断能力要大于保护回路中预期的短路电流。额定电流（熔断器规格）的选择参考如下：

$$I_n = \frac{I_r}{K_1 \times K_2}$$

式中：I_n 为熔断器额定电流；I_r 为高压回路中的负载电流；K_1 为负载形式矫正系数；K_2 为温度矫正系数。其中，负载形式矫正系数 K_1 主要根据负载特性，考虑功率变化、电流纹波、启动与关闭瞬间冲击电流等因素。通常条件下，基于运行过程中的电流波动状态，K_1 选择 0.6～0.75；通常根据温度变化率可直接计算温度矫正系数 K_2 或者根据熔断器使用的环境温度及熔断器温升曲线，选择 0.6～0.8。

手动服务开关（MSD）是保证高压电气安全的关键部件之一，是实现高压系统电气隔离的执行部件，在关键时刻用于切断高压动力回路，以保障维修和驾乘人员安全。通常会将高压熔断器集成内置于 MSD 中，当需要进行维修时，拔出 MSD 就可以有效地物理切断动力电池系统的高压输出，从而保障维修人员的安全；在运行过程中，如果发生短路则可以起到熔断保护的作用。MSD 在高压电气系统中的布置位置主要有以下两种方式，同时需要兼顾在整车上的安装和插拔空间的便利性。

1）布置在高压电气回路的电中心附近，如图 2-18 所示。

2）布置在高压电气回路的正极附近（图 2-19），例如，特斯拉 Model S60。

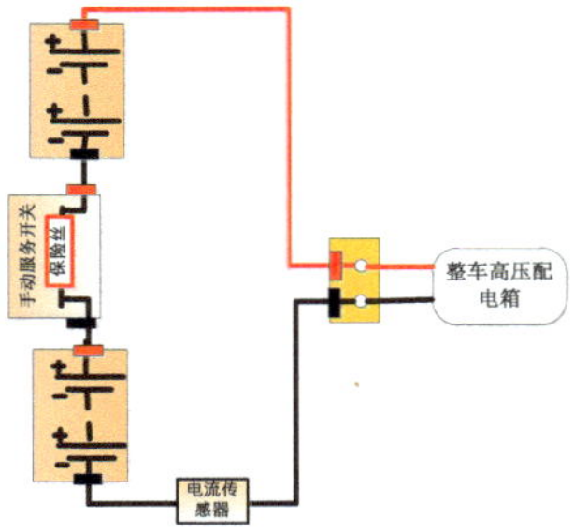

图 2-18 MSD 布置在高压电气回路中心

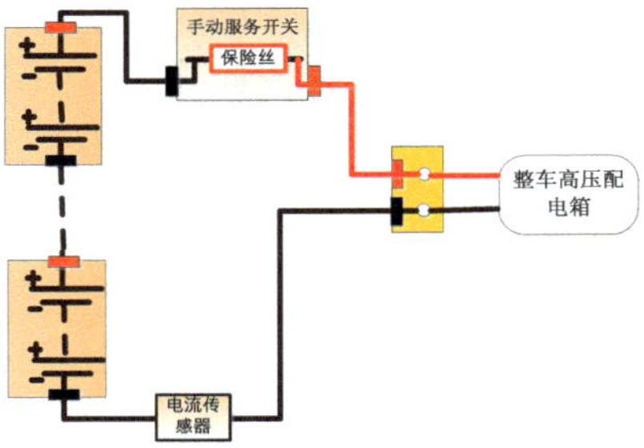

图 2-19 MSD 布置在高压电气回路正极附近

4. 预充电阻和预充时间的确定

为了避免高压上电时产生瞬间大电流冲击高压电气部件，设计预充电回路来对容性负载进行预充电，实现安全接通高压回路的目的。把高压系统简化为由电阻和电容组成的模型，如图 2-20 所示。当动力电源回路进入预充电过程，先闭合总负继电器 K_2，再闭合预充继电器 K_3，与预充电阻 R_b 共同构成预充电回路。当容性负载端电压 U_c 与电池包端电压 U_B 相接近（ΔU 小于 10% U_B）时，然后，接通总正继电器 K_1，再切断预充继电器 K_3，预充电完成。整个预充电过程电压及电流变化如图 2-21 所示。

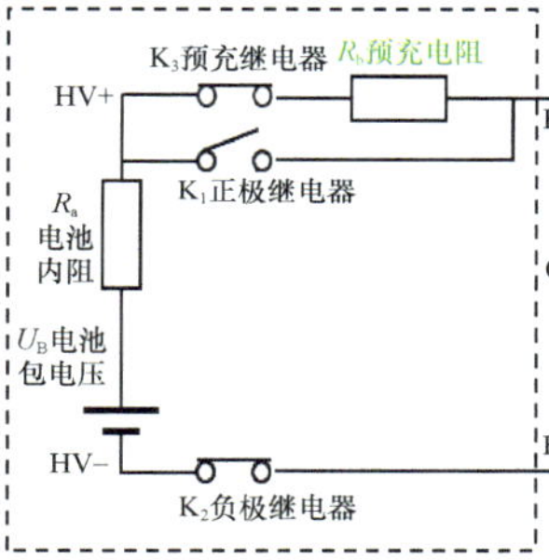

图 2-20 预充电结构图

注：预充电路原理中，连接动力电池系统输出正负两端是用 Bat+和 Bat−来表示，电池系统的正负输出端则用 HV+和 HV−来表示；K_2（主负）表示连接蓄电池负端和输出回路负端的继电器；K_1（主正）表示连接蓄电池正端和输出回路正端的继电器；K_3（预充）表示连接蓄电池正端和输出回路正端的预充继电器；R_b 表示预充电阻

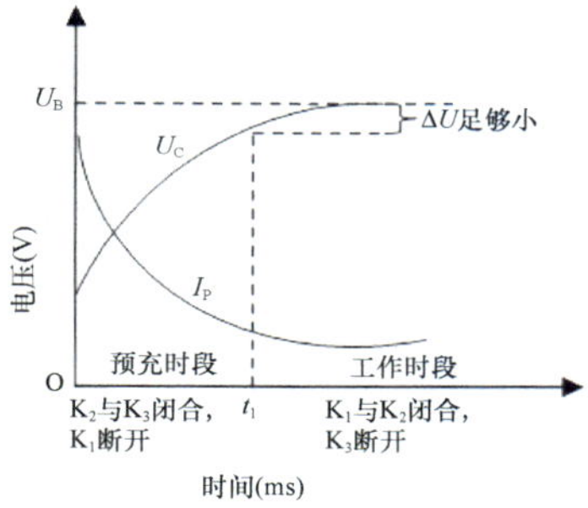

图 2-21 预充电过程波形

预充电阻的选型主要结合预充时间 t、容性负载大小等因素来确定。

预充电过程中，容性负载端电压 U_t：

$$U_t = U_0 + (U_B - U_0) \times (1 - e^{-\frac{t}{RC}})$$

式中，U_t 为预充电过程中对应的容性负载端电压；U_B 动力电池系统电压；U_0 为容性负载的初始电压；R 为预充电阻；C 为容性负载的电容值。

假设 U_0=0 V，则容性负载端电压 U_t、预充电时间 t、预充电阻 R，以及预充电功率 P 分别为

$$U_t = U_B \times (1 - e^{-\frac{t}{RC}})$$

$$t = RC \times \ln\left(\frac{U_B}{U_B - U_t}\right)$$

$$R=\frac{t}{C\times\ln\left(\frac{U_B}{U_B-U_t}\right)}$$

$$P=\frac{U_B^2\times C}{2t}$$

假设动力电池系统端电压 U_B=400 VDC，U_t=95%U_B，C=800 μF，预充时间 t=300 ms，则

$$R=\frac{0.3}{800\times10^{-6}\times\ln\left(\frac{400}{400-400\times95\%}\right)}=125\ \Omega$$

$$P=\frac{400^2\times800\times10^{-6}}{2\times0.3}=213\ \text{W}$$

5. 高压接触器选型

高压接触器起着高压回路接通与切断的作用，是高压回路重要开关。在选型时，要根据高压电气参数做适当选择，主要指标有电压等级、电流承受能力、带载切断能力与次数、灭弧能力、辅助触点功能、安装方式与结构特点等。

2.6 热管理系统设计

2.6.1 锂离子动力电池的温度特性

1. 锂离子动力电池对温度的敏感性

温度高低对于锂离子动力电池的整体性能，包括电池的容量、功率、充放电效率、安全性和寿命等都有着非常显著的影响。锂离子动力电池对温度的敏感性主要源于其材料物化性质的温度敏感性。温度会直接影响电极材料的活性和导电率、锂离子在电极上的嵌入和脱嵌、隔膜的锂离子透过性等，进而影响到电池内部的电化学反应，其外部表现为动力电池的温度敏感性。由于动力电池具有适宜的工作温度范围，在此范围内随着温度增加其内部活性物质的活性越大，电池的充放电电压和容量随之增大，电池的内阻相应减小，动力电池的充放电效率也相应增加。但是，当温度超过一定范围，温度过高则会加快电池内部副反应的进行，这些副反应消耗锂离子、溶剂以及电解液等，导致电池性能衰减。研究表明，当电池持续工作在 45℃以上时，其循环寿命明显降低，这种情况在高倍率充放电时更为明显。因此，如果长时间地工作在高温环境下，动力电池的寿命就会明显缩

短，其性能也会大大降低，甚至引发安全事故。同样，温度过低则电池内部活性物质的活性明显降低，其内阻、极化电压增加，充放电功率和容量均会显著降低，甚至引起电池容量不可逆衰减，并埋下安全隐患。尤其是在充电过程中，在充电设备外加电场作用下，锂离子从正极材料中脱出进入电解液并向负极移动，依次进入石墨构成的负极材料中，并形成 LiC 化合物。如果温度较低，充电速度过快，会使得锂离子来不及进入负极形成 LiC 化合物，则靠近负极的锂离子就会俘获电子而成为金属锂，并聚集形成锂枝晶，锂枝晶长大则可能刺破隔膜形成短路。

2. 锂离子动力电池的生热特性

由于锂离子动力电池具有一定的内阻，并且时刻发生着不同程度的电化学反应，因此除受环境温度影响，锂离子动力电池性能还受自身产热而引起温升和温差的影响。研究表明，锂离子动力电池的生热速率与其工作电流呈二次曲线关系，生热速率随电流的增大而急剧增大，尤其是高倍率充电时温升较大。在环境温度较高的情况下或大倍率充放电时，必须采取相应的散热措施，同时对充放电功率进行限制，控制温升水平，否则电池会因过热而导致性能衰退、寿命缩短，甚至产生热失控的危险状态。在低温环境下，虽然在小电流充放电过程中，由于电池内阻的作用能产生一定的热量，而电池放电所产生的热量不足以使电池保持比较高的温度，因此在低温环境下，电池的充放电功率性能受限，需要对动力电池进行预加热，才能维持电池的性能。

另外，电池箱体内部温度场长时间的不均匀分布也会造成各电池模块、单体性能的不均衡，尤其是分布在高温区域的电池老化速率会明显快于低温部分，随着时间的积累不同电池之间的物性差异将越加明显，从而使得电池之间的一致性变差，甚至发生提前失效，缩短了整个动力电池系统的寿命。

2.6.2 热管理系统设计概述

由于动力电池系统所处环境及自身温度直接影响其正常运行、循环寿命、充电可接受性、输出功率、可用能量、安全性和可靠性，因此，为了使电池系统达到最佳的性能和寿命，需要通过引入热管理系统对电池进行低温加热、高温散热以及保温管理，限制电池的温升以及温差，从而实现电池组温度均匀化，保证电池工作在适宜的温度范围内，降低电池性能衰减速度并消除相关的潜在安全风险。通过热管理系统对温度进行调节和控制，使动力电池在运行过程中始终保持在合适的温度范围，对提高动力电池系统的性能和效率，延长其使用寿命，降低电动车辆的成本，保障电动车辆的安全使用等方面都有重要的现实意义。

2.6.3 热管理系统基本功能

热管理系统的功能主要包括：

- 电池温度的准确测量和监控；
- 电池模组温度超过限值时，能有效散热和降温；
- 低温条件下的快速加热，使得电池系统处于能正常运行的温度范围；
- 保证电池组温度场的均匀分布，降低单体电池之间的温度差异。

2.6.4 热管理系统设计要求

热管理系统设计目标是根据整车典型的运行工况和锂离子电池的发热功率，选择合适的热管理方式，基于电池的温度特性合理设计热管理策略，保证电池包内各个电池都工作在合理温度范围内，同时尽量维持电池包内各个电池及电池模组之间的温度均匀性。

热管理系统负责与车辆热管理系统进行热量交换，保持动力电池系统能处于适宜温度环境，以延长产品的使用寿命。

对应的输入输出要求如表 2-15 所示。

表 2-15　电池管理系统设计输入输出表

输入	输出
● 产品的应用背景（车辆类型 BEV/PHEV、个人用户/出租运营、日均行驶里程、开发计划等） ● 单体电池化学体系 ● 单体电池规格参数，额定电压和容量 ● 单体电池材料热物性数据（密度、比热容和导热系数） ● 单体电池可用温度（工作、储存）范围和最佳工作温度范围 ● 单体电池的 OCV，SOC 与温度的关系 ● 单体电池的充电性能（对应的功率、容量）与温度的关系，尤其是充电倍率窗口 ● 单体电池的放电性能（对应的功率、容量）与温度的关系 ● 成组应用温差对电池模组循环寿命的影响 ● 车辆典型的运行工况特征 ● 产品应用的环境条件及区域 ● 产品在整车上的布置位置和周围温度环境 ● 产品的使用温度范围 ● 产品的存储温度范围	● 电池温度采样要求 ● 电池温度数据应用策略 ● 电池充放电功率应用策略 ● 热管理系统的目标和要求（如平均温度 T，温差 ΔT） ● 热管理系统的概念设计方案 ● 热管理系统组件选型和设计要求 ● 热管理系统组件空间尺寸、重量要求 ● 热管理系统组件使用寿命和可靠性要求 ● 热管理系统产品测试验证要求 ● 热管理系统组件测试验证要求 ● 热管理应用策略（通过电池管理系统和整车控制器实现） ● 产品对整车热管理系统配合要求（换热量） ● 产品在整车上的隔热保温要求（尤其是针对整车发热部件）

2.6.5 热管理系统概念设计方案

热管理系统的概念设计主要是基于单体电池的温度控制目标要求，确认动力电池系统的冷却散热、加热、保温设计方案。

1. 冷却方案

常见的冷却方式主要有自然冷却、强制风冷、液冷和直冷，这四种冷却方式的冷却效率依次增强。冷却效率主要是通过对流换热系数来表征，一般情况下根据整车使用环境、整车工况和电芯特性确定系统所需要的对流换热系数，然后综合质量、空间和成本等因素确定冷却方式。

如图 2-22 所示，冷却方式的选择包括如下步骤：①冷却系统目标确认；②产热功率计算；③电芯模型建立；④热流体仿真分析；⑤对流换热系数分析；⑥冷却方式选择。

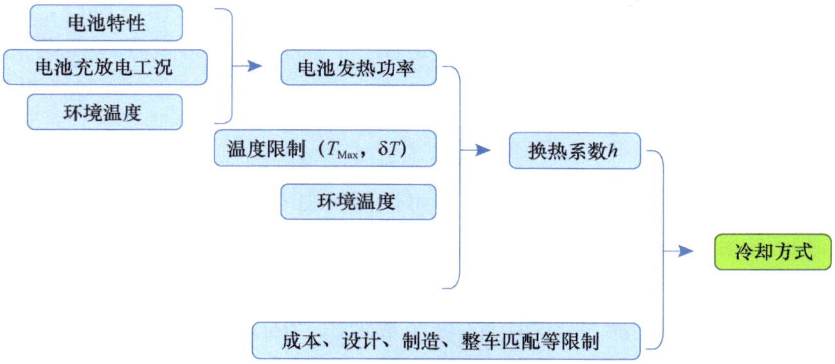

图 2-22　冷却方式选择

按照冷却介质的不同，现阶段已经有产品应用的冷却方式主要分为空气冷却、液体冷却和相变材料冷却等三种方式。这三种方式的冷却散热能力依次增强，但冷却系统的结构复杂度也依次增加。除了根据冷却介质进行区分以外，也常常依据制冷散热过程中是否消耗额外能源分为主动冷却和被动冷却两种形式。

（1）空气自然冷却

采用自然冷却散热方式是典型的以空气作为传热介质的被动散热方案，即直接让电池箱体内部的空气穿过电池模组，通过空气与电池、电池箱体等导热部件之间的对流换热实现对电池进行冷却的目的。这种方式的对流传热系数较小，一般约为 5～25 W/(m^2·K)。由于空气自然冷却方案具有结构简单、零部件数量少、成本低等优点，是目前应用范围最广泛的一种散热方式。例如吉利帝豪纯电动 EV（2016 版）、比亚迪纯电动 e6、日本日产纯电动 Leaf（2011 版）、德国大众纯电动 e-Golf（2014 版）等均采用了空气自然冷却方案。自然冷却主要需要确定导热路径，并优化自然对流换热的效率。

（2）空气强制对流

尽管空气自然冷却方案比较容易实现，但冷却散热效果有限。空气强制对流则是通过运动产生的风将电池箱体内部电池的热量经过排风风扇带走，是一种主动散热方式，因而散热效率更高，这种方式的对流传热系数约为 50～100 W/(m^2·K)。空气强制对流方式的优点是结构简单，重量轻，成本较低，有害气体产生时能有效通风等。缺点在于这种换热方式的换热系数低，从而造成冷却和加热速度慢；同时对于风道的设计要求很高，很难达到流场一致，导致单体电池温度一致性不好。目前应用空气强制对流方案的主要有美国福特插电式混合动力 C-Max（2013 版）、美国通用雪佛兰中混 Malibu Eco（2013 版）、日本三菱纯电动 iMieV 等（2011 版）、法国雷诺纯电动 ZOE（2012 版）等。强制风冷系统主要包括出入风口、风道、风扇和防尘装置等，主要确定导热路径、进风口位置和进风口直径、风道布置、冷却策略等。

（3）液体冷却

一般工况下，采用空气介质冷却即可满足冷却散热要求，但在复杂工况下，尤其在高放电倍率（如插电式混合动力应用）、高充电倍率（如快充应用场合）、较高的运行环境温度（南方夏季酷热天气）时，依靠空气冷却显然很难满足散热需求，而且电池之间的温度不均匀性也非常突出，因此需要效率更高的传热介质才能达到电池包的散热要求。液体介质相对于空气介质拥有更大的导热系数，通常以 50%的水和 50%乙二醇的混合物作为传热介质，通过设置的具有冷却液流道的薄壁液冷管道/液冷板将热量导出，实现冷却液与电池之间的换热，可以比空气强制对流达到更高的散热需求。这种方式的换热系数可以达到 500～15000 W/(m^2·K)。另外，也有采用矿物油作为传热介质，将电池直接浸泡在液体介质中，即属于液体接触式冷却的一种方案。目前应用液体冷却方案的主要有华晨宝马之诺纯电动 1E（2013 版）、华晨宝马之诺插电式混合动力 60H（2016 版）、吉利帝豪纯电动 EV（2017 版）、美国特斯拉 Model S（2013 版）、美国通用雪佛兰纯电动 Spark（2013 版）和插电式混合动力 Volt（2011 版）等。液体冷却方案主要包括液冷管路、液冷板、导热层、支撑结构和冷却策略等，概念设计主要确定导热路径、液冷回路及液冷板、管接头选型方案、液冷板支撑、冷却策略等。

（4）相变材料冷却

相变材料（phase change material，PCM）是一种能够利用自身的相变潜热吸收或释放系统热能的材料，在其物相变化过程中，可以从外界环境吸收热量或者向外界环境放出热量，从而达到通过能量交换控制环境温度和利用能量的目的。

采用 PCM 的热管理系统是通过 PCM 在相变过程中的潜热在电池升温时来吸收电池的热量，同时减小单体电池之间温度差。目前仅德国宝马增程式纯电动 i3 采用了制冷剂 R134a（1,1,1,2-四氟乙烷）的直冷方式，这种方式的换热系数可以达到 2500～25000 W/(m^2·K)，冷却效率比液体冷却更高，更能满足快充需求，同时结构紧凑，质量轻。

相变材料冷却方案与液体冷却方案基本类似。

2. 加热方案

由于汽车地域适用性较为广泛，在冬季寒冷地区要使电动车辆能正常使用，必须对电池加入额外的加热系统以满足要求。尤其是冬季低温条件下，电池的活性变差，负极石墨材料的锂离子嵌入能力下降，如果采用大电流充电则电池内部可能出现析锂，影响充电效率和安全。因此，为了在低温环境下能够保证电池正常充电，需要对电池进行加热升温。常见的加热方式有三种：电加热膜加热、陶瓷 PTC 加热和液热。加热膜属于电阻加热方式，一般是将金属加热丝封装于绝缘层内，金属丝通电之后发热可对电池系统进行加热。PTC 加热器也是电阻加热的一种，不同的是它的电阻会随自身温度的升高而增大，从而到达恒温加热的效果。液热则是通过整车 PTC 加热部件将冷却液加热到一定温度，利用主动液冷系统来对电池系统加热的一种方式。加热方式的选择主要是根据电芯升温速率、空间限制、对安全性的要求和成本来确定的，其中三种加热方式的主要特性对比如表 2-16 所示。

表 2-16 常见的三种加热方式特性

项目	电加热膜	PTC 加热	液热
加热特点	电阻加热	功率加热	对流加热
空间限制	0.3～2 mm	5～8 mm	集成与液冷系统
加热设备干烧温度	≥60℃	60～80℃	40～60℃
电芯升温速率	0.15～0.3℃/min	0.15～0.3℃/min	0.3～0.8℃/min
电芯温差	10～15℃	10～15℃	8～10℃

电加热膜概念设计主要包括：加热膜安装位置选择、加热膜发热功率选择、加热回路内部的串并联方式及干烧温度控制要求等。

如果不受安装空间限制，也可选用 PTC 加热片，其概念设计主要包括：PTC 加热片安装位置、PTC 加热片发热功率、加热回路内部的串并联方式、干烧温度控制要求等。

如果采用的是主动液冷系统，则可以集成液热，主要确定冷却液入口温度和流量。

3. 保温方案

针对南方夏季高温天气，车辆在长时间高温热辐射作用下，热量会进入到电池箱内部，导致电池箱体内部温度过高。针对北方冬季严寒天气，车辆停放时间较长之后，电池箱体内部温度会快速下降，影响车辆的再次充电和启动或者在对动力电池系统进行加热过程中，由于电池箱散热速度太快，也会影响加热速度和效果。因此，需要通过保温设计减少外部夏季高温或者冬季低温环境对电池箱内部电池的影响。通常采用保温材料起到隔热的作用，减少外部环境因素的影响。

保温系统通常是配合冷却系统和加热系统完成工作，优良的保温系统不仅可以增强冷却和加热的效率，而且还可以降低能耗。保温概念设计主要包括：保温材料选择、箱体保温材料的布置方案设计等。

参 考 文 献

卜凡涛, 刘木林. 2016. 纯电动车辆电池管理系统九大功能. 汽车电器, 1: 67-68

蔡飞龙, 许思传, 常国峰. 2012. 纯电动车辆用锂离子电池热管理综述. 电源技术, 36(9): 1410-1403

关振东, 吴海波. 2013. 电动车辆高压电池布置研究. 上海汽车, 1: 8-11

黄英豪, 黎兆宇. 2012. 汽车坐标系和车身姿态角的确定方法. 装备制造技术, 10: 113-117

雷治国, 张承宁, 雷学国, 李军求. 2015. 电动车辆用锂离子电池热特性和热模型研究. 电工电能新技术, 34(12): 59-63

雷治国, 张承宁. 2011. 电动车辆电池组热管理系统的研究进展. 电源技术, 35(12): 1609-1613

李东峰. 2012. 小型纯电动车辆动力电池箱体设计. 汽车工程, (5): 23-24

李高林, 黄舞浩, 邹圣星, 范学. 2013. 电动汽车紧急维修开关的研究. 汽车电器, 12: 49-50

李景. 2014. 基于电池组温度状态的纯电动车辆能量管理策略研究. 重庆: 重庆大学

李鹏飞, 刘俊平, 朱永利, 等. 2014. 电动汽车用高压熔断器选用方法研究. 汽车电器, 12: 18-22

李仲奎. 2016. 电动汽车动力电池箱体的设计研究. 上海汽车, 03: 3-10

马兹林, 冒晓建. 2012. 混合动力城市客车用电池参数的匹配及优化. 电池, 42(2): 85-87

欧阳明高. 节能与新能源汽车技术路线图. 2016.10.26

唐志军, 朱群志. 2013. 热管理技术应用于动力电池的研究, 电源技术, 37(1): 103-107

王秋霞. 2016. 锂动力电池管理系统热管理策略研究. 机电工程技术, 45(9): 66-67

王阳, 宁国宝, 郑辉. 2011. 集中电机驱动纯电动车辆电池包设计. 汽车技术, 7: 32-35

谢佶宏, 邵杰. 2016. 电动汽车用手动切断装置研究. 企业科技与发展, 5: 29-31

谢潇怡, 王莉, 何向明, 等. 2017. 锂离子动力电池安全性问题影响因素. 储能科学与技术, 1: 43-51

徐建全, 杨沿平, 唐杰, 等. 2016. 纯电动车辆与燃油汽车轻量化效果的对比分析. 汽车工程, 34(6): 540-543

徐善红, 马露杰, 曾祥兵. 2013. 汽车动力电池热管理系统分析与设计. 科技视界, (26) : 360-361

杨国亮, 齐同启, 柳熹, 许保同. 2015. 纯电动汽车高压电气系统安全设计. 汽车工程师, (11): 41-44
张剑波, 卢兰光, 李哲. 2012. 车用动力电池系统的关键技术与学科前沿. 汽车安全与节能学报, 3(2): 87-102
张金龙, 佟微, 孙叶宁, 等. 2017. 锂电池健康状态估算方法综述. 电源学报, 15(2): 128-134
张凯方, 娄飞鹏, 康照强, 等. 2015. 纯电动汽车高压熔断器选型分析. 汽车电器, 6: 24-26
张立军, 陈华杰, 刁坤, 阮丞. 2013. 电动车辆动力电池振动与冲击问题研究综述. 电源技术, 37(1): 156-160
朱叶. 2013. 基于 ISO26262 的动力电池系统高压功能安全概念. 汽车零部件, 10: 97-101

03

动力电池系统结构与电连接设计

3.1 电池系统结构设计概述

动力电池系统的机械结构，是由很多零部件组成，比如电芯、模组、电箱、电气件、电池管理系统等，它们之间既有冲突又有融合匹配，影响因素非常多。在这些零部件的交互关系中，与传统机械结构还是有比较大的区别，不仅与机械工程、流体力学、工程力学相关，还与电化学、电磁学、传热学、电子、电气等学科息息相关。

因此，在进行结构设计时，不仅要考虑基本功能，还需要考虑成组效率、机械安全、电气安全、热管理、电磁兼容、电磁屏蔽等各个方面。

为了能够更加透彻地分析，可以把动力电池系统的结构分为四个层级（图 3-1）：电芯、模组、电箱和电池系统，前三个层级的交叉、融合影响最后一个层级功能和性能。

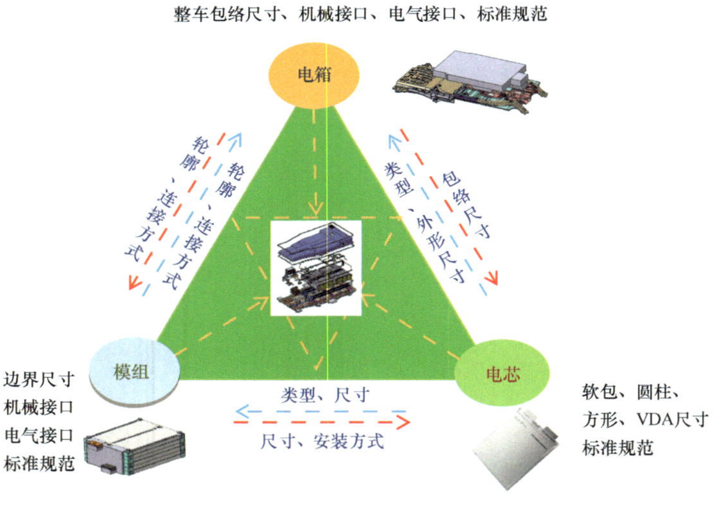

图 3-1 电芯/模组/箱体/系统四个层级间的相互影响

前三个层级之间的边界尺寸、机械接口、电气接口等，相互作用影响最后构成了 Pack 系统结构。由于电芯级别作为一个相对独立的层级，涉及的内容非常多，在这里只做应用层面的分析，不做详细讨论。

此外，高压控制单元与这三个层级的关联性相对较小，将单独进行分析。

在动力电池系统设计时，出发点和立足点不一，产品的设计理念会相差较大。动力电池系统是一个有巨大能量、使用在交通工具上、直接关系到人身安全和财产安全的产品，在满足基本功能的情况下，安全至关重要。因此，本章以安全为设计出发点和立足点，围绕安全来分析动力电池系统的结构和电连接产品设计。

3.2 模组结构设计

模组作为三个层级中的中间环节，起到承上启下的作用，既受到来自下层电芯基础性能的影响，也受到来自上层电箱需求性能的影响。

电芯的材料体系、规格尺寸、安全性能等对模组都有基础性的影响，例如不同电芯的规格尺寸，直接决定了模组边界尺寸的组合；再有电芯的安全性能和封装方式，直接影响了模组的安全设计、散热路径的建立等。

而来自上层电箱的性能规格需求，对模组的边界尺寸、机械接口、电气接口有比较重要的影响。具体分析详见 3.2.1 节。

确定模组的需求边界后，模组的详细设计主要关注以下几个方面（表 3-1）。

表 3-1　模组详细设计关注要点

机械	● 机械振动冲击强度 ● 挤压 ● 穿刺 ● 膨胀	能量密度	● 重量比能量 ● 体积比能量 ● 轻量化
电气	● 电气绝缘 ● 电气间隙 ● 爬电距离 ● 防触摸 ● 等电位连接 ● 可维护性	热管理	● 导热、散热 ● 加热
滥用	● 外部短路 ● 过充电 ● 过放电	连接可靠性	● 过电流能力 ● 电气连接可靠性 ● 机械连接可靠性 ● 防松
其他	● UN38.3 运输安全要求	可制造性	● 生产效率 ● 工艺可行性 ● 优率 ● 成本

其中，机械部分实际表现出来的是：模组的固定和连接；连接可靠性在模组层级主要是关注模组电连接设计；滥用、电气、其他主要体现在安全设计中；能量密度贯穿整个设计当中；热管理在模组层级，主要体现的是传热路径的建立以及保温设计。

3.2.1 需求边界

模组边界尺寸的需求来源于三个方面：电芯，电箱，标准规范（国标推荐尺寸、行业规范等）。

第一个需求来源是电芯。电芯是模组的基本单元，电芯的选择对模组的边界尺寸有非常大的影响，它直接影响模组边界尺寸的以下几个方面：机械接口、电气接口和外轮廓的尺寸和形式。在 3.2.2 节会详细介绍三种不同电芯的常见的模组形式。

第二个需求来源是电箱，确切地说是来源于整车，因为电箱的尺寸边界直接由整车决定。

对于商用车，由于整车空间较大，可以安装电池包的位置较多，Z 向空间比较高，所以商用车的模组形式大多比较“高大”，以充分利用商用车的车架高度优势。

乘用车则不同，乘用车的底盘较低，可安装电池包的位置也比较有限，所以导致乘用车的模组比较“矮小”，Z 向高度尺寸一般都在 150 mm 以下。

而传统车更改的电动车在后排座椅或者后备箱的位置会有一个比较凸起的区域，此处区域的 Z 向高度较高，可能达到 300 mm 左右，为了确保乘用车的续驶里程，在此处区域也会想办法安装电池包，这样使得乘用车的模组种类增多，难度加大。为减少模组种类，此处一般做双层设计或者改变模组的固定方向。典型的乘用车电池及安装位置见图 3-2 至图 3-4。

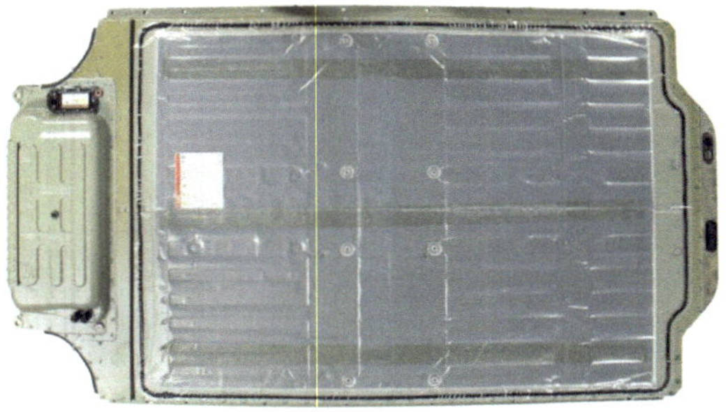

图 3-2　Z 向高度小于 150 mm（Model S 电池包）

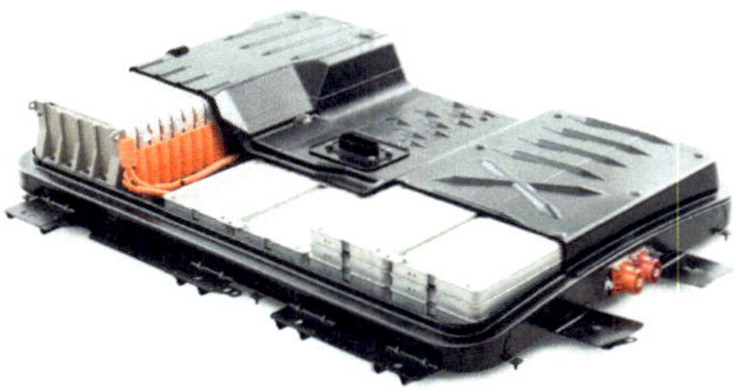

图 3-3　利用后排底部空间（Nissan Leaf 电池包）

图 3-4　利用后排底部和中央通道空间（GM Volt 电池包）

第三个需求来源是标准规范，其实这个需求来源与第二个需求来源还有些关联，不管是乘用车还是商用车，在尺寸边界上有一些共性，这给模组尺寸标准化提供了一个基础。反之，模组尺寸标准化，对整车来讲也是非常有利的，例如尺寸标准化后，可快速地降低产品成本；对车辆的售后也是提供了很大的便利。

另外，动力电池的原材料包含了不少贵金属，是一个价值比较大的产品，在车上的使用寿命到期之后，就回收拆解的话，是一个比较大的浪费行为；如何回收再利用是一个势在必行的研究方向，而产品的尺寸标准化后，再利用在其他领域就容易很多。

当然，除了以上三个方面，还有不少因素会影响到模组尺寸，例如散热方式、安全设计等，这些在下面的分析中都会贯穿进去。

下面以一个电箱确定、电芯不确定的案例，来了解模组的方式变化。

1） 电芯参数如表 3-2 所示。

表 3-2　电芯参数

20 Ah	60 Ah	83 Ah
磷酸铁锂	磷酸铁锂	磷酸铁锂
20	60	83
3.2	3.2	3.2
(28.0±1.0)*(70.5±1.0)*(160.0±1.0)	(29.0±1.0) * (135.0±1.0) * (223.0±1.0)	(36.0±1.0) * (130.0±1.0) * (255.0±1.0)
0.58±0.02 mm	1.80±0.05 mm	2.31±0.03 mm

2）Pack 需求参数表见表 3-3。

表 3-3　Pack 需求参数

项目分类	特性参数	备注
需求电量（kWh）	＞120	
电机控制器额定工作电压（V）	540	
电机控制器额定工作电流（A）	150	
电机控制器输入电压范围（V）	400～700	
箱体防水防尘等级	IP67	
加热保温功能	具备	
电池包尺寸	1050 mm×630 mm×342 mm	5 箱

以上三种电芯，通过不同的串并方式，在参数上都能满足要求，但需要根据实际情况来选择。首先，这是一款商用车，需求的电量比较大，在有可能的情况

下，尽量选择大电芯；其次，需要考虑箱体内部排布规整对称，重心点尽量在几何中心；再次，考虑到规模生产，模组种类尽量减少，尽可能使用一种模组；最后，出于安全考虑，并联数量尽可能少于 4 并。

通过以上的这些考虑，优选方案已经比较明显，见表 3-4。模组排布示意图见图 3-5。

表 3-4　优选方案描述

编号	项目	Pack 状态或参数
1	额定电压	512 V
2	额定容量	249 Ah
3	电压范围	400～584 V
4	总能量	127.4 kWh@25℃，0.5C
5	电池包尺寸	1060 mm×630 mm×342 mm
6	重量	＜1450 kg
7	电芯	LPF 3.2 V/83 Ah，480pcs
8	模组方案	3P4S：40set
9	串并联方案	3P160S

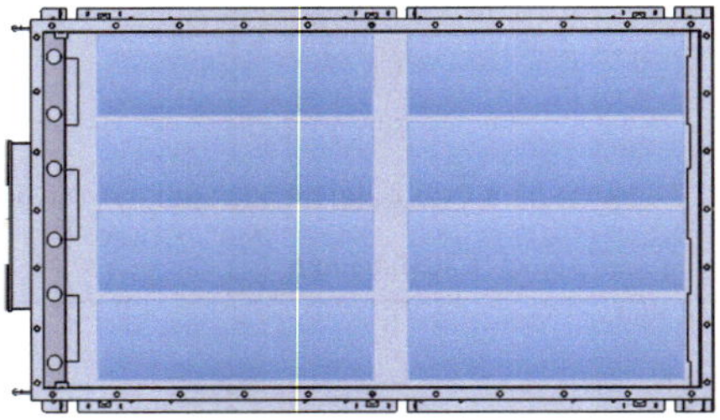

图 3-5　模组排布示意

3.2.2　模组的固定与连接

模组边界尺寸确定后，下一步就是考虑固定和连接。模组拆分来看，无论是圆柱、软包还是方形电芯模组，本质是都是使用一些结构件，把多个电芯通过不同的串并联方式组合成模组。从固定方式来看，三种电芯形态的模组都是比较类似的，主要有焊接、黏接、螺栓紧固，也有一些捆扎式的。

固定和连接有两方面的作用，一方面是固定和连接电芯自身，使之成为一个整体，并且具备足够的结构强度和刚度；另一方面是预留模组对外的连接、固定方式和位置。

固定和连接，从使用功能上可简单分为：机械固定和连接、电气固定和连接。这二者区别在于：机械固定和连接，主要发挥的是机械承载的作用，在设计时主要考虑机械固定和连接的强度、刚度，而电气固定和连接不单单需要考虑固定和连接的强度，还需要考虑过电流能力、是否有电化学腐蚀现象等。

下面从三种不同电芯形态的模组来说明固定和连接。

1. 圆柱电芯模组

1）圆柱电芯模组，从电芯的固定来看，相比软包电芯和方形电芯，难度会更大，这是由电芯形态造成的。圆柱电芯，在固定时不单单需要固定 X 轴、Y 轴和 Z 轴，还需要防止电芯自身的转动。当然，也正是由于圆柱电芯的这种形态，圆柱电芯的固定方式都比较类似，也比较单一。

图 3-6 所示的两种模组形式，是比较常见的圆柱电芯模组形式。在这两种模组形式中，电芯的固定是很类似的，都是使用带有圆柱形凹槽的电芯固定架：包裹式的固定电芯（图 3-7）。

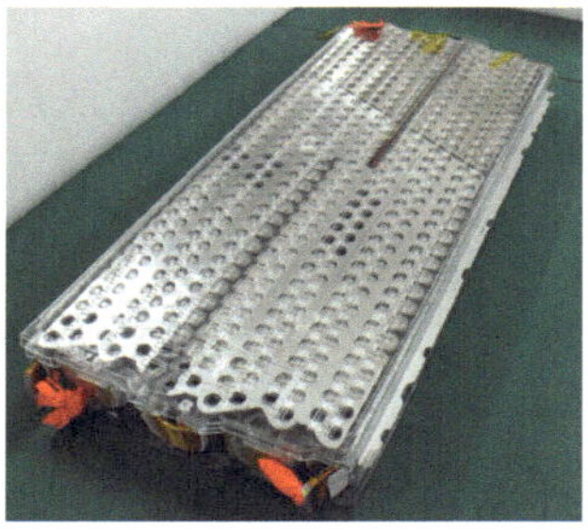

圆柱模组-1

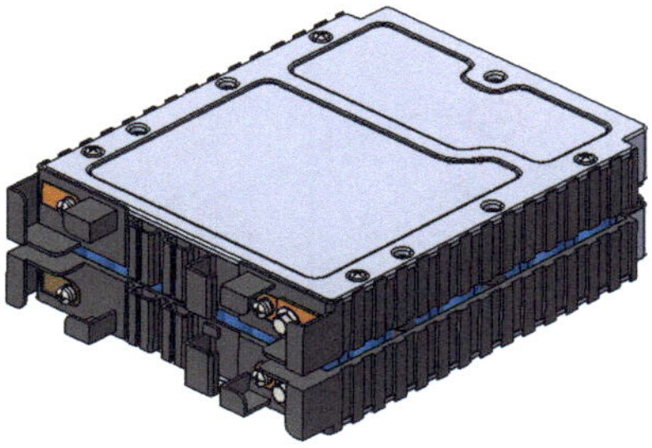

圆柱模组-2

图 3-6 两种常见圆柱电芯模组形式

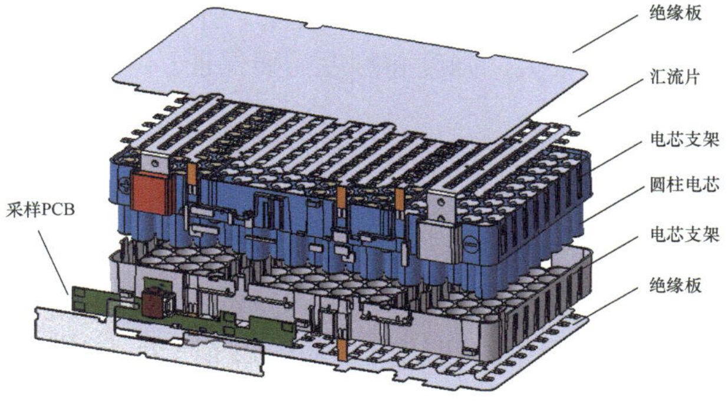

图 3-7 圆柱模组电芯的固定形式

在这种固定方式中，电芯固定架上都有匹配圆柱电芯的凹槽，凹槽的尺寸一般比圆柱电芯略大，为防止圆柱电芯转动，一般会使用胶水粘接电芯。

也有一些别的固定形式的圆柱电芯模组，例如：无间隙成组、灌封结构等，这样的方式或多或少都有一些瑕疵。无间隙成组方式安全方面值得考量，而灌封结构会降低模组的成组效率，所以导致这些方式使用比较局限。

2）圆柱电芯模组电芯的连接是比较成熟的，主要有比较传统的电阻焊接和新工艺的铝丝键合（超声焊接）。电阻焊接在汽车领域应用之前，在消费类和电动工具类就早已经有应用，是一种比较成熟的工艺，对设备要求较低，设计也比较成熟。而铝丝键合（超声焊接），是一种新近才使用到圆柱电芯上的连接技术，它对设备要求较高，相应的设计也还在探索中。

除了这两种连接方式，也还有一些连接技术，比如与手电筒或者电动工具类比较类似的软连接方式。它是通过机械挤压的方式，使电芯的正负极相连，由于这种方式是通过挤压的方式相连，它对公差和振动会比较敏感，有一定的局限性。

3）圆柱电芯模组对外的连接和固定方式及位置，主要有两类，可以称之为内固定式和传导式外固定。

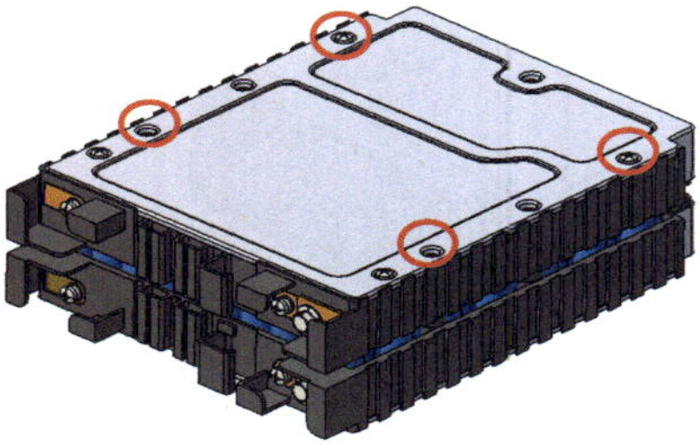

图 3-8　内固定式圆柱电芯模组

内固定式是在电芯固定架上直接设计对外连接固定的孔位（图 3-8），这种方式可以减少零件数量和成本，但相应的，由于固定孔位直接在电芯固定架上，而固定孔的位置会承受较大的载荷，所以需要在固定孔位附近加强或者加强整个电芯固定架。

传导式外固定是使用框架或者夹板，通过固定电芯固定架来固定圆柱电芯（电芯固定架跟圆柱电芯使用胶水粘接成一个整体）。这种方式由于经过电芯固定架的传导，使载荷分散开来，所以电芯固定架局部受力较小。但框架或者夹板承受载荷较大，强度和刚度需要保证。

2. 方形电芯模组

方形电芯从结构方面来分解，可以分解三块：内部卷绕或者叠片后的结构（跟软包电芯比较类似）、外部金属或者塑胶的防护结构和一些安全设置结构；内部卷绕或者叠片后的结构可以通过并联的方式增大容量，在通过外部的保护结构和一些安全设置结构做成方形电芯，可以看作是经过初步的成组；所以方形电芯再成组相对比较简单，方形电芯模组形式如图 3-9 所示。

1）方形电芯模组的电芯固定：方形电芯的固定大都使用外围框架式固定。

所谓的外围框架式固定是指多个方形电芯使用胶水或者带黏接性能的材料，通过压力先固定起来或者通过胶水、带黏接性能的材料固定到外框架上去。对模组中的大部分电芯来讲，外框架只会定电芯的两个方向（X 向、Y 向、Z 向中的两向），另外一向一般通过电芯自身的传导或者胶黏的方式来固定。

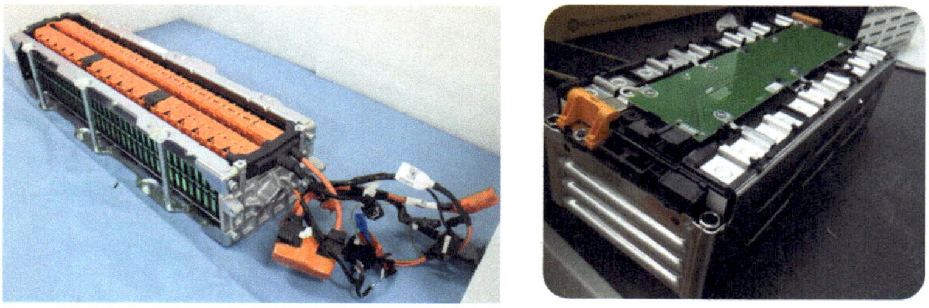

图 3-9　方形电芯模组形式示例

方形电芯在电芯固定时，主要有两种方式：无间隙成组和有间隙成组。这两种方式的选择，主要是考虑到电芯安全方面的因素，具体在 3.3.5 节介绍。

2）方形电芯模组的电芯连接，主要有两种方式：螺栓连接和焊接。螺栓连接是一种比较传统的连接方式，容易实现，但它也有比较多的劣势，例如接触阻抗较大、一致性较差、容易有电化学腐蚀等。焊接比较常见的有激光焊接和超声焊接，焊接的接触阻抗小、易批量生产、不会产生电化学腐蚀等优点。

3）方形电芯模组对外的连接、固定方式及位置，比较容易设计。由于方形电芯模组已经有一个强度和刚度较高的外框架，只需要在端板或者侧板直接设计固定孔位就可以。

3. 软包电芯模组

软包电芯在结构上可以看作是方形电芯的简化版本，它使用铝塑膜代替了方形电芯的外壳，并且省略了很多结构件，所以软包电芯的能量密度相对方形电芯来讲会高很多，相应的软包电芯自身的强度、刚度、安全性能都减弱很多，但动力电池 Pack 的安全性能不会由于电芯形态的变化而变化。因此，软包电芯模组在成组上相对方形电芯来讲，困难了很多，相当于把电芯一部分的安全性能在模组层级实现。

1）软包电芯模组的电芯固定：由于软包电芯自身的强度和刚度较差，所以在设计电芯固定时，一般会增加一个保护外壳来弥补软包电芯自身较弱的结构强度。这种保护外壳可以包裹一个或者多个电芯，成为一个小单元（可以看作是简化版的方形电芯，图 3-10），然后再把小单元和小单元固定在一起组成一个模组，也有一个小单元就组成一个小模组，见图 3-11。另外，软包电芯除了大面较为规整外，其余的面都不容易做到贴合，所以保护外壳在一些模组设计中，也发挥了导热路径的功能。

图 3-10　金属保护外壳的软包模组

图 3-11　多个小单元组合成大模组

软包电芯模组的电芯固定还有一种固定方式，与铅酸电芯的成组方式比较类似：把软包电芯装在一个只有一面开口的盒子当中，然后再填充一些有黏接性能的填充物，以达到保护和固定电芯的作用。

2）软包电芯模组的电连接主要有两种方式：螺栓连接和焊接。由于软包电芯的极耳一般都比较薄，结构强度较差，使用螺栓连接时，很容易压溃极耳或者接触不好，并且螺栓连接的一致性较差，也容易发生电化学腐蚀现象，导致接触阻抗比较大，所以螺栓连接局限较大。焊接主要使用激光焊接和超声焊接。

3）软包电芯模组对外的连接、固定方式及位置，也是比较容易设计。由于在软包电芯外面增加了一个保护外壳，如果是小模组（单个小单元的小模组），可以直接在保护外壳上增加对外的连接和固定位置，如果是多个小单元组合成的大模组，那就可以参考方形电芯的成组方式，即在端板或者外壳上增加对外的连接和固定方式及位置（图 3-12）。

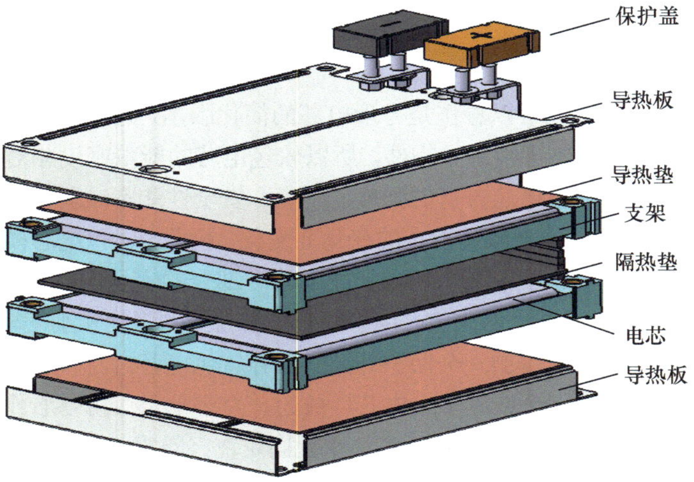

图 3-12　软包电芯外框架

除了上面三种不同形态电芯模组的电芯固定和连接因素外，散热和安全对模组的形态和设计也是影响比较大的。

在图 3-13 中的两个圆柱电芯的模组设计中，电芯固定和电芯的连接都可以做成一模一样。但由于散热方式不一样，电芯成组后的形态差别很大，这其中主要是散热方面的考虑——导热路径的建立。

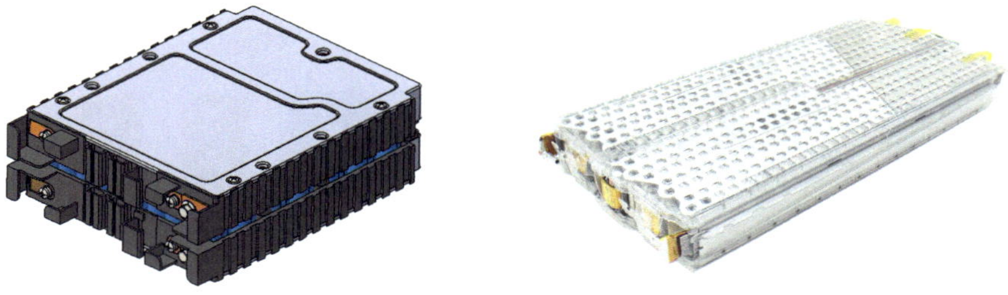

(a) (b)

图 3-13 自然散热模组（a）和液冷模组（b）

3.2.3 模组电连接设计

模组级别的电连接设计是模组设计很重要的一个环节，主要包含采样部分和主回路过流部分。这两部分可以分为 4 个方面：温度采样、电压采样、电芯间连接和模组对外电连接，见图 3-14。

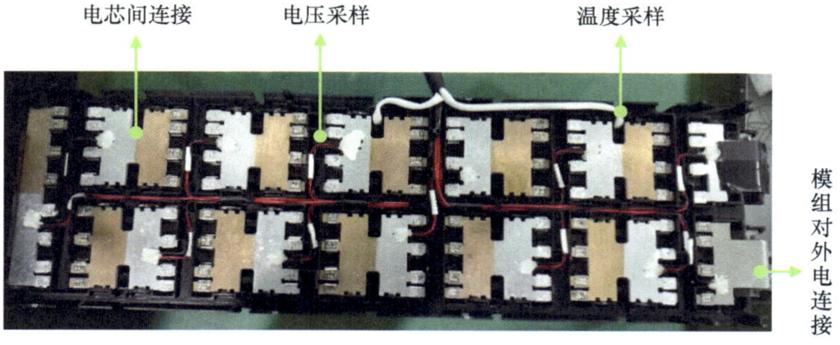

图 3-14 模组四个方面的电连接

1. 温度采样

温度采样作为检测电池状态的一个重要手段，在设计时主要关注两个方面：排布位置和连接可靠。

原则上，温度采样点的排布位置需要真实反映电芯的温度变化，但是由于各种因素，温度传感器很难直接接触电芯本体，所以在布置温度传感器时，需要尽量布置在能直接接触电芯并且导热性能较好的位置，例如：汇流排。

另外，布置的区域也需要考虑，在设计时可以通过一些辅助手段（如热仿真）来确定电池包内部温度场的分布，根据温度场分布合理布置采样区域。

温度传感器在安装时，需要完全贴合安装部位，减少由于热阻较大引起的采样不准。因此，在选择安装方式时，需要一些考究。

首先，要确定温度传感器的安装方式。温度传感器外形和安装方式有以下几种，见图 3-15，不同的温度传感器的连接方式有些不一样。

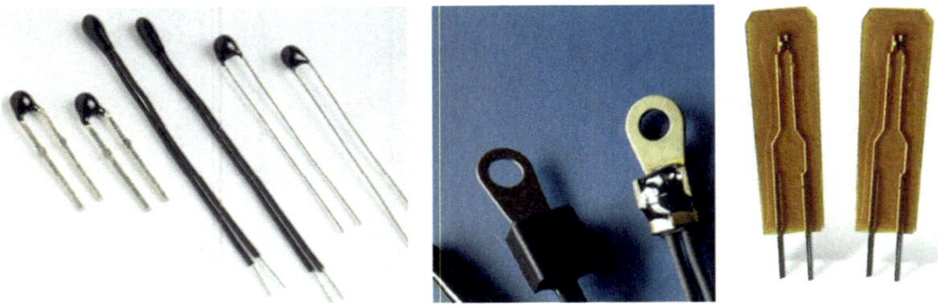

(a) 水滴形状　　(b) 封装后带端子　　(c) 薄片形状

图 3-15　不同外形温度传感器示例

比如，水滴状的温度传感器一般使用灌封的安装方式：通过导热性能较好的灌封胶，跟安装部位灌封在一起。这种方式热传导均匀，可靠性较好，但安装部位需要有灌封空间和结构，使用时有一定限制。

封装后带端子的温度传感器使用比较多，这种温度传感器可以选择焊接、铆接、锁螺栓等安装方式。端子一般使用铜、铝或者合金钢作为基材，导热性能较好。选用的安装方式也可以很好地贴合安装部位，可制造性较好，是一种比较好的电连接方式。

封装后带端子的温度传感器由于是先封装在一个金属端子内部，再通过导线引出信号，在导线的引出部位，很容易出现导线折断的情况；因此在导线的选型时，除了满足基本的绝缘、耐压、过流能力等电性能参数外，还需要满足一定的机械性能，例如耐磨、延展性较好等。

2. 电压采样

电压采样是采集每一串电池的电压，而模组一般都是由多串组成，所以电压采样线束数量会比较多。与温度采样不同，电压采样由于跟电池正负极连通，本身带电，所以在设计时考虑的地方比温度采样要多，比如采集点的位置、采集点的连接方式、采样线束的选型和采样线束的布置方式，以及采样输出的连接器选型。

模组一般由数量不等的电芯，经过不同的串并数连接而成。如果是一并 n 串的模组，电压采集点的数量就是 $n+1$。在布置采样点时除了一个采集点外，另外的采集点建议布置在相同的极性位置（图 3-16），例如从总负开始为 B_{1-}，另外的采集点为 B_{2+}、B_{3+}、到 B_{n+}。如果是多串多并的模组，除了跟一并 n 串模组类似采集点建议相同极性外，采集点的位置也建议在并联电芯相同的位置，例如 5 并 12 串的模组，第一个采样点在第 2 并的位置，那后面的采集点也建议在第 2 并电芯的位置。

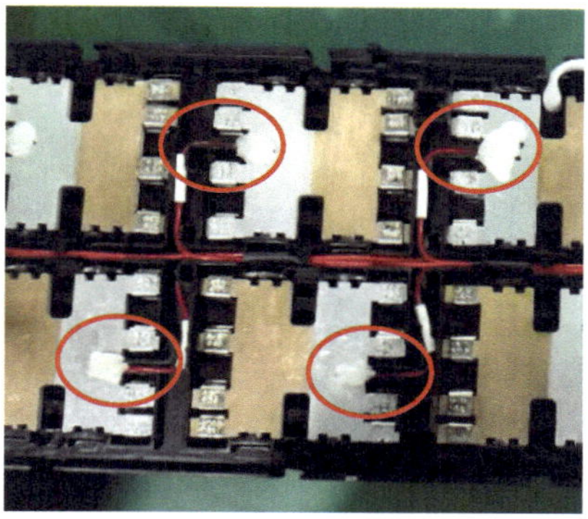

图 3-16　采样点位置示例

由于电压采样是直接与电芯正负极相连，采集电芯正负极两端的电压，连接位置的阻抗过大，会影响电压的采样精度，进而影响到后面的 SOC 估算、充放电保护阀值等，甚至引发安全事故。因此，电压采样的连接方式需要选择阻抗较小且比较安全可靠的连接方式，比如：焊接。

另外，由于电压采样线束与电芯极柱相连，相当于正负极的分支，而且电压采样线束也比较多，一旦采样线束绝缘层破损，很容易发生短路情况。所以，采样线束既要满足电性能方面的要求，比如过电流能力要求、绝缘耐压要求；还需要满足一定的其他方面的性能要求，比如耐磨、抗撕裂、耐高温、防火、抗老化等。

在电压采样线束布置时，也需要有特别的考虑，比如：连接位置防呆、设置走线槽、隔离分开走线、避开高温区域、线束的固定间隔的距离等。

最后，模组的温度采样和电压采样都需要输出对外的端口，常规的做法是将这种采样使用一个多针脚的连接器对外输出。在选择这种连接器时，需要考虑以下这些方面要求：绝缘耐压、防火、耐盐雾、插拔次数、电压降、键位防呆、拉拔力、抗老化、耐高低温等。

3. 电芯间连接

相对于模组电连接设计的其他内容，电芯间的连接在三种不同电芯形态模组有比较大的差异（图 3-17）。

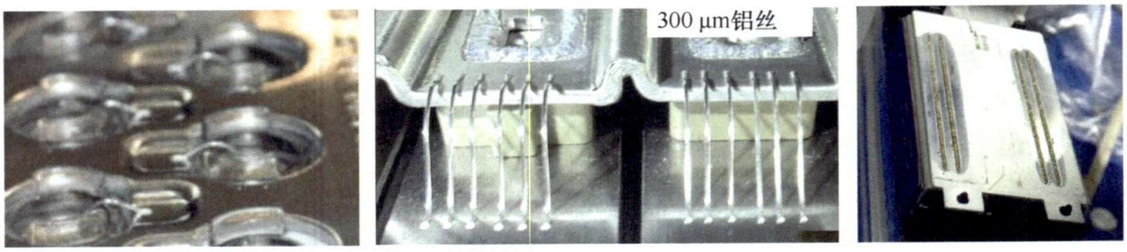

(a) 铝丝+铝排(圆柱电芯模组)　　(b) 软铝排(方形电芯模组)　　(c) 铜排(软包电芯模组)

图 3-17　电芯间连接方式示例

1）方形电芯模组内部电芯之间大多使用铝排或者铜排过流，采用激光焊接或者锁螺栓固定的连接方式；

2）圆柱电芯模组内部电芯间大多使用镍片+铜排或者铝丝+铝排过流，采用电阻或者超声焊接的连接方式；

3）软包电芯模组内部电芯间一般使用铜排或者铜铝复合排过流，采用锁螺栓或者激光焊接的连接方式。

在汇流片的设计上，三种不同电芯的模组又是比较相似的：首先，汇流片需要满足过流要求；其次，汇流片的材质一般是铜、铝或者镍，这些材质的过电流能力是可以通过查找相关国标得出。

但在模组的汇流片设计时，不能单单地考虑材料自身的过电流能力，还需要考虑汇流片形状和使用环境。汇流片的形状不一样，电流密度分布和电压分布也不一样（图 3-18），还有散热面积也会不一样。在设计汇流片的形状时，建议在满足电流密度和电压分布的范围内，尽量往薄而宽的形状设计，这样既可以降低对焊接设备的要求，也可以增加散热面积，还可以适当降低对汇流片的平面度要求。

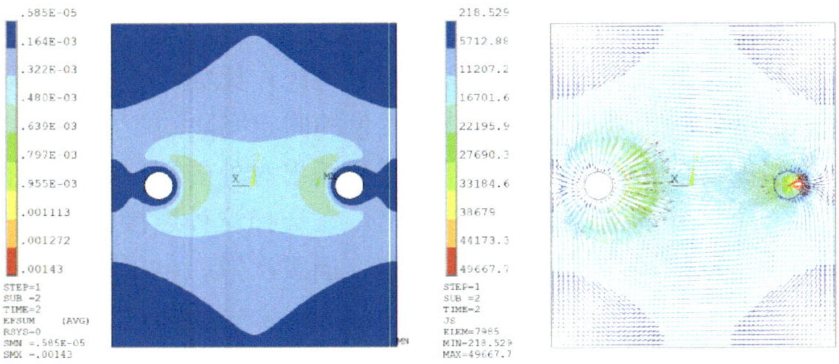

电压分布图　　电流密度分布图

图 3-18　汇流片电压与电流密度分布图

另外，汇流片的使用环境对汇流片的设计也有比较多的影响。我们知道，电池在充放电时会有热量产生进而导致温度升高，在设计汇流片时，需要考虑到这部分的影响。如果汇流片的温升大于电池在过同样电流下的温升，那么汇流片的截面积需要增加；反之，出于成本和轻量化等多方面因素的考虑，则可以减小汇流片的截面积。

其次，由于三种不同电芯模组的汇流片差异较大，在考虑安全设计、制造的可行性、产品的可靠性上会有些不一样。例如方形电芯模组，汇流片一般使用硬铝排，出于安全可靠性等因素的考虑，硬铝排需要有一定的变形量来满足电芯在长期循环下的鼓胀，所以在设计硬铝排时，一般都会设计一定弧度的弯曲。

4. 模组对外电连接端口

三种不同电芯模组的对外电连接端口都比较相似，主要有锁螺栓/螺母和快插连接器。其中，快插连接器由于成本方面的因素，使用比较少，设计时主要是对快插连接器的选型，这里不多做介绍。

使用锁螺栓或者螺母作为模组对外电连接端口，在设计时应该避免电连接部位受载（承受作用力）。这个部位主要是指电芯极柱部位，由于模组对外电连接端口一般都会跟电芯极柱相连，在生产安装或者后期的使用过程中，模组对外电连接端口的作用力如果传导到电芯极柱部位，就有可能破坏电芯极柱上的焊接，进而造成电连接失效，甚至是发生安全事故。

3.2.4 模组安全设计

安全设计在模组级别的体现主要有：机械安全、化学安全和电气安全。在模组设计时，这三大安全会以不同的方式表现出来。

1. 机械安全

模组级别的机械安全主要表现在结构强度上，具体表现为电芯与电芯之间的黏接力或者摩擦力是否能大于电芯自身的重量在标准或者客户要求下的冲击力和耐久力，电芯固定架的承载力是否能大于模组中电芯的重量在标准或者客户要求下的冲击力和耐久力，对外固定的端板或者电芯固定架是否满足模组重量在标准或者客户要求下的冲击力和耐久力。

这三种要求，在设计中的具体体现为：胶水的黏接力或者施加给电芯的夹紧力（胶水的性能和黏接面积，提供夹紧力框架的结构强度和连接强度）、电芯固定架的材料强度和结构强度、对外固定的端板或者电芯固定架材料强度和在固定位的结构强度；也即①电芯之间使用结构胶水固定；②使用金属框架，并且框架之间的连接使用焊接，以增加框架的结构强度；③端板使用强度较高的金属材料，并在固定孔位做加厚处理。

2. 化学安全

化学安全在模组级别主要体现在滥用安全和火烧情况上，防止由于滥用造成的起火、爆炸等。主要包括针刺、挤压、短路等情况造成起的电芯鼓胀，起火，甚至爆炸，还有外部火烧和内部火烧。

例如在软包电芯模组设计中，为防止电芯鼓胀和针刺、挤压、短路的起火，甚至爆炸情况，一般在软包电芯之间填充有一定压缩量的材料，即给软包电芯预留电芯鼓胀空间，也起到隔离电芯，减少由于极端情况下造成的热蔓延情况。

防止内部和外部火烧，在模组级别的安全设计上主要体现在：材料选择和一些隔离的结构设计。

3. 电气安全

电气安全在模组级别主要体现在：绝缘、耐压强度，接触防护和等电位。

绝缘、耐压强度与两方面相关：绝缘材料性能和电气间隙。绝缘材料首先要满足绝缘、耐压要求：绝缘阻值大于 500 MΩ/V，耐压满足（2U+1000）V 情况下，漏电流小于 0.1 mA/min；其次绝缘材料还需要有一定的结构强度，防止磨损或者刺穿。

在模组级别的接触防护，主要是满足 IPXXB 的要求，即手指不能直接接触到带电体。设计时，一般采用包裹式绝缘设计：把所有带电体使用绝缘材料包裹或者遮挡起来，以达到 IPXXB 的要求。

模组的等电位设计主要是外框架之间导电体的等电位设计，外框架之间导电体和散热部件导电体之间的等电位设计。

3.2.5 模组尺寸标准化

随着新能汽车行业的发展和规模化的应用，零部件的标准化势在必行。作为电池包中的主要部件，模组的标准化也需要顺应潮流。当然，也不能为了标准化而标准化，在标准化制定时，需要有严格的依据。

例如，乘用车受底盘的高度和离地间隙的限制，可用于安装电池包的高度一般都小于 150 mm 以下，扣除加强梁和安全间隙的尺寸，留给模组高度的尺寸也就在 110 mm 左右。另外，乘用车的宽度一般在 1.5～2.2 m 之间，扣除安装尺寸和两侧的间隙，电池包可用宽度一般在 0.75～1.35 m 之间，模组按照 5～9 列排布计算，宽度应该在 150 mm 左右。此外，现在电池包的安装区域大都在两轴之间，而乘用车的轴距一般在 2.0～3.0 m 之间，扣除前段安装电器件、走线空间等等，留给电池包的尺寸一般在 1.2～2.2 m 之间，在 *X* 轴方向上，应该预留一定的选择，可以根据不同电量配比不同串并连的模组，模组长度可以适当的变化。GB/T 34013—2017 推荐的模组尺寸如表 3-5 所示。

表 3-5　模组推荐尺寸

序号	外形尺寸（mm）		
	*N*1	*N*2	*N*3
1	211~515	141	211/235
2	252~590	151	108/119/130/141
3	157	159	269
4	285~793	178	130/163/177/200/216/240/255/265
5	270~793	190	47/90/110/140/197/225/250
6	191/590	220	108/294
7	547	226	144
8	269~319	234	85/297
9	280	325	207
10	18~27，330~672	367	114/275/429
11	242~246	402	167
12	162~861	439	363

注：*N*1、*N*2、*N*3 分别指模组的厚度、宽度和高度，具体请参考 GB/T 34013—2017

3.3　电箱结构设计

电箱作为三层结构的上面一级，它首先受到来自整车安装空间和安装方式的影响。其次，受到模组轮廓尺寸和安装方式的影响，还有就是高压箱的形式（包含在电箱内部，还是独立于电箱）对它也有影响。三方面的综合考虑，才能设计出比较理想的电箱结构。

设计电箱时，需要从系统级别分解需求：系统级别电压平台和总能量的需求，就可以分解到电芯的串并联方式；再综合整车的安装包络尺寸和模组尺寸规格来匹配。

具体的步骤如下：确定需求边界（包含机械尺寸边界、电气参数边界）、整体排布设计、详细设计（包含上下箱体设计、IP 防护设计、电连接设计和安全设计）。其中 IP 防护设计详见 3.6 节。

电箱结构设计的主要关注点如表 3-6 所示。

这其中，机械部分实际表现出来的是：上下箱体的设计、模组的固定等；连接可靠性在电箱层级主要是关注电箱电连接设计；滥用、电气、防护和其他主要体现在安全设计中；能量密度贯穿整个设计当中；热管理在电箱级别的体现，主要是导热路径的建立：把通过模组传热路径传导的热量，使用低热阻、路径短的导热路径，传导到箱外或者箱体上。

表 3-6　电箱详细设计关注点

能量密度	● 质量比能量 ● 体积比能量 ● 轻量化	机械	● 机械振动冲击强度 ● 碰撞 ● 挤压 ● 侧翻 ● 底部球击 ● 跌落等
热管理	● 热均匀性 ● 热管理系统效率 ● 导热、散热 ● 保温 ● 加热	电气	● 电气绝缘 ● 电气间隙 ● 爬电距离 ● 防触摸 ● 等电位连接 ● 可维护性
连接可靠性	● 过电流能力 ● 电气连接可靠性 ● 机械连接可靠性 ● 防松	防护	● 防尘防水 ● 防盐雾腐蚀
可制造性	● 生产效率 ● 优率 ● 工艺可行性 ● 成本	其他	● 电池箱火烧 ● 热失控蔓延控制 ● 电池箱内外压力平衡和紧急排放
可维护性	● 最小可维护单元		

3.3.1 需求边界

电箱的需求边界来源于整车对动力电池系统的整体要求，也受来自下一层级模组的影响。通过上下层级因素的综合考虑，以确定电箱的需求边界。

电池包的设计中，商用车可用于安装电池包的尺寸一般较大，在进行综合考虑时，主要关注的是来自下层级模组的影响和系统能量的需求影响，来自整车的影响因素较小。所以在商用车上，现在有比较成熟的标准化电箱的应用，覆盖面积达到 80%以上。

标准电箱的需求边界综合考虑了整车和模组边界尺寸的需求，考虑了规模化生产、售后维护、后续梯次使用和回收利用等因素，因此标准电箱是能平衡各方面因素的比较成熟的一款产品。

乘用车由于空间紧凑，车型繁多，可用于安装电池包的空间有限。在追求高行驶里程数时，势必需要安装更多的电池，这就导致有空间的地方都去考虑安装电池。

3.3.2 整体排布设计

电箱内部的整体排布有以下建议：

- 排布规整对称；
- 高低压“各行其道”；
- 预留安全距离；
- 电气件、模组隔离；
- 考虑热管理系统。

电箱内部的模组排布需要尽量排布规整、对称（图 3-19），使电箱的重心点尽量在几何中心，或者在电箱的对称轴上，需要考虑电箱配重对整车的影响。

图 3-19 模组排布规整、对称

考虑电连接设计的合理性：相对于模组级别的电连接设计，电箱级别的电连接设计较为复杂。在整体排布设计时（图 3-20），需要考虑高低压线束走线空间、固定高低压线束的位置和结构、高低压连接器的安装位置及连接形式等，具体参见 3.3.4 节“电连接设计”。

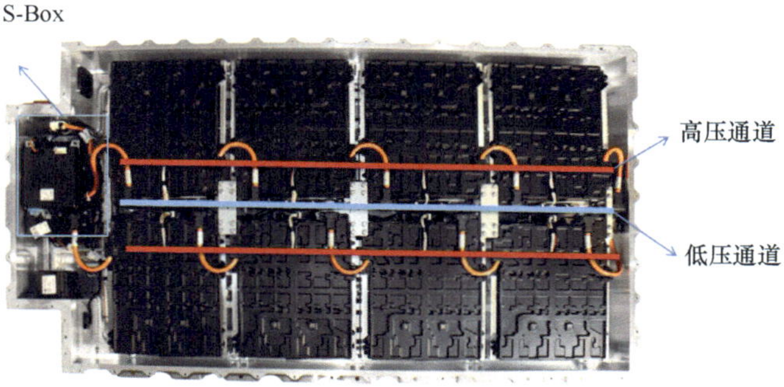

图 3-20 电箱级电连接整体布置示例

在整体排布设计时就需要考虑电箱的热设计方案，根据电芯的性能和整车的应用工况初步确定热设计的形式（换热量的大小，自然冷却、风冷或者是主动液冷），预留加热、散热的通道和安装空间，确保热设计的合理性和高效性。

除了这些因素外，还需要考虑安全、成本、环境等方面的因素，比如安全方面的防火、阻燃、定向泄放，成本方面的减少异形结构等。

3.3.3 详细设计

详细设计包含上下箱体设计、模组固定设计、IP 防护设计、电连接设计和安全设计等。上下箱体设计和模组固定设计关联性比较多，将在本节进行分析，其余独立分析。

1. 上下箱体设计

在进行上下箱体设计之前，需要根据客户需求、产品应用场景需求、性能需求、安全需求、成本需求、可采购性需求等各个方面的情况综合考虑，来确定上下箱体的材质和加工工艺。不同的材料和加工工艺，对上下箱体的结构设计影响很大。

上下箱使用比较成熟的材料有钣金、铝合金和复合材料。这几种材料在结构设计时，还需要根据加工工艺（钣金折弯、钣金冲压、铝合金冲压、铝型材拼焊、复合材料模压、铝合金压铸等等）的选择，具体进行设计。

一般来讲，下箱体需要承载电箱的大部分重量，而上盖承载较小，所以在设计时，主要是进行下箱体的设计，上箱体主要考虑箱盖承载自身的强度和防护性能，确保满足防护要求和机械安全要求。

（1）上箱体设计

现在使用比较成熟的上盖材质主要有钣金上盖、铝板材上盖、复合材料上盖。钣金和铝板材上盖有两种成型工艺：折弯+拼焊和一体冲压成型，复合材料一般都使用一体成型（模压或者 SMC），参见图 3-21 和图 3-22。

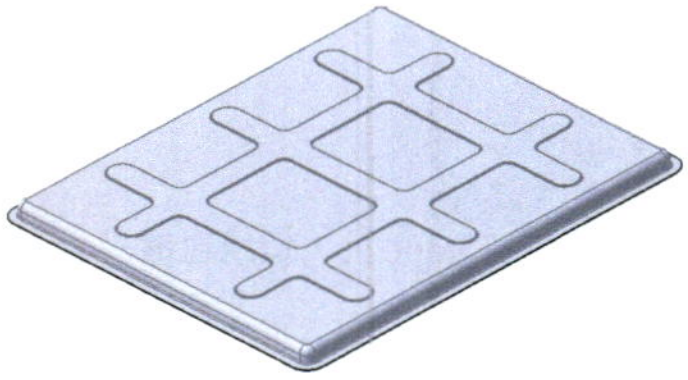

图 3-21 冲压成型上盖

图 3-22 复合材料上盖

在设计这些不同材料的上盖时，关注点有类似之处，也有些不一样。采用一体成型的加工工艺时，在确定需求边界后，主要考虑上盖的强度和可加工的可行性。当然，也有些其他方面的考虑，例如安全方面的考虑，大部分的电池包设计，电芯都是垂直安装，这导致电芯的防爆阀（方形电芯）正对上盖，故在上盖设计时，需要考虑防火和防止热冲击；钣金或者铝板材由于材料自身的强度和延展性能较好，可以通过在上盖内壁喷涂一些隔热涂层来增加上盖的防热冲击性能；复合材料可以通过改善材料自身的性能或者在上盖内壁粘贴一些防火的材料（防火布）来提高上盖的性能。

强度有两个方面：一是在密封法兰面是否可以提供足够的强度来压缩弹性单元；二是上盖自身的强度和模态是否符合要求。

对于密封法兰面的强度，如果材料自身不能够满足，可以增加一些特征来增加强度，比如增加翻边，复合材料上盖可以增加法兰面的厚度来增加强度。另外，出于轻量化方面的考虑，上盖一般做得比较单薄，但尺寸又比较大，为确保足够的强度和模态，上盖可以增加一些特征来加强上盖的性能。比如：增加一些形状的凸包或者加强筋，凸包或者加强筋的形状和位置可以通过产品形貌优化来确定。

在加工工艺方面，一体化成型需要考虑拔模角度、圆角半径、拉伸的深度等；而折弯+拼焊的工艺主要关注的折弯尺寸、拼焊位置等。

（2）下箱体设计

下箱体作为主要机械承载部件，设计时相对复杂很多。确定需求边界后，下箱体需要关注的有机械强度、等电位、防腐蚀、密封设计、轻量化等（图 3-23）。其中，机械强度、密封设计、轻量化是主要的关注点（密封设计在后面 3.6 节介绍）。机械强度在实际的设计中，体现在需要满足振动、冲击、挤压、碰撞等要求。这些要求的具体表现形式有：挂点设计（安装固定点）、内部纵横梁设计、防撞梁设计等。

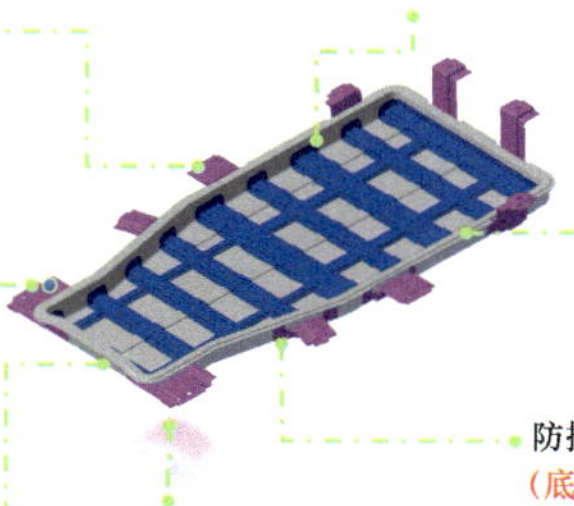

图 3-23　下箱体结构设计要点示例

挂点设计需要关注三个方面：挂点的数量、挂点使用的紧固件尺寸和挂点的分布（图 3-24）。

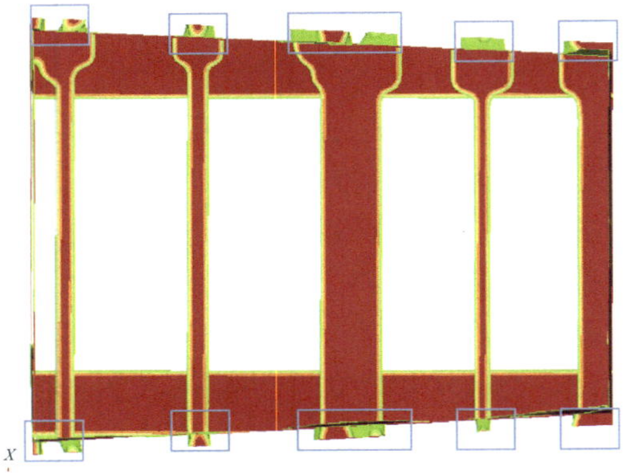

图 3-24　挂点分布

在实际的项目中，挂点的数量、挂点使用的紧固件尺寸和挂点的分布往往都是主机厂根据车辆的可用空间给出，是固定的。但主机厂往往都不止一个供应商，而不同的供应商配置的电池包也都会有些区别，例如使用电芯的类型、内部模组排列的方式，甚至重量也有一些不一样，这对电池包设计来说，是一个比较大的挑战。

设计时，挂点的三方面应该是有据可循的。根据电池包内部模组的排布和重量分布，通过一定的辅助手段可以设计出比较匹配的挂点。这些手段包括挂点计算、计算机辅助设计等。例如，使用计算机辅助设计，经过拓扑优化（图 3-25），可以确定挂点的位置、分布以及数量。挂点计算是根据产品的重量和紧固件提供的预紧力，再加上一定的安全系数，通过满足冲击要求的冲击力小于产品固定后的摩擦力，来计算所需要的预紧力大小，再查询标准得出需要选用紧固件的尺寸（在这种计算中，需要进行一定的简化）。不同尺寸螺栓提供的预紧力大小见表 3-7。

表 3-7　不同尺寸螺栓提供的预紧力大小

螺栓直径 *M*（mm）	DIN267 性能等级（螺栓强度等级）											
	3.6		5.6		6.9		8.8		10.9		12.9	
	Fv（N）	Ma（Nm）	Fv（N）	Ma（Nm）	Fv（N）	Ma（Nm）	Fv（N）	Ma（Nm）	Fv（N）	Ma（Nm）	Fv（N）	Ma（Nm）
M2	255	0.1	345	0.15	710	0.3	835	0.35	1170	0.5	1415	0.6
M2.5	485	0.26	655	0.35	1810	0.71	1550	0.83	2180	1.18	2620	1.4
M3	630	0.37	1050	0.62	1700	0.99	2250	1.3	3150	1.9	3800	2.2
M3.5	850	0.57	1400	0.95	2250	1.5	3000	2	4250	2.9	5100	3.4
M4	1100	0.85	1850	1.4	2900	2.3	3900	3	5750	4.4	6700	5.1
M5	1800	1.7	3000	2.8	4800	4.5	6400	5.9	9400	8.7	11000	10

续表

螺栓直径 *M*（mm）	DIN267 性能等级（螺栓强度等级）											
	3.6		5.6		6.9		8.8		10.9		12.9	
	Fv（N）	Ma（Nm）	Fv（N）	Ma（Nm）	Fv（N）	Ma（Nm）	Fv（N）	Ma（Nm）	Fv（N）	Ma（Nm）	Fv（N）	Ma（Nm）
M6	2550	2.9	4200	4.8	6750	7.7	9000	10	13200	15	15500	18
M8	4650	7	7750	12	12400	19	16500	25	24300	36	28400	43
M10	7400	14	12300	23	19700	37	26300	49	38700	72	45200	84
M12	10800	24	18000	40	28800	65	38400	85	56500	125	66000	145
M14	14800	39	24700	64	39500	105	52500	135	77500	200	90500	235
M16	20400	59	34000	98	54500	155	72500	210	107000	310	125000	365
M18	24800	81	41300	135	66000	215	91000	300	129000	430	152000	500
M20	31900	115	53000	190	85000	305	117000	425	166000	610	195000	710

注：Fv 表示螺栓预紧力；Ma 表示扭矩

纵横梁设计，是箱体设计的一个重点，直接关系到箱体是否符合机械性能要求。政策对电池包对有重量比能量的要求、整车也有 Ekg[①]的要求，所以在轻量化和结构强度之间寻找平衡点非常重要。

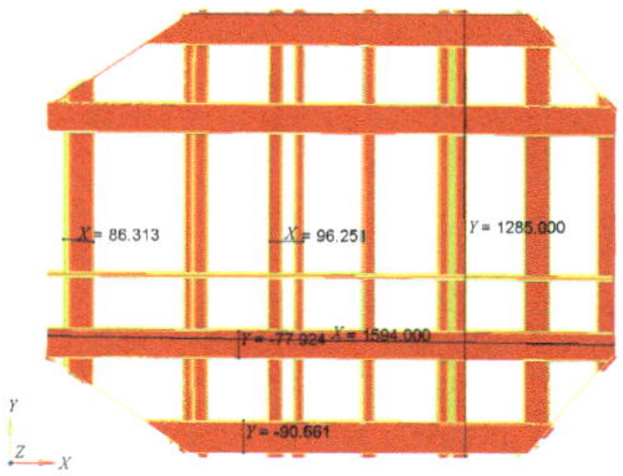

(a)

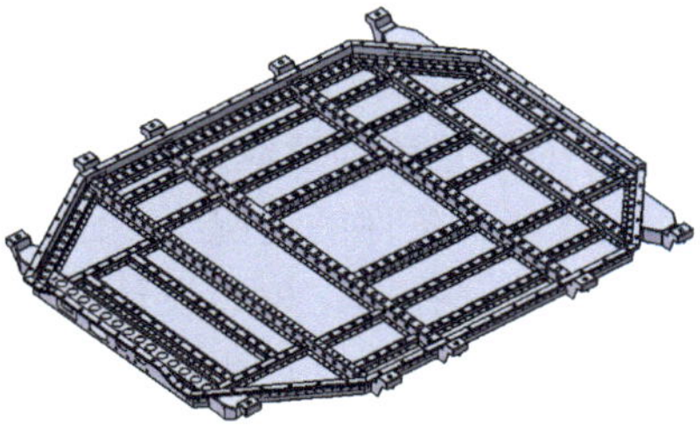

(b)

图 3-25　拓扑优化（a）与实际设计（b）对比

框架式结构是一种能平衡轻量化和结构强度比较好的结构形式，也是一种设计难度较高的结构形式。在进行这种框架式结构设计时，首先需要定性地确定边界，然后需要定量地找到临界点（可以结合计算机辅助设计和模组的固定结构综合得出），通过较多的辅助手段才能设计得比较精确。

2. 模组固定设计

模组的固定，首先需要确定模组的对外连接端口（详见 3.2.3 节），再根据 3.3.2 节内容来进行设计。比较常用的方法有三种：长钉式（图 3-26）、捆扎式和挤压式。

① 单位载质量能量消耗量［单位 Wh/（km·kg），即瓦时每千米千克］

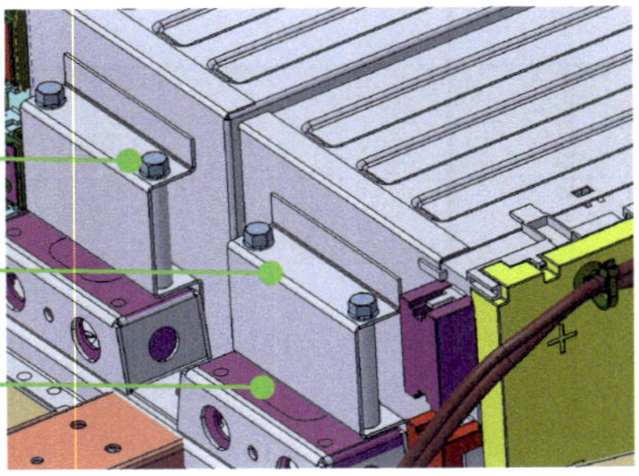

图 3-26　长钉式

长钉式的“长”可以读 zhǎng，也可读 cháng，这两种读音都形象地解释了这种安装形式，它是使用长（读音 cháng）螺杆，通过模组的对外连接端口，长（读音 zhǎng）在箱体的纵横梁上。这种模组固定形式对模组、箱体和螺栓都有比较严格的要求：

1）模组需要有对外连接端口，这些端口能够支撑起模组并且有足够的机械强度。

2）箱体的纵横梁可以提供足够的强度来固定长螺杆，不会产生应力集中的情况。

3）长螺杆的尺寸和强度满足要求。

在满足上述三个条件的情况下，这种固定形式是比较可靠的。

捆扎式，一般是使用在模组设计成没有对外机械连接端口的情况下，这种模组的固定一般使用压条捆扎，再通过压条的机械连接端口跟箱体的纵横梁相连。相比“长钉式”固定形式，它多了一个压条捆扎的动作，相当于把模组对外机械连接的端口转移到了模组固定方式上，这种方式对压条和模组捆扎的位置有比较多的要求，比如压条的强度。

挤压式也可看作是免螺栓固定的形式，这种模组固定方式对尺寸公差和局部强度要求很高（精密级的尺寸公差），在尺寸公差和局部强度都能满足的情况下，这种安装方式对后期的维护有很大的便利性。

3.3.4 电连接设计

电箱级别的电连接设计主要包括模组间的电连接设计、模组和电气件间的电连接设计（包含高低压电连接），以及电气件和电气件间的电连接设计（包含高低压电连接）。

由于电箱可以看作是一个相对独立的部件，内部一般比较紧凑，并且分模块设计。电箱内部模组间、模组和电气件间的高压连接一般使用铜排相连（导线需要压接，会增加失效点和接触内阻），少量使用导线相连（快插连接器形式），如图 3-27 所示。电箱对外的电连接端口大都采用连接器的形式，低压连接这块也是大多采用线对线或者线对板的连接器相连。所以，电箱的电连接设计实际就体现在铜排的设计、高低压连接器的设计及选型、高低压线束的设计及选型和高低压走线布置。

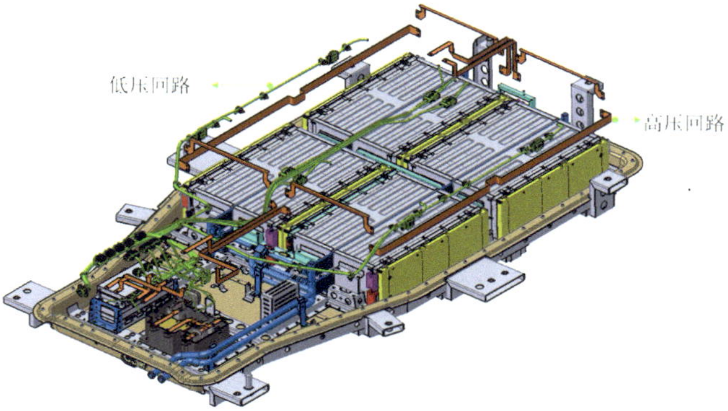

图 3-27 电箱级别电连接示例

现在使用的铜排主要有两种形式：硬铜排和软铜排。硬铜排就是由单层铜板通过打孔、折弯、压铆（工序的多少取决于铜排的复杂程度）等工序机加工而成；软铜排是由多层薄铜片（通常为 0.1 mm）通过热压分子焊接把开孔连接部位焊接在一起（减少接触内阻），然后再通过不同工序机加工而成。出于成本和轻量化因素，在一些场合可以使用硬铝排和软铝排来替代硬铜排和软铜排，它们起到的作用是比较类似的，其各自优缺点如图 3-28 所示。

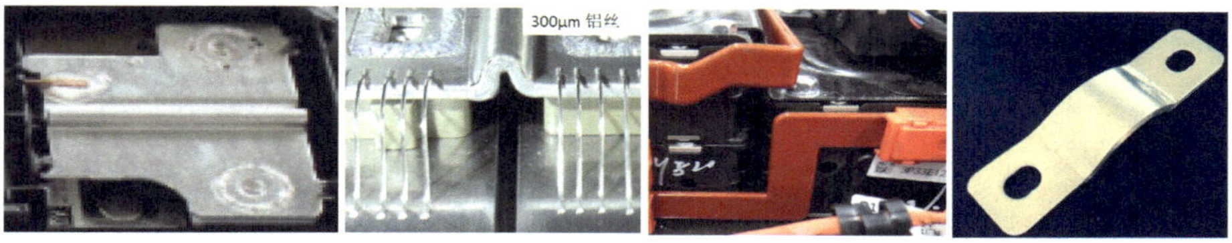

(a) (b) (c) (d)

图 3-28 硬铝排（a）、软铝排（b）、硬铜排（c）和软铜排（d）

（a）优点：重量轻、成本低；缺点：对公差要求高、过流能力差；（b）优点：重量轻、对公差要求低；缺点：过流能力较差、成本较高；（c）优点：过流能力较好；缺点：对公差要求高、成本较高、重量较重；（d）优点：过流能力较好、对公差要求低；缺点：成本较高、重量较重

铜排或者铝排有软硬之分，主要是根据使用场景的要求来确定的，比如模组之间的连接：一是电池箱的尺寸一般较大，模组安装在箱内，由于加工公差的因

素，模组间的累积公差比较大（位置度公差，不是单一方形的公差）；二是在模组输出极的位置，很多模组形式都是跟电芯相连或者通过焊接转接相连，这个位置能承受的力也比较小。当然还有一些别的因素，比如空间限制、二次绝缘等；高压箱内部由于空间紧凑，累积公差比较小，电器件连接部位可以承受一定的作用力，建议可以使用硬铜排。

高低压连接器在设计和选型时，有一些基本的原则。例如，低压连接器：①绝缘耐压、防火等级 V0（UL94）；②耐盐雾（USCar37）、耐高低温冲击；③插拔次数、键位防呆；④电压降、抗老化；⑤IP67；⑥拉拔力。高压连接器：①绝缘电阻和介电强度需符合标准要求；②过流满足要求（额定电流和峰值电流）；③插拔次数（快插连接器）、高压互锁；④防呆、防护等级；⑤阻燃；⑥客户特殊需求。

高低压线束除了在选型需要注意绝缘、耐压、抗老化、盐雾、过流能量、阻燃等因素外，在加工的时候也需要特别注意，如高压线束在压接时，需要确保压接密实、拉拔力足够、压接后的状态符合要求，如图 3-29 所示。

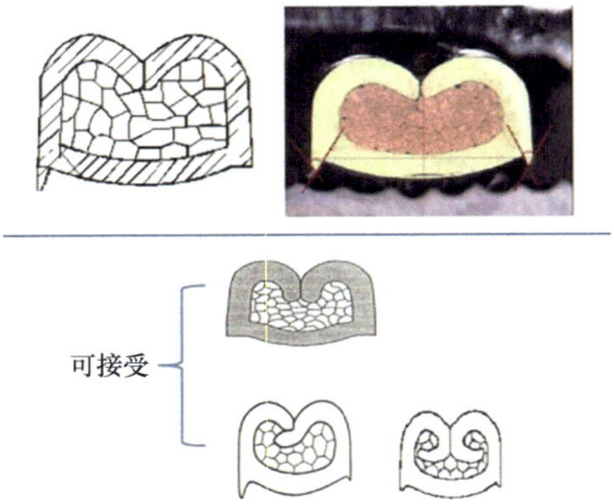

图 3-29　高压线束压接截面图

低压线束由于线径较小，可承受的拉拔力较小，所以在压接的时候，会增加绝缘部分的固定，加大拉拔力。另外，低压连接器一般都是公母头对接的形式，在对接的时候，压接线束部分不能超出对接区域，避免影响对接的效果。在固定绝缘层的部位，也需要特别注意，防止压接不牢或者刺穿的情况发生，如图 3-30 所示。

高低压线束在布置时，高低压线束应分开走线、尽量不要并行、尽量避免相互接触。如果受空间或者别的因素影响，高低压线束有接触时，尽量交叉并且在接触部位进行二次绝缘保护，且还需要使用扎带或者线卡固定线束，不要让线束相互移动。低压线束间隔 100～150 mm 增加一个固定点，高压线束可以间隔 150～200 mm 增加一个固定点。

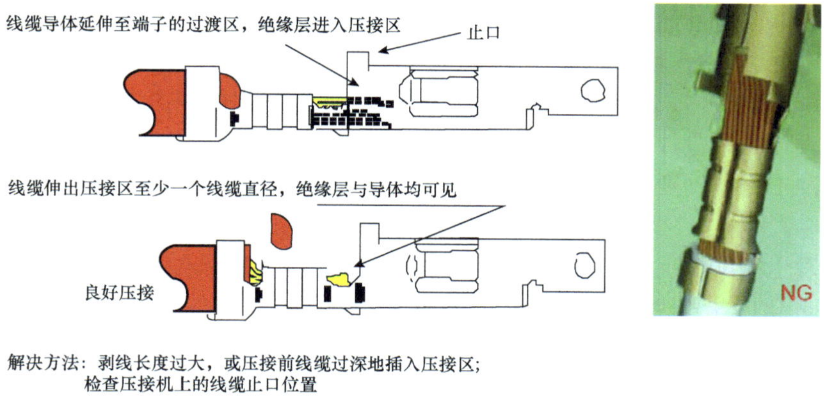

图 3-30　低压线束压接注意事项

3.3.5 电箱安全设计

电箱级别是动力电池系统最后的一层安全保障，在电芯层面、模组层面遗留的安全问题，都需要止步于电箱级别。电箱自身的安全也需要在这一级别做到满足相应的行业规范及标准。所以在电箱级别，四大安全都有很多的体现（图 3-31），其中功能安全主要是针对 BMS 及电气系统的安全设计，在此就不做介绍，这里主要介绍机械安全、化学安全和电气安全。

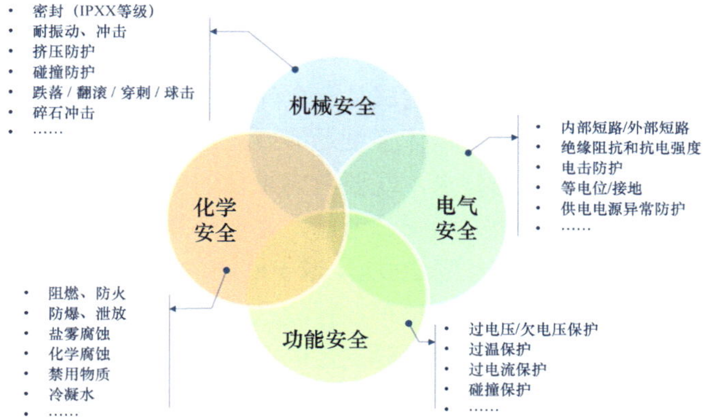

图 3-31　Pack 四大安全内容示例

1. 机械安全

电箱级别的机械安全，从表现形式上来看，可以分为对外的机械安全和对内的机械安全。对外的机械安全主要是防护外部可能出现的一些极端情况，比如 IP 防护（密封）、挤压防护、碰撞防护、跌落/球击、碎石冲击等。对内的机械安全主要是电箱自身内部的一些强度和刚度方面的要求，比如冲击、振动、静载、翻滚等。设计时，设计难度较大的主要有 IP 防护、挤压/碰撞防护、底部球击防护和满足冲击、振动要求这四个方面。

其中，对外机械安全中的 IP 防护在 3.6 节有详细介绍。挤压/碰撞防护主要是针对在发生极端情况下，防护外部的作用力对电箱内部的电池系统造成伤害。转化为可量化的指标就是满足 GB/T 31467.3 中挤压测试的要求，即挤压力达到 200 kN（标准修改稿建议调整到 100 kN）或者挤压变形量达到挤压方向整体尺寸的 30%，电池包无着火、爆炸现象。电池包挤压仿真分析示例见图 3-32。

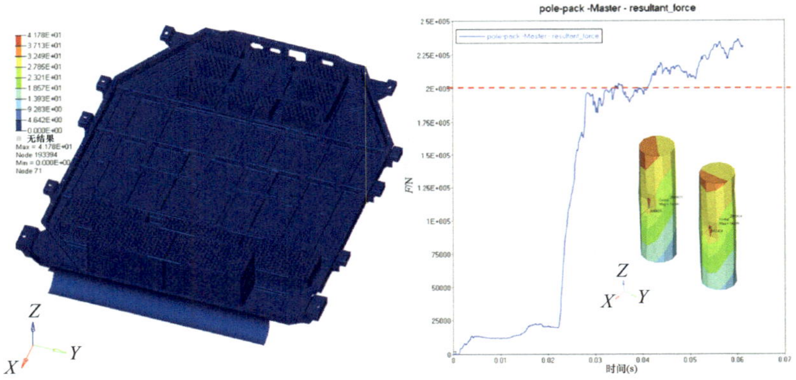

图 3-32　电池包挤压仿真分析示例

从量化的标准可以看出，挤压测试是一个外作用力作用在箱体的 X 向或者 Y 向部位。转化为设计的参数就是箱体强度足够或者电箱内部有足够的缓冲空间，考虑到动力电池系统比能量的要求，既要考虑重量的要求，也需要考虑空间利用率的要求。设计的思路可以两方面一起考虑，在变形量不影响电箱内部安全的情况下，箱体结构适当做强，以达到 200 kN 或 100 kN 的要求。

球击和碎石冲击防护模拟的是整车在行驶过程中，由于路面的复杂情况，有可能对电箱造成的损坏。球击防护需要满足的要求是箱体底部可以承受一定的外作用力并且变形量不会对电箱内部系统造成损坏。设计时，可以通过加强箱体底部的结构强度、预留缓冲空间、增加底部装甲等措施来满足球击和碎石冲击防护的要求。

冲击、振动模拟的是整车在长期使用过程中疲劳和可靠性的要求，转化为可量化的设计参数就是满足 GB/T 31467.3 中振动实验和机械冲击实验要求，如表 3-8

和图 3-33 所示。其验证的是整个电箱的机械可靠性，需要考虑的有箱体自身的强度和刚度、内部电池模组固定的强度、电箱与整车固定的强度等。

表 3-8　PSD 值和频率

频率（Hz）	功率谱密度[(m/s²)/Hz]
10	20
55	6.5
180	0.25
300	0.25
360	0.14
1000	0.14
RMS	27.8 m/s²

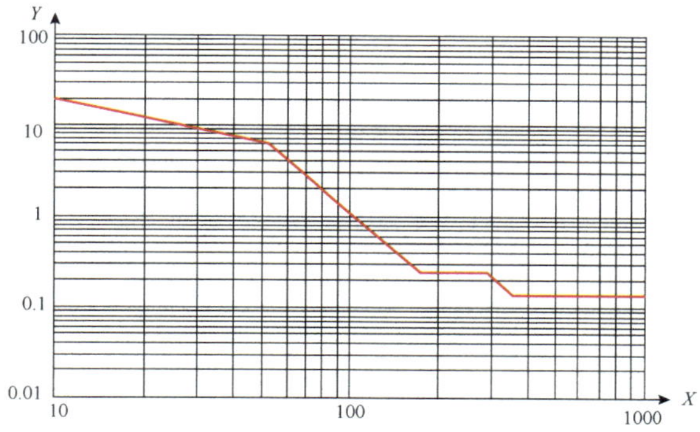

图 3-33　加速度 PSD 和频率对应关系

箱体自身的强度和刚度、电箱和整车固定的强度，主要体现在箱体纵横梁和挂点设计上，具体内容在 3.3.3 节“下箱体设计”中有介绍。箱体加强筋和挂点拓扑示例见图 3-34。

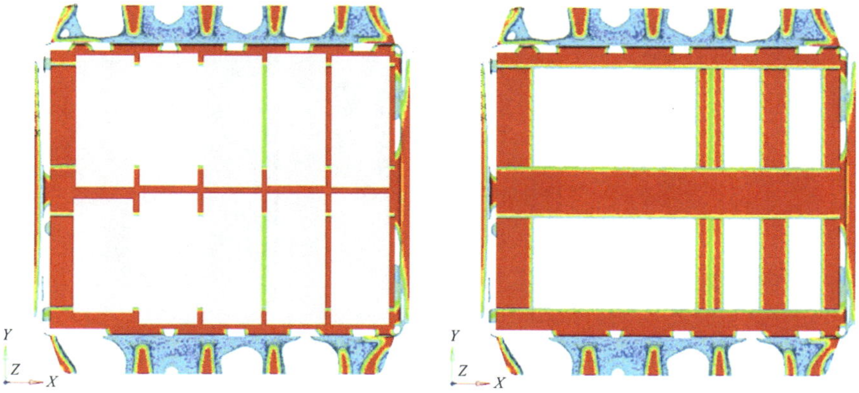

图 3-34　加强筋和挂点拓扑示例

2. 化学安全

电箱是动力电池系统最后一道防线，化学安全在电箱级别主要体现不仅仅包含预防措施，还需要包含发生后的防护措施。

预防措施主要有阻燃防火、盐雾腐蚀防护、化学腐蚀防护和禁用物质等；发生后的防护措施主要有防爆、泄放和冷凝水防护等。

预防措施在设计时，主要体现为对材料的选择和隔离结构设计的使用。例如：阻燃防火、禁用物质：电池包内部的塑胶件，需要达到UL94-V0，线束、绝缘膜、泡棉等部件也需要有阻燃性能；并且材料需要符合RoHS、REACH等要求，不能含有石棉等对人有害的物质。

在箱体设计时，也可以采用隔离结构来隔离模块（图3-35），防止或者减弱热蔓延的发生。

图3-35　模块隔离设计

防爆和定向泄放是有可能发生极端情况后的防护措施。防爆、泄放防护主要是防止爆破的加剧和爆破后有害气体的定向泄放，设计中体现形式为平衡防爆阀的选择和安装位置的设计。平衡防爆阀工作模式见图3-36。

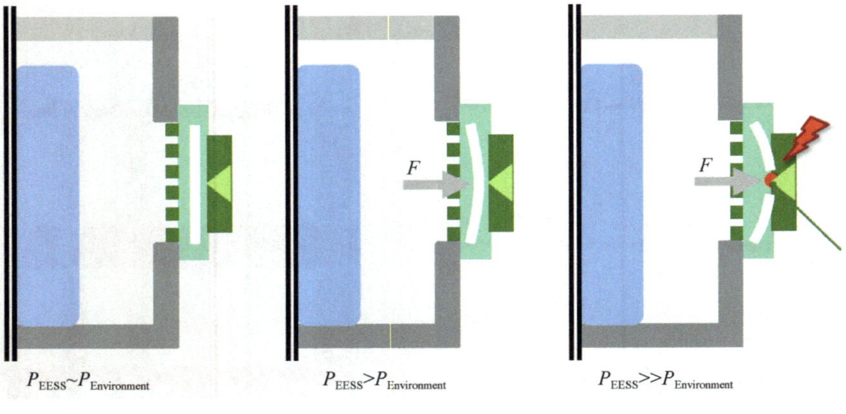

图3-36　平衡防爆阀工作模式

冷凝水的防护，在设计时可以从两个方面来考虑：消除冷凝水和防护冷凝水。消除冷凝水主要是使用一些吸水性的材料，把电箱内部的水汽吸收，使之不能形成冷凝水；防护冷凝水主要是使用一些疏水材料或者保护结构，使冷凝水不会对电气件产生破坏性的影响。

另外，在一些公交车或者公路车上，有主动消防系统的要求，这种也是一种发生极端情况后的防护措施。

3. 电气安全

电气安全，在电箱级别上和模组级别的比较类似，主要体现在绝缘、耐压强度，接触防护和等电位。

绝缘、耐压强度跟两方面相关，即绝缘材料性能和电气间隙。绝缘材料首先要满足绝缘、耐压要求，在系统最高电压情况下绝缘阻值大于 500MΩ，耐压满足（2U+1000）V 情况下，漏电流小于 0.1mA/min；其次，绝缘材料还需要有一定的结构强度，防止磨损或者刺穿。

高低压线束设计及布置也是电气安全在结构设计中体现出来的一块重要内容，详见 3.4 节。

等电位在电箱级别的体现有两个方面：电箱内部的等电位和电箱跟整车之间的等电位。电箱内部所有导电但不带电的零部件，都需要实现等电位连接；最后通过电箱外部的等电位点实现与整车的等电位连接；箱体与整车的等电位设计见图 3-37。

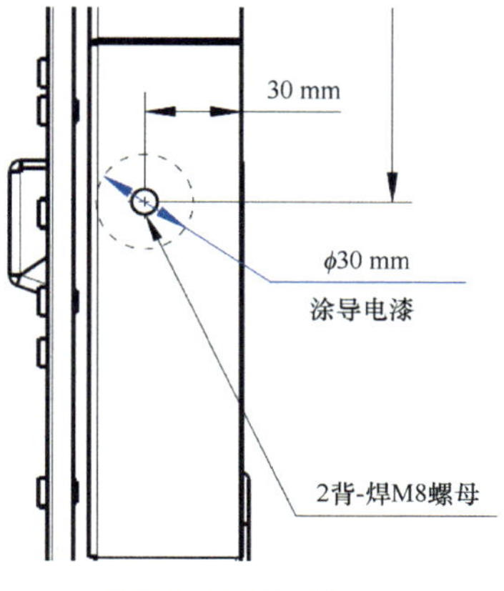

图 3-37　箱体与整车的等电位设计示例

3.4　高压箱结构设计

高压箱的设计，相对于模组和电箱来说，关注的点会相对少一些，主要考虑的是机械安全和电气安全。由于高压箱内部一般不会有电芯，所以化学安全考虑相对较少，主要是阻燃性能。

从高压箱的壳体材料来看，现在比较成熟材料的有以下三种：钣金类、铝压铸类和塑胶注塑类。

这三种高压箱的使用环境和应用场景也是有些区别的：商用车上的动力电池系统一般都由多个电箱+高压箱组成，高压箱独立于电箱之外，需要比较好的机械强度和防护性能，所以一般采用钣金类或者铝压铸类高压箱；乘用车一般只有一个或者两个电箱，高压箱安装在电箱的内部，相对于外安装的高压箱，机械强度和防护性能要求较低，但接触防护要求较高，一般使用塑胶注塑类的高压箱。当然，也有直接散装在电池箱内部的“高压箱”，这种设计需要注意隔离，使电气件集中在一个相对较独立的位置，这里就不做讨论。

高压箱的机械安全与模组或者箱体的比较类似，关注的是箱体的强度、连接的强度等，上述已经介绍比较多，就不重复介绍。

由于高压箱内部大都是电气元件，所以在整体排布时需要特别注意，可以遵循高低压元件区域布置、高低压连接“各行其道”、预留足够的安全间隙、可靠的绝缘防护设计、合理的高低压连接固定原则。图 3-38 是高低压元件布置的一个具体示例。

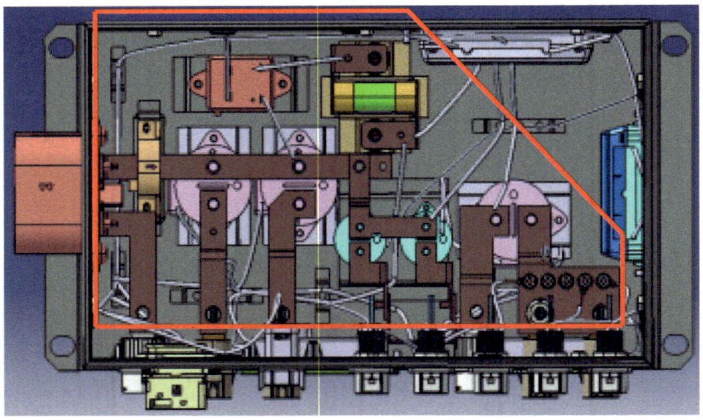

图 3-38　高低压元件区域布置示例

电气安全是高压箱设计的一个非常重要的关注点，在高压箱设计时，电气安全主要体现为绝缘防护、安全间隙和连接可靠。

高压箱一般都比较紧凑，内部的间隙较小，因此高低压连接件很容易发生触碰的情况，所以高压箱的绝缘防护需要高度重视。先是高压连接，高压箱内部的高压连接一般使用铜排进行连接，铜排的绝缘防护主要是在外面包裹绝缘层，现有比较常用的方式有套热缩管和喷涂环氧树脂。也有一些使用电路板方式的设计，这种设

计既节约空间也能满足绝缘防护的要求，但过大电流是它需要关注的一个问题点。

但在一些连接的部位，例如电气元件的转接部位、检测部位等，是不能做绝缘处理的，这些位置的电气安全主要是通过预留足够的安全间隙和合理的高低压连接固定来实现（图 3-39）。

图 3-39 安全间隙和线束固定

此外，就是连接可靠。高压箱中电连接点很多，如何做到连接可靠是一个需要重点关注的点。在高压箱内部，现在比较常用的连接方式有螺栓紧固和快插连接器。螺栓紧固一般用在高压和过大电流的连接部位，快插连接器一般使用在低压连接或者小电流的连接部位。快插连接器在汽车电子行业已经使用的比较成熟，主要是关注选型的要求。所以，在高压箱设计时，连接可靠主要是关注高压和过大电流的连接部位。

其可以从以下几个方面来考虑：防松设计、避免电连接部位受载（参考 3.2.3 节“模组电连接设计”）、避免在生产时扭力虚打，必要时也可以使用冗余设计。

由于高压和过大电流的连接部位大都使用螺栓紧固的方式，在防松设计时，螺栓的防松是一个重点。

3.5 轻量化设计

随着动力电池系统相关标准和规范的制定，市场对动力电池系统的比能量要求也越来越高，轻量化在动力电池系统的应用迫在眉睫。在电池包的轻量化设计中，有两个方向：一个是系统层面，另一个是详细设计层面（图 3-40）。

系统层面的轻量化设计，首先应该是从电芯的选择入手，不同体系和尺寸的电芯与动力电池系统都有一个匹配度的问题；通过优化整体排布，实现空间的最大利用率；还有就是在系统层面，减少层级。本节主要介绍详细设计层面，系统层面就略过。

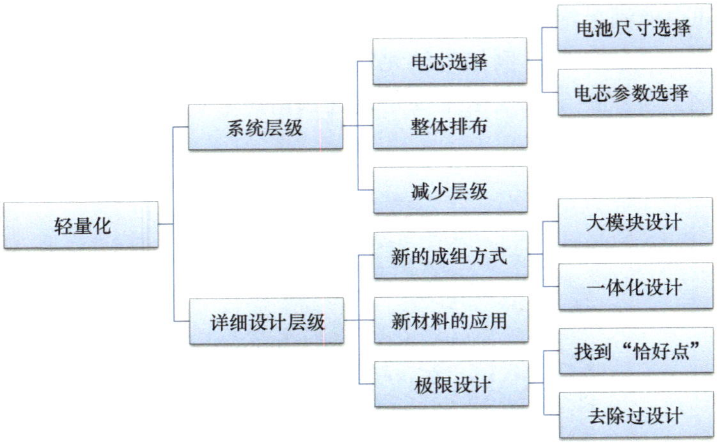

图 3-40　轻量化设计

详细设计层面的轻量化设计可以从三个方面入手：新的成组方式、新型材料的应用和极限设计。

3.5.1 新的成组方式

现在的电池包设计，大部分都是采用三级结构，即模组级、电箱级（高压盒）和系统级。先把若干个电芯组合成模组，再由若干个模组组合成电箱（图 3-41）。在这种设计中，模组级的成组效率（电芯占模组的重量百分比）可以做到 80%甚至是 90%以上，而电箱级的成组效率做得比较好的也就 80%多一些，但两级相乘后[(0.8～0.9)×0.8]=0.64～0.72，在不算高压盒的情况下，系统级别的成组效率也只能达到 70%上下。

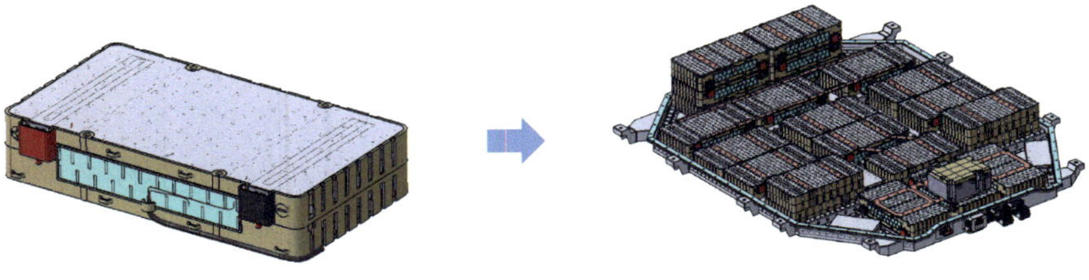

(a) 模组　　(b) 电箱

图 3-41　成组示例

以商用车为例，现在的商用车大都使用磷酸铁锂电芯，现有磷酸铁锂电芯的能量比重量做得比较好的也就在 140～150 Wh/kg 之间，而按照国家补贴要求，能量比重量在 115 Wh/kg 以上的，才能拿到比较好的补贴。那么，要做到 115 Wh/kg 以上的话，系统的成组效率需要做到 80%以上才能满足要求。很明显，以现有的成组方式是很难满足 80%以上的成组效率。

要达到 80%以上的成组效率，势必需要新的成组方式。新的成组方式有两个方向：

一是提高模组、电箱的组成效率。现在模组设计的结构件，大多采用铝材甚至是塑胶材料，已经选择的是密度较小的材料，因此在材料上改进的空间比较小；要进一步提高模组的成组效率，减少每个电芯分摊的结构件重量（即大模组设计）是一个比较行之有效的方向。我们知道，模组的结构件种类是很难减少的，但结构件的种类不变，只是增加结构件尺寸以便增加更多的电芯，使分摊到每个电芯的结构件重量减小，进而提高模组的成组效率，还是比较容易实现的一种方法。当然，在大模组设计时，也需要考虑到安全电压（<60 V）的问题。

提高电箱的成组效率可以从提高空间利用率、采用框架式薄壁结构、使用新材料和极限设计四个方面着手。提高空间利用率比较好理解，通俗点讲，就是把箱体内部尽可能地布满电池，使用新材料和极限设计分别在 3.5.2 节和 3.5.3 节介绍。

框架式薄壁结构就是在承载部位加强设计，而在非承载部位尽可能地减薄料厚，通过不同厚度材料的搭配来实现轻量化的设计。这种设计需要通过精确的定量辅助设计手来实现，比如定量的 CAE 分析手段。

二是减少中间的层级，即从三级系统做成两级系统（图 3-42）。由于电箱层级承担了防护和承载功能，势必不能取消，所以可能取消的是模组层级，即把箱体当成一个大模组来设计。

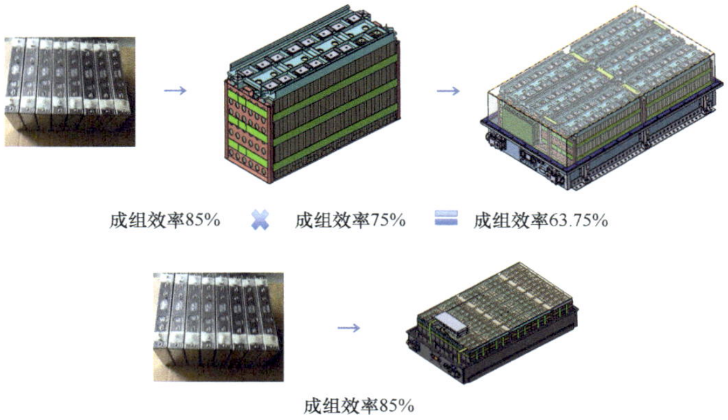

图 3-42　减少中间层级的设计示例

当然这种设计也是牺牲了后端的一些优势，比如可制造性、可维护性等。原来的三层结构，最小可维护单元是模组，而减少一个层级后，最小可维护单元就变成电箱；对制造难度和维护的难度都会增加不少。

3.5.2 新型材料的应用

在电池包的设计中，新型材料的应用的减重效果也是比较明显的。目前，在电池包上应用比较成熟的轻量化材料有铝合金和复合材料两大类。

1. 铝合金

铝合金主要有压铸铝箱（图 3-43）、挤型+拼焊铝箱（图 3-44）、冲压+拼焊铝箱三大类。其中，考虑到结构强度的问题，压铸铝箱和挤型+拼焊铝箱一般用在电池箱的下箱体；冲压+拼焊铝箱一般使用在电池箱的上盖。

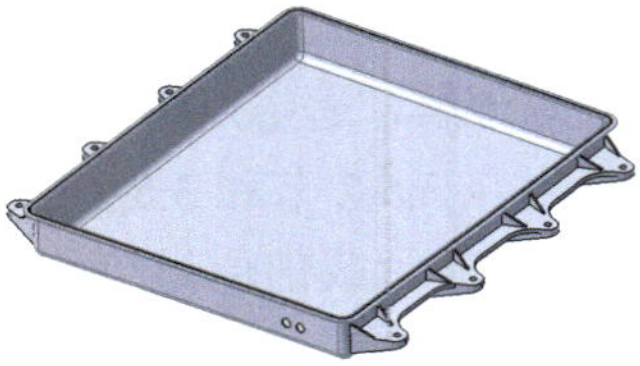

图 3-43 压铸铝箱

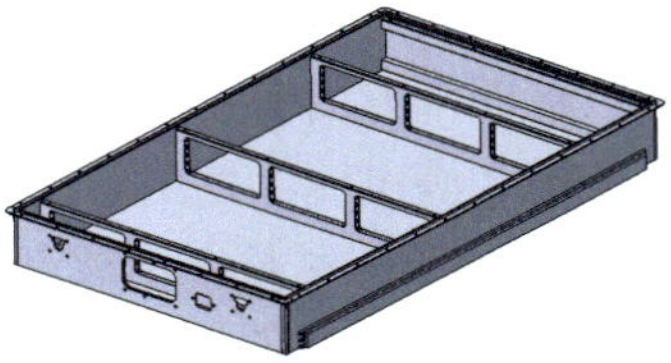

图 3-44 挤型+拼焊铝箱

压铸铝箱考虑到大面积压铸材料流动性能，一般壁厚需要设计的较厚＞3 mm，在加强部位的壁厚＞4.5 mm。而铝合金的密度约为 2.7 g/mm^3，是钢材的密度（7.8 g/mm^3）的 1/3，厚度是钢材的 2 倍以上，所以压铸铝箱相比于钢材的箱体减重一般在 10%～30%之间。

挤型+压铸+拼焊铝箱一般是由挤压铝型材+压铸铝零件+板材拼焊而成，铝型材在挤型时，壁厚一般需要＞2.0 mm，以确保足够的结构强度和可加工性；另外，普通的焊接对铝型材的强度影响比较大，一般选用低应力变形较小的焊接方式，例如搅拌摩擦焊。铝型材箱体界面的 2D、3D 示例如图 3-45 和 3-46 所示。

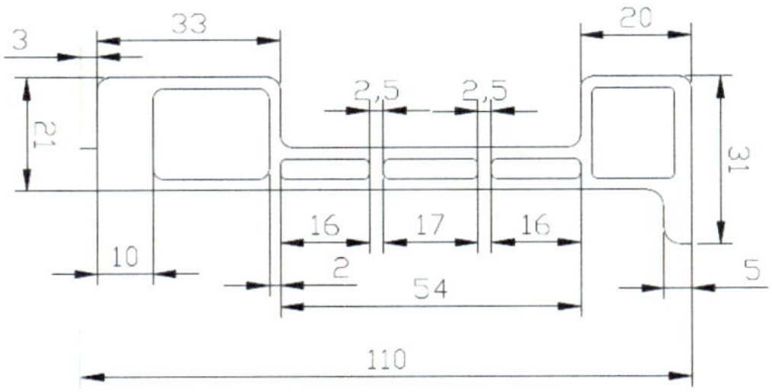

图 3-45 铝型材截面 2D 示例

图中数字单位：mm

图 3-46 铝型材截面 3D 示例

2. 复合材料

高强度、低密度是复合材料一个比较明显的特征，但受限于成本因素，在电池包上使用的复合材料都是比较普通的材料，例如 SMC（玻璃钢）、改性树脂等。

复合材料的密度大都比较小，例如 SMC 只有 1.6 g/mm^3，所以使用复合材料的轻量化效果比较明显。当然，SMC 的延展性较差并且比较脆，一般使用在电池包的箱体上盖，并且在设计时需要特别注意，避免应力集中导致开裂的情况（圆角和拔模角度尽量大，在安装面增加金属压板以减小局部受力），具体示例见图 3-47 和图 3-48。

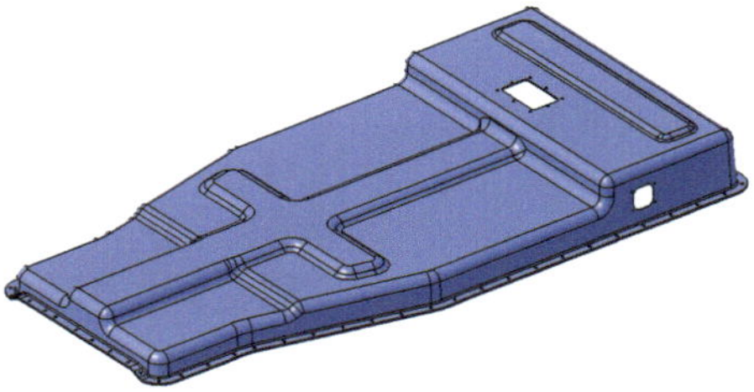

图 3-47 复合材料上盖

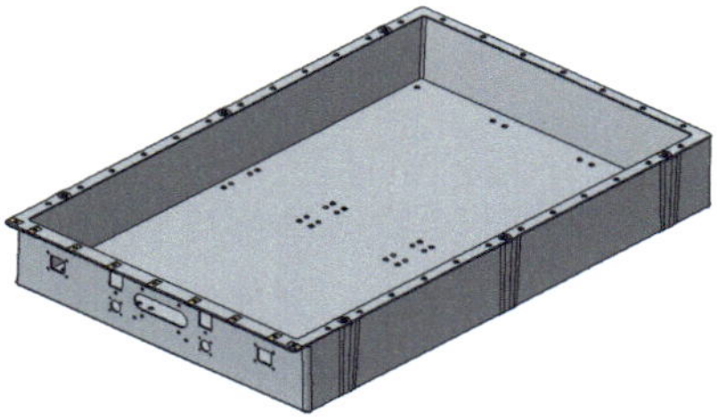

图 3-48 复合材料箱体

由于复合材料明显的减重效果，也有尝试应用在下箱体。在使用复合材料做下箱体时，需要有一些特别的设计，例如在复合材料外面增加金属材料的加强结构或者使用夹层结构，并在夹层中增加金属加强结构等。

3.5.3 极限设计

极限设计是对已有的产品进行优化设计，是一种难度较大的轻量化设计。进行极限设计时，需要很清楚地了解产品的临界值。这个临界值有两方面：一是刚好能满足产品性能要求的临界点，这是前提条件；二是刚好可以满足加工工艺或者安装工艺要求。

在捕捉这些临界值时，需要对材料的加工工艺、产品的生产安装工艺非常熟悉，并且借助一定的辅助手段来完成。例如可以通过软件拓扑，拓扑出箱体强弱位置（图 3-49），把需要加强的部位做强，把受承载力较弱的部位尽量使用薄壁材料。通过精准定位，厚薄材料的搭配来实现既能确保箱体有足够的结构强度，又尽可能减轻重量。

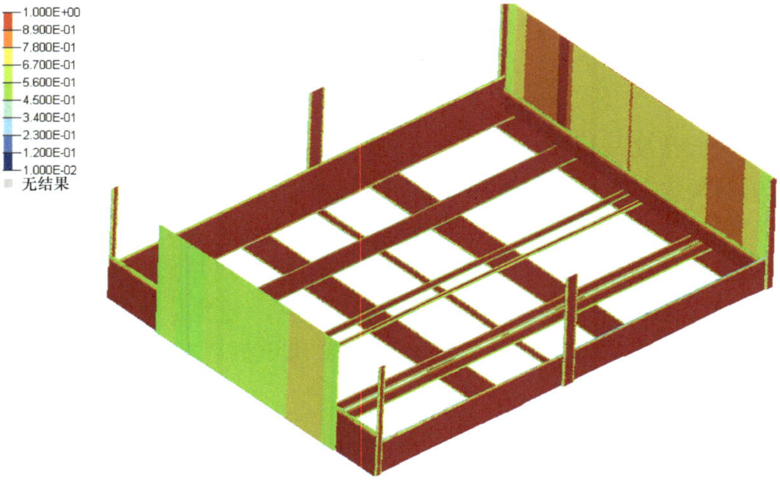

图 3-49　箱体结构拓扑图

在确保足够的结构强度情况下，可以根据加工工艺要求或者产品装配工艺要求来指导极限设计。例如钣金箱体内部的加强梁，一般使用电阻点焊，常规的电阻点焊头上部区域有直径 21 mm 和 18 mm 两种，焊点直径有 8 mm 和 6 mm 两种。通过这两个参数，就可以计算出加强梁焊接区域的翻边尺寸：9 mm+2 mm+2 mm（两边各预留 2 mm 空间，便于加工）。

另外，在满足结构强度和模态的情况下，尽可能减小加强梁的高度和宽度。例如在商用车使用的标准箱内部，模组一般使用 M6 螺栓固定，M6 焊接螺母的高度一般在 5.5 mm 左右，模组固定梁一般使用 2 mm 厚度的材料，并且在螺母部位用 2 mm 厚度的板材加强。这样就可以计算出模组固定梁的高度极限：5.5 mm（焊接螺母高度）+6 mm（三层料厚）+3 mm（螺栓紧固后，最好突出 2～3 个牙纹）= 14.5 mm（见图 3-50）。

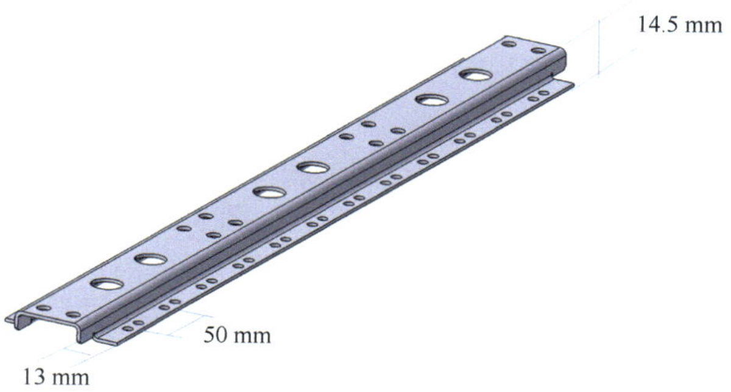

图 3-50　模组固定梁尺寸

3.6　IP 防护设计

电池包是一个内部带很大能量的电子产品，它的电压一般都超过安全电压 60 V，并且对导电的液体很敏感，导电液体一旦进入电池包内部，很可能造成电池包功能异常，甚至引起短路、起火、爆炸等情况。所以，在进行电池包结构设计时，需要对 IP 防护特别关注。

IP 防护分为两块：一是接触防护，IPXXB 和 IPXXD；二是防水防尘，IPXX。

3.6.1　接触防护

接触防护主要针对带电体的保护，防止操作人员接触到带电部分，有可能引起触电事故。在电池包的设计中，接触防护主要关注的有 IPXXB 和 IPXXD，其含义见表 3-9。

表 3-9　IPXXB 和 IPXXD 的含义

附加字母（可选择）	A B C D	…	防止接近危险部件 手　背 手　指 工　具 金属线	GB 4208—2008 第 7 章

附加字母	防护等级		试验条件参见章条
	简要说明	含义	
A	防止手背接近	直径 50 mm 的球形试具与危险部件必须保持足够的间隙	15.2
B	防止手指接近	直径 12 mm，长 80 mm 的铰接试指与危险部件必须保持足够的间隙	15.2
C	防止工具接近	直径 2.5 mm，长 100 mm 的试具与危险部件必须保持足够的间隙	
D	防止金属线接近	直径 1.0 mm，长 100 mm 的试具与危险部件必须保持足够的间隙	

在电池包的设计中，IPXXB 主要体现在电池箱内部、模组级别和高压连接器的接触防护设计上，例如在选用高压连接器时，高压连接器的底座带电体需要满足 IPXXB 的要求。

另外，在设计模组时，需要把带电部分使用绝缘上盖遮盖起来，并且在正负输出极部位，需要设计专用的正负极保护盖，如图 3-51 所示。在这些绝缘保护部件上，开孔的部位、孔直径需要满足 IPXXB 的要求，并且确保足够的安全间隙。

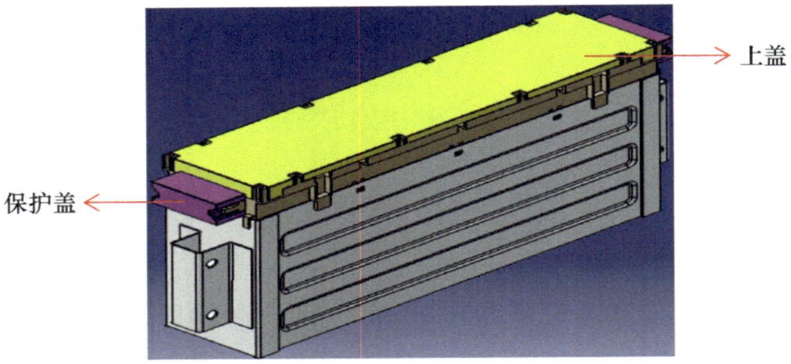

图 3-51　模组的防护设计

3.6.2 防水防尘

使用在汽车上的电池包，会随着汽车经历很多复杂的工况环境，大多数情况下都在露天的环境下。在露天的环境下，粉尘、路面积水、雨水，甚至是泡水的情况比比皆是，而电池包是一个带有巨大能量的汽车电子储能产品，粉尘和雨水都会导致电池包发生很严重的安全事故，严重影响人身财产安全。所以，涉及电池包防护安全的防水防尘（IPXX）设计不容忽视，并且需要达到比较高的防护等级。

由于是使用在汽车上的电池包，汽车行驶的路况随时有粉尘和溅水的情况，从产品安全角度考虑，汽车用电池包最少需要达到防尘和防止溅水的等级。

从表 3-10 可以看出，IP 等级的前一位达到第六个等级“5”才可以实现防尘的效果，后一位达到第五等级“4”才能实现防止溅水的情况。所以，电池包的防护等级最少需要满足 IP54。

另外，由于一年四季天气变化无常，特别是在春季和夏季的雨水比较多，道路积水甚至是城市内涝时有发生，而汽车是一种全天候使用的交通工具，并不会由于道路积水就会停止使用。如此一来，IP54 的要求是没办法满足涉水甚至是短时间泡水的，而涉水和短时间的泡水在汽车的使用过程中是很可能发生的，一旦电池包进水，IP 等级较低的动力电池系统将会发生灾难性安全事故。

表 3-10　IP 防护等级表

代码字母	IP	…	…	…
第一位 特征数字	0 1 2 3 4 5 6	防止固体异物进入 无防护 ≥直径 50 mm ≥直径 12.5 mm ≥直径 2.5 mm ≥直径 1.0 mm 防　尘 尘　密	防止接近危险部件 无防护 手　背 手　指 工　具 金属线 金属线 金属线	GB 4208— 2008 第 5 章
第二位 特征数字	0 1 2 3 4 5 6 7 8	防止进水造成有害影响 无防护 垂直滴水 15°滴水 淋　水 溅　水 喷　水 猛烈喷水 短时间浸水 连续浸水	…	GB 4208— 2008 第 6 章

所以，电池包的 IP 防护等级势必需要满足汽车的使用场景要求，满足 IP67 的电池包设计也是完全有必要的。

确定了电池包的防护等级（IP67），那电池包的 IP67 密封设计如何进行呢？要满足 IP67 的防护等级要求，在设计时可以从以下几个方面着手：弹性单元设计、限位设计、子零件设计、子零件选型和平衡防爆（图 3-52）。

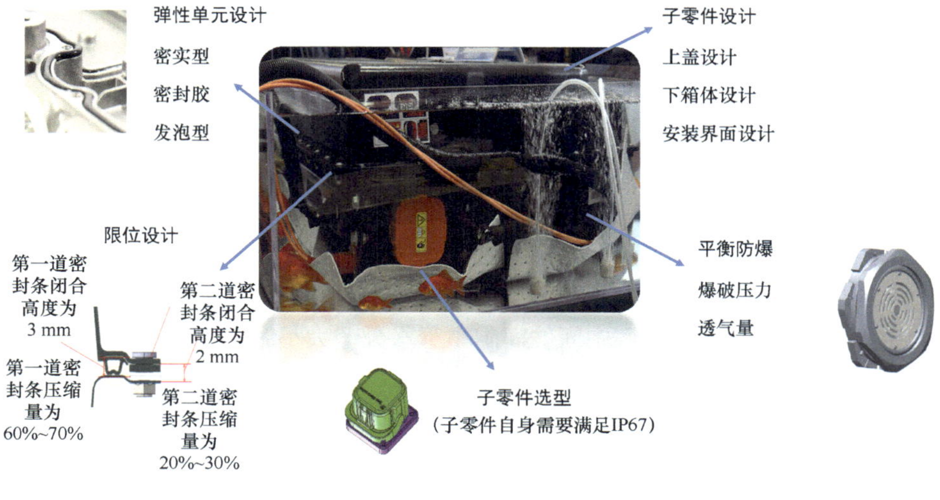

图 3-52　IP67 密封设计要点

1. 弹性单元设计

现在比较成熟的IP67密封设计，总体可以归纳为两种：压力密封和黏接力密封。在这两种密封方式中，弹性单元都是不可缺少的一环。

压力密封是通过上下安装界面的作用力压缩弹性单元，把弹性单元压缩一定的百分比（压缩率），利用弹性单元的反弹力，使弹性单元与上下安装界面充分地接触，以达到防水防尘的要求。

压缩率计算公式为：

$$\varepsilon=\frac{h_0-h_1}{h_0}\times 100\%$$

式中，h_0为密封圈自由状态下的截面高度（mm）；h_1为密封圈压缩后的电池包上下盖密封平面的高度（mm）；ε为压缩率。

在电池包上使用的压缩密封弹性单元主要有：发泡类的硅胶或者橡胶、注塑成型类实心或者微发泡的硅胶或者橡胶。其中，发泡类的又分为开孔材料、微开孔材料和闭孔材料（发泡形成的细小孔是否相连通）。其在压缩到一定的程度时，都可以满足IP67的要求。但开孔材料需要更多的压缩量才能满足要求，并且相对微开孔材料和闭孔材料的弹性单元多了一个风险点。微开孔和开孔材料见图3-53。

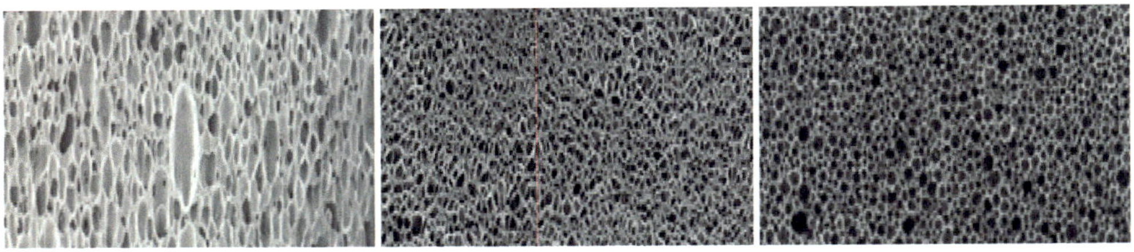

图3-53　微开孔和开孔材料示例

弹性单元压缩到什么程度可以满足IP67密封要求，这需要根据具体的弹性单元材料属性要求计算：IP67的实验要求中，被测试产品需要浸泡在1 m水深半小时，1 m水深的位置，水压约为10.3 kPa。

当弹性单元与上下安装界面接触的摩擦力大于10.3 kPa的水压，并且弹性单元与上下安装界面充分接触，中间的间隙小于水分子大小时，基本就可以满足IP67的要求。

当然，由于汽车产品使用年限较长，在长期使用中如何确保IP67的有效性，这对弹性单元提出了比较严酷的要求：需要较好的抗压缩形变性性能和反弹应力衰减性能。

黏接密封是使用黏接性能较好的弹性单元，通过弹性单元的黏接力代替压缩弹性单元产生的反弹力，使弹性单元跟上下安装界面充分接触，以达到防水防尘的要求；黏接性能的弹性单元，也需要一定压缩，使黏接力达到最优状态。现在也有开始尝试使用这种方法的。

2. 限位设计

由于弹性单元的可压缩性能，在通过紧固件锁紧上下安装界面时，如果没有一个刚性比较高的支撑，弹性单元的压缩率很难控制，甚至有可能由于压缩过量而导致破坏弹性单元，使 IP67 密封失效。

所以，在进行 IP67 密封设计时，限位设计必不可少。常见的限位设计见图 3-54。

图 3-54　常见限位设计示例

前两种限位设计比较类似，都是在上下安装界面之间增加一个刚性较大的金属垫。第一种可以安装在上安装面，也可以安装在下安装面；但从安装弹性单元的便利性来讲，安装在下安装面具有更好的安装便利性能。第二种是安装在弹性单元上面，也是比较常见，但安装便利性较差，不易安装紧固件。

最后一种限位设计比较特殊，它把限位设计和下安装面合二为一，一般使用在压铸成型或者注塑成型的产品上。

3. 子零件设计

在电池包的设计中，涉及 IP 防护相关的子零件有电池包箱体和外部安装的电气件等。电气件一般都有标准品，可以直接选型，下小节中将详细介绍如何选型。

需要设计的主要是电池包箱体。目前，使用比较成熟的电池包箱体主要有钣金箱体、铝合金箱体和复合材料箱体，不同材料的箱体，在进行 IP67 密封设计时，有不同的要求。

从加工工艺角度来分，钣金箱体可分为钣金冲压箱体（图 3-55）和钣金折弯箱体（图 3-56）。随着技术的进步，现在也有使用滚轧+焊接工艺做成的箱体，钣金冲压箱体可以设计成相对较为复杂的形状，而钣金折弯箱体一般都做得相对比较规整。

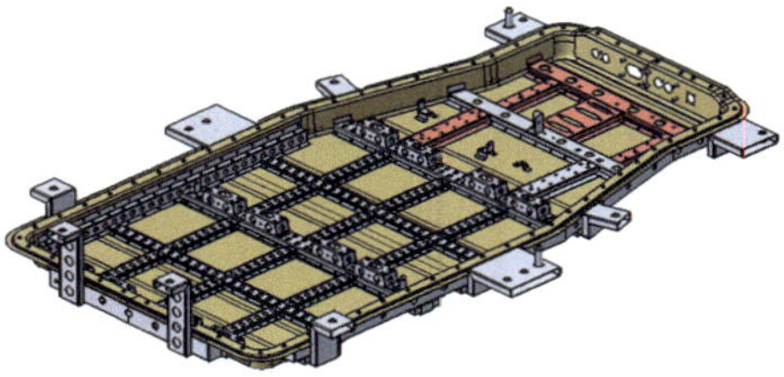

图 3-55 钣金冲压箱体示例

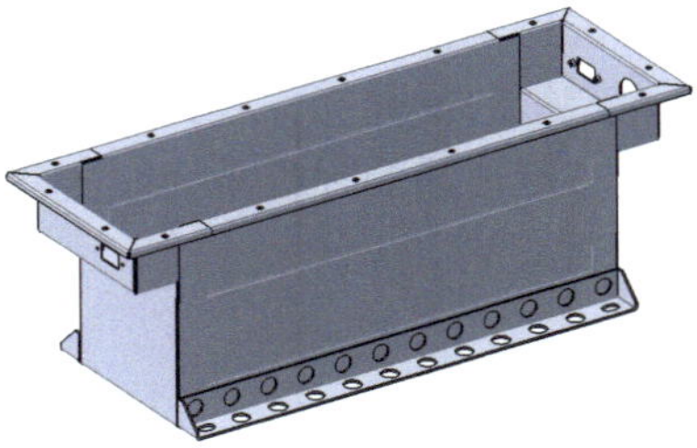

图 3-56 钣金折弯箱体示例

钣金冲压箱体可以实现外框整体成型，所以关于 IP67 的设计关注点主要集中在上下箱体的安装界面和电气件的安装界面，尽量确保安装界面在同一水平面。如果受尺寸限制，确实不能在同一水平面的，要确保过渡平滑，以实现弹性单元的统一压缩率。

钣金折弯箱体，一般都是通过多个零部件拼接在一起，每多一个拼接零件，就会增加一条以上的焊缝，而在焊接时，焊缝比较容易出现裂纹、气孔甚至是漏焊的情况，一旦焊缝异常，IP67 密封设计就会失效。所以，在进行钣金折弯箱体设计时，除了注意与钣金冲压箱体类似的安装界面设计，还需要尽量把箱体设计得比较规整，减少焊接位置。并且，钣金折弯箱体上下箱体的安装面必须在同一水平面。

从加工工艺来分类，常用的铝合金箱体有两类：铝压铸箱体（图 3-57）和型材拼焊箱体。

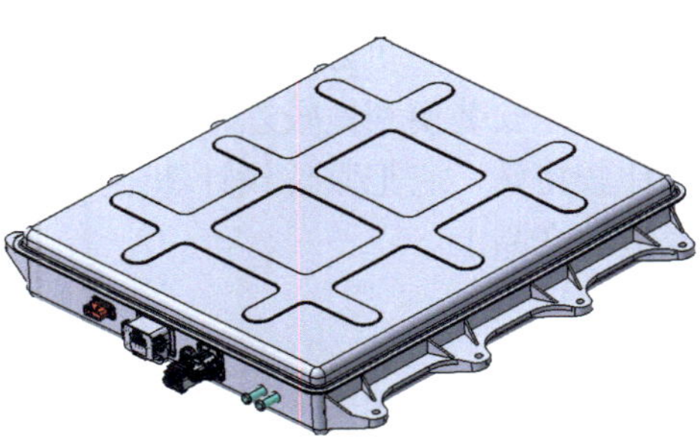

图 3-57 铝压铸箱体示例

铝压铸箱体可以实现一体成型，不需要拼焊，它是通过大吨位的压铸机来实现的。受压铸机的限制，铝压铸箱体的尺寸一般不会太大，在尺寸较大时，可以用压铸+拼焊的工艺来实现。

这样的铝合金箱体没有或者焊接部位很少，可以很好地满足 IP67 防护要求。在设计铝压铸箱体时，弹性单元可以直接镶嵌在下箱体的安装面上，使用下箱体的安装界面作为限位单元，简化弹性单元的安装方式，实现限位单元和下箱体一体化。压铸箱体实现一体成型时，平面度和精度相对较差，在密封的安装界面，一般要通过后期的机械加工来得到平面度较好的密封安装界面（图 3-58）。

图 3-58　压铸铝箱的密封界面设计

另外一种铝合金管箱体，一般采用铝型材+铝板材拼焊而成。铝型材可以通过挤压成型实现，铝板材有标准的厚度，铝型材箱体一般焊接较多，在设计时需要选择合适的焊接方式。上下箱体的安装界面，需要在同一平面，弹性单元的安装方式可以参考铝压铸箱体的安装方式。

复合材料，现在用得比较成熟的一般是使用在电池包的上盖，从 IP67 密封设计来看，复合材料可以实现一体成型，密封的效果是比较理想的。但也需要注意，由于在压缩弹性单元时，有紧固件的压力和弹性单元的反弹力共同作用在安装界面上，而复合材料一般较脆，所以在密封设计时，一般都会增加金属材料压板，分散局部作用力，防止复合材料开裂。

4. 子零件选型和平衡防爆

在电池包上，外部可见的零部件，都会涉及 IP67 密封设计，这些零部件有高压连接器、低压连接器、维护开关和平衡防爆阀。

在选用这些标准零部件时，涉及 IP67 密封的有几个方面：零部件自身的 IP 防护等级、零部件对外安装弹性单元的性能和零部件的安装方式。

首先，需要选用防护等级≥IP67，IP67 指的是零部件自身的防护等级。高压连接器、低压连接器和维护开关一般都由插头和插座组成，插头和插座需要满足 IP67 防护性能、而其安装界面和方式也需要满足 IP67 防护性能。

其次是零部件对外安装弹性单元的性能，也就是对安装法兰面的平面度要求。电箱外部的外安装件，尺寸都比较小，大都使用没有发泡或者微发泡的弹性单元，压缩量比较小，所以对安装法兰面的要求会比较高。

另外，实现 IP67 后，电箱处于一个相对比较封闭的空间，而随着海拔或者温度的变化，电箱内部的气压值是随之变化的（图 3-59）。为了减少或者消除这种影响，在 IP67 的设计中，一般都需要一个气压平衡装置。

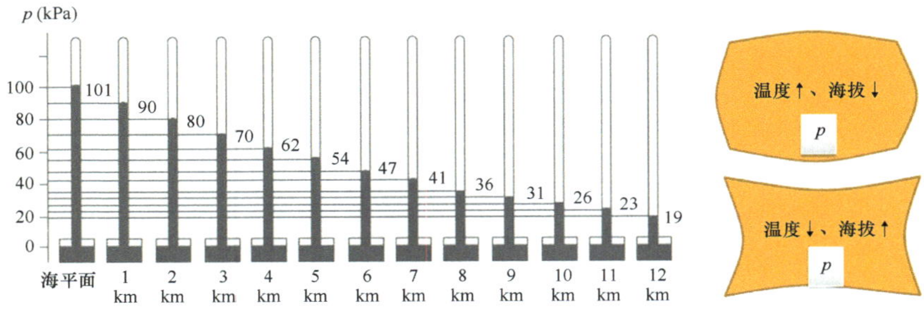

图 3-59　影响气压变化的因素

从安全角度来讲，动力电池系统是一个高能量的储能系统，在特定的条件下，可能会发生能量集中爆发的情况。一旦发生这种情况，在电箱是一个密封结构情况下，集中爆发的能量就会寻找电箱的薄弱处，从薄弱处喷发。这种电箱的薄弱位置是随机的，六个方向都有可能，而设计的要求是一旦发生能量集中爆发的情况，泄放的气体不能进入乘客舱，所以需要人为地设计薄弱点，以实现定向泄放的要求。平衡防爆阀即可实现这种定向泄放的要求，如图 3-60 所示。

图 3-60　平衡防爆阀示例

当然，在选择这些外安装件时，不单单需要考虑 IP 防护等级，还需要考虑安全方面的需求，比如防火阻燃。

参 考 文 献

GB/T 34013. 电动汽车用动力蓄电池产品规格尺寸[S]. 2017
GB/T 31467.3. 电动汽车用锂离子动力蓄电池包和系统 第 3 部分：安全性要求与测试方法[S].2015
GB 4208. 外壳防护等级(IP 代码)[S]. 2008
USCAR21-3. Performance Specification for Cable-To-Terminal Electrical Crimps[S]. 2014

04

动力电池管理系统（BMS）设计

电池管理系统（battery management system，BMS），是动力电池系统不可或缺的一部分，也是电动汽车中一个重要的电气子系统，对保障电动汽车的安全运行、提升电池系统的性能等方面，具有非常重要的意义。限于篇幅，本章简要介绍 BMS 的主要功能、核心技术问题、软硬件设计要点及其验证等。

4.1 BMS 的功能及其重要性

本节主要描述 BMS 在电池系统以及整个电动汽车中的角色定位，列举其主要功能，并讨论 BMS 在电池系统中的重要性。

4.1.1 BMS 的角色定位

BMS 是一个为管理电池而设计的电子控制系统，包括传感器、控制器、各种控制、驱动开关以及信息通信储存模块，等等。BMS 最核心的功能是根据使用环境对电池的充放电过程进行监测及控制，从而在保证电池安全的前提下最大限度地利用电池储存的能量。图 4-1 展示了 BMS 在整个电动汽车电气系统中的定位。

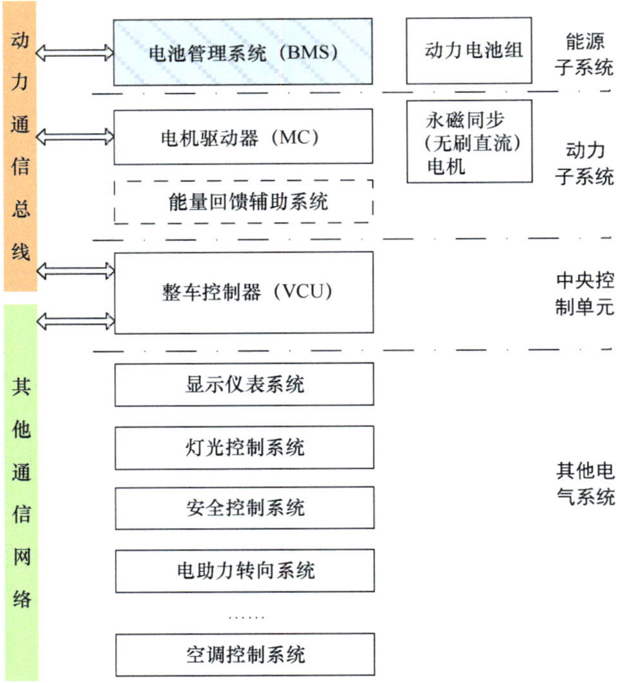

图 4-1 BMS 的角色定位

一般地，整车控制器、动力子系统、能源子系统构成了电动汽车驱动平台的三大主要部件，这三大主要部件通过高速的通信总线进行连接，是整个电动汽车电气系统最重要的部分。当然，从零部件的价格来说，这三大主要零部件在整个电动汽车电气系统成本中也占有了绝对的比重。从图 4-1 中可见，能源子系统主要由动力电池组以及 BMS 来构成。其中，动力电池组包括了通过某种串、并联方式组合在一起的多个动力电芯以及连接器件、线材等；而 BMS 则负责监测电池的状态，对电池的充放电进行控制，并将电池的状态信息与电机驱动器、整车控制器进行交互。电池虽然能提供电能，但其本身不具备信息传递、控制管理的功能，一切的监测功能都交给了电池管理系统来完成。

作为一个相对较新的领域，BMS 需要跨学科的技术，涉及电子信息科学、电化学、汽车工程、能源学科等多个领域的相关知识。然而，从某种意义上来说，它相对又是一个学科盲点：一方面，从电池、化工研究人员的角度看，BMS 应该是从事电子传感器、嵌入式计算机系统等领域的工程师解决的问题；另一方面，对于从事 IT 行业的工程师来说，很难在短时间内掌握动力电池的电化学机理，在设计控制策略时往往缺乏合理的依据。因此，设计一个好的 BMS，需要多学科知识的融合，也需要团队合作。

4.1.2 BMS 的主要功能

针对不同的应用场合，电池管理系统应具有不同的功能，电动汽车的电池管理系统也是如此。图 4-2 就是某电动汽车动力电池管理系统所具备的基本功能框图。

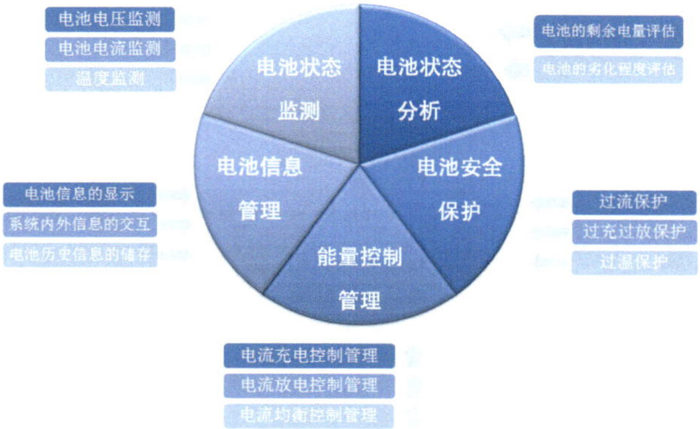

图 4-2 典型 BMS 功能划分

许多文献都尝试用不同的形式（列表、文字、图形等）来对电池管理系统的基本功能进行说明，细看下来，与图 4-2 并不完全一致，但又大体相同。必须强调，图 4-2 只是比较典型的电池管理系统的基本功能框图，针对不同的应用场合，电池管理系统应具有不同的功能。但有许多的基本功能是不同的应用案例所共有的，例如：电压的监测、荷电状态的估算、安全保护，等等。下面，我们对这些较为共性的功能进行说明。

1. 电池状态监测

电池状态监测一般是指对电压、电流、温度三种物理量的监测。电池状态监测是一个电池管理系统最基本的功能，它是其他各项功能的前提与基础。例如，电池的荷电状态（state of charge，SOC）评估是电池管理系统的重要功能，它首先依赖于“电池状态监测”中的电压、电流、温度的实时监测，如果这些“一手数据”不准确，则荷电状态评估也难以精确。

2. 电池状态分析

电池状态分析包括电池的剩余电量评估及电池劣化程度评估两部分，即所谓的 SOC 评估及健康状态（state of health，SOH）评估。

（1）荷电状态（SOC）评估

就像传统汽车驾驶员常常需要留意车上剩余的油量还有多少一样，对于一个电动汽车的驾驶员而言，需要知道剩余的电量还剩余有百分之几，这就是电池管理系统荷电状态评估模块所需要完成的功能。荷电状态评估是电池管理系统的一项重要功能，同时也是最有挑战性的功能，近年来，在电池管理系统领域超过一半的研究工作都是围绕 SOC 评估进行的，4.3 节将对荷电状态评估的方法进行简单的讨论。

（2）健康状态（SOH）评估

电池从使用开始性能将逐步下降，这是一个不可逆的过程，所以电池的健康状态越差，越接近寿命的终点。电池的劣化是一个渐变的、复杂的过程。尽管如此，人们仍然希望找到一些可以量化的指标，对电池的健康状态进行描述。例如，可以将“容量衰减”与“直流内阻谱”作为评判电池健康状态的典型指标[1]。健康状态的评估需要结合多方面的信息，因为它受动力电池使用过程中的工作温度、放电流的大小等因素的影响，需要在使用过程中不断进行评估和更新，以确保驾驶员获得更为准确的信息。

3. 电池安全保护

电池安全管理无疑是电动汽车管理系统首要的、最重要的功能。之所以把这一功能放置在第三位是因为这一功能常常以前面“状态监测”、“状态分析”这两项功能为前提。“过流保护”、“过充过放保护”、“过温保护”是最为常见的电池安全管理的内容。

（1）过流保护

过流保护有时也被称为过电流保护，指的是在充放电过程中，如果工作电流超过了安全值，则应该采取相应的安全保护措施。大多数的磷酸铁锂动力电池都支持短时间的过载放电，能在汽车起步、提速过程中提供较大的电流以满足动力性能的要求。但不同厂家、不同型号的动力电池所支持的过载电流倍率、过载持续时间都是不一致的，例如某型号的动力电池支持不超过一分钟的3C过载电流，这正是电池管理系统的过流保护功能所必须考虑的。

（2）过充过放保护

另一项电池安全保护的基本功能就是过充过放保护。过充保护指的是在电池的荷电状态为100%的情况下，为了防止继续对电池充电造成的电池损坏，而采取切断电池的充电回路的保护措施；在另一方面，在电池的荷电状态是0的情况下，若继续对电池进行放电，也会对电池造成损坏，此时应采取措施，切断电池的放电回路，这就是过放保护。在实际操作过程中，过充过放保护有一种简单的实现方式，即设定充、放电的截止保护电压，即如果检测到的电池电压高于或者低于所设定的门限电压值，则及时切断电流回路以保护电池。

（3）过温保护

过温保护，顾名思义就是当温度超过一定限制值时对动力电池采取保护性的措施。动力电池是一种化工产品，在高温下工作可能引起难以控制的化学反应，轻则损伤电池，严重时将会引起事故，造成人员伤亡。过温保护需要考虑环境温度、电池组的温度以及每个单体电池本身的温度。由于温度的变化需要一个过程，温度控制往往也具有滞后性，因此温度保护往往要考虑一些“提前量”。例如，若检测到环境温度或者电池箱温度过高，接近使电池损坏的门限值时，则应采取相应的保护措施。或者，某个单体电池的温度突然快速上升，虽然还没有达到安全门限值，但仍应采取一定的保护措施，例如通过仪表对驾驶员进行警告。

4. 能量控制管理

能量控制管理常被归入电池“优化管理”的范畴，即它不属于电池管理系统基本的、必备的功能。以往有许多电池管理系统并不参与电池的充放电管理，也不具备均衡控制管理的功能。

（1）电池的充电控制管理

电池的充电控制管理，是指 BMS 在电池充电过程中对充电电压、充电电流等参数进行实时的优化控制，优化的目标包括充电时长、充电效率以及充电的饱满程度等。在早期的电动汽车应用中，BMS 与充电机之间没有通信渠道，也就是说，BMS 只能控制充电机的启动、停止，而不能对充电参数进行控制；但这种情况在现今的主流应用中都得到了改善，无论是车载充电机还是地面充电桩，一般都留有了与 BMS 通信的接口，根据接收到的参数信息控制充电的电压、电流大小。

（2）电池的放电控制管理

电池的放电控制管理，是指在电池的放电过程中根据电池的状态对放电电流大小进行控制，这一项功能在以往某些系统中常被忽视，在这些简单的系统中，电池包被认为只需要提供电能，不产生安全问题即可。然而，在一个较为先进和完善的系统中，加入了放电控制管理的功能，可以使动力电池组发挥更大的效能。例如，在动力电池组荷电状态小于 10%的情况下，如果适当限制电池组的最大放电电流大小，尽管会对汽车的最高速度产生影响，但这有利于延长车辆的续驶里程，更为重要的是，这有利于延长动力电池组的寿命。另外，制动能量回收常常也是能量控制管理的重要内容之一。例如，在某些混合动力汽车中，需要通过充放电控制管理把电池的荷电状态维持在 60%~80%左右，以腾出足够的电荷容量空间来接收来自于制动而回收的能量。这样做的另外一个考虑就是使电池工作在等效内阻较小的一个区间，从而使充放电的效率更高。

（3）电池的均衡管理

由于受生产工艺不稳定等“先天”因素或者在使用环境不一致等“后天”因素的影响，电池组内的各个单体电池总存在一定程度的不一致性。电池的均衡管理，是指采取一定的措施尽可能降低电池不一致性的负面影响，以达到优化电池组整体放电效能，延长电池组整体寿命的效果。

5. 电池信息管理

由于电动汽车动力电池组中电池的个数往往较多，每秒钟都将产生大量的数据，这些数据，有些需要通过仪表告知驾驶员，有些需要通过通信网络传送到电池管理系统以外（如整车控制器、电机控制器等），也有一些需要作为历史数据被保存到系统中。

（1）电池信息的显示

电池管理系统通常通过仪表把电池状态信息显示出来，告知驾驶员或汽车维修人员。需要显示的信息通常包括以下三类：实时电压、电流、温度信息。由于汽车上的电池个数较多，因此不需要将每个电池的信息都进行显示，通常只需要把整个电池组的总电压、总电流、最高电池电压、最低电池电压、最高电池温度、最低电池温度等信息反映在仪表上。

第二，电池剩余电量信息。这好比传统汽车上的油量表，反映电池剩余电量的百分比。为了使驾驶员获得更为直观的感受，通常也会把剩余行驶里程的估算值显示在仪表上。

第三，告警信息。当电池组存在安全问题或即将发生安全问题时，需要及时通过仪表通知驾驶员。此时往往还需要配合声音告警等多种其他手段来引起驾驶员的及时注意。

（2）系统内外信息的交互

先进的电动汽车控制离不开车载信息通信网络。对于电池管理系统而言，往往同时具有“内网”和“外网”两级网络。其中，内网用于传递电池管理系统的内部信息，例如，在一个分布式电动汽车电池管理系统中，所有的动力电池先被划分为若干个“小组”，各小组由一块电路板进行管理，各小组的电路板通过内网将每个电池的具体信息传至电池管理系统的主电路板。同时，外网用于电池管理系统与整车控制器、电机控制器等其他部件交互信息。外网应该是双工（支持双向通信）的。一方面，电池管理系统需要将电压、电流、温度等信息发送给其他部件；另一方面，整车控制器也需要将“是否有充电机接入”、“是否允许进行充电”等信息发送给电池管理系统。

（3）电池历史信息存储

历史信息存储并非电池管理系统所必需的功能，但在先进的动力电池管理系统中往往考虑这项功能。信息存储从时效上具有两种方式，即“临时存储”与“永久存储”。其中临时存储是利用 RAM，暂时保存电池信息，例如暂存上一分钟估算所得的剩余电量及在过去一分钟内电流的变化信息，以便估算出此时此刻电池的荷电状态值；永久存储可利用 EEROM、Flash Memory 等器件来实现，可保存时间跨度较大的历史信息。

进行电池历史信息存储具有以下几个方面的意义：

第一，数据缓冲，提高分析估算的精度。例如由于存在干扰，实时监测到的电压、电流的数值存在错误，利用历史数据，有助于对可能存在错误数据进行滤波，以得到更精确的数据。

第二，有助于电池状态分析。特别是能根据一段时间电池的历史数据，对电池的老化状态等进行评估。

第三，有助于故障分析与排除。电池历史信息存储功能类似于飞机的黑匣子，当电动汽车发生故障以后，可以通过对历史数据的分析发现故障原因，利于故障排除。

4.2 BMS 的硬件开发要点

硬件开发是一项系统工程，涉及顶层规划、接口选择、电路板（PCB）开发，抗干扰设计，等等。由于篇幅所限，本节将就 BMS 硬件设计的一些核心问题进行讨论，并介绍 BMS 硬件开发所涉及的一些原则性的思想。

4.2.1 拓扑结构的选择

在电池管理系统中，硬件电路通常可被分为两个功能模块，即电池监测回路（battery monitoring circuit，BMC）和电池组控制单元（battery control unit，BCU）。有人也喜欢称 BMC 为从板或者子板，将 BCU 称为主板，这种称呼并不完全合理，因为对于一体式的 BMS 来说，BMC 和 BCU 被设计在同一块电路板上，就分不清“主板”还是“从板”了。研究 BMS 的拓扑结构，需要分两个层面来进行：其一，BMC 与各个单元电池之间的拓扑关系；其二，BCU 与 BMC 之间的拓扑关系。

一般来说，BMC 与单元电池之间的拓扑关系可分为以下两种：

（1）一个 BMC 对应一个单元电池，即为每一个单元电池配置一块单独的监控电路板，对电池的电压、电流、温度等物理量进行监测；

（2）一个 BMC 对应多个单元电池，即一个 BMC 监测多个动力电池。

早期电动汽车的 BMS 多数是一个 BMC 对应一个单元电池的，这是因为早期电动汽车使用铅酸蓄电池，每个电池电压是 12 V，车上电池数量不多。然而，如今的电动汽车多使用锂离子电池，单体电压在 3~4 V 左右，基于成本、电路复杂度等各方面的原因，一般 BMC 多采用“1 对 *N*”的方式，由于电路板由多个动力电池所共享，因此平均成本较低。

下面讨论 BCU 与 BMC 之间的拓扑关系。

1. 一体式 BMS

一体式的 BMS（图 4-3）从外观上看就是一个盒子，盒子上会延伸出一组导线，连接到各个电池单体或者模组上。一般市面上一体式的 BMS 都是面向固定数量的电池系统的，包括可以管理 24 串、36 串、48 串的一体机。如果某车型的电池系统被设计成 32 串，则只能按照就近原则选择“36 串”的一体机产品，在该情况下会造成部分电子元件能力上的浪费。

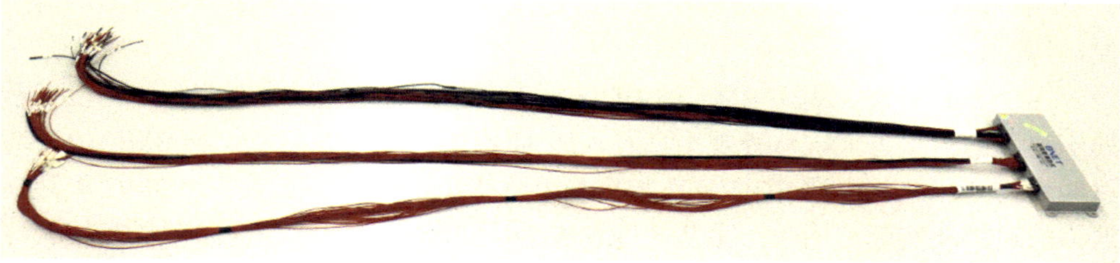

图 4-3　一体式 BMS

相对而言，一体式 BMS 成本较低，占用电池系统箱的空间较少，维护起来也比较简单。但是一体式 BMS 只适用于电池数量不多的应用场合，因为如果电池数量多，则“盒子”所能提供的接口数量不能满足电池数量的要求；另外，一体式 BMS 往往因为采集线过多、过长而造成潜在的安全隐患。

2. 主从式（星型）BMS

主从式（星型）的 BMS 产品（图 4-4）由一个 BCU 与若干个 BMC 构成。

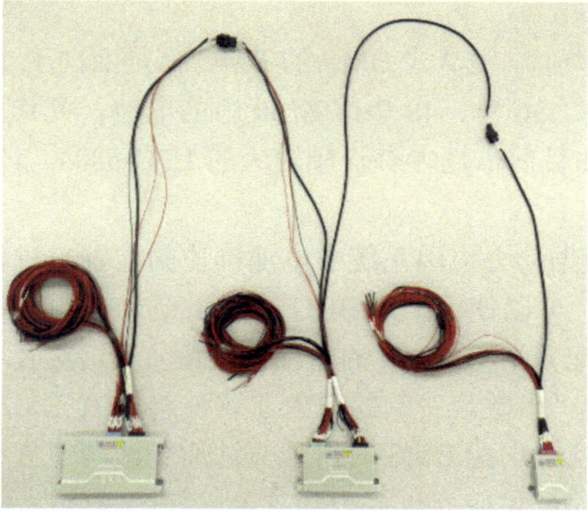

图 4-4　主从式（星型）BMS

其中，BCU 主要实现以下功能：

（1）对整个电池系统的总电压和总电流进行监测；

（2）对 SOC、SOH 等状态进行估算；

（3）进行均衡决策，制订均衡策略等；

（4）控制预充电电路、总继电器等；

（5）与整车控制器、电机控制器进行通信；

（6）通过与充电机进行通信而控制电池组的充电过程……

相应地，BMC 负责监测电池单元的电压和温度，并对电池实施具体的均衡控制，等等。

图 4-5 所示为主从式 BMS 的 BCU 与 BMC 之间的关系，在拓扑结构上来看属于星型的连接方式，从外观上来看，BCU 位于中央位置而每一个 BMC 模块均以线束与之相连，通常 BCU 中还带有一个总线集中模块，使得多个 BMC 能共享通信信道。在实际应用中，主从式 BMS 最大的缺点就是通信线路的长度较长，难维护。

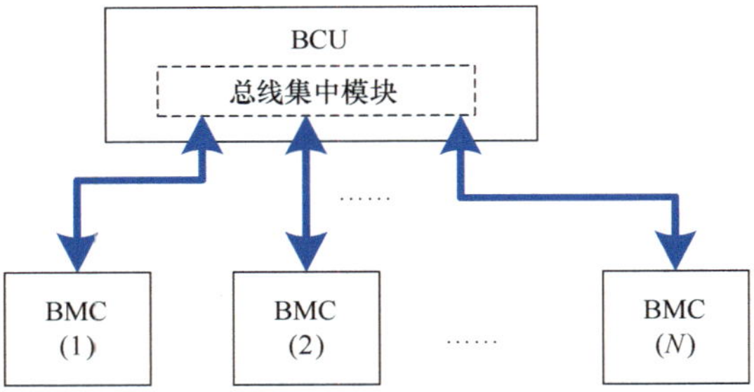

图 4-5　主从式 BMS 的 BCU 与 BMC 之间的关系

与一体式 BMS 类似，主从式 BMS 的 BMC 都是面向于 12 的倍数，例如每个 BMC 可以监控 24 串、36 串、48 串或者 60 串的电池。究其原因，是因为目前市场上主流的 IC（例如目前市场占有份额较大的 LTC-6804、LTC-6811 等）通常都是面向 12 串设计的。

工程师们可以根据动力电池系统中电池模块的配置来进行搭配选择，例如一个 96 串的电池系统，可以使用一个 BCU 搭配 2 个 48 串的 BMC 来进行管理，也可以是一个 BCU 搭配 4 个 BMC 串的从模块的配置，这主要取决于电池系统的构成方式。上述提到的“串数浪费”的现象在这种架构的 BMS 中也会出现，比如一个 90 串的电池系统在选配 BMS 时，就无法避免浪费了 6 个采集通道了。

当然，现在许多 IC 供应商也意识到这个问题，相信在不久的将来，BMC 将会打破“12”的倍数的限制问题。

3. 总线式 BMS

很多分布式的 BMS 都采用总线式的拓扑结构，这种拓扑结构在电动大巴车上尤为常见。与前面的主从式（星型）连接相比，总线式的 BMS 用于通信信道的线材开销相对较少，连接方式更为灵活，可扩展性强。总线式的连接方式最突出的缺点就是通信线路的相互依赖性，即第 *N* 块电路板要与 BCU 通信，需要利用前面 *N*–1 块板子，若其中某一块电路板出现故障，则后续的 BMC 与 BCU 之间的通信会立即受到影响。

在各种通信总线中，CAN 总线是汽车上较为常用的一种总线，图 4-6 就是采用 CAN 总线构造总线式 BMS 的典型方案。图中，每一块子板（BMC），由电压/温度采集回路、单片机（MCU），通信隔离回路等模块构成，BMC 与 BMC 之间使用 CAN 总线连接，从而实现与 BCU 的信息交换。

图 4-6 中的 BMC 的缺点是元器件较多，体积较大。针对这一的问题，一些 IC 生产商提供了基于专用的集成电路的解决方案，其中具有代表性的就是凌力尔特（现隶属美国 ADI 公司）推出的 LTC-6804、LTC-6811 等 IC 所构造的方案。

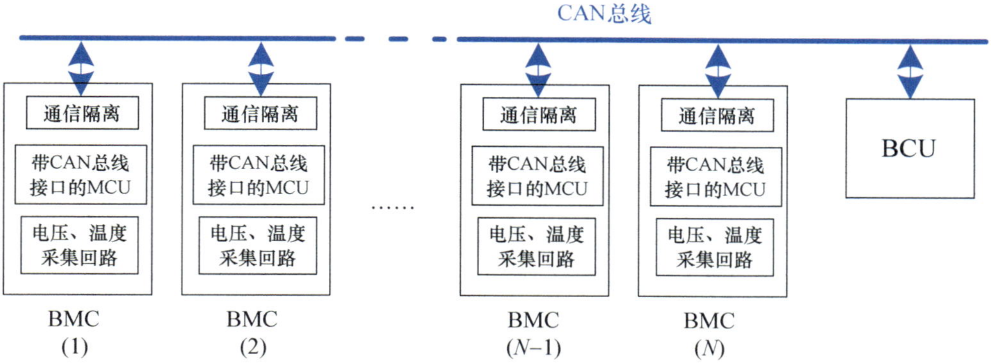

图 4-6　总线式 BMS 的 BCU 与 BMC 之间的关系

基于这些 IC 所构造的子板（BMC），可以省去原本用于支持 CAN 通信的器件，在许多不太复杂的应用中甚至可以在 BMC 中不使用 MCU，从而减少了子板的体积。当然，这些专用的 IC 芯片价格相对较高，工程师们需要综合各种因素来评估子板成本的经济性。

4. 以上三种 BMS 拓扑结构的比较

对上述的三种 BMS 拓扑来说，很难绝对地评价某种结构“好”或者“不好”，这需要根据不同的应用条件来作出判断。比如一体式架构也可以应用在某些高速乘用车的电池系统中，但高速乘用车一般电压平台在 300 V 以上，这样高的电压检测 IC 在市场上是难以找到的，所以目前更多采用的是主从式或者总线式的 BMS 来将高电压的采集任务分解为低压采集方式。

表 4-1 反映了通常情况下上述三种 BMS 拓扑结构的适用车型。

表 4-1　三种 BMS 拓扑结构的适用车型

BMS 类型	适用车型
一体式	适用于电池串联数量较少的各类车型，如场地车、低速乘用车等
主从式	适用于电池数量较多但模块与模块之间的距离相对较短的车型，如乘用车、小型物流车等
总线式	适用于电池数量较多但模块与模块之间的距离相对较远的车型，如大型物流车、大客车等

当然，表 4-1 中所总结的只是一般的情况，实际应用中的情况可能要更复杂一些。例如，如果 BMS 希望采用非耗散型均衡（active balancing，也有将其翻译成“主动均衡”，笔者并不完全同意该译法），那么采用“一体式”或者“主从式”的拓扑结构有利于剩余电量在不同电池之间进行转移，从而减少了电池组在均衡过程中的能量损耗，而采用“总线式”的拓扑结构，则很难实现这样的电量转移。

4.2.2 电压、电流、温度采集电路的设计要点

无论 BMS 采用哪种拓扑结构，都离不开电池状态监控电路的设计。电池状态监测一般是指对电压、电流、温度等三种物理量的监测，这通常被视作一个电池管理系统最基本的功能，因为这些状态信息的采集是其他各项功能的前提与基础。

1. 设计采集电路需要注意的原则性问题

（1）同步性、延时问题

在电池状态监测的问题上，状态信息的采集环节、信息的传递环节、信息的处理环节总会或多或少地存在着时延，因此“实时”是相对而言的。

BMC 是与所采集的物理量最接近的芯片及其辅助电路，根据不同的应用场合前端芯片可以是单片机、模数转换器以及某些专为电池管理系统而设计的芯片，它们负责把电池电压等模拟信号转成数字信息，造成时延的主要原因也就是模/数转换所需要的时间。通常对一个信号进行 8 bits 的模/数转换大概需要 100 μs，随着转换位数的增大，电压采集的时延随之增大。

（2）采集精度问题

在进行 BMS 硬件设计之前，首先要设定设计目标，而在设计电压、电流、

温度采集电路时，采集精度问题是首先要被考虑的。设计者首先要回答三个问题：第一，要实现怎样的采集精度；第二，为何要选择这样的采集精度；第三，如何实现这样的采集精度。

下面以电压采集精度为例，来解释采集精度的选择问题。

有学者研究了电压采集精度对 SOC 估算的影响，认为电池 SOC 在 20%~80% 范围内时，如果电压的测量误差为±10 mV，则有可能引起±2% 的 SOC 估算误差。例如，当电池真实的 SOC 为 50%，由于电压的测量误差为+10 mV，原本应该判为 SOC=50%的结果，有可能被错判为 SOC=52%；同理，如果电压的测量误差为−10 mV 时，原本应该判为 SOC=50%的结果，被错判为 SOC=48%。

同样的电压测量误差对于磷酸铁锂电池的 SOC 估算来说，造成的负面影响要更加严重。例如，同样是电池 SOC 在 20%~80%范围内时的情况，如果电压的测量误差为±10 mV，则其有可能引起接近±10% 的 SOC 估算误差。

表 4-2 为不同的电压测量精度对于两种不同材料电池 SOC 估算精度的影响。

表 4-2 不同的电压测量误差对两种材料的锂离子电池 SOC 估算精度的影响

测量误差（mV）	三元材料锂离子电池可用 SOC 范围	磷酸铁锂电池可用 SOC 范围
±1	±0.200%	±0.725%
±5	±1.000%	±3.625%
±10	±2.000%	±7.350%

在谈到硬件采集精度的问题上，必须还要强调一点，就是有部分工程师混淆了精度与分辨率的概念。一般来说，精度指的是绝对误差与采集回路的量程之比，反映测量值与真值的接近程度；而分辨率指的是采集汇率能分辨出测量值的最小变化量。例如，某些电压采集电路能提供 1.2 mV 的分辨率，而其实际电压采集误差为±4.8 mV，那么对照表 4-2，对于磷酸铁锂电池来说有可能造成的 SOC 估算误差为±3.5%，而不是±1.0%。

不仅如此，BMS 既然是一个“系统”，那么采集精度的问题有可能牵一发而动全身。在进行电池的“均衡控制”时，由于均衡控制的依据往往是电池的电压或者是电池的 SOC，那么电压采集精度有可能将会对均衡控制策略产生影响。由此可见，在确定 BMS 硬件电路的设计目标时，必须结合 BMS 整个系统的功能进行综合考虑。

2. 基于专用 IC 设计电压监测电路

随着半导体工艺集成度的提高，许多大型半导体器件生产企业均面向电池管理系统开发出专用集成芯片（IC），例如 ADI（原凌力尔特）的 LTC68XX 系列，

MAXIM 公司的 MAX1492X 系列，TI 公司的 bq76PL536A 系列。这些专用 IC 每片可以测量 12~16 个串联通道的电压，并提供温度测量端口。

采用专用 IC 设计 BMC 有以下好处：

第一，基于专用 IC 的电路不再需要使用光耦继电器或者隔离器，电路得到了简化，可明显减小电路板的面积；

第二，测量精度高，测量速度快；

第三，专用 IC 一般配备有隔离串行通信总线，不需要额外考虑隔离通信的问题；

第四，很多专用 IC 都考虑了 ISO 26262 标准，可靠性高。

表 4-3 是市面上一些具有代表性的专用 IC 的初步比较。

表 4-3 一些具有代表性的专用 IC 的初步比较

厂家	TI	ADI	ADI-LTC	MAXIM	INTERSIL	NXP
型号	BQ76PL 455A-Q1	AD7280A	LTC6804 LTC6811	MAX14920 MAX11163 MAX6126	ISL78600	MC33771
电压采样通道	6～16	3～6	4～12	3～16	3～12	3～14
通信总线方式	UART 转差分菊花链（四线制，不需要接口转换芯片）	SPI 转隔离式菊花链（八线制，不需要接口转换芯片）	SPI 转差分菊花链（两线制，需要加接口芯片）	SPI 转隔离式菊花链（六线制，需要加接口芯片）	SPI 转差分菊花链（两线制，菊花链第一块芯片代替接口芯片）	SPI 转差分菊花链（两线制，需要加接口芯片）
准确度	±4.25 mV（@ 0～65°C）	±1.6 mV（@−40～105°C）	±1.2 mV（@−40～150°C）	±0.5 mV（@−40～85°C）	±2 mV（@−20～60°C）	±2 mV（@−40～105°C）
ADC 基准电压	2.5 V	2.5 V	3.2 V	5.0 V（需要加专用基准电压源）	2.5 V	N/A
分辨率	0.1526 mV/LSB	0.6104 mV/LSB	0.0488 mV/LSB	0.0763 mV/LSB（需要配合外部 ADC AX11163）	0.3052 mV/LSB	N/A
休眠电流	22 μA	1.8 μA	4 μA	380 μA（系统休眠功耗）	16 μA	N/A
全部通道采集时间	2.4 ms	25 μs	290 μs	10 ms	234 μs	40 μs

3. 电流监测模块设计

（1）基于串联电阻的电流监测

电压量是最直接的被测量，一般模数转换芯片多半是针对电压信号的，因此在电流监测时常需要把电流信号转换为电压信号，其中一种转换的方法就是在电动汽车的主回路上串联一个分流器，如图 4-7 所示。

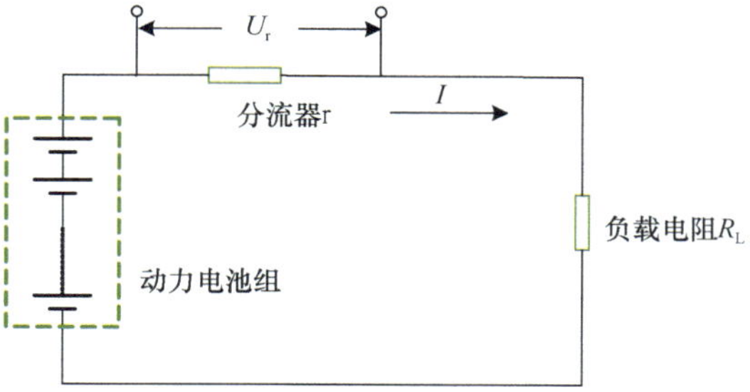

图 4-7　基于分流器的电流监测方案

分流器实际上就是一个阻值很小的电阻（图 4-8），其精度较高且温漂小。分流器阻值选择的主要依据是电动汽车电流的工作范围。例如电动汽车的工作电流范围是 0～300 A，若需要在分流器上产生最大值为 75 mV 的压降，则分流器的阻值为 0.25 mΩ。当然，75 mV 的电压值相对太小，通常在 A/D 转换之前加上适当的放大电路。

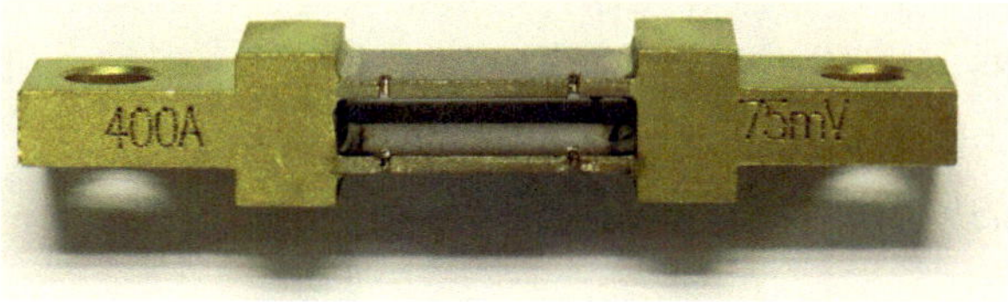

图 4-8　分流器实物图

（2）基于霍尔传感器的电流监测

霍尔电流传感器是利用霍尔效应原理来检测电流的一种电子元件，可以测量各种类型的电流，从直流电到几十千赫兹的交流电。一种典型的可用于电动汽车电流检测的霍尔传感器，如图 4-9 所示。

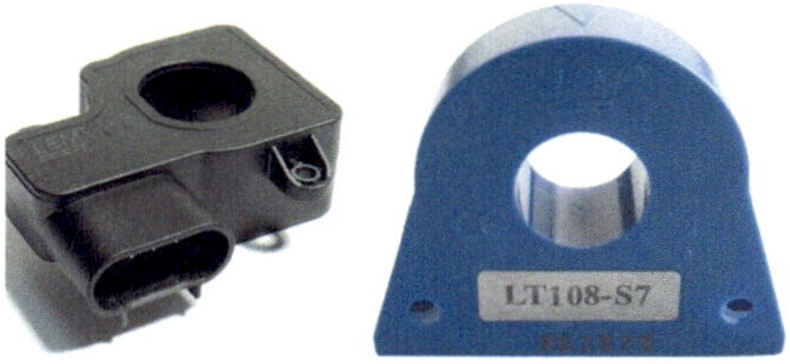

图 4-9　基于霍尔传感器的电流监测

霍尔传感器是利用电磁感应原理来测量电流信号，通过电磁场“感应”得到的电压信号通常较小，例如只有几个毫伏左右，而一般的 A/D 转换器对输入端的要求都是几个伏，因此需要增加放大电路来解决这个问题。为了方便用户使用以及提高抗干扰能力，当前市场上所能采购到的霍尔传感器，很多已将放大电路内嵌到传感器内部，使得所传感器输出信号直接可以被利用。

4.2.3 BMS 中两个关键硬件模块的设计

本小节介绍两个 BMS 中包含的关键硬件模块，有工程师认为这些模块属于 BCU 设计的范畴，但无论如何，这两个模块都是受 BCU 主程序控制的，属于 BMS 硬件的一部分。

1. 预充电电路设计

在电动汽车的驱动系统中，动力电池与电机控制器是相连的，电机控制器中有很大的电容，上电初期要向电容充电，电容是一个储能元件，电路闭合瞬间，电容内若没有充满能量，则电路中电容的充电电流会非常大，如果不加以限制，充电电流过大，对电源、整流等元器件造成很大冲击，因此电动汽车电源系统需要加入预充电电路，从而能够减小上电时的冲击电流，保护电机控制器、主继电器等器件不会因为瞬间的大电流而损坏。

预充电电路的原理图如图 4-10 所示。

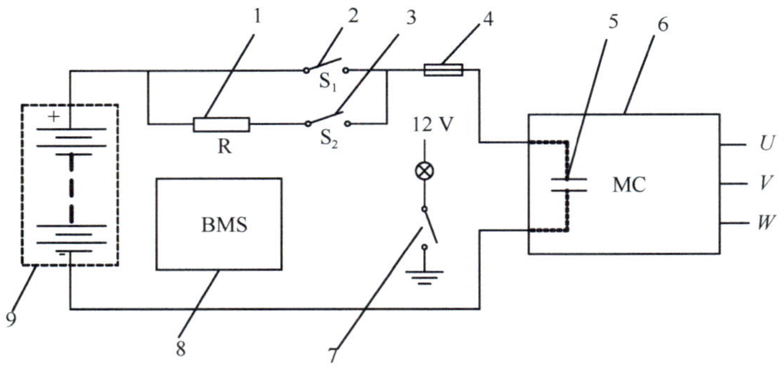

图 4-10 预充电原理图

1. 预充电电阻；2. 主回路继电器；3. 预充电继电器；4. 保险丝；5. 电容；6. 电机控制器；7. 钥匙开关；8. 主控板（BMS）；9. 电池组

电动汽车预充电电路的一般工作原理是：当开始预充电过程时，保持 DC/DC 转换器处于关闭状态，BMS 闭合预充电继电器以开始对控制器电容进行充电；当预充电过程结束时，BMS 断开预充电继电器、闭合主接触器，以及启动 DC/DC 转换器。

预充电电路是一个典型的 RC 串联电路，其中的“C”存在于电机控制器当中，而“R”阻值大小的选择需要根据经典的电路分析计算进行，这需要解一阶线性非齐次方程，得到以下数学关系。

$$i = C\frac{\mathrm{d}u_{\mathrm{C}}}{\mathrm{d}t} = \frac{U_{\mathrm{S}}}{R}\mathrm{e}^{-\frac{t}{\tau}} \tag{4-1}$$

式中，U_{S} 是高压电源电压；$\tau = R \cdot C$；i 是预充电电流；t 是时域参数。由式（4-1）可见，在其他参数都固定的情况下，i 和 t 形成了一对矛盾：要想早点结束预充电，那么预充电电流就较大，但预充电电流大，那么电源系统的安全性就降低；反之，如果希望减小预充电电流，那么预充电的时间就长，也就是驾驶员启动了汽车以后，要隔好几秒才能够让车跑起来，这样，驾驶员的驾驶感受就较差。

在实际工作中，为设计一个好的预充电电路，需要对电机控制器的电容值 C 进行标定，并且借助电路仿真软件，在预充电电流和上电时间之间选择一个最佳的平衡点，从而确定预充电电阻 R 的取值。

图 4-11 是一个预充电电路的实物图。

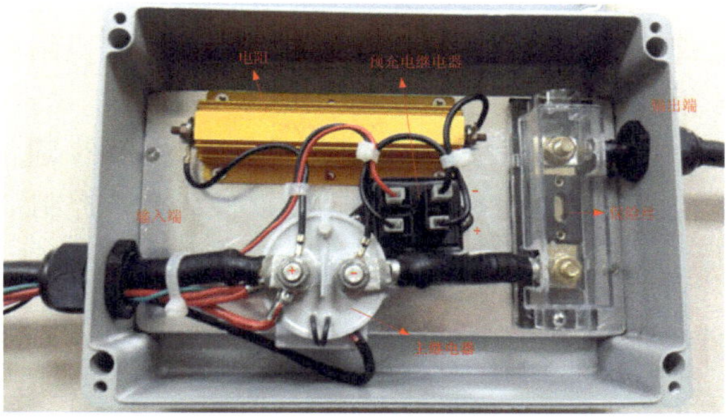

图 **4-11**　预充电电路实物图

上述的预充电电路一般设计在电池系统的总正极。在实际的电池系统中，为了提高电路的可靠性，高压系统还应该包含有检修放电开关，以及负极的主继电器，完整的电路图如图 4-12 所示。

2. 高压检测及绝缘检测模块设计

根据 GB/T 18384.1—2015 以及 GB/T 18384.3—2015 的要求，需要在 BMS 中设计一个安全监测模块，对绝缘电阻进行在线监测。根据国标要求，绝缘电阻除以电池组的额定电压应大于 100 Ω/V，但在实际的电动汽车行业中，考虑到电动汽车的使用情况，对于刚出厂的电动汽车或是运行公里数不多的新车，一般绝缘电阻用 500 Ω/V 为一个阈值来判断其绝缘性能好坏。

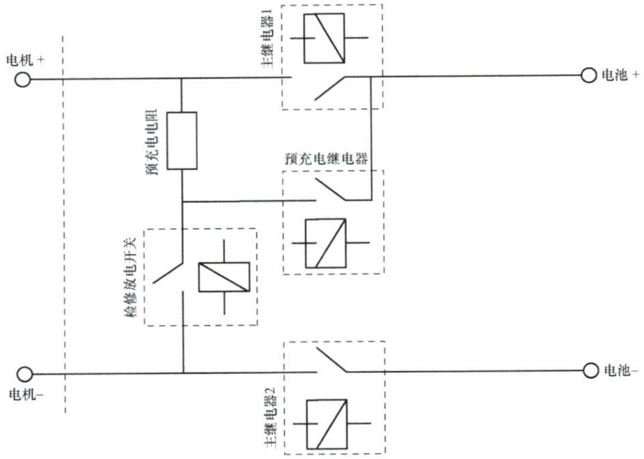

图 4-12　带检修放电开关的预充电电路原理图

一种可能的高压绝缘电阻监测电路如图 4-13 所示。图中包括①绝缘电阻测量模块，用于电动汽车高压系统正、负极分别对电底盘的绝缘电阻的测量；②MCU 控制模块，用于处理绝缘电阻测量模块的信息，并根据测量结果发出相应的控制信息；③绝缘故障报警模块，用于当系统出现绝缘故障时，警告驾驶员系统检测出该电动车存在绝缘故障，应采取相应的保护措施；④CAN 通信模块，用于向整车控制器输出系统监测出的绝缘故障信息，用以优化整车控制策略。

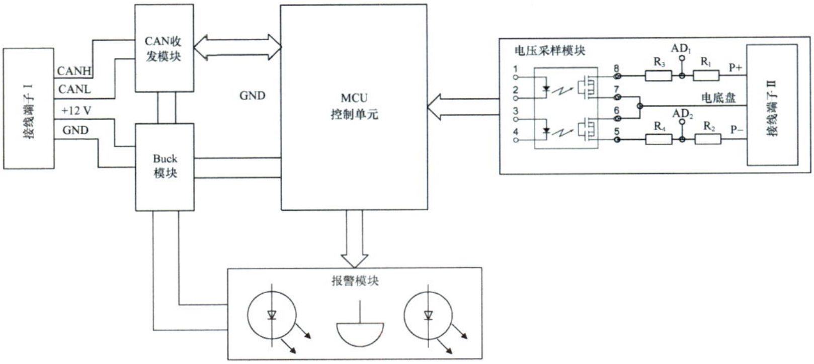

图 4-13　一种高压绝缘电阻监测电路

图 4-14 所示为高压绝缘电阻监测的基本原理，所述的监测出电池包正、负极母线高压电对电动汽车电底盘的绝缘电阻（R+和 R−）分别根据如下步骤进行测量：

第一，闭合开关 S_1 和 S_2，通过电压采样芯片计算出电池包正、负极母线高压电对电动汽车电底盘的电压 U+和 U−，其中 $R_1=R_2$，$R_3=R_4$ 且阻值已知，

$R_1+R_3=R_2+R_4=R$。

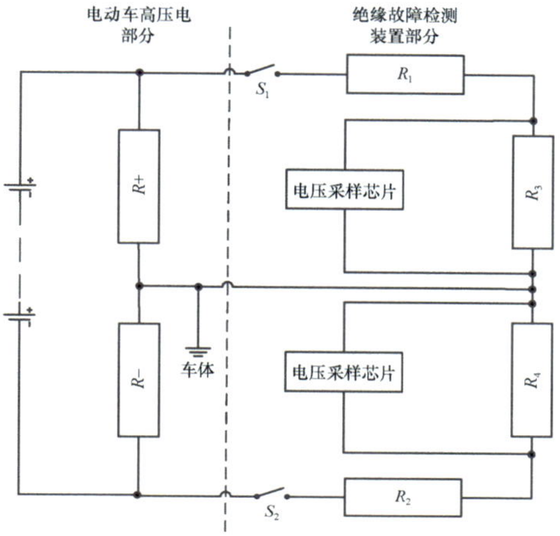

图 4-14　高压绝缘电阻监测的原理

$$\frac{R+}{R-}=\frac{U+}{U-}=N_1 \tag{4-2}$$

第二，若 N_1 大于 1，闭合开关 S_1 断开 S_2，通过电压采样芯片计算出电池包正、负极母线高压电对电动汽车电底盘的电压 $U'+$和 $U'-$。

$$\frac{\dfrac{(R+)\times R}{(R+)+R}}{R-}=\frac{U'+}{U'-}=N_2 \tag{4-3}$$

第三，若 N_1 小于 1，闭合开关 S_1 闭合 S_2，通过电压采样芯片计算出电池包正、负极母线高压电对电动汽车电底盘的电压 $U'+$和 $U'-$。

$$\frac{R-}{\dfrac{(R-)\times R}{(R-)+R}}=\frac{U'+}{U'-}=N_3 \tag{4-4}$$

根据以上三步可得：若 N_1 大于 1，$R+=R\times\left(\dfrac{N_1-N_2}{N_2}\right)$，$R-=R\times\left(\dfrac{N_1-N_2}{N_1\times N_2}\right)$；若 N_1 小于 1，$R+=R\times(N_3-N_1)$，$R-=R\times\left(\dfrac{N_3-N_1}{N_1}\right)$。

图 4-15 为高压绝缘电阻监测电路的实物图。

进行绝缘电阻监测的时机如下：

1）在静态时，每隔若干小时（时间可调），监测出电池包正、负极母线高压电对电动车电底盘的绝缘电阻，其他时间段监测装置处于休眠状态。

图 4-15　绝缘电阻监测装置实物图

2）电动汽车高压电大闸由断开变为闭合时，触发绝缘故障监测装置由静态模式变为动态模式。

3）在动态时，每隔若干秒（时间可调），通过监测正、负极母线与电底盘之间并入已知阻值的标准电阻前后的电压之比，从而监测出电池包正、负极母线高压电对电动汽车电底盘的绝缘电阻。

4.2.4 BMS 的抗干扰设计

电动汽车是一个移动体，有可能会处于电磁环境比较复杂的空间，而且车上自带的电动机、电动空调等各种大功率高压电气部件会造成的电磁干扰，要确保 BMS 的正常工作，需要进行细致的电磁抗干扰设计。

1. BMS 工作的电磁场环境

在电动汽车中包括动力电池及其管理系统、电机及其控制系统、电力变换系统、整车通信控制系统、车灯仪表系统以及其他车载电子设备等，同时存在着高压大功率的变换装置，高低压控制信号线等，因此，车内电磁环境非常复杂。在数字信号电路中，电磁干扰（EMI）会使电路出现误码率的概率增大或使之出错；在模拟信号中，EMI 将增大噪声电平并将导致电路和系统运行功能下降。而 BMS 是个模数混合系统，如果抗干扰处理不好，可能会引起诸多不良后果，如采集数据不稳定、系统通信不正常、系统软件运行错误等，严重时可能导致意外事故。

2. 电磁干扰三要素

任何一个电磁干扰的产生，都需要同时具备三个条件，称之为电磁干扰三要素，如图 4-16 所示。

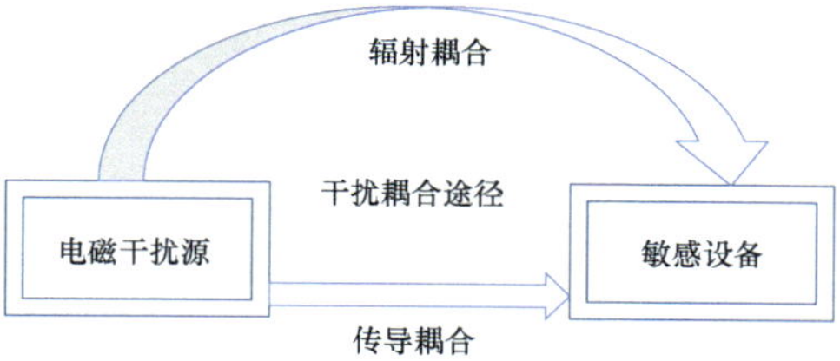

图 4-16　电磁干扰三要素

1）电磁干扰源是指产生电磁干扰的元件、器件、设备、系统或自然现象。对于电动汽车电池管理系统，电机及其控制器、车载充电机、DC/DC 变换器等都可能成为较强的干扰源。

2）耦合途径是指把电磁能量从干扰源耦合（或传输）到敏感设备的通道或媒介。电池管理系统中典型的干扰传播路径是通过数据信号传输线、电源线等传导和空间的辐射。

3）敏感设备（或称被干扰设备）是指对电磁干扰产生响应的设备。如电池管理系统中的 A/D，MCU，通信总线等。

为了克服电磁干扰，就必须从上面三个基本要素出发，抑制干扰源、消除或减弱干扰耦合途径和提高敏感设备的抗干扰性能。

3. 硬件部分抗干扰设计

硬件的可靠性设计是整个系统可靠性的根本，如果硬件抗干扰措施得当，可以将大部分干扰拒之系统之外。常见的硬件抗干扰措施有以下几个方面。

（1）尽量选择抗干扰能力强，信号频率低的元器件

单片机应用时钟是系统中存在的主要噪声源之一，除了有可能引起本系统自身的干扰外，还能对外界产生干扰。因此，在满足速度性能要求的前提下，尽量降低单片机的时钟频率和选用低速数字电路等办法来提高敏感器件的抗干扰性能。

（2）硬件滤波

硬件滤波是电路设计常用的抗干扰技术。BMS 中，在电池参数信号采集端增加一个参数选择合适的 RC 低通滤波器，如图 4-17 所示，可以滤除输入信号中的高频干扰信号。

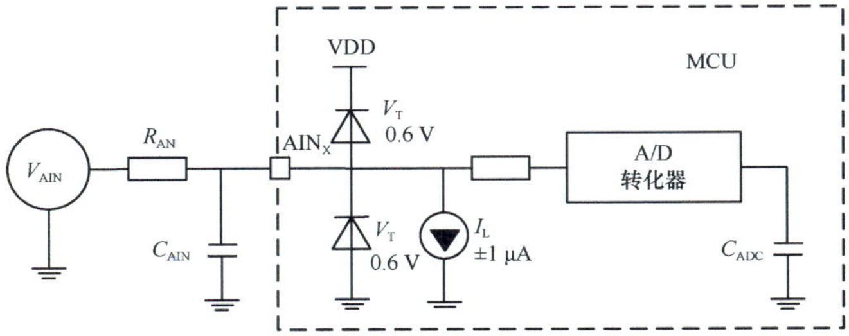

图 4-17　输入引脚增加 RC 低通滤波器

（3）MCU 外围配置抗干扰措施

数据总线、控制总线以及地址总线式 MCU 与外部存储器、I/O 接口芯片进行信息交互的通道，三种总线的处理是否合理将直接影响到整个系统的稳定性。在总线上适当安装上拉电阻可以提高总线的抗干扰能力，增强总线信号传输的可靠性，减少外围干扰源对 MCU 单元的干扰。

（4）PCB 设计及布线

印制电路板（PCB）是系统的基础部分，是系统中电子元器件的支撑件，提供了各种电路元器件之间的电气连接。PCB 设计的好坏对系统的抗干扰能力影响很大，因此在 PCB 板设计中必须采取有效的抗干扰措施。

PCB 在布线过程中尽量将模拟电路与数字电路分开，降低它们之间的相互影响；尽量减少回路环的面积，降低感应噪声；电源线尽量加粗，以减小压降和降低耦合噪声；在布置元器件时尽量使走线最短并减少 90° 拐角走线，减小导线阻抗和分布电容电感。同时，尽量根据电路的功能进行布局，从而防止不同区域的射频电流相互耦合干扰。

（5）良好的系统接地

电气系统的“地”有两种含义：一是代表系统或电路的等电位参考点，为系统和电路的各部分提供一个稳定的基准电位，称为信号地；二是指大地，系统或电路的某些部分需要与该地连接以提供安全和电磁屏蔽。在设计接地的过程中需要注意安全与绝缘，通常系统接地的目的主要包括：一是系统的外部接地，达到安全的目的；二是为电路工作提供一个共用的参考接地点；三是抑制干扰。

在 BMS 中，数字地和模拟地都是重要的信号地，在 A/D 转换前后分别是模拟信号和数字信号。由于数字信号是脉冲信号，容易对模拟信号产生干扰。因此，两个信号如果不能正确连接，将会带来较大的干扰。在进行接地设计时，采取的措施是数字地和模拟地区分，将二者仅仅在一点连接，不能再有其他连接点。

（6）屏蔽措施

强电高压设备、大功率变换装置、电弧产生的电火花，甚至雷电，都能产生电磁波，从而成为电磁干扰源。用金属外壳将电池管理系统包围起来，再将金属外壳接地，对屏蔽各种电磁干扰非常有效。为此，我们常常需要为 BMS 设计一个金属外壳，以提高其抗干扰性能。

4.2.5 面向提高可靠性的冗余设计

谈到 BMS 的可靠性，ISO 26262 标准总是一个绕不过去的话题，这个标准也是目前业界热议的对象。然而，并不要盲目迷信 ISO 26262，实际上，该标准更多的是一种思想；而这种思想在 BMS 设计中具体如何体现，而实施了冗余对于提高可靠性是否有帮助，这些都需要具体问题具体分析的。

作为抛砖引玉，本小节介绍一些面向于 BMS 的冗余设计。冗余设计一般包括硬件冗余和软件冗余。下述为硬件冗余，主要包括 PCM 冗余以及通信总线冗余。

1. PCM 冗余设计

此处提出的 PCM，是 protection circuit module 的缩写，实际上可以理解为“副处理器”，即在进行 BCU 设计时，除了主控单片机（MCU）之外，增加了一个成为“PCM”的电池组安全保护装置。这个 PCM 没有强大的运算功能，也不需要承担类似 SOC 估算、均衡控制等复杂的功能，它的作用就是在监测到电池组电压异常、短路、过温、过流等异常情况时，PCM 可以自主切断电池组的供电回路。根据 ISO 26262 的思想，在 BMS 主板中，可以赋予 PCM 足够大的权力，即可以使得副处理器与主处理器一样，均有权触发安全保护装置。

2. 通信总线冗余设计

由于电动汽车动力电池是通过串联形成高压的，那么在采集多路电池电压时必须考虑隔离问题。很多情况下，电压采集电路是分组采集的，也就是模块内部可能是共地的，而模块与模块之间存在串联关系，不能直接进行通信连接。

在 BMS 的内部通信网络中，需要采用隔离通信接口。例如，可以采用德州仪器的 ISO722X 系列，或者亚德诺 ADM305X 系列的产品进行隔离通信。然而，在普通的（CAN）通信总线之外，还应该增加应急通信总线，如图 4-18 所示。

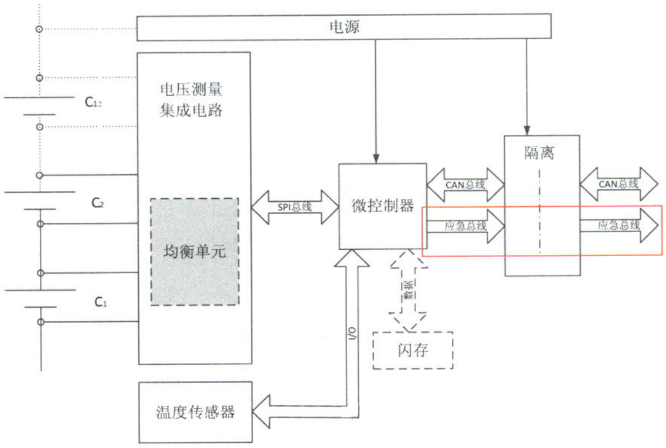

图 4-18　在普通的（CAN）通信总线之外增加应急通信总线

4.3　BMS 的软件开发要点

4.3.1　SOC 相关的概念

很多时候，剩余电量与荷电状态（SOC）经常被混为一谈。然而，严格来说，其两者定义是有差别的，所采用的单位也不一致。本小节先讨论与 SOC 相关的一些概念，并对其进行辨析。

1. SOC

对 SOC 常用的定义是

$$\mathrm{SOC}=\frac{\text{剩余的电量}}{\text{电池的容量}}\times 100\% \tag{4-5}$$

式中，分子及分母都以电量（而不是能量）的形式存在，其物理单位可以用“库仑”（C），也可以用“安时”（A·h 或简写为 Ah），并且有 1 Ah=3600 C。

利用式（4-5）对电池的 SOC 进行定义，大多数人都是基本认同的。然而，分歧就出在对分子以及分母的理解上。式（4-5）中，分数线的下方一般理解为“电池的容量”，对“容量”定义的分歧，也会导致对 SOC 概念理解的不一致。

2. 剩余电量

电池中电荷的剩余量，即剩余电量（记为 Q_{remain}），指的是从当前时刻起，某个电池内部通过化学反应所能释放出来的电荷量，可以类比于杯子里所装的水，其余量可以由杯子所能倒出的水的多少来反映。剩余电量可以用“安时”（Ah）为计量单位。

广义地说，剩余电量应该是所有可能发生的化学反应释放出来的电荷量的体现。这里所说的“所有”，指的就是在不损坏电池的前提下，选择适当的温度和放电倍率所能放出的电荷的最大值。

狭义的剩余电量，指的是在限定的温度条件和放电倍率下，电池所能放出的电荷的多少。例如在比较低的温度下，水杯里有一部分的水结冰冻住了，剩余量就是把那些还没结冰的液态的水全部倒出来的多少。可见，狭义的剩余电量应该是温度和放电倍率的因变量。

在实际工作中，以上广义和狭义的两种概念都会被使用到。在常温和小倍率放电的前提下，两者的值几乎是相等的，因此在传统的使用中，人们往往不加区分地把这两个概念等同起来。但对于电动汽车的动力电池而言，由于汽车的工作环境温度变化可能较大，而且放电倍率也比较大，因此我们在使用过程中应该清醒地意识到所指的剩余电量是以上广义和狭义的具体哪一种。

3. 电池的容量

仍然有不少工程师在定义 SOC 的概念时使用标称容量（Q_{rated}）。然而，使用标称容量并不合适，理由在于以下两个方面：

第一，标称容量与实际容量（Q_{true}）是有区别的。表 4-4 给出的是 A、B、C 三个厂家所提供的全新电池样本的实际电荷容量与标称值之间的对比。从表中可见，电池所能放出的实际电荷量与标称值并不完全相等。

表 4-4　三个全新电池样本实际电荷容量与标称值对比

（测试温度 25℃，放电倍率 0.02C）

	A 厂家样本	B 厂家样本	C 厂家样本
标称容量 Q_{rated}（Ah）	100	100	80
实际容量 Q_{true}（Ah）	115	103	83

第二，标称容量不能反映电池的老化。随着电池的老化，电池所能放出的实际最大电荷量也在不断变小。这一点很好地解释了为什么有些 SOC 算法对于新电池的 SOC 来说比较准确，但随着电池充放电循环次数的增加估算的偏差则越来越多。

关于式（4-5）中的“电池的容量”的另一种理解是

$$Q_c=k\cdot Q_{rated} \tag{4-6}$$

式中，k 是电池的标称容量之外附加的一个“补偿因子”，有

$$k=f(\sigma, \rho, \mu) \tag{4-7}$$

式中，σ、ρ、μ 分别表征温度、电池放电倍率以及电池的老化程度。

事实上，对于一个充满了的电池来说，所能放出的电荷的最大值受放电倍

率、环境温度等因素影响，不是一个恒常的值。表 4-5 为给出的是 A 厂家标称为 100 Ah 的一个新的动力电池样本在不同温度、不同放电倍率条件下实际可放出的容量。

表 4-5　同一电池样本在不同温度下以不同倍率放电的容量（单位：Ah）

放电倍率（电流） 环境温度（℃）	0.2 C （20 A）	0.5 C （50 A）	1.0 C （100 A）
25	110	105	100
40	112	108	103

注：该电池样本标称电量为 100 Ah

使用式（4-7）来估算 SOC 的好处是，不再将式（4-6）中的分母看作为一个静态的值，而将其与电池老化后容量衰减、库仑效率、温度对电池放电倍率的影响等多方面动态的因素结合起来，使得 SOC 的估算值成为健康状态和“放电条件”的函数，更符合实际。

4.3.2 电池荷电状态（SOC）估算

1. 经典的 SOC 估算方法

电荷累积法、开路电压法是两种经典的评估剩余电量或者 SOC 的方法，至今仍被广泛使用。从某种意义上来说，许多改进的 SOC 估算方法，都可以被看成是这两种经典方法的结合或者改进。

（1）电荷累积法

电荷累积法（coulomb counting method），也称作 CC 法，是预先知道上一时刻电池剩余电量状态，并对一段时间内动力电池充入、放出的电荷进行统计，从而得到当前电池荷电状态的一种方法。

假设上一时刻 t_1 电池的剩余电量为 Q_{t_1}，当前时刻 t_2 电池的剩余电量为 Q_{t_2}，从 t_1 到 t_2 期间电池充入、放出的累计电量为

$$Q_{t_1}^{t_2} = \int_{t_1}^{t_2} i(\tau)\mathrm{d}\tau \tag{4-8}$$

那么

$$Q_{t_2} = Q_{t_1} - Q_{t_1}^{t_2} \tag{4-9}$$

式（4-8）中，$i(\tau)$ 可以取正也可以取负，当 $i(\tau)>0$ 时，表示电池在放电，当

$i(\tau)<0$ 时，则表示电池在充电。同理，在式（4-9）中，若 $Q_{t_1}^{t_2}>0$，表示在 t_1 到 t_2 这段时间内，总体而言电池放出电量多于充入电量；反之，若 $Q_{t_1}^{t_2}<0$，则表示在 t_1 到 t_2 这段时间内，总体而言电池充入的电量多于放出的电量。

通过式（4-9）求得 Q_{t_2} 后，可以进一步根据式（4-5）运算求得此时的 SOC 值（%）。

然而，电荷累积法存在以下三个问题：

第一，对初始值的依赖性。

事实上，电荷累积法只能解决一段时间内电量变化的情况 $Q_{t_1}^{t_2}$，而我们最终关心的是电池的剩余电量 Q_{t_2}，这依赖于 Q_{t_1} 的准确性。若初始值 Q_{t_1} 存在误差，则利用式（4-8）和式（4-9）是没有办法对其进行修正的。

第二，累积误差的问题。

由于电流传感器精度不足、采样频率低、信号受干扰等原因，用于积分的电流 i_τ 与真实值相比存在一定的误差，则由式（4-8）所估算的一段时间的累计电荷 $Q_{t_1}^{t_2}$ 带有误差，而根据式（4-9）这一误差将会累积到下一个时刻的 Q_{t_2} 中去，从而使得剩余电量的评估误差越来越大。

为消除累积误差，有必要对剩余电量的评估值进行校正。较为有效的校正方法就是把电池充至饱满或将电池的剩余电量全部放光。当然，这样的操作在电动汽车的实际应用中，不能经常进行，从而降低了这种方法的实用性。

第三，不能应对电池的自放电问题。

几乎所有的二次电池都存在自放电问题，即电池中的电荷以极其慢的速度放出来。电荷累积法对于这种现象几乎是无能为力的。其一，自放电的等效电流很小，一般的电流传感器无法准确测量；其二，相当一部分的自放电电流并不走工作电流的回路，设置在工作电流回路中的传感器自然监测不到自放电电流；其三，自放电可能发生在电池管理系统不工作的情况下，例如汽车“熄火”以后闲置在车库里，此时 BMS 并不需要工作，自然也无法监测电池的自放电情况。

2. 开路电压法

开路电压法（open-circuit voltage method），也称作 OCV 法，就是当电池既不处于充电状态，也不处于放电状态，即工作电流为零的情况下，通过测量动力电池的开路电压（OCV）来估算电池的 SOC。

使用开路电压法一般基于以下三个前提：

第一，认为 SOC 与电池电动势（EMF）有一一对应关系，即给出 0～100% 之间的任意一个 SOC 值，存在唯一的一个电动势（EMF）值与之对应；

第二，认为在工作电流为零的情况下，开路电压（OCV）与电池电动势（EMF）相等；

第三，不考虑温度及电池老化程度等因素，即认为在不同的温度条件下，不同老化程度的电池具有相同的 SOC－EMF 曲线。

在电动汽车的实践应用中，OCV 法通常利用工作电流为零时，测量电池电压 U_O，然后依据上图的曲线反求出电池的 SOC 值。

然而，在电动汽车的具体应用中，开路电压法也存在着不足：

第一，关于工作电流为零的问题。

首先，上述提到开路电压法的使用是基于工作电流为零的前提。但往往在电动汽车的行驶过程或充电过程中，即工作电流不为零的情况，也需要知道 SOC 的值是多少，这时开路电压法显然是不适用的。

其次，即使电动汽车不启动，不充电，处于静止状态，仍然不能认为动力电池的工作电流为零，因为此时汽车的弱电系统仍在工作，例如整车控制器没有关闭，通信网络仍处于工作状态，仪表台可能开启等，至少此时 BMS 本身仍在工作，这些都意味着电动汽车的工作电流不一定绝对为零。在实际应用中，可设定一个电流的门限值，当电流小于该门限值时则认为可通过 OCV 法评估 SOC。

第二，电压回弹问题。

开路电压法必须考虑电池电压的回弹效应。当电动汽车由于某些原因（例如等待绿灯）作短暂停车的时候，是否可以用开路电压法对 SOC 做一次评估也是需要考虑的问题。如果停留时间过短，由于电压的回弹效应，电压还没有回弹到稳定状态，估算出来的 SOC 值必然偏小，并且误差的大小与停留的时间有关。针对电压回弹问题，通常可以有两种解决办法：一方面，可以在实际应用中设定一个时间阈值，当工作电流持续小于电流门限值的时间大于时间阈值时，才用开路电压法对 SOC 的值做评估；另一方面，可以利用电池模型，通过 10～30 s 以内电压回弹的趋势来预估出电池电压回弹的极限值，再用这个极限值来估算 SOC。

3. 基于扩展 Kalman 滤波器的 SOC 估算

相较于前面提到的两种 SOC 估算方法，基于扩展 Kalman 滤波器的 SOC 估算是目前认为较为先进的一种方法。不难想象，应用了 Kalman 滤波器，算法复杂度增加，系统的开销也随之增大。付出了这样的代价，必然希望得到一定的收获。我们先来考察一下应用 Kalman 滤波器带来了什么好处，为什么电动汽车上需要应用 Kalman 滤波器来进行 SOC 估算。应用 Kalman 滤波器有以下几点好处：

第一，任何时刻均适用。OCV 法只适用于电池闲置一段时间，电压回弹比较充分的情况，而在电池正常工作的情况下，就无法使用 OCV 法。而 Kalman 滤波器的方法适用于处于任何状态下的电池，无论电池处于（“闲置”、“放电”、“制动能量回收”）何种状态，均可以利用 Kalman 滤波器来对电池的 SOC 进行估算。

第二，有助于修正初始值。CC 法比较致命的缺点就是对初始值的依赖性以及误差累积的问题，也就是如果 SOC 的初始值计算有误差，则这样的误差将一直累积下去。Kalman 滤波器则能克服这个不足，任何时候都可以对这样的误差进行修正，即使 SOC 的初始值的误差很大，经过一段时间以后，滤波器也会把这样的误差消除掉。

第三，有助于克服传感器精度不足的问题。车载 BMS 受成本及可靠性等多方面因素的制约，传感器的精度往往比较有限，从而导致 SOC 的评估误差较大，而 Kalman 滤波器就有助于克服这一缺陷。其原理可类比于对一个被测量的对象进行多次观察，从而克服随机误差。例如，如果采用 10 位的 A/D 芯片，能获得的电压测量分辨率是 5 mV，而对小于 5 mV 以内的测量值存在一定的随机误差，如果采用普通的一次采样的方法，测量的随机误差较大，而使用了 Kalman 滤波器，就相当于对同一被测对象进行了多次的测量，有助于消除随机误差，从而获得更高的精度。

第四，有助于消除电磁干扰的影响。电池状态监测不准确有一部分原因来源于传感器所受的电磁干扰，在电动汽车上，这样的电磁干扰是尤为突出的。采用滤波器有助于消除电磁干扰的影响。当然，从理论分析可知，Kalman 滤波器只是有助于消除那些服从正态分布的噪声。

4.3.3 电池健康状态（SOH）评估

1. SOH 并不完全等同于电池劣化

SOH 的定义，应该恢复到这个概念的字面本身。既然 SOH 是 state of health 的缩写，这一概念的字面意义就是电池健康状态，而电池的健康状态就应该包括“电池的失效”与“电池的劣化”两个部分，如图 4-19 所示。

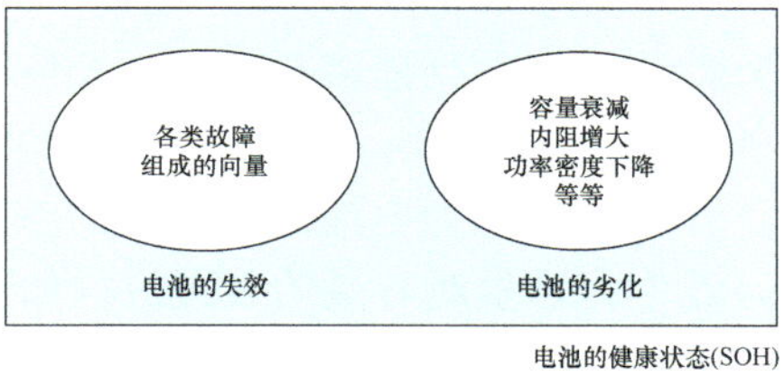

图 4-19　广义的 SOH 包含两部分的概念

（1）SOH 应该包含电池失效的预警向量

在 2004 年，Gregory L. Plett 曾经在他的一篇较为经典的论文中提出，以故障向量的形式来描述电池的 SOH，即 $\boldsymbol{s}=[s_1,s_2,s_3,s_4,s_5,s_6,s_7,\cdots]$，其中 s_k（k=1, 2, 3, 4, 5, 6, 7, …）为向量中的分量，取值可以是 0 或者 1，其中，每个分量的含义如下：

- s_1：电池的电压是否过低或过高？（1 代表“是”，0 代表“否”，下同。）
- s_2：电池的电流是否过高？
- s_3：电池的温度是否过低或过高？
- s_4：电池的 SOC 是否高于或低于额定范围？
- s_5：电池的自放电率是否高于可接受范围？
- s_6：电池的容量是否衰减至低于可接受的最小值？
- s_7：电池的内阻是否高于某个范围？
- ……

如上定义的状态向量 $\boldsymbol{s}$，很贴近“健康”这个概念的字面意思，应被考虑到 SOH 的概念之中去。

（2）SOH 也包含衰减、老化后的量化指标，归为“电池劣化”

在定义了电池的失效预警向量之后，就可以把一些可量化的指标作为补充，来描述电池的“健康”状态。这些指标是随着电池的使用不断变差的，因此我们把它统称为电池劣化的指标。笔者认为，“电池劣化”应该包含于广义 SOH 的概念之中，是用来描述电池随着使用过程不断衰退的、可以进行定量描述的那一部分指标。至于选择什么指标来描述电池的劣化更加合适，将在下一小节讨论。

从图 4-19 来看，SOH 的概念比电池失效、电池劣化两个概念加起来的总和还要大，只不过上述两者便于以数学的形式来进行描述，可操作性强。

2. 用于描述电池劣化的两项指标

经过较长时间的试验、分析，笔者认为，将“容量衰减”与“直流内阻谱”作为评判电池劣化程度的典型指标是合适的。

（1）容量的衰减（capacity loss）

对于狭义 SOH 的概念，“电池的当前容量”是一个应用较广的，被公认为最能体现动力电池劣化的外特性的评价指标。IEEE 1188—2005 标准和 USABC 也共同建议以“电池的容量”作为衡量动力电池劣化程度的参数。为了使容量的衰减指标具有较强的可比性，我们在这里对容量的衰减进行如下的定义：

$$C_{\text{loss}}=(1-C_t/C_{\text{rated}})\times 100\% \tag{4-10}$$

式中，C_t 为电池在某个时刻 t 的最大容量；C_{rated} 为电池出厂时的额定容量，以百分号作为最终的单位将使得这一指标更为直观，更具有可比性。

在实际操作中，以上的定义要注意两个问题：

第一，作为电池当前的最大容量，C_t 和温度有一定的相关性，不妨定义这一容量就是电池在 20℃下的最大荷电容量。

第二，对于新电池而言，常常会出现 $C_t>C_{rated}$ 的情况，这样算出来的 C_{loss} 将会是一个负数。这是允许的，因为我们认为，C_{loss} 的数值越大，电池的劣化程度越高，如果 C_{loss} 出现负数，就表明该电池的劣化程度不高。

第三，为了 C_{loss} 不出现负值，也可以将式（4-10）的分母设为该电池最初的容量 $C_{initial}$。然而，这样的定义在大功率电池组中的可操作性相对较差，因为对于同一厂家、同一型号的电池来说，各个电池的 C_{rated} 是一致的，而 $C_{initial}$ 是不一致的，如果把式（4-10）的分母设为 $C_{initial}$，那么就意味着要对每个电池在使用之前都进行一次容量测定，而且这样一来，会削弱两个电池之间的 C_{loss} 的可比性。（因为这样的话，两个电池的 C_{loss} 的分母是不一致的。）

（2）直流内阻谱

电池在带负载工作和不带负载工作这两种不同的状态下，其正负极两端的电压是有差别的，表现出了内阻的特性。电池内阻的成因与数值的确定比较复杂，如果不规定好一定的条件，则难以得到一个确定的数值。

电池的内阻值主要与温度、电池的荷电状态（SOC）以及电池的劣化程度相关。大量研究表明，如果在前两个条件不变的情况下，用恒定的电流对电池进行放电，则得到的电池内阻能反映电池的劣化程度。

图 4-20 所示为某电池在特定的温度、特定的劣化程度下，电池的充放电内阻与 SOC 之间关系的曲线。

在实际操作中，如果规定放电电流方向为正方向，则内阻的数值可以通过式（4-11）进行定义：

$$r(\mathrm{SOC})=\frac{\Delta U}{I}=\frac{E_{\mathrm{B}}(\mathrm{SOC})-U_L}{I} \tag{4-11}$$

式中，I 为电池的工作电流；E_{B} 为电池的平衡电势，它是 SOC 的函数；U_L 为电池带上负载工作时正负极两端量得的工作电压。

以往利用电池内阻来定义劣化程度的方法，如前面提到的式（4-11），往往希望用一个数值来反映 SOH。然而，从上面的定义可见，内阻 r 与 SOC 有关，因此在评价电池劣化时，往往不是采取“一个内阻值”，而是“内阻谱的曲线”。

至于如何获得直流内阻谱，可以通过严格制定测试步骤来对电池进行测试、分析。测试过程中有许多细节，例如：如何定义充满，如何定义放空，充放电电流取多大的倍率等，都需要进行定义。

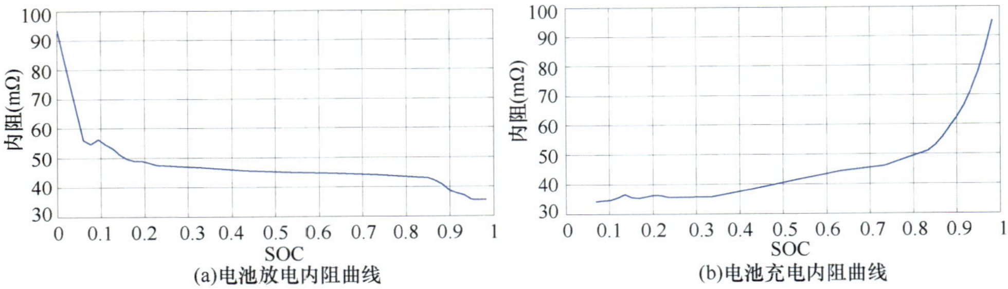

图 4-20 某电池的充放电内阻特性曲线

4.3.4 SOF 的估算

SOF（state of function）是近年来比较热门的一个概念。本小节我们给出 SOE、SOF 的定义，以及 SOF 估算的一般思路。

1. SOE（state of energy）

顾名思义，SOE 指的是电池剩余能量，可以使用百分比符号（%），也可以使用能量的单位焦耳（J），但在电动汽车上，很多时候使用 kWh 作为单位，也就是人们经常所说的“还剩下多少度电”（1kWh = 3600000J）。

然而，仔细分析一下，SOE 也有两个层面的意义。首先指的是某个时刻，电池组所荷带的“化学能”，用 SOE_0 来表示；其次是指电池组可以提供给负载使用的能量；用 SOE_1 来表示。

然而，与电动汽车的续驶里程相关的，并非动力电池的剩余能量 SOE_0，而是动力电池所能对外输出的能量 SOE_1。但是，与并不只有 SOC 一个自变量，它还随着不同的温度以及放电电流大小而改变，即

$$SOE_1=f(SOC, T, I) \tag{4-12}$$

式中，I 就是电池组的放电电流。

也就是说，在电池剩余电量相同的情况下，如果以不同大小的电流放电，动力电池所能对外释放的能量是不同的。

2. SOF（state of function）

对于电动汽车而言，SOF 可以被定义为某一特定时刻，电池组可以提供给电机等各种电气负载的功率，可以简单地认为，SOF 是 SOC 及温度的函数，即有

$$SOF=f(SOC, T) \tag{4-13}$$

SOF 常常作为一个实时的参数由 BMS 提供给电机控制器以及电动汽车内的其他控制电气系统，用来表征此时此刻电池所能提供的功率大小。在实际工作中，SOF 的数值单位有时是功率单位瓦特（W），也有时是电流单位安培（A），因为通常 BMS 会同时提供电池组的总电压，而总电压与电流的乘积恰好是电池组所能提供的总功率。

实际上，对于很多电动汽车的动力系统来说，BMS 不仅要估算特定时刻电池组对外输出的功率 SOF，还要提供电池组允许充电的最大功率 SOF_2。SOF_2 一方面要通过通信总线发送给电机，告诉电机在进行制动能量回收时不能超过某个极限值；另一方面要结合充电策略发送给充电机，以免充电机提供的充电电流过大而损坏电池。

3. SOF 的估算

参考了有关文献，结合笔者的工作经验，一个包含 SOF 状态估算的方法如图 4-21 所示。

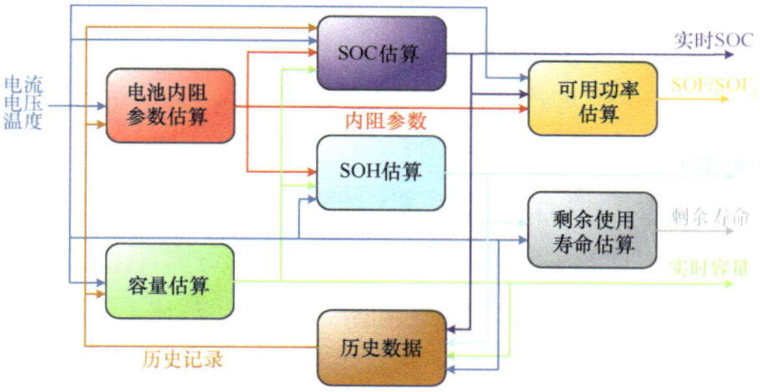

图 4-21　一个包含 SOF 状态估算的方法

对图 4-21 作以下说明：

1）在讨论 SOC、SOH、SOF 的核心算法时，不应孤立地考虑某一个问题，因为各个状态之间是互相依赖，互为因果的，图 4-21 正好体现了这种互相影响。

2）从图中可见，就硬件而言，除了主芯片的运算速度以外，还依赖于两个模块：其一，电压、电流、温度这些实时采集的传感器数据是软件计算的依据，采集的精度对于估算的精度有着直接的影响；其二，要有足够大的存储单元来保存有关的状态信息，因为很多算法不仅依赖于传感器数据，还依赖于历史数据，一般来说，用于保存历史数据的硬件不仅是 RAM，有很多时候还需要配备 ROM。

3）许多工程师误认为 SOH 的概念等价于电池的容量，事实上衡量电池 SOH 的主要指标中除了容量以外，还应该包括电池的等效内阻，这点我们已经在上一小节中讨论过了。

4）SOC 估算是 BMS 软件的核心，也是近年来研究的重点和难点。从图中可见，SOC 估算需要有很多的输入，因此它的计算往往是比较复杂和困难的；同时，SOC 估算的结果也是其他软件模块的基础，如 SOF 估算、均衡控制等。

4.4 BMS 的测试与验证

本节所讨论的是在设计、制造过程中，通过一定的方法、手段对 BMS 的技术参数进行检验，以及对其控制管理功能进行验证。

4.4.1 一些值得讨论的问题

电池管理系统的重要性是毋庸置疑的，我们都希望开发出高精度、功能强大、可靠性高的 BMS，因此在产品研发、质检阶段对于 BMS 的测试环节非常关键。关于测试，有一些问题是值得讨论的。

1. BMS 是否应该带电池组测试？

对于电动汽车来说，常常提到“三电系统”。然而，电池管理系统是一个独立零部件，还是必须带上电池组构成电源系统才能作为零部件，这是一个值得讨论的问题，涉及 BMS 是否应该作为汽车的电气零部件进行检验。

在电动汽车的应用中，许多 BMS 都是依赖于动力电池组供电的，也就是说，一方面 BMS 是电池组的管理者，对电池的工作状态进行监控，但另一方面又依赖电池提供电池工作电源。如果验证 BMS 时是不带电池的，并不表明带上电池的时候 BMS 能有相同的表现。 例如“大电流注入测试”、“抗干扰测试”等，在带电池与不带电池的情况下，测试结果是不一样的。

如果带上了电池测试，那么检测的对象就是整个“电源系统”，而不是独立的 BMS，而且现在很多 BMS 销售的时候，都标称“SOC 估算误差小于 3%”。但事实上，该型号的 BMS 是针对某一型号的电芯在特定的条件下测试的时候其误差小于 3%。这样的检测结果，就会失去了一般性。而且，带电池的测试还有一个问题：由于电池的不稳定性（电池的容量、平衡电动势等，都与工作历史相关），会造成测试结果的偶然性。也就是说，某一天得到的测试结果，第二天未必能得到同样的结果。

面对这样的矛盾，笔者的观点是，应该把两个测试分别对待，即“带电池测试”、“不带电池测试”，各自独立进行，都要进行。

2. 除了通过国标强检的测试，企业还要做额外的测试么？

国家及各地对 BMS 的测试验证制定了相关的标准，但本节所讨论的范畴不限于此，主要有以下几方面的考虑。

（1）国标、行标所规定的测试内容更多的是从“强制性检验”的角度出发，所检测的内容是“一般性的”、“最基本的”、“最关键的”，而实际上在企业研发、生产 BMS 时要进行的测试与验证的工作，应该突破国标的限制，进行更为严格的测试检验工作。例如，现行的标准中，对 SOC 估算精度的要求是在“10~30℃的温度范围内，SOC 的估算精度不超过 8%”，但作为企业，应该对“10~30℃”以外的温度条件也进行测试与验证。

（2）一个优秀的 BMS，除了能管好新电池，还应该管好“老化后”的电池，有一些 BMS 虽然通过了国家的强制检测，但不代表这些 BMS 能管好一年后的电池。然而，如何找到“老化后”的电池样本，这是一个难点，因为新电池的特性是比较一致的，但是老化后的电池的特性比较离散。为了研究 BMS，去找一个“老化了半年的电池组”，再找一个“老化了一年的电池组”……这样的思路显然是不现实的。笔者认为，解决这一问题的方式，应该是建立电池劣化模型，然后用电池模拟器来模拟不同阶段的“老化电池”。

（3）BMS 在研发阶段与在产品阶段测试是有区别的。一般来说，研发阶段要对较为复杂的软件控制策略、算法进行验证，要尽可能遍历各种复杂的情况；而产线上是质检，要求检验速度快，要选择有代表性的指标进行验证。目前，国标强检的项目，基本上不验证各种可能的复杂情况，因此企业需要在国标、行标的强检项目之外，增加额外的项目。

4.4.2 在产品设计、制造的不同阶段对 BMS 的验证

根据前面的讨论，在不同的阶段，由不同的人员对 BMS 产品的验证的需求是不一样的，以下是几种不同的情形。

1. 质检机构对 BMS 的检验

作为汽车的核心零部件，BMS 需要接受具备资质的质检机构的检验，质检机构对 BMS 的检验主要在于三个方面：

第一，把 BMS 作为一个汽车电气零部件进行验证，主要验证的项目包括绝缘耐压性能、气候环境负荷、耐振动性能、耐冲击性能、电磁兼容性能、浪涌抗扰度、辐射抗扰度、磁场抗扰度、传导骚扰、辐射骚扰，等等。

第二，把电池管理系统，作为一个测量工具进行验证。因为电池管理系统在工作的过程中需要对电池组的电压、电流、温度等不同的物理量进行监测，所以要通过计量检测的手段对 BMS 的测量精度进行检验。

第三，对电池管理系统的功能进行验证。通信功能，电池保护功能，以及 SOC

估算等都是BMS的核心功能，质检部门需要对这些核心功能进行检验。

2. 作为研发人员对BMS进行验证

作为研发人员，在研发BMS产品的时候，一般需要验证BMS的各项主要功能，例如：

第一，因为BMS要对电池的工作状态进行监测，因此需要对各种物理量的采样精度、采样频率等进行验证。

第二，对BMS的各种复杂软件功能进行验证，例如SOC估算、充放电控制、均衡控制等，在这个过程中，可以用真实的电池组作为调试对象；但考虑到测试的方便性、可重现性，一般可以采用电池组模拟器来模拟每串电芯的行为。

第三，根据国标、企标对产品进行严格测试。

3. 作为BMS采购者对BMS进行验证

整车生产企业、电池生产企业、电池Pack生产企业等，常常需要作为BMS的采购者，向BMS供货商采购电池管理系统。一般来说，BMS供货商在送样之前，应该提供质检机构出具的BMS检测报告，表明该产品符合国家、行业的有关标准。然而，在此基础上，作为BMS的采购者还需要对BMS进行哪些验证呢？一般可以包括以下方面：

第一，根据企业的标准，对BMS的各方面要求进行常规验证，例如在高温、低温的环境下BMS的性能验证等；

第二，根据具体的项目要求，对BMS的特定功能进行有针对性的验证；

第三，在安装到电池系统之前，对BMS产品的主要指标进行抽检或者巡检。

4. BMS生产企业在出厂前对BMS进行品质验证

作为BMS生产企业，在产品出厂前需要对BMS进行品质验证，可采取抽检或者巡检的方式，其中包括：

第一，对BMS产品进行老化测试；

第二，BMS的电压、电流、温度采样准确度验证；

第三，对关系到电池安全的各种保护功能进行测试。

4.4.3 用于BMS验证的电池模拟器

1. 电池电芯模拟单元

目前，许多测控系统的供应商，如DSPACE、ETAS、NI等公司，都可以提供单体电池电芯模拟器或者 I/O 单元模拟器，模拟不同的电池的电压行为或者故障表现。

图 4-22 是一个典型的电芯模拟单元的原理图，其主要功能是模拟真实的电池工作工况，该单元可根据不同用户需求可进行选择独立工作模式或者串联工作模式。其中，运算中心根据动力电池的等效模型以及工作状态计算输出控制信号至可控电源，控制可控电源模拟动力电池输出适当的电压和电流等，在可控电源模拟输出的同时还通过电流电压检测电路对电压和电流数据进行收集并反馈至运算中心，运算中心会根据使用情况及工作状态动态调整输出信号至可控电源。

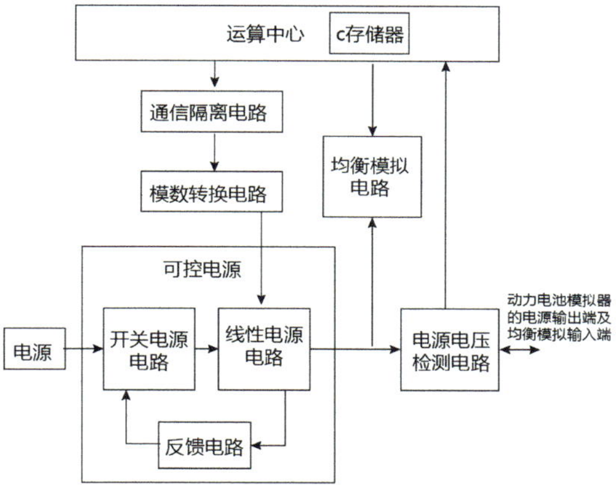

图 4-22　电芯模拟单元原理图

一种电芯模拟单元的产品实物图如图 4-23 所示。

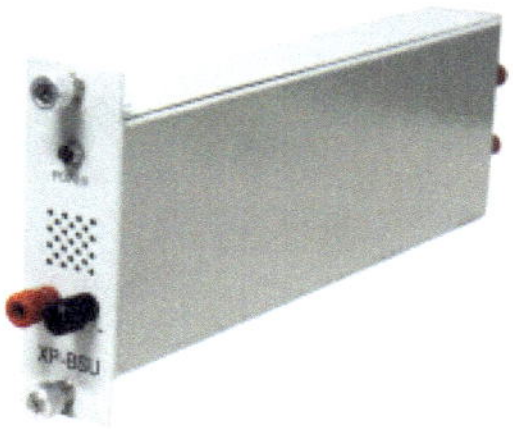

图 4-23　电池电芯模拟单元实物图

2. 电池组模拟器

为了验证 BMS 的性能，可以结合电芯模拟单元和电池模型库，构建电池组模拟器，如图 4-24 所示。

（1）电池组模拟器的定义

尽管目前市面上有很多硬件在环系统均号称自己带有电池组模拟器，然而这

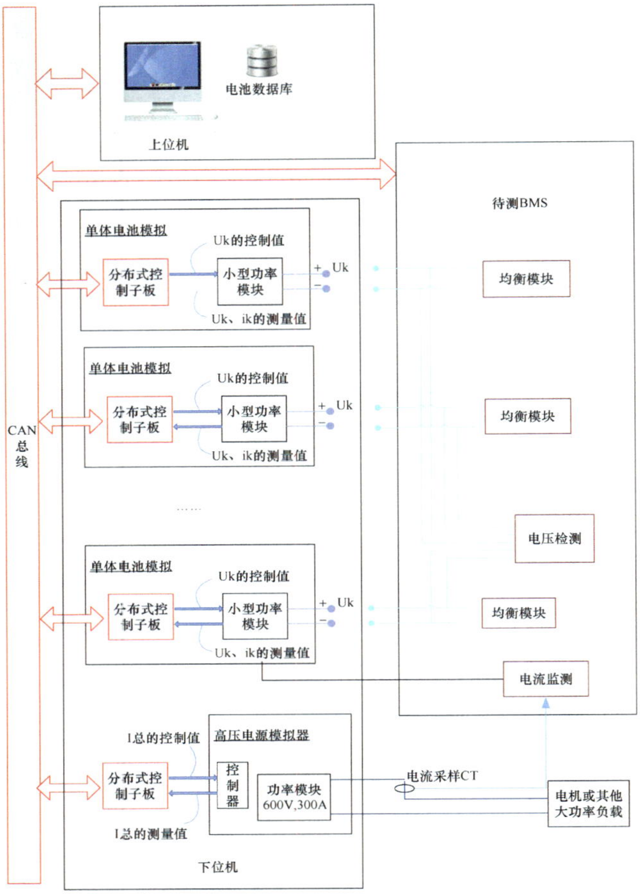

图 4-24　电池组模拟器与待测 BMS 之间的关系

些产品更多的是一个可以模拟电池组电压行为的电源。

真正的电池组模拟器，应该能单独模拟每节串联电芯的电压，模拟整个电池组工作的总电流，并能在 BMS 进行均衡控制的时候模拟电芯的电压行为与电流行为，还应该能模拟电池的温度特性。

（2）动力电池数据库及动力电池模型库

为了使电池组模拟器能模拟不同品牌、不同型号的电池组的特性，需要建立动力电池数据库及动力电池模型库。一个好的电池组模拟器需要建立高阶电池模型与强大的电池数据库，适用于各类锂离子电池和不同容量的单体电池特性，并可模拟电池组的单体不一致性。

为此，通常需要对钴酸锂、锰酸锂、磷酸铁锂、三元材料动力电池进行各种特性测试及老化测试，选择最适合表达电池外特性的等效模型。一般而言，开发者会预设一定的电池数据库或者模型库，并允许用户根据自己的测试对数据库和模型库进行扩充。

（3）使用电池组模拟器对 BMS 进行验证

使用电池组模拟器对 BMS 进行验证具有许多优势，包括：

第一，动力电池组模拟器输出的电压与电流受编程控制，因此能够为测试提供灵活且严谨的解决方案。

第二，能够模拟极端情况下的测试工况，例如高温或低温操作、大电流充放电、电池组容量、SOC、SOH 等高度不一致，并且不会对设备造成永久性的损伤，同时也不会存在安全隐患。

第三，测试方便，避免了利用真实电池组每次测试后需要为电池重新充电的麻烦。

第四，可重复性好，而利用真实电池组每次测试后电池都会有所衰减。

一种可能的电池组模拟器产品如图 4-25 所示。

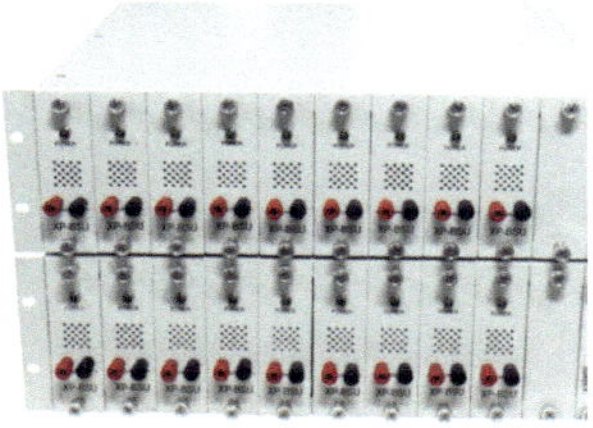

图 4-25　电池组模拟器实物图

参 考 文 献

曹莹瑜，齐铂金，郑敏信. 2005. 电动汽车电池管理系统抗干扰设计. 工业控制计算机, 18(12): 67-68

蒋新华. 2007. 锂离子电池组管理系统研究. 中国科学院研究生院博士学位论文

林福昌，李化. 2009. 电磁兼容原理及应用. 北京：机械工业出版社

谭晓军，胡秋仔，程海峰，宗志坚. 2014. 一种电动汽车的绝缘电阻测量电路及其高压绝缘监测系统：中国, CN203894326U

谭晓军，黄涛，宗志坚. 2012. 电动汽车电机控制器预充电电路系统：中国, CN203005132U

谭晓军. 2014. 电池管理系统深度理论研究. 广州：中山大学出版社

谭晓军. 2011. 电动汽车电池管理系统设计. 广州：中山大学出版社

王芳，夏军. 2016. 电动汽车动力电池系统安全分析与设计. 北京：科学出版社

杨勇. 2008. 混合动力电动汽车电池管理系统的可靠性分析与设计. 北京：北方工业大学

Wagg W. Fleischer C, Sauer D U. 2014. Critical review of the methods for monitoring of lithium-ion batteries in electric and hybrid vehicles. Journal of Power Sources, 258(15): 321-339

ISO26262:2011- Road vehicles-Functional safety, International Organization for Standardization[S]

05

动力电池系统热管理设计

5.1 热管理系统设计概述

众所周知，锂离子电池自身的温度保持在 20~30℃范围内为最佳，保持在10~40℃范围内则较为舒适：当锂离子电池自身的温度低于 0℃时，容易出现充电析锂或放电降功率的现象；当锂离子电池的温度超过 45℃时，锂离子电池的循环寿命会急剧下降，而且还可能会出现热安全问题。然而，随着电动汽车的普及推广，消费者对电动汽车所处的环境要求越来越高，–30~55℃的环境温度已经成为越来越多电动汽车所需要面对的场景。与此同时，锂离子电池在使用过程中产生的大量热量，会使锂离子电池自身的温度升高。在此情况下，要将锂离子电池的温度保持在 10~40℃范围内以保证动力电池系统的寿命和安全，则需要通过高效的热管理系统去实现：保证在–30~0℃环境温度中使用的锂离子电池自身的温度不低于 0℃；保证在 0~55℃环境温度中大倍率使用的锂离子电池自身的温度不高于45℃。

与动力电池系统一样，热管理系统也是一个生态系统，它的设计过程需要遵循“V”模型开发模式、借助仿真工具以及通过大量的测试验证，只有这样才能提升开发效率、节省开发成本以及保障系统的可靠性、安全性和使用寿命。

本节将对热管理系统的“V”模型开发模式、仿真工具的使用和测试验证进行一一描述，进而对热管理系统的设计方法进行初步的介绍。

5.1.1 热管理系统的“V”模型开发模式

热管理系统作为动力电池系统的一个零部件，它的开发过程同样遵循汽车行业“V”模型开发模式。图 5-1 所示的是热管理系统开发的“V”模型，总体来看该模型由一横一纵两个轴组成：横轴又由四条正向开发主线和一条逆向验证主线组成，并以正向开发为主，兼顾逆向的闭环验证；纵轴由零部件、子系统和系统三个层级组成，这三个层级自下往上与五条主线交错配合。

1. 五条主线

第一条主线为功能开发主线，对应的是图 5-1 中最里层的一个“V”字形开发流程，该主线自左上至右上形成一个“V”字形。这一条主线主要包含如下步骤：

1）项目启动；

2）需求分析，根据整车的使用环境、整车的运行工况和电池单体的温度窗口等设计输入参数进行需求分析，以明确电池系统对热管理系统的需求；

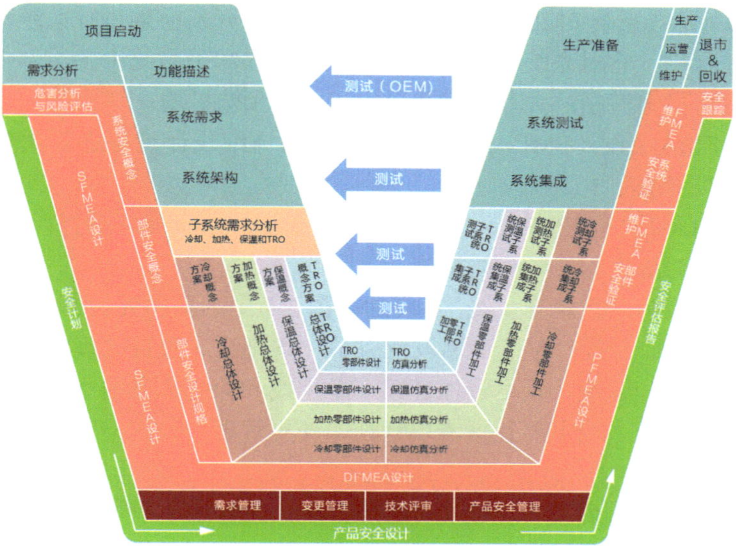

图 5-1 热管理系统开发的"V"模型

3）系统要求，根据需求分析确定热管理系统所具备的功能以及系统的设计目标，这些设计目标主要包括对电池单体温度、电池单体间温差、系统能耗和成本的控制；

4）系统设计，根据系统需求将系统拆分为冷却子系统、加热子系统、保温子系统和热失控阻隔（thermal runaway obstructing，TRO）子系统，并定义各子系统的设计需求，同时进行仿真分析以初步验证系统设计；

5）子系统设计，首先根据系统设计确定每个子系统的设计目标，然后对每个子系统依次进行方式选择、方案设计、详细设计和仿真分析验证；

6）零部件设计，首先根据子系统设计确定零部件的设计目标，然后进行详细设计和仿真分析；

7）零部件制造与测试，进行零部件的生产制造，并进行测试验证；

8）子系统集成与验证，进行子系统的集成与测试验证；

9）系统集成与测试，进行系统的集成与测试验证；

10）量产准备；

11）量产、运营和维护；

12）退市与回收。

第二条主线为 FEMA 主线，对应的是图 5-1 中由里向外的第二个"V"字形开发流程，该主线同样为自左上至右上形成一个"V"字形。这一条主线主要包含如下步骤：

1）SFEMA（系统 FMEA），这一步主要作用在开发前期进行系统设计和子系统设计的过程中，它对系统中各子系统之间的关联和子系统中各零部件的关联进行分析，进而找出潜在的失效模式并提出相应的预防措施；

2）DFEMA（设计FMEA），这一步主要对详细设计过程进行失效分析并提出相应的预防措施；

3）PFEMA（过程 FMEA），这一步主要作用在制造和装配过程，对这些过程进行失效分析并提出相应的预防措施。

第三条主线为项目管理主线，对应的是图 5-1 中由里向外的第三个“V”字形，为了描述的便利，这个“V”字形被拉成了一条直线。项目管理对整个开发过程进行记录、评审和管理，以尽量保证第一条主线和第二条主线中的所有操作不偏离正确的轨道。该主线主要包括需求管理、变更管理、技术评审和产品安全管理等步骤。

第四条主线为安全主线，对应的是图 5-1 中最外层的一个“V”字形。安全主线主要是为了解决由开发过程中的残余失效、客户非正常操作和极限使用工况等因素引起的安全问题。该主线主要包括安全计划、产品安全设计和安全评估报告等步骤。

前面的四条主线为正向开发主线，第五条主线为逆向验证主线。该条主线由仿真分析和测试验证组成：在系统设计→子系统设计→零部件设计这条流水线上，每个阶段都要进行仿真分析，从理论上分析热管理系统设计是否满足设计目标，如果满足则进入下一流水线，否则返回重新设计；在零部件制造→子系统集成→系统集成这个流水线上，每一个步骤完成之后，都要进行测试验证，从而确定热管理系统设计是否满足设计目标，如果满足则进入下一流水线，否则返回对应的层级进行重新设计。经过仿真分析和测试验证这条逆向主线之后，整个开发过程形成了一个闭环。

2. 三个层级

如图 5-1 所示，这三个层级自下而上分别是零部件级、子系统级和系统级。不难发现，这三个层级的实验验证比重是：零部件级＞子系统级＞系统级，仿真分析的情况也是如此。这说明在整个“V”模型开发过程中，会将更多的验证偏向于零部件级和子系统级，以提升开发的效率。

5.1.2 仿真分析的应用

将仿真分析应用于热管理系统的产品开发过程中，可以缩短其开发周期、降低开发成本，提升开发过程中理论水平，并可以检验产品开发过程是否偏离正确的方向。

从仿真分析的特性来看，热管理系统开发过程中采用的仿真分析主要分为三类：产热分析、热场流场仿真分析和相变仿真分析；从产品开发的角度来看，热管理系统开发过程中采用仿真分析可以分为三类：零部件级仿真分析、子系统级仿真分析和系统级仿真分析。本小节将对第一种分类进行描述，第二种分类会在详细设计过程中的每一个阶段进行描述。

1. 产热分析

锂离子电池在设定工况下的发热功率是热管理系统设计的一个非常重要的输入参数，在进行热管理系统设计之前需要获得这个参数。获得锂离子电池产热功率的方法多种多样，但归根结底都是采用数学建模的方法。接下来将对几种常见的建模方法进行描述。

（1）欧姆法

最简单的一种建模方法，是将锂离子电池简化成一个电阻，如图 5-2 所示。锂离子电池在充放电过程中的产热则可以用欧姆定律来计算，如式（5-1）所示：

$$\dot{Q}=I^2R \tag{5-1}$$

式中，$\dot{Q}$ 为产热功率，W；I 为通过锂离子电池的电流，A；R 为锂离子电池的直流内阻，Ω。

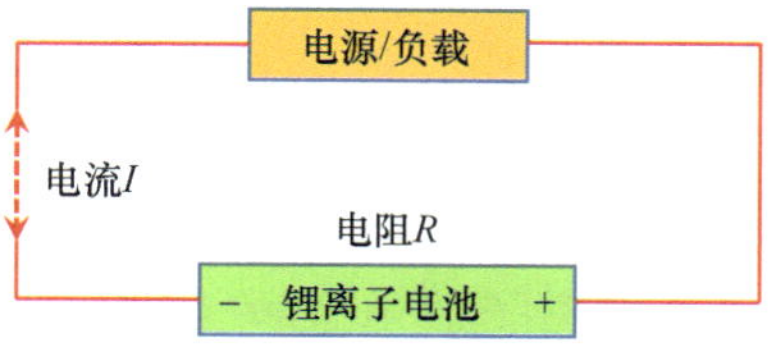

图 5-2 锂离子电池的直流内阻简化图

（2）热力学-电化学耦合仿真

John Newman 从最基本的物理原理出发，建立了锂离子电池的电化学模型。该模型不仅可以预测锂离子电池的倍率性能、电流和端电压，还能将视角深入锂离子电池内部，去分析正负集流体、正负多孔电极、多孔隔膜和溶液等区域的电化学反应、电子运动和锂离子运动等特性，从而为锂离子电池设计提供指导。接下来对 John Newman 的这套电化学模型进行一个较为详细的描述。

所有的锂离子电池，包括不同体系（钴酸锂、锰酸锂、镍钴锰三元和磷酸铁锂等）和不同制造工艺（卷绕和叠片等），其内部都是由若干基本的单元组成的，如图 5-3（a）红色方框所示。

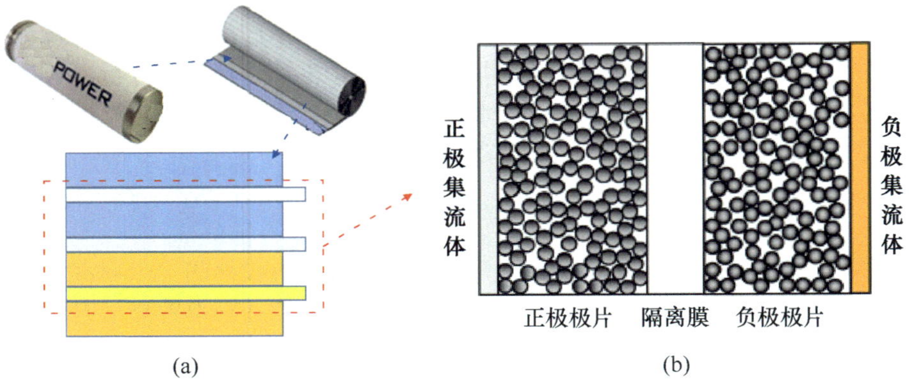

图 5-3　锂离子电池结构

该基本单元又可以分为 5 个区，如图 5-3（b）所示，从左到右依次是：正极集流体、正极极片、隔离膜、负极极片和负极集流体。其中，正、负极集流体一般分别为铝箔和铜箔；正、负极极片是由活性材料、导电材料和黏合剂等混合之后均匀涂在正、负极集流体上形成的一层多孔介质，可以通过电解液；隔离膜为允许锂离子通过但不允许电子通过的多孔介质。

这种基本单元的结构在外形上与三明治极为相似，因此也将该基本单元形容成“三明治”结构。“三明治”结构也是锂离子电池所有物理化学过程的载体，接下来将以此为基础对锂离子电池的动力学过程（物理化学过程）进行说明。

当锂离子电池接入回路（接入负载或者外部电源）中时，就会出现一系列的物理化学变化。本节以锂离子放电过程为例，来揭示锂离子电池内部的动力学过程。充电过程与放电过程的原理是一样的，区别只是电荷运动的方向相反。

当锂离子电池接入负载时，电极电压就会越过平衡电压，开路情况下的平衡状态被打破，负极和正极分别发生式（5-2）和式（5-3）的电化学反应：

$$\mathrm{Li_xC_6} \longrightarrow x\mathrm{e}^- + x\mathrm{Li}^+ + 6\mathrm{C} \tag{5-2}$$

$$x\mathrm{e}^- + x\mathrm{Li}^+ + \mathrm{Li}_{1-x}\mathrm{MO}_y \longrightarrow \mathrm{LiMO}_y \tag{5-3}$$

电化学反应会使 Li^+ 从负极活性颗粒中脱出，并嵌入正极活性颗粒中，这个过程称为电化学过程。

锂离子电池内部的动力学过程可以用 5 个数学方程进行描述。

a. 电化学过程的数学描述

Li^+在活性颗粒表面的脱嵌过程由式（5-4）来描述。

$$i_{loc}=i_0\left[\exp\left(\frac{\alpha_a F}{RT}\eta\right)-\exp\left(\frac{-\alpha_c F}{RT}\eta\right)\right] \tag{5-4}$$

式中，i_{loc}为电化学反应电流密度；i_0为交换电流密度；α_a，α_c为电荷转移系数；F为法拉第常数；η为过电势。

b. 固相扩散过程的数学描述

Li^+在活性颗粒内部的扩散过程由式（5-5）来描述。

$$\frac{\partial c_s}{\partial t}=D_s\left(\frac{\partial^2 c_s}{\partial r^2}+\frac{2}{r}\frac{\partial c_s}{\partial r}\right) \tag{5-5}$$

式中，c_s为活性颗粒中Li^+的浓度；D_s为固相扩散系数。

c. 液相扩散过程的数学描述

Li^+在电解液中的扩散过程由式（5-6）来描述。

$$\varepsilon_l\frac{\partial c_l}{\partial t}=\frac{\partial}{\partial x}(D_l^{eff}\frac{\partial c_l}{\partial x})+(1-t_+)\alpha_V\frac{i_{loc}}{F} \tag{5-6}$$

式中，ε_l为孔隙率；c_l为电解液中Li^+的浓度；D_l^{eff}为液相扩散系数；α_V为比表面积。

d. 固相电势过程的数学描述

集流体和极片的电势值可以由式（5-7）来计算。

$$\frac{\partial}{\partial x}\left(\sigma_s^{eff}\frac{\partial \Phi_s}{\partial x}\right)=\alpha_V i_{loc} \tag{5-7}$$

式中，Φ_s为集流体和极片的电势值；σ_s^{eff}为固相电导率。

e. 液相电势过程的数学描述

电解液的电势值可以由式（5-8）来计算。

$$\frac{\partial}{\partial x}\left(k_l^{eff}\frac{\partial \Phi_l}{\partial x}\right)-\frac{2RT(1-t_+)}{F}\frac{\partial}{\partial x}\left[\left(1+\frac{\partial \ln f}{\partial \ln c_l}\right)k_l^{eff}\frac{\partial \ln c_l}{\partial x}\right]=-\alpha_V i_{loc} \tag{5-8}$$

式中，Φ_l为电解液的电势值；k_l^{eff}为液相电导率。

在上述的电化学模型中，温度是影响电池性能的一个参数，接下来将介绍锂离子电池的电化学参数对其发热和温升的影响。

锂离子电池的产热过程可以由式（5-9）来表述，其中$\dot{Q}$为总产热量，下面笔者将对式（5-9）右侧的表达式进行逐一拆解，对产热过程进行理论分析。

$$\dot{Q}=i\left(\phi_{s}-\phi_{l}-U+T\frac{\partial U}{\partial T}\right)+\sigma_{s}\nabla\phi_{s}\nabla\phi_{s}+\left[k_{l}\nabla\phi_{l}\nabla\phi_{l}-k_{l}\frac{2RT}{F}(1-t_{+})\nabla\ln c_{l}\nabla\phi_{l}\right]+\sum iR_{\text{contact}} \tag{5-9}$$

a. 不可逆热

锂离子电池在使用过程中，需要消耗一定的能量用于驱动电化学反应，这部分能量最终会变成电池的产热，这部分热称为不可逆热。不可逆热由锂离子电池的电流和过电势决定，如式（5-10）所示。

$$q_{1}=i\left(\phi_{s}-\phi_{l}-U\right) \tag{5-10}$$

b. 可逆热

锂离子电池的电化学反应伴随着锂离子在活性颗粒中脱嵌，这种脱嵌伴随着活性颗粒晶粒结构的改变，这种晶粒结构的改变自然会出现放热和吸热现象，这部分热量称为可逆热，如式（5-11）所示。

$$q_{2}=iT\frac{\partial U}{\partial T} \tag{5-11}$$

c. 电子传输热

自由电子在导电体中定向运动形成电流并传递电能，同时也会产热一定的热量，这部分热量称为电子传输热，其表达如式（5-12）所示。

$$q_{3}=\sigma_{s}\nabla\phi_{s}\nabla\phi_{s} \tag{5-12}$$

d. 离子传输热

锂离子在电解液中扩散、迁移和对流时会传递电能，同时也会产生一定的热量，这部分热量称为离子传输热，其表达如式（5-13）所示。

$$q_{4}=k_{l}\nabla\phi_{l}\nabla\phi_{l}-k_{l}\frac{2RT}{F}\left(1-t_{+}\right)\nabla\ln c_{l}\nabla\phi_{l} \tag{5-13}$$

e. 接触热阻产热

锂离子电池内部存在着很多的接触，电流流过这些接触时会产生一部分的热量，其表达如式（5-14）所示。相对于其他产热来说，接触热阻产热比较小，一般可以忽略不计。

$$q_{5}=\sum i_{\text{loc}}R_{\text{contact}} \tag{5-14}$$

锂离子电池使用过程中产生的热量，为锂离子电池的温升提供了热源，式（5-15）描述了锂离子电池的温升过程。

$$\rho Vc_{\text{p}}\frac{\partial T}{\partial t}=\lambda A\Delta T+\dot{Q} \tag{5-15}$$

式中，T 为电池的温度；$\dot{Q}$ 为热源；$\lambda A \Delta T$ 为电池内部的导热过程。

上述的电化学反应和热力学过程不是孤立存在的，而是相互作用的。电化学反应为热力学过程提供热源，热力学过程对这些热源进行计算，更新温度并作为参数输入电化学反应。

图 5-4 为采用热力学-电化学耦合仿真获得的锂离子电池的放电曲线和产热功率。

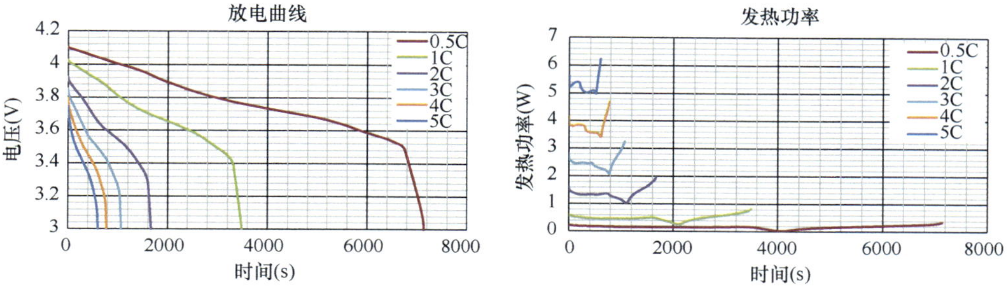

图 5-4　某款锂离子电池不同倍率的放电曲线和发热功率

2. 热场流场仿真分析

仿真分析是获取电池系统内部热场和流场的一种十分有效的方法，借助仿真工具对电池系统内部热场和流场进行理论分析，可以在很大程度上缩短开发周期、节省开发成本，并且提高热管理系统的可靠性。

计算流体力学（computational fluid dynamics，CFD）将工程中涉及的流动与传热问题用三个控制方程进行描述，随后利用数值方法对模型进行求解并得出热场和流场的分布情况，然后对仿真结果进行分析并指导设计。

描述质量守恒的连续方程，如式（5-16）所示；描述受力平衡的动量方程，如式（5-17）所示；描述能量守恒的能量方程，如式（5-18）所示。

对于一个流体微元，质量守恒定律可以解释为单位时间内流体微元质量的增量等于通过流体微元边界流入的净质量。其数学描述可以表示成式（5-16）。

$$\frac{\mathrm{d}\rho}{\mathrm{d}t}+\rho\left(\frac{\partial u}{\partial x}+\frac{\partial v}{\partial y}+\frac{\partial w}{\partial z}\right)=0 \tag{5-16}$$

式中，ρ 为流体的密度，$\mathrm{kg/m^3}$；t 为时间，s；x，y，z 为笛卡儿坐标的三个维度，m；u 为流体在 x 方向上的分速度，m/s；v 为流体在 y 方向上的分速度，m/s；w 为流体在 z 方向上的分速度，m/s。

动量守恒定律可以解释为流体微元动量随时间的变化率等于流体微元所受外力之和。其数学描述可以表示成式（5-17）。

x 方向动量方程：

$$\rho\left(\frac{\partial u}{\partial t}+u\frac{\partial u}{\partial x}+v\frac{\partial u}{\partial y}+w\frac{\partial u}{\partial z}\right)=-\frac{\partial p}{\partial x}+\frac{\partial \tau_{xx}}{\partial x}+\frac{\partial \tau_{yx}}{\partial y}+\frac{\partial \tau_{zx}}{\partial z}+\rho f_x \quad (5\text{-}17\text{a})$$

y 方向动量方程：

$$\rho\left(\frac{\partial v}{\partial t}+u\frac{\partial v}{\partial x}+v\frac{\partial v}{\partial y}+w\frac{\partial v}{\partial z}\right)=-\frac{\partial p}{\partial y}+\frac{\partial \tau_{xy}}{\partial x}+\frac{\partial \tau_{yy}}{\partial y}+\frac{\partial \tau_{zy}}{\partial z}+\rho f_y \quad (5\text{-}17\text{b})$$

z 方向动量方程：

$$\rho\left(\frac{\partial w}{\partial t}+u\frac{\partial w}{\partial x}+v\frac{\partial w}{\partial y}+w\frac{\partial w}{\partial z}\right)=-\frac{\partial p}{\partial z}+\frac{\partial \tau_{xz}}{\partial x}+\frac{\partial \tau_{yz}}{\partial y}+\frac{\partial \tau_{zz}}{\partial z}+\rho f_z \quad (5\text{-}17\text{c})$$

式中，p 为流体的压力，Pa；τ_{ab} 为作用在 a 平面上指向 b 方向的应力，Pa；f_x 为作用在流体上的体积力在 x 方向上的分加速度，$\mathrm{m/s^2}$；f_y 为作用在流体上的体积力在 y 方向上的分加速度，$\mathrm{m/s^2}$；f_z 为作用在流体上的体积力在 z 方向上的分加速度，$\mathrm{m/s^2}$。

能量守恒定律可以解释为流体微元内能量的增加率等于进入流体微团的净热量加上体积力和表面力对流体微元做的功。其数学描述可以表示成式（5-18）。

$$\begin{aligned}\rho\frac{\mathrm{d}}{\mathrm{d}t}\left(e+\frac{\boldsymbol{v}^2}{2}\right)=&\rho q+\lambda\frac{\partial^2 T}{\partial x^2}+\lambda\frac{\partial^2 T}{\partial y^2}+\lambda\frac{\partial^2 T}{\partial z^2}-\frac{\partial(up)}{\partial x}\\&-\frac{\partial(vp)}{\partial y}-\frac{\partial(wp)}{\partial z}+\frac{\partial(u\tau_{xx})}{\partial x}+\frac{\partial(v\tau_{yy})}{\partial y}+\frac{\partial(w\tau_{zz})}{\partial z}+\frac{\partial(u\tau_{yx})}{\partial y}\\&+\frac{\partial(u\tau_{zx})}{\partial z}+\frac{\partial(v\tau_{xy})}{\partial x}+\frac{\partial(v\tau_{zy})}{\partial z}+\frac{\partial(w\tau_{xz})}{\partial x}+\frac{\partial(w\tau_{yz})}{\partial y}+\rho f\boldsymbol{v}\end{aligned} \quad (5\text{-}18)$$

式中，e 为流体的内能，J。

在常规工况下，电池系统内部的传热和流体流动过程并不是特别复杂，常用的商业软件（如 Fluent 和 Star CCM+等）都可以十分精确地仿真出电池系统内部的热场分布和流场分布，如图 5-5 所示。虽然如此，对流动和传热理论基础的深入理解，仍然是保证仿真精度的必要条件。

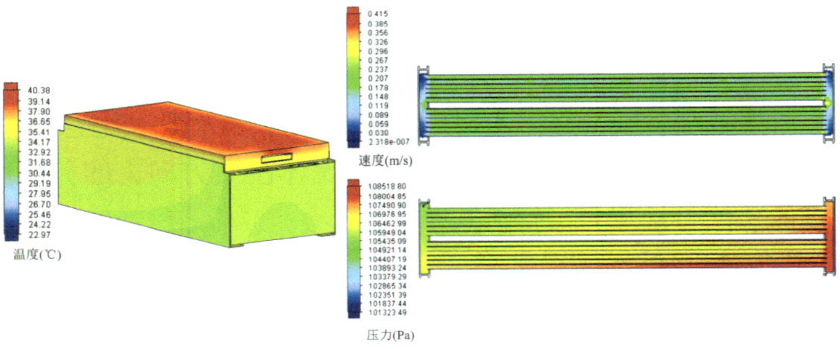

图 5-5　电池系统内部热场和流场仿真分析

3. 相变仿真分析

相变材料是指当材料本身的温度到达临界温度（相变温度）时，材料发生相变同时从周围吸收热量或者向周围释放热量，并且相变材料自身的温度在相变过程中几乎没有变化，相变时吸收或者释放的这部分热量也称为相变潜热。

热管理系统中的相变材料可以利用仿真工具进行辅助设计，Ling 等对相变储热材料的热力学过程进行了描述，如式(5-19)~式(5-23)所示。

$$\rho\frac{\partial H}{\partial t}=\lambda\Delta T \tag{5-19}$$

$$H=h+\Delta H \tag{5-20}$$

$$h=\int_{t}^{t+\Delta t}c_{P}\mathrm{d}T \tag{5-21}$$

$$\Delta H=\beta\gamma \tag{5-22}$$

$$\beta=\begin{cases}0;T<T_{\mathrm{m}}\\1;T>T_{\mathrm{m}}\end{cases} \tag{5-23}$$

式中，ρ 为相变储热材料的密度，$\mathrm{kg/m^3}$；λ 为相变储热材料的导热系数，$\mathrm{W/(m\cdot K)}$；T 为相变储热材料的温度，K；h 为相变材料的比焓，J/kg；γ 为相变材料的相变潜热，J/kg；T_{m} 为相变材料的相变温度点，K。

5.1.3 实验验证

热管理系统设计必须通过实验验证之后才能完成设计。实验验证可以分为四大类：功能性测试、可靠性测试、安全性测试和寿命测试。

功能测试主要是用于验证热管理系统是否满足设计目标：对于冷却系统，当电池系统在特定温度环境运行特定工况时，一方面需要验证电芯的最高温度和电芯间的最大温差是否满足设计要求，另一方面还需要验证冷却系统的工质（空气、冷却液等）的流场分布和热场分布是否满足设计要求；对于加热系统，一方面需要验证电芯的升温速率和电芯间的温差是否满足设计要求，另一方面需要验证加热元件的流场分布（液热情况）和热场分布是否满足设计要求；对于保温系统，需要验证电池系统在特定工况下的降温速率是否满足设计要求。

热管理系统在安装和使用过程中，有可能会出现安装失效、振动、挤压或者穿刺等现象进而造成热管理零部件不能提供相应的功能，在此情形下其可靠性得不到保证。因此，可靠性测试的主要目的就是模拟热管理系统在安装和使用过程中是否会出现功能失效的风险，进而采取合理的措施规避这些风险。

电池系统内部的热和电如果得不到有效的控制，会引起锂离子电池的热失控。热管理系统在运行过程中会影响电池系统内部热和电的平衡，有时候影响的程度是比较大的，甚至会引起锂离子电池热失控。安全性测试的主要目的就是模拟热管理系统对电池内部热和电的影响，是否会危害到电池系统的安全。

5.2 冷却系统设计

在使用过程中，如果锂离子电池自身的温度过高，会造成锂离子电池的循环寿命急剧下降。图 5-6 是 Nissan Leaf 的温度、行驶里程与剩余容量的关系。从图中不难发现：不同环境温度下的剩余容量出现了分层，环境温度越高，剩余容量越小，Nissan Leaf 的剩余容量在很大程度上受到环境温度的限制。由于 Nissan Leaf 采用的是自然冷却方式，当它处在高温环境时，电池系统内部的锂离子电池的温度会高于环境温度，从而导致锂离子电池的循环寿命急剧下降，反映在 Nissan Leaf 上即为剩余容量在很大程度减小。

高温除了会影响锂离子电池的循环寿命，还会危害到锂离子电池的安全。此外，电池系统内部锂离子电池之间的温差也是影响电池系统使用的一个非常重要的因素：研究表明，当温差超过 5℃时，系统的 SOC 差异大于 10%；此外，温差还会导致电池系统寿命一致性和发热一致性降低。由此可见，冷却系统对于保证电池系统循环寿命、热安全和一致性至关重要。

本节将首先对几种常见的冷却方式进行介绍，然后就如何根据实际的情况选择合适的冷却方式进行说明，最后对这几种常见的冷却系统的设计过程进行详细阐述。

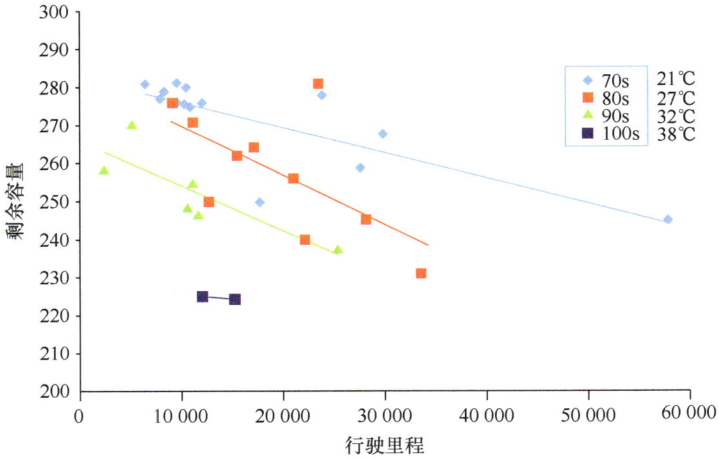

图 5-6 Nissan Leaf 寿命分析

5.2.1 冷却方式的选择

常用的冷却方式主要有四种：自然冷却、强制风冷、液冷和制冷剂直接冷却（简称直冷）。其中，自然冷却、强制风冷和液冷这三种冷却方式都是利用冷却工质流过热功耗表面时发生的对流换热将热量带走，过程中冷却工质没有发生相变。直冷则是冷却工质在冷板中发生相变，并利用相变吸热带走大量的热量。

表 5-1 列出了四种冷却方式的冷却效率的对比，从表中的数据不难看出，液冷和直冷的冷却效率比自然冷却和强制风冷高出几个量级。此外，除了冷却效率之外，还需要综合考虑冷却均匀性、结构设计、成本和能耗等因素。

表 5-1 四种冷却方式的冷却效率对比

冷却方式	冷却原理	对流换热系数[W/(m²·K)]	表面热流密度（W/cm²）（与环境温差 10℃）
自然冷却	空气自然对流	5~25	0.005~0.025
强制风冷	空气强制对流	25~100	0.025~0.15
液冷	液体强制对流	500~15000	0.5~15
直冷	相变冷却（对流）	2500~25000	2.5~25

在热管理系统设计中，需要根据实际情况选择合适的冷却方式，以下将介绍一种冷却方式的选择方法。选择步骤如下：

第 1 步：根据 Pack 的运行工况，获取电池单体的产热功率随时间变化的曲线；

第 2 步：电池工程师提出对电池单体温度控制和对 Pack 内部电池间温差的控制的要求；

第 3 步：根据成组特性，建立电池单体的散热模型，并进行热流体仿真，获取不同对流换热系数下电池单体温度的曲线；

第 4 步：根据仿真出来的数据和对电池单体温度的控制，推荐出一种或几种可选的冷却方式；

第 5 步：结合对电池温差、空间尺寸、IP 防护等级、能耗和成本的要求，选出合适的冷却方式。

5.2.2 自然冷却系统

自然冷却是利用空气的自然对流换热，将 Pack、模组或电池单体的热量传递到周围空气中，从而在一定程度上降低电池单体的温度。由于空气的导热系数较低，且自然对流的流动也较弱，因此自然冷却的散热效率一般比较低。此外，当电池系统周围不存在其他热源时，温差也可以控制在较小的范围内。自然冷却方式虽然冷却效率较低，但这种方式的成本较低、所占的空间较小以及电池单体间的温差较小（无外部热源时）。在电池系统运行工况缓和、成本控制较高以及留给热管理系统的空间十分有限的情况，自然冷却方式是一种可取的选择。

虽然自然冷却属于利用空气自然对流的一种被动冷却方式，但仍然需要进行设计。设计的思路一般是先将电池单体的热量从模组内部传导到模组外部，然后再将这些热量传导到箱体外部，而这其中尤其是以模组的热设计最为重要。接下来将分别对方形模组、软包模组和圆柱模组的自然冷却设计进行探讨。

1. 方形模组

根据方形电芯的成组特点，一般在电芯与模组金属底板之间增加可以压缩的导热胶层，从而在电芯与模组金属底板之间建立一条传热效率较高的导热路径，并将电芯产生的热量传递到金属底板上，然后将热量传递到模组外部，如图 5-7 所示。

2. 软包模组

软包电芯的特点是厚度相对较小、宽度和长度比较大，因此会利用电芯的大面（即电芯宽度方向和长度方向形成的面）进行热设计。如图 5-8 所示，在两个软包电芯之间安装导热的金属板，并将电芯产生的热量传递到金属板，然后通过金属板将热量传递到模组外部。

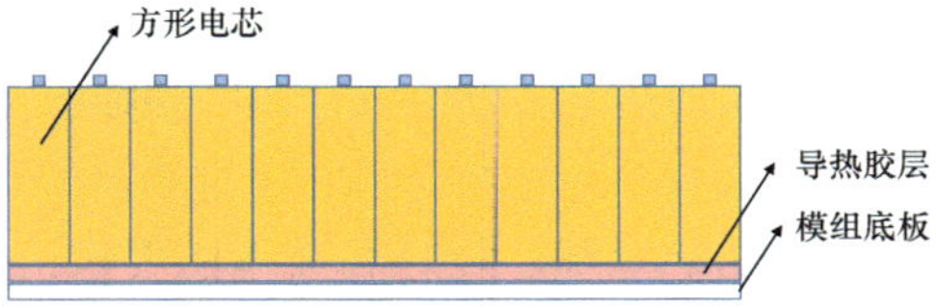

图 5-7　方形模组热设计原理图

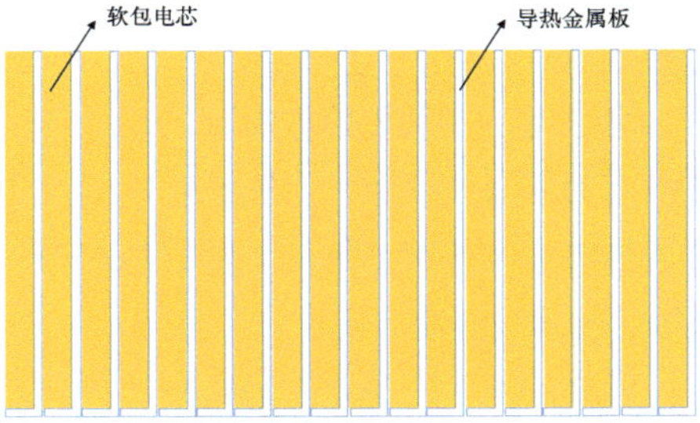

图 5-8　软包模组热设计原理图

3. 圆柱模组

在成组过程中，圆柱电芯的正极和负极往往会与汇流排焊接，因此可以用于热设计的只有电芯的圆柱面。一般情况下，在成组过程中将电芯之间的间距保持在一定的值，并采用错排的方式进一步增加电芯的间距（图 5-9），同时将模组的塑料外框镂空。这样，电芯产生的热量通过圆柱面传递到模组内部空气中，然后通过对流传递到模组外部。

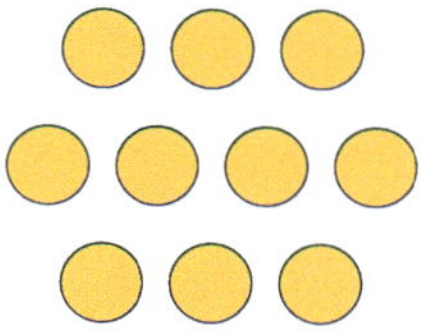

图 5-9 圆柱模组热设计示意图

电芯单体产生的热量传递到模组外部之后，热量还在箱体内部，还需要通过箱体本身传递到箱体外部。在进行箱体设计时，需要优化模组与箱体之间的热量传递效率。相对于模组热设计来说，箱体的热设计相对来说较为简单，在此就不进行详细描述，有兴趣的读者可以参阅相关文献。

自然冷却的设计过程如果借助热流体仿真分析工具，则可以在设计时获取电池系统内部的温度分布，并为优化设计提供指导。图 5-10 是电池系统的热流体仿真分析，该电池系统采用自然冷却方式进行散热，热设计目标为电芯的最大温升小于 10℃，电芯之间的最大温差小于 5℃。仿真结果表明：在电池系统运行特定工况时，箱体内部电芯的最大温升为 7.5℃；电芯之间的最大温差为 2.4℃，满足设计要求。

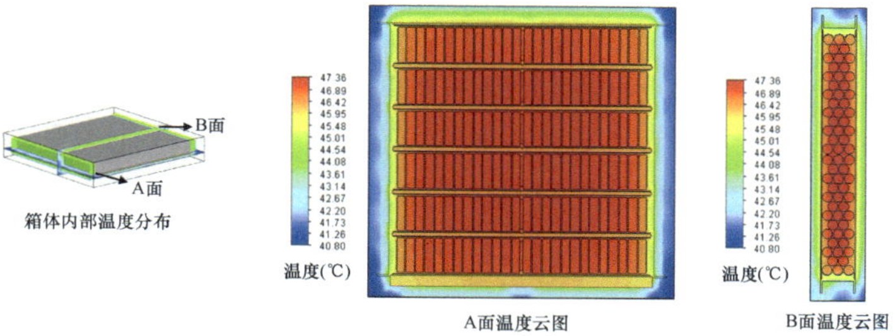

图 5-10 某电池系统温度分布云图（仿真分析）

5.2.3 强制风冷系统

强制风冷是通过风扇将空气引入箱体内部，空气在风扇的作用下，以一定的流速掠过模组或者电芯的外表面，并将电芯产生的热量散入到环境空气中。强制风冷方式常见于早期的纯电动乘用车、纯电动大巴以及储能系统。

强制风冷系统设计主要包括风道设计、风扇选型、冷却空气温度选择、热流体仿真分析和测试验证等内容。

1. 风道设计

对于强制风冷系统设计来说，风道的设计是十分关键的。良好的风道设计不仅可以提高散热的均匀性，而且还可以降低系统的流动阻力。

从散热界面来看，强制风冷系统的风道可以分为电芯间隙风冷和电芯底部风冷。图 5-11（a）所示的是电芯间隙风冷原理图，冷风以一定速率流过电芯间隙并将电芯产生的热量传递到周围环境中；图 5-11（b）所示的是电芯底部风冷原理图，电芯产生的热量先通过导热的方式传递到电芯底部的冷却风道上，然后通过空气的强制对流换热将热量传递到周围环境中。上述两种风道各有优缺点：对于电芯间隙风冷来说，风道的设计过程相对来说比较简单，但系统的流动阻力往往比较大；对于电芯底部风冷来说，风道比较规则，因此系统的流动阻力比较小，并且可以在风道中设计散热翅片以强化换热。

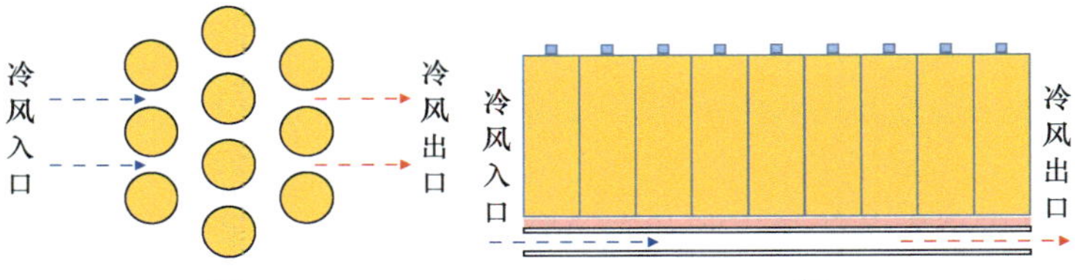

图 5-11　电芯间隙风冷（a）和电芯底部风冷（b）原理图

根据空气的流动形式，强制风冷系统的风道可以分为：串行方式和并行方式。串行方式的优点是结构简单，缺点是散热均匀性差，且系统流动阻力比较大；相对于串行方式，并行方式的散热均匀性更好一些，且流动阻力比较小，但并行方式的结构较为复杂，占据的空间也更大。图 5-12（a）所示的是电芯间隙冷却情况下串行方式的原理图，在这种方式下，冷风逐一掠过电芯并将电芯的热量带走，同时冷风每掠过一个电芯自身的温度就会升高，因此这种方式会使电芯间的温差增大，此外系统的流动阻力也比较大；图 5-12（b）所示的是电芯间隙冷却情况下的并行方式的原理图，在这种冷却方式下，冷风并行掠过电芯并将电芯的热量带走，因此电芯间的温差得到了控制，且系统的流动阻力比较小。对于电芯底部冷却的情况，其串行方式和并行方式也有相同的特点，只是情况会稍微简单一些，在此就不一一说明。

2. 风扇选型

在强制风冷系统设计过程中，除了设计冷却风道之外，选择合适的风扇也非常重要。

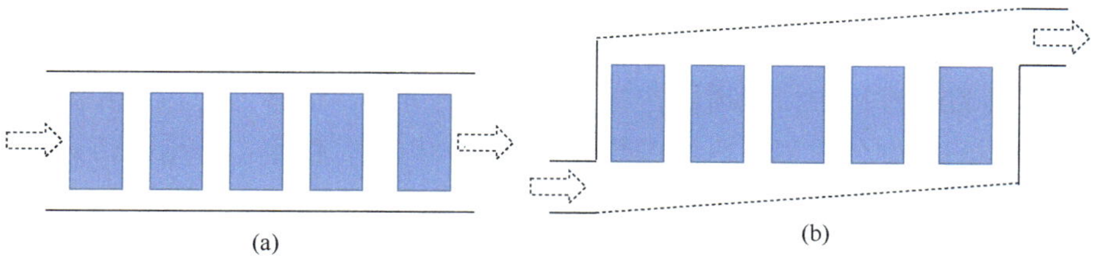

图 5-12 串行方式（a）和并行方式（b）原理图

对于风扇的选型，最重要的是所选用的风扇必须能够提供足够的升力以保证系统有足够的冷却空气流量。一般情况下，工程师可以借助热流体仿真分析工具，对冷却风道进行流场分布的仿真，并提取出冷却风道的阻力特征曲线，然后将阻力特征曲线与风扇的压力-流量曲线（即 P-Q 曲线）进行对比，并选择合适的风扇 P-Q 曲线。

除此之外，风扇选型时还需要考虑如下的因素：用于电池系统的风扇通常是直流供电，电压一般为 12V 或者 24V；根据运行方式，风扇可以分为轴流式风扇、离心式风扇和混流式风扇，这三种风扇在使用过程中各有利弊，需要根据实际情况进行选择；此外，还需要考虑风扇的尺寸、重量、噪声、功耗和成本等因素。

3. 冷却空气温度选择

用于冷却电池系统的空气，可以是从环境中引入的，也可以是经过热交换器冷却而后引入的。这两种方式的差别很明显：第一种方式的成本和能耗较低，但散热效率也较低；第二种方式的散热效率相对来说较高，但增加了成本和能耗。就目前的风冷应用来说，第一种方式主要用于储能，第二种方式更多地用在纯电动乘用车和纯电动大巴。

图 5-13 所示的是第二种方式的工作原理：环境中的空气经过整车空调冷却之后进入乘客舱，随后通入电池系统对电池包进行冷却，最后通过风扇将其排入环境空气。一般情况下，夏天乘客舱的温度在 20~25℃范围内，引入电池系统风道的冷却风约为 22℃，而环境空气的温度可以达到 35~40℃，因此不难发现第二种方式的冷却效果明显优于第一种方式。

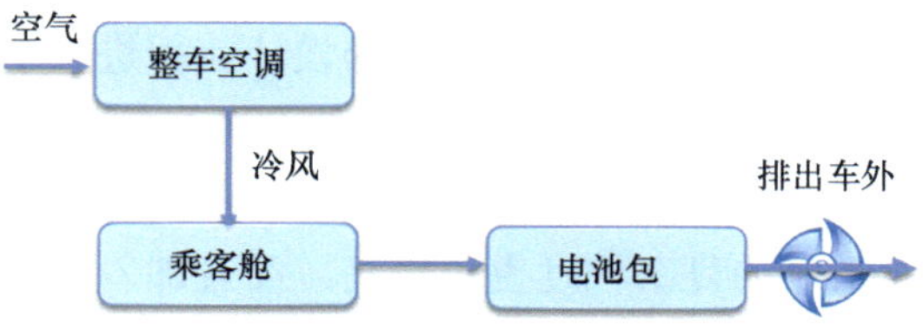

图 5-13 第二种方式的工作原理图

4. 热流体仿真分析

在风冷设计过程中，风道内空气热场和流场分布、箱体内部热场和流场分布和电芯内部的温度分布都可以通过热流体仿真分析进行模拟，并根据仿真分析结果进行设计评估、零部件选型和优化设计。

图 5-14 为某风冷系统 P-Q 曲线选型图，图中蓝色虚线所示的是根据冷却风道流场分布仿真结果提取出来的风阻特征曲线，图中彩色实线所示的是某风扇供应商提供的同一系列不同型号风扇的 P-Q 曲线。将风阻特征曲线与风扇 P-Q 曲线进行对比的结果显示：如果需要给冷却风道提供特定的流量（0.06 kg/s），只有 H 和 V 两种型号的风扇才能满足强制风冷系统对风扇升力的要求，因此可以根据实际情况在 H 和 V 型号的两种风扇中选择其一。

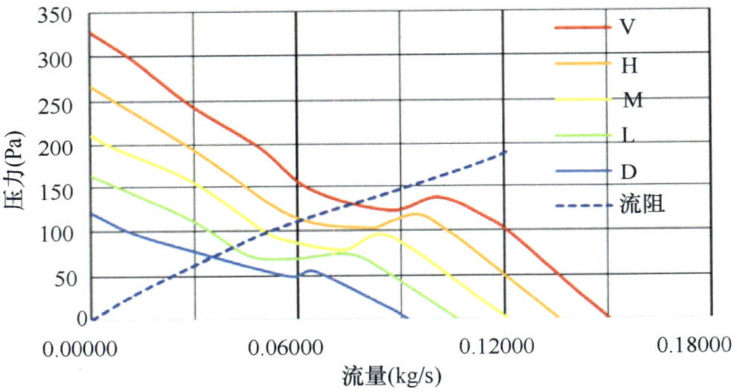

图 5-14 风扇 P-Q 曲线选型

5. 测试验证

风冷系统设计完成之后，需要进行一系列的测试。这些测试可以归纳为功能性测试、可靠性测试和安全性测试：功能性测试主要是验证电芯的温升和风道内部的流速等参数是否与设计相符；可靠性测试主要是验证风道、风扇和风扇控制模块在电池系统寿命周期内是否能够可靠地运行；安全性测试主要是验证风冷系统零部件失效时是否引起安全风险。

通过上述的描述，本节将强制风冷系统的设计流程进行了一个简单的介绍。综合来看，强制风冷系统的散热效果较自然冷却有明显的提升，但远比不上液冷，此外强制风冷的冷却均匀性也比较差。从结构设计的角度来看，强制风冷需要设计风道，增加风扇，系统的复杂程度也比较高，而且加入风扇使电池系统的密封性很难兼顾。

5.2.4 液冷系统

随着用户对电动汽车的要求提高，主机厂对动力电池系统的功率性能和快充性能的要求越来越高，伴随而来的就是对电池系统冷却设计要求的提高。在大倍率充放电工况下，传统的自然冷却和强制风冷往往不能满足散热要求，而散热效率更高的液冷方式越来越成为工程师关注的焦点，同时越来越多的工作也正在投入到液冷系统的开发中来。

通常我们所说的液冷系统指的是电池系统内部的液冷系统，其实一套完整的液冷系统不仅包括电池系统内部的液冷系统，还包括电池系统外部的液冷系统。图 5-15 所示的是一套完整液冷系统的工作原理图：电芯产生的热量通过电池系统内部液冷系统被带出电池系统，然后进入电池系统外部液冷回路中，紧接着这部分热量通过换热器传递给整车空调系统，最后通过整车空调系统将这部分热量传递到环境空气中。

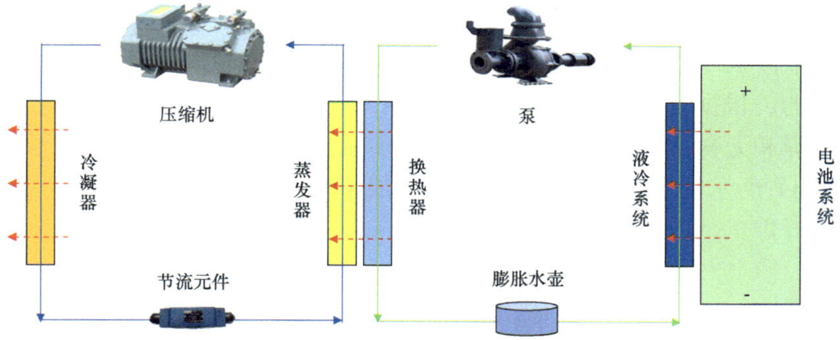

图 5-15 电池包液冷系统和整车热管理系统

对于电池系统设计来说，往往关注的是电池系统内部的液冷系统。本节将依次从液冷工质、液冷板焊接方式、模组热设计和液冷系统设计流程这四个方面入手，对电池系统内部的液冷系统设计进行详细的描述。在本节最后，为读者介绍两种较为特殊的液冷设计。

1. 液冷工质

液冷工质是液冷系统的工作介质，对于动力电池系统，它的液冷工质是十分重要的，在选择液冷工质时，需要从传热能力、黏度、使用温度范围、电绝缘性、腐蚀性、可燃性、毒性和费用等方面综合考虑。

表 5-2 列出了几种常见液冷工质的物理属性（25℃）。根据液冷工质电导率不

同，在使用过程中，液冷工质可以分为直接接触式和间接接触式，直接接触式的液冷工质可以与电芯直接接触并将热量散入环境中，硅油和蓖麻油属于直接接触式液冷工质，间接接触式的液冷工质不能直接与电芯接触，通常需要利用金属容器进行盛装，并利用金属容器与电芯进行接触从而将热量散入环境中，且金属容器与电芯之间需要添加绝缘层，水和乙二醇溶液属于间接接触式液冷工质。

表 5-2　几种常用液冷工质的物理属性（25℃）

液冷工质	导热系数[W/(m·K)]	动力黏度（Pa·s）	冰点（℃）	沸点（℃）	电导率（μS/cm）
水	0.611	1.01×10^{-3}	0	100	150~300
去离子水	0.611	1.01×10^{-3}	0	100	≤0.5
乙二醇溶液	0.423	1.2×10^{-3}	–24	105	0.1
硅油	0.152	48×10^{-3}	–50	101	10^{-10}
蓖麻油	0.18	6.8×10^{-3}	–12	313	$<10^{-10}$

2. 液冷板焊接方式

一般情况下，在电池系统中，用于盛装间接接触式液冷工质的金属容器称为液冷板。液冷板一般由铝型材通过模组挤出或者冲压的金属管或者金属板，经过焊接成型的。根据实际情况，采用的焊接也有不同，常见的铝型材焊接有钎焊、搅拌摩擦焊和无料钎焊三种。图 5-16（a）所示的是通过钎焊工艺成型的液冷板，图 5-16（b）所示的是通过搅拌摩擦焊工艺成型的液冷板，图 5-16（c）所示的是通过无料钎焊工艺成型的液冷板。

(a)　　(b)　　(c)

图 5-16　三种不同焊接方式成型的液冷板

这三种焊接方式应用于液冷板焊接，各有利弊：钎焊常见于传统的汽车散热器焊接，它是利用液态钎料润湿母材、填充接头间隙并与母材相互扩散以连接焊件，钎焊可以完成十分复杂的焊接结构，且焊件的厚度可以做到非常薄，这对于液冷板减重来说十分有利；搅拌摩擦焊是利用焊头与工件端面相互运动、相互摩擦所产生的热，使端部达到热塑性状态并完成焊接的一种方法，这种焊接方式要求焊件自身有足够的强度，一般铝型材的壁厚不小于 2 mm，因此这种焊接方式成型的液冷板自身具备足够的支撑力，可以作为结构件使用，但液冷板的厚度和重量都比较大；无料钎焊是在钎焊的基础上发展而来的，这种焊接方式成型的冷板厚度和重量都可以做到比较小，对于箱体内部尺寸和轻量化要求高的情况有较大的优势。

表 5-3 列出了三种焊接方式成型的冷板的厚度和应用情况：从厚度方面来看，无料钎焊成型的液冷板的厚度最小，其次是钎焊成型的液冷板，最厚的是搅拌摩擦焊成型的液冷板；从当前的应用来看，钎焊的应用相对来说多一些，本节也将以钎焊成型的液冷板作为描述的重点。

表 5-3　三种焊接成型液冷板对比

项目	钎焊	搅拌摩擦焊	无料钎焊
冷板厚度	3~6 mm	8~10 mm	0.8~1.2 mm
应用	之诺、帝豪、Tesla	荣威 E50	雪佛兰 Volt

3. 模组热设计

对于液冷系统设计来说，模组的设计尤为重要，它是液冷系统设计的出发点，因此需要重点关注。本小节将对三种类型的模组设计进行一个简单的描述。

（1）方形模组

对于方形模组来说，一般会采用电芯的底面作为热设计的界面，液冷系统设计也是如此。如图 5-17 所示，电芯产生的热量通过底面传递到导热胶层，然后传递给液冷系统并最终散入环境中。

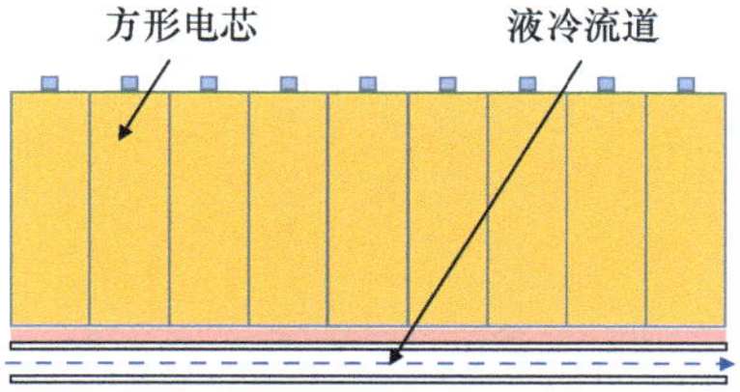

图 5-17　方形模组液冷设计

（2）软包模组

目前软包模组的液冷设计有两种方式：一种方式是在电芯之间增加导热金属板，导热金属板折弯并与液冷板接触，电芯产生的热量先传导到金属板上，然后通过金属板传递给液冷系统并散入环境中；另一种方式是在软包电芯之间安装液冷板，如图 5-18 所示，目前雪佛兰 Volt 就是采用这种方式。

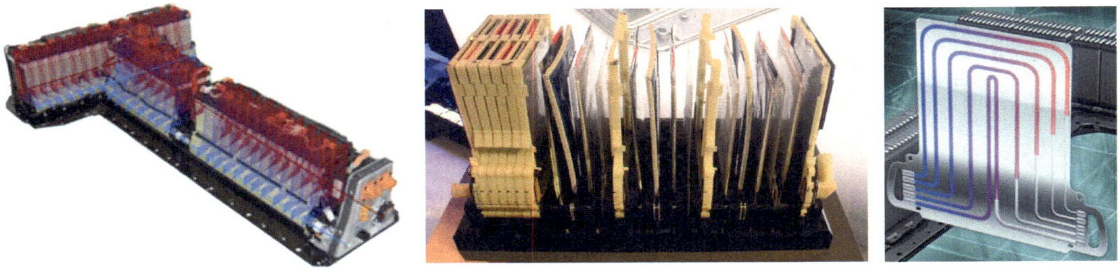

(a) 电池系统　　(b) 模组　　(c) 液冷板

图 5-18　雪佛兰 Volt 液冷系统

（3）圆柱模组

目前圆柱模组的液冷设计基本都是采用 Tesla 的这样模组，如图 5-19 所示，即采用“蛇”形的钎焊液冷板缠绕圆柱电芯的圆柱面，电芯产生的热量通过电芯的圆柱面传递给液冷系统，然后通过液冷系统将热量散入环境中。

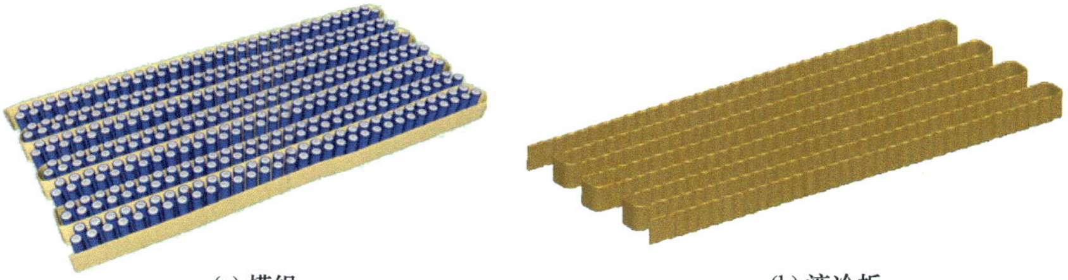

(a) 模组　　(b) 液冷板

图 5-19　Tesla 液冷系统

4. 液冷系统设计流程

整个液冷系统设计的流程可以分为设计目标、系统总体方案设计、传热路径设计、液冷回路设计、液冷板设计、冷却策略设计、机械结构设计、仿真分析和测试验证，本小节将对该流程进行一一描述。

（1）设计目标

在进行液冷系统设计之前，明确系统设计的目标是十分有必要。对于一个相对完整的液冷系统，它的设计目标至少包括 7 部分：电芯温度控制、电芯之间温差控制、系统压降控制、空间限制、质量限制、可靠性要求和安全性要求。接下来将对这 7 部分内容进行一一阐述。

a. 电芯温度控制

对电芯温度的控制，主要是从保证电芯循环寿命要求出发的，即将电芯的最高温度控制在特定温度之下，才能保证电池系统的循环寿命要求。一般情况下，电池系统在特定环境温度下运行特定工况时，液冷系统需要将电芯自身的温度控制在 45℃以下或者将电芯自身的温升控制在 10℃以下，从而保证电池系统的循环寿命要求。

b. 电池单体间温差控制

电池在充电、放电和静置等过程中的电化学反应和自放电反应速率都会受到电池温度的影响。当电池系统中的电池单体间出现温度不均衡时，电池的电化学反应和自放电反应的速率也会出现不均衡，这种不均衡会导致电池单体间的循环寿命、容量和内阻出现差异。因此，应根据寿命一致性要求和 BMS 控制的要求确定电池单体间允许的最大温差。一般情况下，电池系统在特定环境温度下运行特定工况时，液冷系统需要将电芯之间的温差控制在 5℃以内，从而保证电池系统的一致性要求。

c. 系统压降控制

冷却液流过液冷系统时，由于流体存在黏性，流体与管槽内壁以及流体与流体之间存在着摩擦阻力，这会消耗一部分能量。这一部分能量消耗主要表现为液冷系统冷却液进出口压力下降。为了补充这一部分压降，循环液回路中的泵需要提供相应的升力。液冷系统的压降值需要根据泵的扬程来确定：在大多数情况下系统的压降一般控制在 20~30 kPa 范围内；但对于采用圆柱电芯的电池系统来说，它的液冷系统的压降一般会在 60~70 kPa 范围内。

d. 空间限制

对于液冷系统来说，电池系统内部预留的空间是有限的，尤其是在乘用车上，因此液冷系统的空间紧凑性对于电池系统来说也相当重要。从厚度上来看，钎焊的液冷板一般为 3~6 mm，搅拌摩擦焊的液冷板一般为 8~10 mm，无料钎焊的液冷板一般为 0.8~1.2 mm，因此从空间紧凑性上来看，应该是无料钎焊液冷板最优，其次是钎焊液冷板，最后是搅拌摩擦焊液冷板。然而这个结论并不是普适的，它只是在某些特定的情况下才成立，即只有在液冷板采用双模组或双电芯夹持固定的情况下才成立。当采用其他方式固定时，搅拌摩擦焊液冷板本身可以承重，不需要增加支撑结构，而钎焊液冷板和无料钎焊液冷板一般不能承重，需要增加支撑结构，在这种情况下，采用搅拌摩擦焊成型的液冷系统的空间紧凑性更优。

对于空间限制的设计目标，一般没有定量的值，通常是需要根据实际的情况，在设计过程中选择合适的焊接成型工艺，同时液冷系统的设计与模组、箱体结构和高低压线束的设计进行相互配合。

e. 质量限制

在电池系统轻量化要求越来越严苛的情况，液冷系统的质量限制也尤为重要，甚至比空间限制更为重要。表 5-4 列出了某电池系统分别采用三种焊接成型方式时液冷系统的质量，不难发现搅拌摩擦焊成型的液冷系统的质量大于钎焊，质量最小的是无料钎焊。

表 5-4　三种焊接成型液冷系统质量对比

项目	钎焊	搅拌摩擦焊	无料钎焊
质量（kg）	15	35	5

表 5-4 中列出的质量值只针对特定的电池系统，但它可以作为定性的借鉴，在液冷系统设计过程中可以结合其他设计目标选择合适的焊接成型工艺。

f. 可靠性要求

目前，客户对于电动汽车寿命的要求一般是 8 年或 15 万公里，个别情况下要求可能会更高。基于这个背景，液冷系统也需要保证在电动汽车全寿命期，所有零部件能够正常运行。

g. 安全性要求

对于液冷系统，它的安全性的重要程度毋庸置疑。对液冷系统安全性的要求主要为泄漏风险管控、绝缘防护、阻燃要求等。

（2）总体方案设计

液冷系统总体方案设计在整个电池系统设计过程中起到承上启下的作用。一方面，液冷系统作为电池系统的一个子系统，它的总体方案设计需要与电池系统的方案设计匹配，并与电池系统方案设计同步完成。

另一方面，液冷系统总体方案作为各液冷子系统和液冷零部件的总括，它需要保证所有液冷子系统和液冷零部件能协同动作。一般情况下，液冷系统的总体方案需要包括如下内容：传热路径概念设计、液冷回路概念设计、液冷板概念设计、冷却策略概念设计、机械结构概念设计等。

在总体方案确定之后，需要对传热路径设计、液冷回路设计、液冷板设计、冷却策略设计、机械结构设计等进行详细设计，下面将对这些详细设计进行一一描述。

（3）传热路径设计

一般情况下，液冷系统的传热过程可以归纳成三条传热路径：第一条是热量从电芯内部传递到电芯外表面；第二条是热量从电芯外表面传递到液冷板冷却表面；第三条是热量从液冷板冷却表面传递到电池系统外部。

上述三条传热路径是串联的关系，因此需要对这三条传热路径进行逐一的优化设计，从而使整个系统的传热效率到达最优。但一般来说，第一条路径是在电芯设计阶段完成的，不作为本章节讨论的对象，第二条路径和第三条路径则是液冷系统设计所需要重点关注的。

第二条路径的优化设计即为模组的优化设计，上述内容中分析了三种类型模组的热设计，读者可以此作为参考进行第二条传热路径的优化设计。

第三条路径的优化设计则主要体现在液冷回路设计和液冷板设计上，下面将对这两部分内容进行逐一描述。

（4）液冷回路设计

整个液冷系统往往由若干个并联的回路组成，冷却液从液冷系统入口流入，随后分流并流过并联回路，最后汇流并从液冷系统出口流出。图 5-20（a）所示的是雪佛兰 Volt 的液冷回路，图 5-20（b）所示的是雪佛兰 Volt 的液冷回路原理图，从图中不难发现，该液冷系统采用的是并联模式，每一块液冷板接入主干路并通过连接形成一个并联回路。

(a) 液冷回路

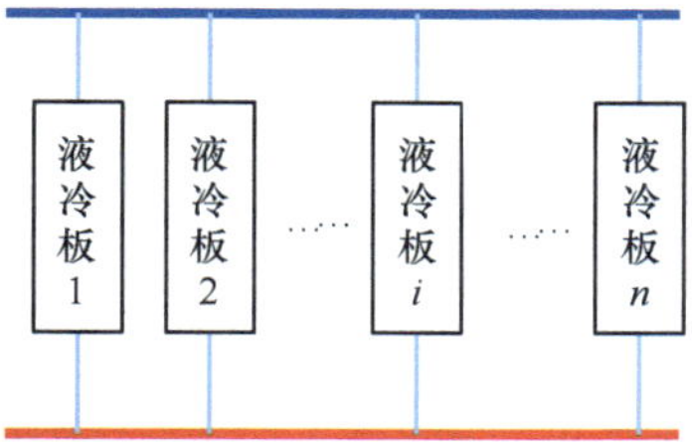

(b) 液冷回路原理图

图 5-20　雪佛兰 Volt 液冷回路

为了便于分析，先将所有并联的回路命名为：并联回路 1、并联回路 2、…、并联回路 i、…、并联回路 n。对于任一确定的并联回路，回路中所有电芯的总发热功率是确定的，则可以根据公式（5-24）粗略估算出第 1~n 个液冷回路所需要的冷却液流量 $Q_1,Q_2,\cdots,Q_n$。

$$Q=\frac{\dot{q}}{\rho c_P \Delta T} \tag{5-24}$$

式中，$\dot{q}$ 为并联回路中所有电芯的发热功率；ρ 为冷却液的密度；c_P 为冷却液的比热容；ΔT 为冷却液的温升；为了保证并联回路之间冷却的均匀性，理论上，第 1~n 个液冷回路所需要的冷却液流量比应该等于 $Q_1:Q_2:\cdots:Q_n$。实际设计中可以将 n 个并联回路之间流量比的偏差控制在 10%以内。

（5）液冷板设计

对于每一个并联回路，可能存在着 m 个串联的液冷板，将这 m 个串联的液冷板命名为：串联液冷板 1、串联液冷板 2、…、串联液冷板 j、…、串联液冷板 m。图 5-21 所示的是某液冷系统的一个并联回路，该条回路由三个串联的液冷板组成。

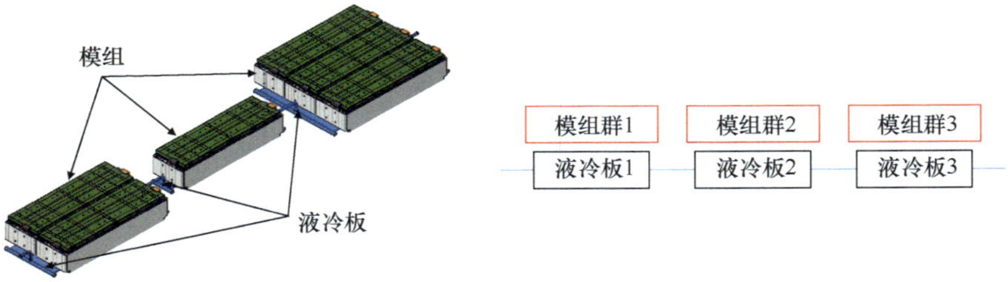

(a) 串联液冷回路　　(b) 串联液冷回路原理图

图 5-21　串联液冷回路

为了保证并联回路内部冷却的均匀性，需要对液冷板与冷却液接触的面积（称为冷却面积）进行设计，接下来介绍一种冷却面积的设计方法。

$$\rho_M V_M c_{p_M} \frac{\Delta T_M}{\Delta t} = P_M - hS\left(T_W - T_{ref}\right) \tag{5-25}$$

式中：ρ_M 为液冷板作业区域所有零部件的平均密度；V_M 为液冷板作业区域所有零部件的总体积；c_{p_M} 为液冷板作业区域所有零部件的平均比热容；ΔT_M 为液冷板作业区域电芯的最大温升；P_M 为液冷板作业区域所有电芯的发热功率；h 为液冷板中冷却液的对流换热系数；S 为冷却面积；T_W 为液冷板上与冷却液接触面的温度；T_{ref} 为近似为冷却液入口温度。

公式（5-25）中，h、T_W 和 S 是未知的变量，其中 S 为待求的设计参数。对于确定的流动情况，对流换热系数 h 是基本确定的，h 可以通过公式（5-26）来近似计算。T_W 则可以根据发热功率 P_M 和导热路径的情况进行计算。在确定 h 和 T_W 之后，则可以通过公式（5-25）计算出冷却面积。

$$h = \frac{\lambda}{d} 0.023 Re_f^{0.8} Pr_f^{0.3} \tag{5-26}$$

式中：λ 为冷却液的导热系数；d 为流道的当量直径；Re_f 为雷诺数；Pr_f 为普朗特数。

（6）冷却策略设计

在实际的运行过程中，出于节省能耗的考虑，外部液冷系统的空调和电子泵并不是常开的，它们的开启和关闭一般是根据电芯的实际温度来确定的：当电芯的温度高于一定温度时，为了将电芯的温度控制在设计目标之内，需要开启空调和电子泵；当电芯的温度低于一定温度时，此时电芯的温度一般会是下行趋势，出于节省能耗的考虑，会关闭空调和电子泵。

由于热惯性的存在，一般情况下空调和电子泵开启时电芯的温度低于液冷系统的设计目标，而空调和电子泵关闭时电芯的温度低于空调和电子泵开启时电芯的温度。当电芯温度高于什么温度时开启空调和电子泵以及低于什么温度时关闭空调和电子泵，即为液冷系统的冷却策略。冷却策略的设计一般是先通过仿真分析来确定，然后通过实验进行验证。

冷却策略的设计流程，首先将初步设计的冷却策略输入到 CFD 仿真模型中，经过数值计算可以获得整个热场和流场随时间变化的曲线；接着从仿真结果中提取出电池的最大温升、电池间的最大温差和能耗等数据，并将这些数据与设计目标进行比较，如果满足设计目标，则进行测试验证，如果不满足，则需要根据仿真结果调整冷却策略，然后将新的冷却策略输入到 CFD 模型中去，直至测试验证满足设计要求。

（7）机械结构设计

对于液冷系统设计来说，系统方案设计、传热路径设计、液冷回路设计、液冷板设计和冷却策略设计属于软件层面的设计，它们得以实现的硬件基础是机械结构设计。接下来将从液冷板安装、管路连接和管路固定这三个方面来介绍液冷系统的机械结构设计。

a. 液冷板安装

在液冷系统设计中，需要对冷却界面（即液冷板与模组或者电芯的接触面）的接触热阻进行控制。一般来说，控制的方法有多种，但所有的方法都有一个共同点，即在液冷板与模组或者液冷板与电芯之间施加一个合适的预紧力，从而保证二者接触良好。因此，液冷板安装的关键就是如何提供这样的一个合适的预紧力。

对于具备承重能力的液冷板来说，提供这个预紧力比较简单，常用的做法是将模组直接安装在液冷板上，通过模组的重量和螺栓预紧来提供这样的一个预紧力。

对于不具备承重能力的液冷板来说，一般不能通过模组重量和螺栓预紧这种方式来提供预紧力。对于这种类型的液冷板，常见的安装方式有两种：第一种是夹持安装，包括双模组夹持和双电芯夹持两种安装方式；第二种是弹性支撑结构。

图 5-22 所示的是双模组夹持安装的液冷板，这种安装方式是将两个模组相对平放，然后将液冷板夹持在两个模组的底面之间；图 5-23 为双电芯夹持安装结构，这种安装方式是将液冷板夹持在两个电芯（方形电芯和软包电芯）的大面之间。总体来说，夹持安装方式使液冷板的两个表面均得以利用从而提高了液冷板的利用效率，并且没有增加额外的支撑结构件，在某些情况下是一种较为可取的安装方式。

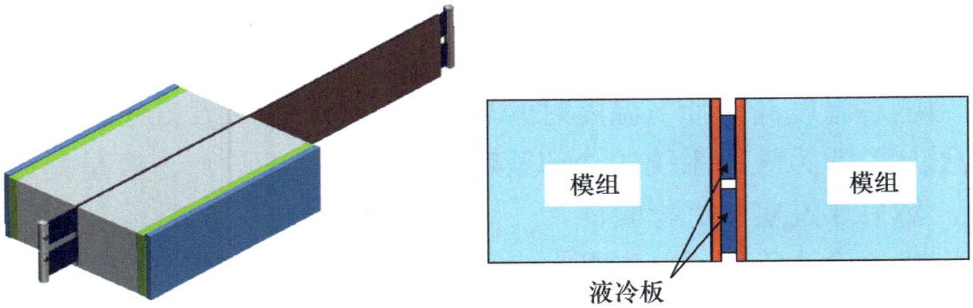

(a) 双模组夹持安装结构　(b) 双模组夹持原理图

图 5-22　双模组夹持安装

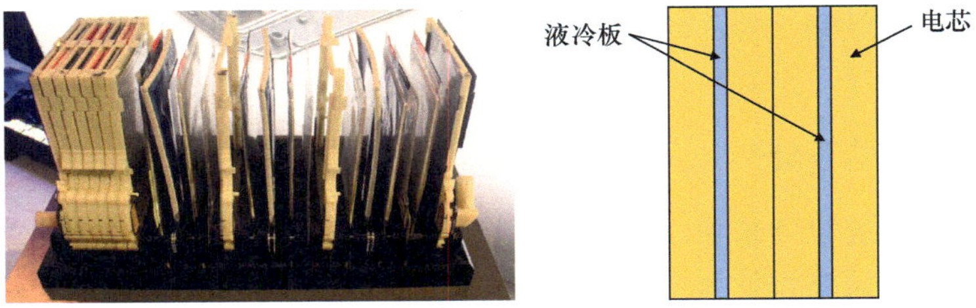

(a) 双电芯夹持安装　(b) 双电芯夹持安装原理图

图 5-23　双电芯夹持安装

当模组立放于电池箱内时，液冷板贴在模组底面，由于 Z 向振动和冲击的存在，液冷板的支撑结构必须具备弹性，进而缓冲 Z 向的振动和冲击。

b. 管路连接

整个液冷系统是由液冷板之间的串并联组合而成，通过管路连接来实现的。管路连接主要包括三部分内容：管、连接和密封。

液冷系统中常用的管有硬管和软管两种。硬管是通过铝型材挤出，并通过模具折弯成型。一般情况下，铝管的厚度大于 1 mm，冷却液在铝管处泄漏的风险不大。但铝管的使用还是要注意两个风险点：第一点是腐蚀，一般的冷却液都是乙二醇溶液，它对铝管内壁具有一定腐蚀性，长期使用会有一定的风险；第二点是铝管折弯并不是没有限制，一般这个折弯半径需要根据铝型材的延展率和铝管的外径确定。软管一般有两种：一种是橡胶管，通常采用三元乙丙橡胶（ethylene propylene diene monomer，EPDM）；另一种是尼龙管（polyamide，PA）。软管在使用过程中要特别注意两个风险点：第一点是软管本身的老化，这一点需要通过老化实验进行验证；第二点是软管连接的可靠性，这一点同样需要通过实验进行验证。

连接主要包括硬管、软管和液冷板之间的连接、分流和汇流，图 5-24（a）和（b）所示的分别是硬管与软管连接和分流。液冷系统中常见的连接主要有如下几种：第一种是软管与硬管之间的连接，一般情况下，EPDM 软管与硬管连接时用卡箍或者快插接头加卡箍，尼龙软管与硬管连接时用胀接或者快插接头加胀接；第二种是软管与液冷板的连接，一般情况下，EPDM 软管与液冷板连接时用卡箍或者快插接头加卡箍，尼龙软管与液冷板连接时用快插接头加胀接；第三种是分流或者汇流时的连接，分流和汇流一般是采用三通来实现，三通和软管的连接一般为卡箍或者胀接。值得特别注意的是，连接是液冷系统泄漏最主要的风险点，因此连接的安全可靠性是至关重要的，需要经过验证才可以使用。

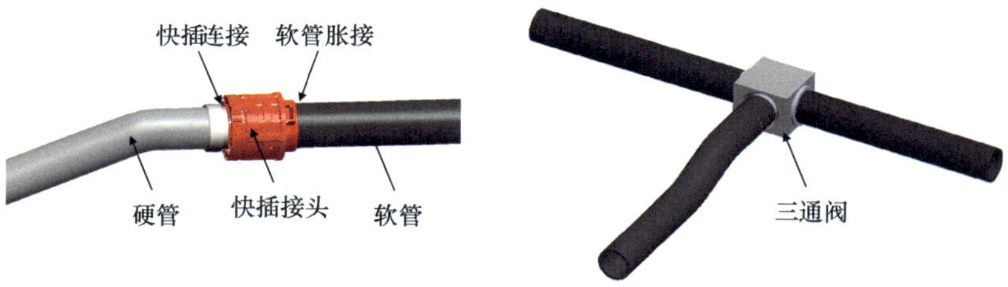

(a) 硬管与软管连接　　(b) 三通连接

图 5-24　管路连接和分流

液冷系统穿出电池箱体与外部液冷系统连接时，需要保证箱体的密封性能，一般会采用法兰进行连接。

c. 管路固定

液冷系统的硬管和软管需要固定在电池箱体上。常见的固定方式有焊接式和卡紧式两种：焊接式的固定方式先在硬管上焊接铝块，然后铝块通过螺栓锁紧在箱体上，这种方式只能固定金属硬管；卡紧式的固定方式是将硬管或者软管卡紧在金属卡圈中，然后将金属卡圈通过螺栓锁在箱体上。

（8）仿真分析

液冷系统设计过程中主要参数，都可以预先通过工具进行仿真分析和优化设计，然后再通过测试进行验证，从而节省成本和周期。在确定液冷系统的设计目标之后，通过 CFD 工具预先验证液冷系统的传热路径设计、液冷回路设计、液冷板设计、冷却液入口温度设定、冷却液流量设定以及液冷策略设计等参数是否合理。

接下来以某乘用车液冷系统的设计为例，对液冷系统的设计流程进行简单的介绍，希望能为读者带来启迪。

图 5-25（a）为某电池系统的结构图，电池系统由 3 行 12 列并排的 36 个模组组成，每个模组由 12 个方形电芯组成。电池系统在夏天使用时环境温度为 40℃，运行工况为 1C 满放，液冷系统所使用的冷却液为乙二醇溶液（50%，体积分数），冷却液流量为 15 L/min，冷却液入口温度为 22℃。

液冷系统的设计目标为：在运行指定工况时，电池系统内部电芯的最大温升小于等于 10℃；电芯之间的最大温差小于等于 5℃；液冷系统的压降小于等于 30 kPa。

在设计之初，根据 5.1.2 节中的“产热分析”计算出 1C 满放工况下电池系统的产热功率。然后根据模组排布的特点，对液冷回路进行设计，初步将本系统的液冷回路设计为 3S4P，如图 5-25（b）所示。

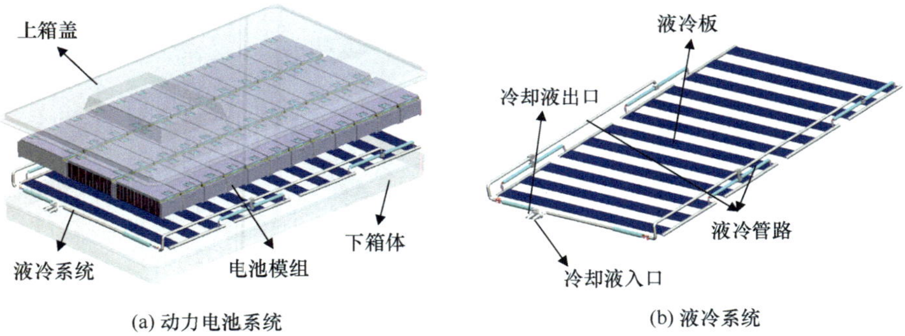

图 5-25 某乘用车的电池系统和液冷系统

最后，根据公式（5-25）和公式（5-26），对液冷板进行设计，初步将本系统的液冷板的宽度设计为 80 mm，厚度设计为 5 mm。

管路分流和汇流的地方采用三通阀连接，硬管与软管之间的连接采用胀接工艺，液冷板与软管之间的连接采用 SAE 标准快插接头，液冷系统与箱体的密封采用法兰连接。

图 5-26（a）和（b）分别是通过 CFD 仿真工具计算出来的液冷系统的压力分布和速度分布，从仿真结果来看，系统的压降为 26 kPa，4 个并联回路之间的冷却液流量之差小于 10%，满足流场设计的目标。

图 5-27 为电池系统的热仿真分析，从仿真结果来看，在运行指定工况时，电

芯的最大温升为 0.4℃，电芯之间的最大温差为 2.0℃，满足热设计目标。

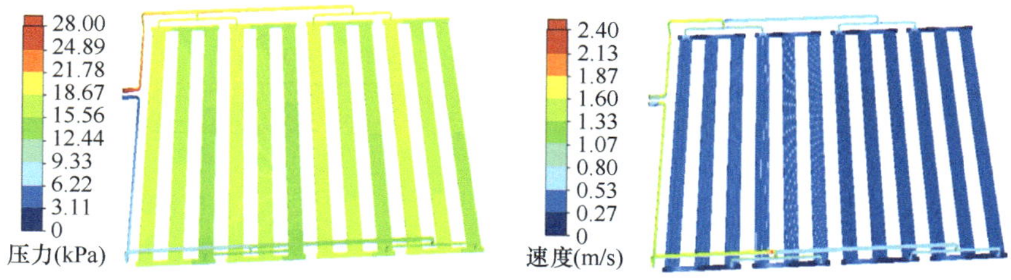

(a) (b)

图 5-26　液冷系统流场分布

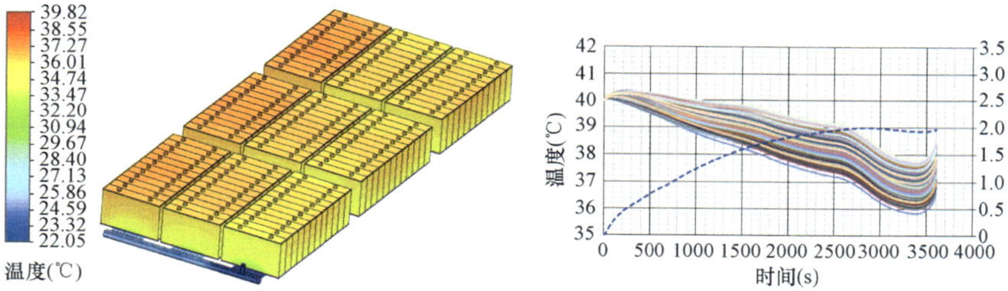

(a) 电芯温度分布(@3600s)　(b) 电芯温度变化曲线

图 5-27　电池系统热仿真分析

（9）测试验证

对于液冷系统来说，测试验证是至关重要的。液冷系统的功能、可靠和安全等性能最终都需要通过实验进行验证。一般情况下，功能性测试在 A 样进行，可靠性测试和安全性测试在 B 样进行。

a. 功能性测试

表 5-5 列出了功能性测试的项目和参考值，需要说明的是，为了与液热系统和保温系统匹配，表中增加了加热性能测试和保温性能测试。

表 5-5　液冷系统功能性测试项目

序号	项目	参考值
1	气密性	水检无气泡
2	能耗	系统压降≤30 kPa
3	散热性能	电芯温升≤10℃
4	温度均匀性	电芯温差≤5℃
5	加热性能	电芯升温速率≥0.3℃/min
6	保温性能	降温速率≤3℃/h

b. 可靠性测试和安全性测试

表 5-6 列出了可靠性测试和安全性测试的项目及对应的测试参考。

表 5-6 液冷系可靠性测试和安全性测试项目

序号	项目	测试参数
1	爆破试验	爆破压力
2	静压强度	零件变形量
3	耐高温试验	测试后通过气密性测试
4	耐低温试验	测试后通过气密性测试
5	压力交变试验	测试后通过气密性测试
6	盐雾试验	测试后通过气密性测试且无锈斑
7	内部腐蚀性试验	测试后通过气密性测试
8	振动冲击测试	测试后通过气密性测试

5. 几种特殊的液冷系统介绍

上述已经将液冷系统的设计流程进行了一一介绍，液冷系统的设计基本上可以按照上述流程来开展工作。

在介绍液冷系统设计流程时，液冷系统的冷却液采用的是与电芯间接触的乙二醇溶液，且液冷系统是一个单独的零部件，这种液冷系统也是目前最常见的形式。然而并不是所有液冷系统都是这种形式。本小节将介绍两种不同形式的液冷系统：第一种是液冷系统集成在电池箱体上，不再是一个单独的零部件；第二种是冷却液采用可以与电芯直接接触的二甲基硅油。

（1）集成式液冷系统

最近，出现了液冷系统集成在电池箱体和电池模组上的形式。图 5-28 所示的是某集成式液冷系统（中国发明专利号：ZL 2011 8 0003001.6），它将液冷系统集成在电池箱体上，进出铝管、箱体侧板和口琴管组成一个液冷系统，冷却液从入口流入，经过模组侧板和口琴管，最后通过出口流出。口琴管与隔板纵横交错形成栅格，将电芯放入栅格中并保证电芯的大面（方形电芯和软包电芯）与口琴管贴合，进而对电芯进行冷却。

一般情况下，装入方形电芯之后的电池系统，两个电芯夹一块泡棉形成一个模块，然后将模块装入图 5-28 所示的栅格中，电芯大面与口琴管的接触热阻通过泡棉的压缩反弹力来控制。电芯在 X 向和 Y 向的固定通过口琴管和隔板来实现，电芯在 Z 向的固定通过电芯上方的压条来实现。

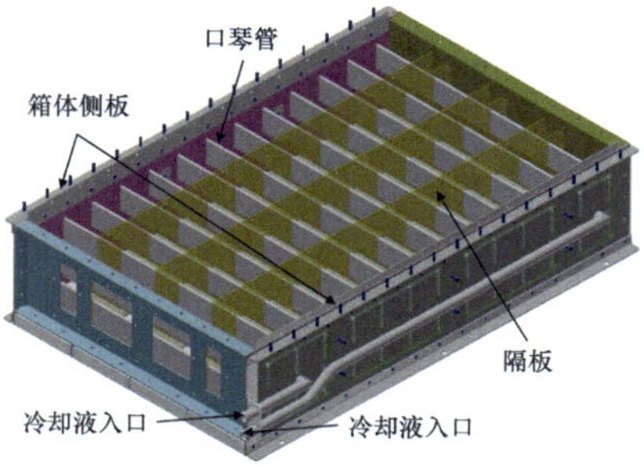

图 5-28 集成式液冷系统

这种液冷方式主要的优点有两个：第一点是采用电芯大面作为液冷的冷却界面，冷却效率较高；第二点是液冷系统的结构组件借用了箱体的结构组件，使得电池系统更轻。这种液冷系统在国内已经有了样品案例，国内某电池系统的液冷系统经过了A样测试，进入B样设计状态。

（2）直接接触式液冷系统

图5-29所示的是直接接触式液冷系统，电芯直接浸没在冷却液中，为了保证电绝缘性，冷却液采用绝缘的二甲基硅油（简称硅油）。这种液冷方式的优点是冷却液与电芯外表面直接接触，减少了液冷的中间环节，此外由于硅油与每个电芯的外表面都会接触，散热均匀性能也比较好。

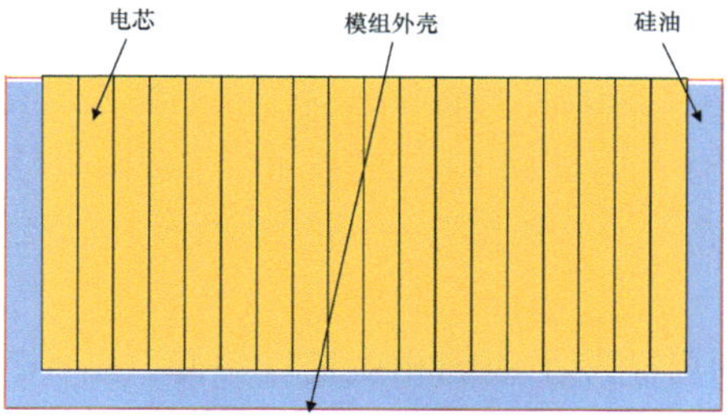

图 5-29 直接接触式液冷系统

目前采用硅油作为冷却液的液冷系统，存在着三个较为明显的缺点。第一个缺点是由硅油的黏度导致的，硅油的黏度是乙二醇溶液（50%，体积分数）的40倍，因此很难利用对流换热方式将电芯的热量带走，散热效率也在很大程度上受到限制。第二个缺点是密封难度较大，硅油的密封比乙二醇溶液的密封难度大。第三个缺点是硅油是可燃的，在使用过程中需要特别注意其安全防护。

针对硅油不宜流动所带来的换热效率不高的缺点，目前有三种应对措施：第一种是在模组外壳上成型散热翅片，以强化模组外壳与空气的自然换热的效率；第二种是增加强制风冷换热装置；第三种是增加液冷（以乙二醇溶液作为冷却液）换热装置。

5.2.5 直冷系统

直冷系统即制冷剂直接冷却系统，它利用的是制冷工质的相变制冷原理。图 5-30（a）所示的是直冷系统，它主要由压缩机、蒸发器、冷凝器和节流装置组成；图 5-30（b）所示的冷板即为直冷系统的蒸发器，冷板安装在模组底部并且与模组紧密贴合，制冷工质流经冷板时发生相变吸热将电芯的热量带出电池系统。

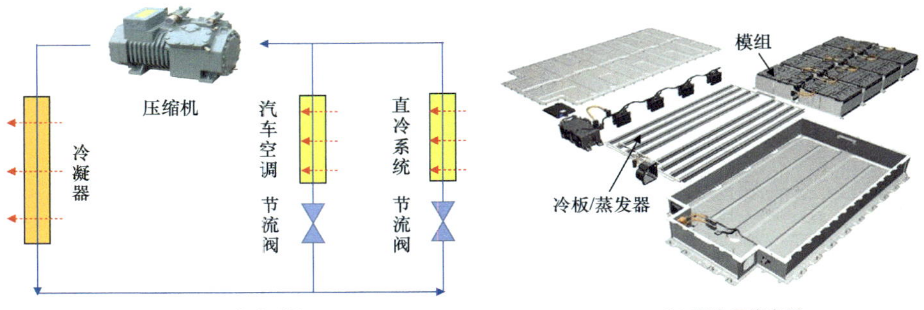

(a) 直冷系统　　(b) 直冷系统应用

图 5-30　直冷系统

一般来说直冷系统的散热效率是液冷系统的 3~4 倍，它更能应对更大倍率的快充问题。但目前直冷系统并未形成广泛的应用，只是处于研发和技术储备阶段，真正装车应用的也只有宝马 i3，国内如 CATL 和复旦大学等也已经完成了对直冷系统的技术储备。不难想象，直冷系统可能是继液冷系统之后又一个关键技术。

直冷系统主要是利用制冷工质的相变进行冷却，图 5-31（a）所示的直冷系统的原理图，图 5-31（b）对应的是制冷工质物性参数的变化规律，制冷工质经过压缩机之后温度和压力升高，对应的是图 5-31（b）中[1—2]阶段，然后进入冷凝器发生相变并将热量散入环境空气中，对应的是图 5-31（b）中[2—3′]阶段，随后进入节流元件，对应的是图 5-31（b）中[3′—4′]阶段，最后进入蒸发器发生相变并吸收大量的热量，进而冷却电池系统，对应的是图 5-31（b）中[4′—1]阶段。

从本质上来说，直冷系统与液冷系统是相似的，都是通过冷却工质在系统中的循环将电池系统的热量散入环境空气中。两个系统最主要的区别在于冷却工质的性质，虽然说这两种工质的吸热动力均是温差，但液冷系统的冷却工质在吸热的

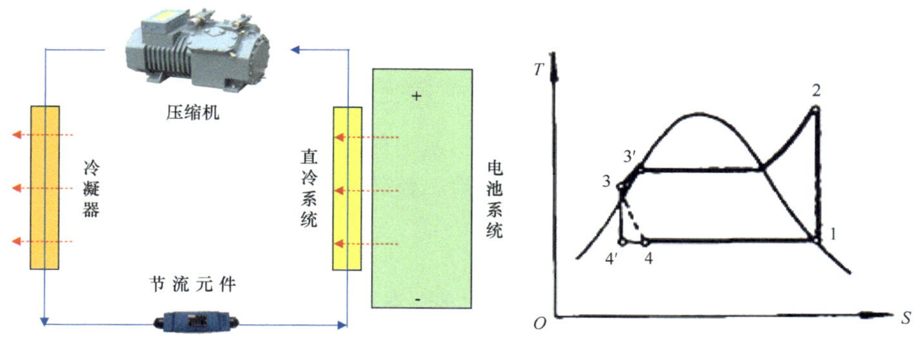

(a) 直冷系统　　(b) 制冷工质T-S图

图 5-31　直冷系统原理图

过程中不发生相变，而直冷系统的冷却工质的吸热则主要是依靠相变。基于上述分析，直冷系统的设计可以液冷系统作为参考，但在与直冷工质相关的设计需要重新开展。接下来以宝马 i3 为基础，对直冷系统的设计进行一个简单的介绍。

图 5-30（b）所示的是宝马 i3 的电池系统：系统中的 8 个电池模块成 2 行 4 列排布，模块的排布十分规则；直冷系统的蒸发器（冷板）采用微通道铝管设计，横截面尺寸为 37.5 mm×3 mm，与液冷系统的微通道设计极为类似，如图 5-32（b）所示；冷板安装在模块底部并与模块紧密贴合，冷板的支撑与液冷系统十分类似，如图 5-32（b）所示；制冷剂采用的是车载空调冷媒 R134a；冷板内部的流道采用 2P2S 模式，如图 5-32（a）所示，为了增强散热均匀性，制冷剂从每行模块的中间流入，随后从两侧流出。

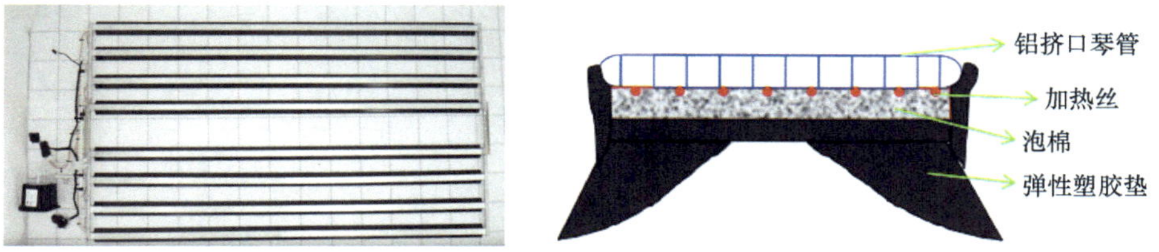

(a) 冷板组件　　(b) 冷板组件截面图

图 5-32　宝马 i3 冷板组件

虽然宝马 i3 的直冷系统与液冷系统的设计十分相似，但直冷系统与液冷系统相比仍然有几个特点是显著不同的：第一是直冷系统难以集成加热功能，从图 5-32（b）中可以看出宝马 i3 增加了用于加热的电加热丝；第二是直冷系统对散热均匀性的控制机理不同，它对散热均匀性的控制需要结合节流阀的开度与流道设计来完成；第三是对系统气密性的要求更高，一般需要用到惰性气体来检测它的气密性。

直冷系统也有几个较为明显的优点：第一是它的冷却效率比液冷系统高出3~4 倍，因此它更能满足快充需求；第二是它的结构也更为紧凑；第三是它避免了乙二醇溶液在电池箱体内部泄漏的风险。整体来看，直冷系统在未来可能会被推广开来。

5.3 加热系统设计

众所周知，锂离子电池在温度较低的环境充电时，在电池负极 Li^+容易以金属锂的形式析出。这种反应是不可逆的，它不但消耗了电池内部的 Li^+，此外，析出来的锂以枝晶的形式生长在电池负极并不断生长，这种不断生长的枝晶存在着刺穿隔离膜致使电池短路的风险。

为了避免这种风险的出现，在低温环境需要对锂离子电池充电时，一般会采取两种方法：一种方法是降低充电电流；另一种方法是对锂离子电池加热。对于这两种方法，前者的效果有限且会在很大程度上增加充电的时间，后者则需要通过合理的设计以保证高效、可靠和快速地充电。

目前，常见的锂离子电池加热方式有三种：电加热膜加热、PTC 加热和液热，如图 5-33 所示。

(a) 电加热膜　　(b) PTC　　(c) 液热

图 5-33　三种常见的加热方式

表 5-7 简单对比了这三种加热方式的特点。本节将对主要对这三种加热方式的设计进行描述。

5.3.1 设计需求

加热系统设计除了需要满足功能的要求之外，还需要满足安全、可靠和长寿命等需求。

表 5-7 三种加热方式的特点对比

项目	电加热膜	PTC	液热
加热特点	恒功率加热	自控温加热	对流/导热加热
空间限制（厚度）	0.3~2 mm	5~8 mm	集成在液热中
干烧温度	60~130 ℃	60~80 ℃	25~40 ℃
升温速率	0.15~0.3 ℃/min	0.15~0.3 ℃/min	0.3~0.6 ℃/min
均匀性（电池温差）	≈8 ℃	≈10 ℃	≤5 ℃

1. 功能需求

加热系统的功能是快速地将电池系统中所有电池单体的温度加热到特定的温度，并保证加热过程中电池单体的温度一致性。因此，与之对应的两个功能需求参数则是电池单体的升温速率和电池单体间的温差。

对升温速率和加热均匀性的控制目标需要根据客户的需求和电芯本身的特性来定。一般要求电池单体的升温速率在 0.15~0.8 ℃/min 范围内，电池单体间的温差控制在 10~15 ℃以内。

2. 安全需求

当锂离子电池的温度超过一定限值之后，其内部会出现副反应和元件失效，这些副反应和失效是诱发安全隐患的主因。加热系统直接面对的是锂离子电池，是锂离子电池温度升高的主要热源（加热过程中），因此加热系统的管控尤为重要。

加热系统的管控主要从两个方面出发：一是尽量保证加热回路的控制不出现失效；二是设计合理的干烧温度，这样即使加热回路控制失效，加热系统的温度达到干烧温度之后并不再上升，以确保安全。

加热回路的控制一般有两种方法：其一是加热回路中串入保险丝，当电流超过额定电流一定值之后切断加热回路；其二是采用双继电器模式，从而减少继电器粘连的风险。

干烧温度设计是加热系统安全设计的一个重要的保障。干烧温度是指加热系统在额定工况下持续运行，其本身温度或电池温度的最大值，前者称为加热系统干烧温度，后者称为电池单体干烧温度。干烧温度必须设计在锂离子电池极限工作温度以下，以确保加热回路控制失效时锂离子电池不出现热失控和失效。表 5-8 列出了锂离子电池的极限温度，一般情况下电池的温度不允许超过 85℃，加热系统的干烧温度控制在 65℃以下。

表 5-8 锂离子电池极限温度

项目		触发温度（℃）
三元锂离子电池副反应	SEI 分解	90
	负极与电解液反应	120
	正极与电解液反应	170
	电解液分解	200
麦拉热变形		130
蓝膜熔化		150
软包电芯密封失效		90

3. 寿命需求

作为汽车的一个零部件，加热系统的使用寿命不低于整车的使用寿命要求。

5.3.2 电加热膜设计

电加热膜已经广泛地为建筑业、农业和家庭用户制热。随着电动汽车应用的推广，近年来，电加热膜开始用于电动汽车电池的加热。

电加热膜一般由电阻丝、绝缘包覆层、引出导线和接插件组成，在有些情况下，为了便于安装，包覆层的外表面会背上一层胶。电阻丝一般为镍镉合金和铁铬铝合金，在讲究成本的时候也会采用不锈钢 304。绝缘包覆层一般为聚酰亚胺（PI）、硅胶和环氧树脂，这三种材料的包覆层都可以起到绝缘的作用，但又有各自不同的特点：聚酰亚胺电加热膜的厚度可以做到 0.3 mm，且具备耐腐蚀性，但缺点是容易被毛刺刺穿从而导致绝缘失效；硅胶电加热膜不易被毛刺刺穿，硅胶电加热膜的厚度一般在 1.5 mm 以上，且不耐磨也不耐电解液腐蚀；环氧树脂电加热膜不易被毛刺刺穿，耐磨也耐腐蚀，厚度一般也在 1.5 mm 以上，但其硬度高，内应力大。

1. 方案设计

对于电加热膜方案设计来说，设计参数主要有两个：安装位置和加热功率；设计目标有三个：电池升温速率、电池间温差和干烧温度。

方案设计一般会借助热流体仿真分析工具，先建立热流体数值模型，重复调整设计参数直至仿真结果满足三个功能性设计目标即完成仿真分析，而后制作样品进行测试，满足功能性设计目标即完成方案设计。

2. 安装位置

常见的安装位置有模组侧边、模组底部和电池间隙三种方式。对于模组侧边安装的方式又可以分为单侧安装和双侧安装两种形式，如图 5-34 所示。

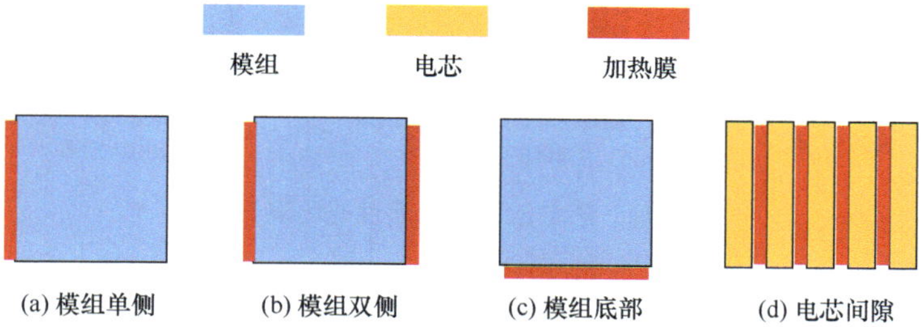

图 5-34 电加热膜常见的安装位置

3. 电气电控

图 5-35 为加热膜加热高压回路的示意图，高压回路由电加热膜、保险丝和继电器串联而成，整个高压回路与电池系统的高压回路并联。此外，为了减少继电器粘连的风险，加热高压回路中使用了两个继电器。

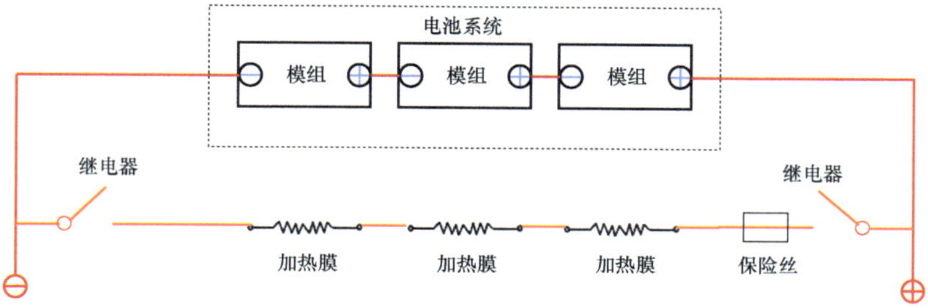

图 5-35 电加热膜加热高压回路示意图

4. 仿真分析

某电池系统，客户要求采用加热膜对电池系统进行加热，在–15℃环境下将电池系统加热到 5℃，电芯升温速率≥0.2℃/min，电芯之间的温差≤10℃，加热膜干烧温度≤65℃。

加热膜采用镍镉合金电热丝包覆环氧树脂绝缘层结构，总厚度 1.5 mm，加热膜安装在模组底部，两个模组共用一片加热膜，加热膜的发热功率为 100 W。

图 5-36 所示的是电池系统加热性能仿真分析结果，电芯的升温速率为 0.21℃/min，电芯之间的温差为 3.2℃，加热膜的干烧温度为 63℃，初步来看加热

膜设计满足功能性设计目标。

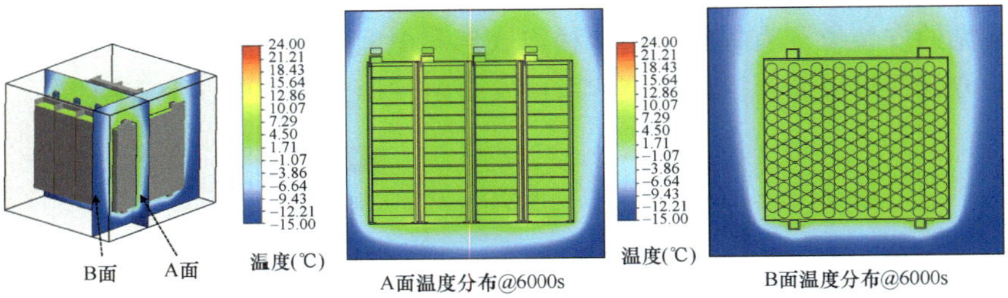

图 5-36　某电池系统加热性能仿真分析

5. 测试验证

除了进行设计目标的验证之外，还需要对电加热膜的安全性、可靠性和寿命进行测试。表 5-9 列出了常见的几种测试。

表 5-9　电加热膜常见的几种测试

测试项	参考标准
外观	外观平整、无划伤、无气泡
尺寸	符合图纸要求
常温内阻	满足客户要求
绝缘	满足国标要求
耐压	满足国标要求
双面胶剥离强度	GB/T 2792
引出线拉力	GB/T 2317.1—2000
高低温交变	GB/T 2423—93
盐雾	QB/T 3826—1999 & QB/T 3832—1999
干烧温度	≤65℃
电加热膜表面温差	<5℃
寿命	满足整车对零部件寿命要求

5.3.3 PTC 加热设计

PTC（positive temperature coefficient），即正温度系数，指材料的电阻会随温度的升高而增加，如图 5-37 所示。PTC 加热器正是利用材料的这种特性，当加热器温度升高时，其内阻增大引起加热功率减小，自身温度下降，当加热温度下降时，其内阻减小引起加热功率增大，自身温度升高，由此将自身的温度控制在设定值，从而保障加热的安全性。

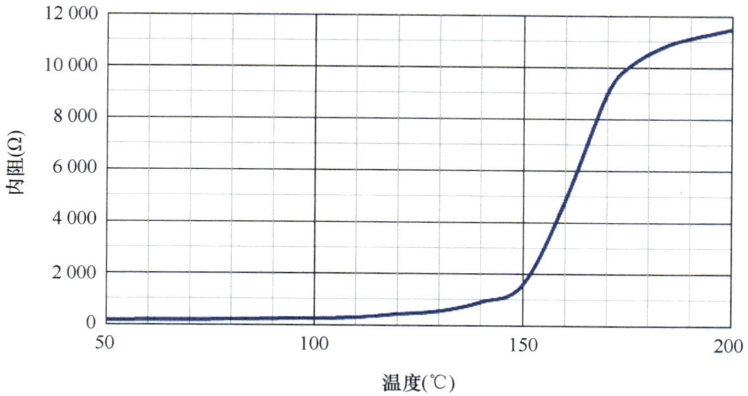

图 5-37 PTC 材料电阻随温度变化的曲线

图 5-38 所示的是 PTC 加热器的结构，PTC 加热器由 PTC 元件、导热金属板和引出导线组成。PTC 元件是 PTC 加热器的发热元件，在电连接方面，它通过引出导线串入加热高压回路，在结构设计方面，它被绝缘密封于导热金属板内部；导热金属板起导热、均热和结构强度的作用，导热金属板的厚度就是 PTC 加热器的厚度，一般情况下 PTC 加热器的厚度在 8 mm 左右。

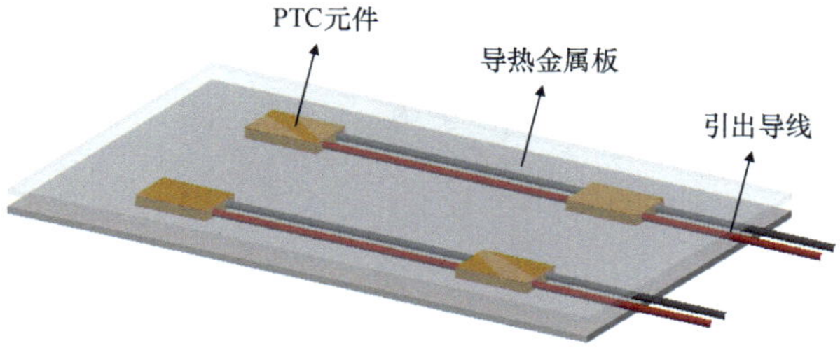

图 5-38 PTC 加热器结构图

1. 方案设计

对于 PTC 加热器来说，设计参数主要有两个：安装位置和加热功率；设计目标主要有三个：电池升温速率、电池间温差和干烧温度。

方案设计的方法一般有两种：第一种是实验方法，第二种是仿真和实验结合的方法。第一种方法一般是先根据电池的情况，结合经验初步设计一款 PTC 加热器并制作样品进行模拟测试，然后根据测试结果修正设计参数并进行新一轮模拟测试，循环上述作业直至满足功能性设计目标。第二种方法是先建立 CFD 数值模型，将安装位置和加热功率这两个参数输入模型进行仿真分析，并根据仿真结果修正设计参数直至仿真结果满足功能性设计目标，然后制作样品并进行模拟测试，如果测试结果满足功能性设计目标，则完成方案设计，否则重复上述作业。

2. 安装位置

常见的安装位置有模组侧边和模组底部两种方式。对于模组侧边安装的方式又可以分为单侧安装和双侧安装两种形式（图 5-39）。

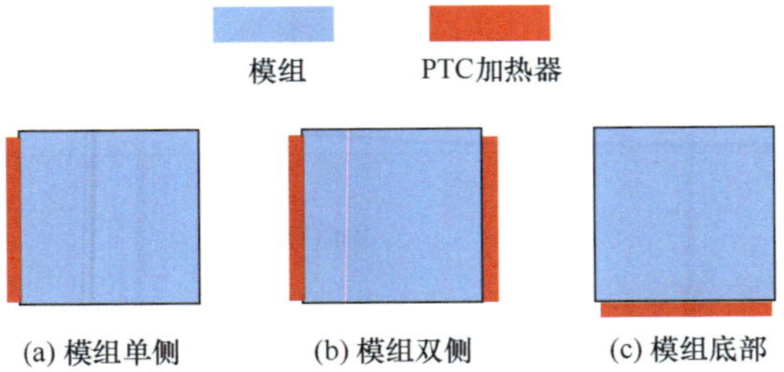

图 5-39　PTC 加热器常见的安装位置

3. 电气电控

图 5-40 为 PTC 加热器加热高压回路的示意图，高压回路由 PTC 和继电器串联组成，单块 PTC 加热器之间先进行并联，之后与继电器进行串联，最后与电池系统高压进行并联。

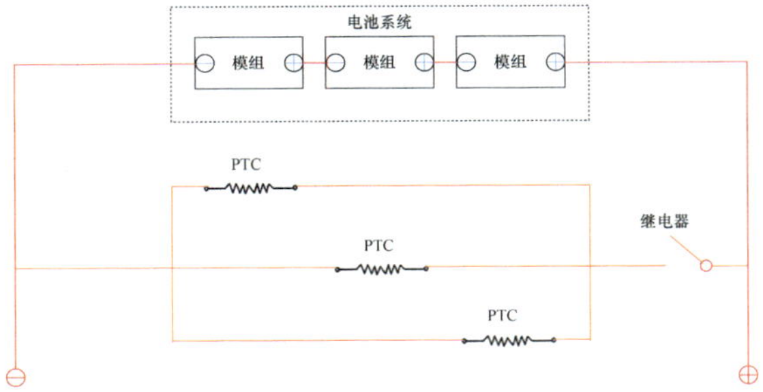

图 5-40　PTC 加热器加热高压回路示意图

4. 测试验证

除了进行设计目标验证外，还需要对 PTC 加热器的安全性、可靠性和寿命进行测试。

5.3.4 液热设计

液热是建立在液冷系统之上的一种加热形式，通过在外循环冷却回路中并入一个加热回路，并可以对电池系统进行加热。图 5-41 是液热系统的原理图，当收到加热指令时，三通阀指向加热回路，工质被加热之后流经液冷系统并对电池系统进行加热，当收到冷却指令时，三通阀指向换热器，工质被冷却之后流经液冷系统并对电池系统进行冷却。这种加热形式在实现较高升温速率的同时，将干烧温度控制在一个较低的水平，且大部分零部件与液冷系统共用。

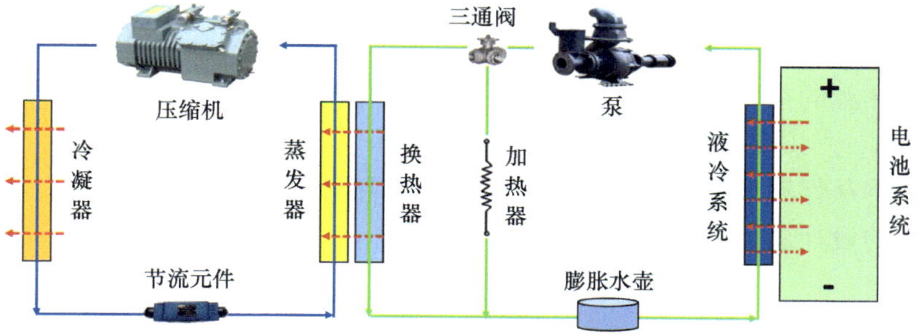

图 5-41　某液热系统原理图

与液冷系统相同，液热系统也包括外部热管理系统和内部热管理系统。外部系统主要为三通阀和加热器，三通阀一般为标准件，加热器目前有两种形式，电阻丝加热和 PTC 加热。内部系统与液冷系统共用，内部系统的零部件设计一般在液冷系统设计时完成。

液热系统进行单独设计时需要确定的参数主要是液冷系统冷却液的入口温度和冷却液流量。通常冷却液入口温度在 40~60℃范围内，冷却液流量为 10L/min。图 5-42 为某电池系统液热仿真分析结果，该电池系统对液热设计提出的功能性目标为电芯升温速率为 0.3℃/min，电芯之间的温差为 15℃，液热设计的冷却液入口温度为 40℃，冷却液流量为 10L/min，仿真结果显示电池升温速率为 0.42℃/min，电芯之间的温差为 4.9℃。

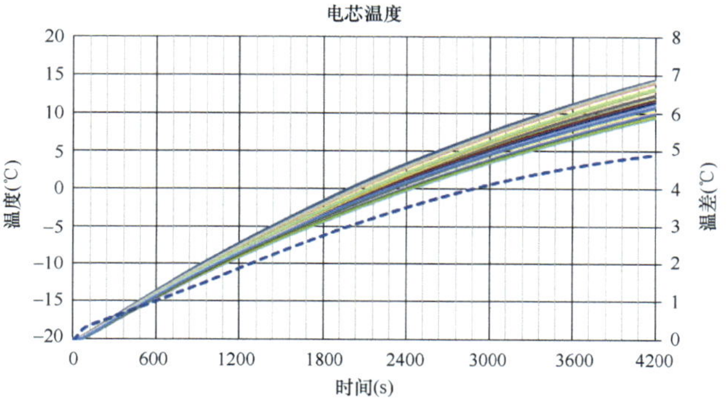

图 5-42　某电池系统液热电芯温度仿真结果

5.4 保温系统设计

当电池系统遇到低温环境和高温环境时，冷却系统和加热系统对电芯温度控制的作用固然很重要，但良好的保温系统确实是不可或缺的，它不仅能够提升冷却和加热的效率，而且还能在较大程度上减少热管理系统的能耗。

目前国内的电池系统中对保温的应用尚处于初期阶段，保温设计主要是为了隔离外部热源的热量，国外如特斯拉等公司的电池系统中有较为明晰的保温系统设计。

本节将从保温设计概述、模组保温设计和箱体保温设计三部分进行描述，对保温系统的设计进行一个初步的阐述。

5.4.1 保温设计概述

目前，行业内普遍上对于保温系统没有提出十分具体的设计目标，但有一些具有前瞻性的公司已经提出了自己的目标。国内某电池系统对保温系统设计提出的目标是：在非工作状态下，电池原始温度 40℃，长期暴露在–15℃环境下，电池单体最低温度降到 0℃的时间应大于等于 6 h。

保温设计主要是保温材料和隔热设计。表 5-10 列出了几种常见的保温材料及其对应的导热系数，对于保温材料来说，导热系数是评判保温效果的关键因素，导热系数越小，保温性能越好，相应的成本也就越高。隔热设计则主要从模组和箱体两个级别进行，接下来将分别对模组保温设计和箱体保温设计进行介绍。

表 5-10 常见的保温材料

材料	导热系数（W/m·K）
聚苯乙烯	0.08
隔热棉	≤0.034
气凝胶毡	0.017~0.023
真空隔热板	0.004

5.4.2 模组保温设计

一般情况下，电芯成组的第一个级别就是模组，因此模组级的保温设计也是比较重要。本节将以方形模组为例对模组的保温设计进行一个简单的介绍，对于软包模组和圆柱模组的保温设计方法，可以参考方形模组。

图 5-43 所示的是方形模组保温设计原理图，电芯与外界的热量交换大部分通过两条路径完成的，接下来将对这两条路径的保温设计进行逐一介绍。

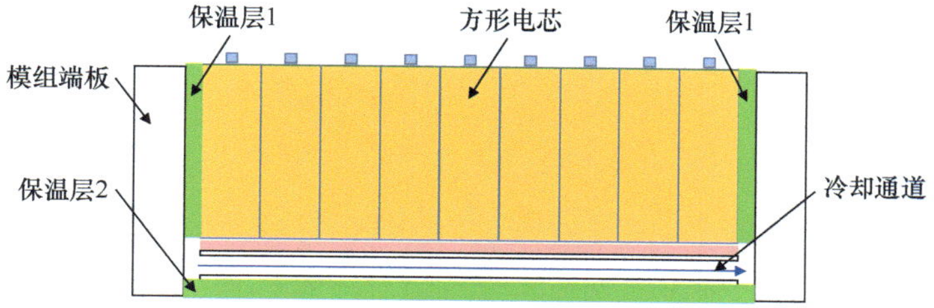

图 5-43 模组保温设计原理图

第一条路径是热量通过方形电芯的大面传递到模组端板，然后从模组端板传递给电池箱体，最后将热量传递给环境空气。这是一条可逆的路径，对于冷却为正向路径，对于保温为逆向路径。保温设计的思路是在这条传热路径上找到一个切入点，在这个切入点上进行保温设计，图 5-43 中所示的保温层 1 即是在这个切入点，在传热路径中加热保温层 1 之后，整个路径的换热效率将在很大幅度上降低，从而起到保温的作用。

第二条路径是热量通过方形电芯底面传递给冷却通道，然后通过冷却通道传递给电池箱体，最后将热量传递给环境空气，这条路径同样也是可逆的。设计的思路同样是在这条传热路径上找到一个切入点，在这个切入点上进行保温设计，图 5-43 中所示的保温层 2 即是在这个切入点，在传热路径中加热保温层 2 之后，整个路径的换热效率将在很大幅度上降低，从而起到保温的作用。

5.4.3 箱体保温设计

在 5.4.2 节“模组保温设计”中可以发现，电芯的热量最终都是通过电池箱体传递到环境空气中的，由此可以见电池箱体的保温设计十分重要。作为最终与环境空气换热的载体，目前箱体的保温设计相对来说较为简单，一般会在箱体上包裹一层保温材料。箱体的保温设计主要从两个方向开展：第一个方向是保温材料的选择，选择保温材料时一般关注的是两个参数，材料的导热系数和材料的反射率，导热系数的重要性毋庸置疑，反射率的重要性同样重要，一般保温材料选择银白色的材料以增强反射率；第二个方向是保温材料安装的位置，保温材料可以安装在箱体内部也可以安装在箱体外部，安装位置的选择主要是从安装便利性出发考虑的。

保温设计过程中保温材料的选择一般是根据保温设计目标和成本控制来定的。设计流程一般也是先进行方案设计，然后进行详细设计，然后进行仿真分析，最后通过实验验证。

5.5 热管的应用

热管因其极高的导热系数（其导热系数高于任何已知金属），已经广泛应用于航天、军工和电子行业。热管在电动汽车电池系统中的应用尚处于探索阶段，本节将对热管在电池系统中的应用作一个简单的介绍。

5.5.1 热管简介

热管是由美国洛斯阿拉莫斯（Los Alamos）国家实验室的乔治·格罗佛（George Grover）在1963年发明的，它利用的是工质在热管中的蒸发和冷凝的相变进行热量传递。

图5-44（a）所示的就是热管，它的内部结构如图5-44（b）所示，它由容器、wick和端盖组成，wick由毛细多孔材料构成，它的内部被保证一定的真空度，并充入适量的液体。图5-45所示的是热管的工作原理图，热管在蒸发端吸收热量之后，内部的液态工质发生相变蒸发成气态工质并吸走大量热量，随后气态工质向

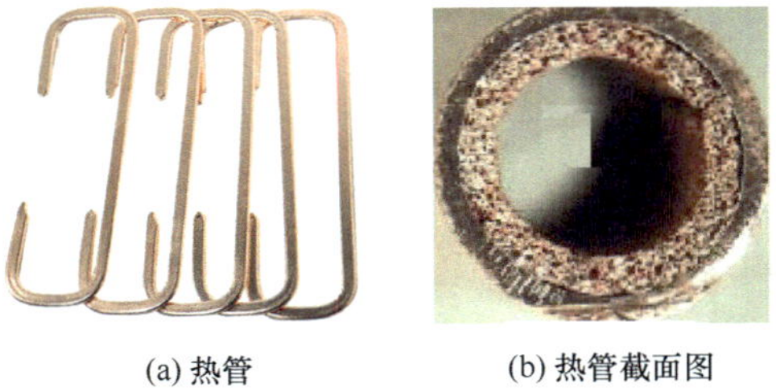

(a) 热管　　(b) 热管截面图

图5-44　热管示例

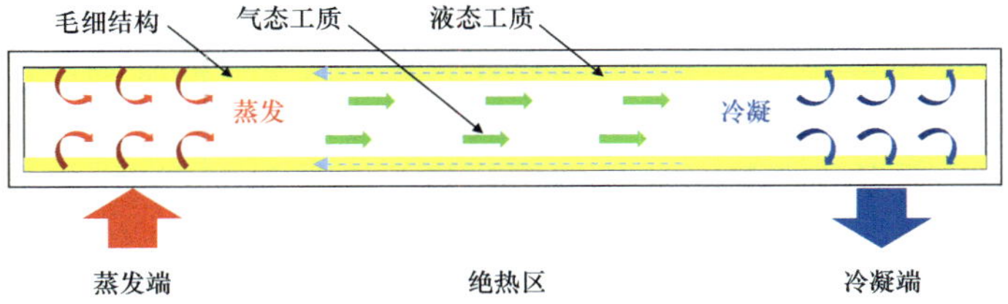

图5-45　热管原理图

冷凝端运动，到达冷凝端之后发生相变冷凝成液态工质，并释放出热量，液态工质最后在重力的作用下沿着管壁回流到蒸发端。

热管的传热是通过工质的相变来实现，它的导热能力超过已知的任何金属。热管的最主要的优点也是其强大的导热能力，但是它自身并没有散热能力，通常需要与散热翅片配合使用才能完成冷却作业。

5.5.2 热管在热管理系统中的应用

热管超高的导热性能是热管理系统考虑热管的最主要因素。基于热管的这个特性，在热管理系统设计过程中，热管可以作为优良的均温元件和超高导热体。图 5-46 所示的是热管作为均温元件的一个应用案例，图中银白色的金属部件为下箱体，热管纵横排列于下箱体上，模组置于热管上，由于热管超高的导热性能，电芯之间的温差很快会被热管抹平，从而起到均温的作用。

在热管理系统中，可以将热管作为超高导体将箱体内部的热量引到箱体外部，然后通过冷却手段将热量散入环境空气中。在图 5-47 所示的热管应用案例中，热管横跨电池箱体，热管一端与箱体内部的电芯接触并将电芯产生的热量吸收，另一端与箱体外部的散热通道相连并将从电芯处吸入的热量通过冷却工质散入环境空气中。这种应用的好处是可以避免冷却工质进入箱体内部，对于液冷系统来说可以避免冷却液在箱体内部的泄漏，对于风冷系统来说则可以实现风冷的 IP67 设计。

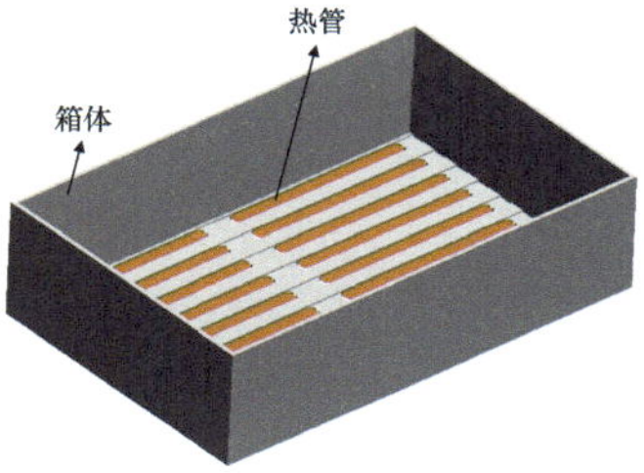

图 5-46 热管均温应用

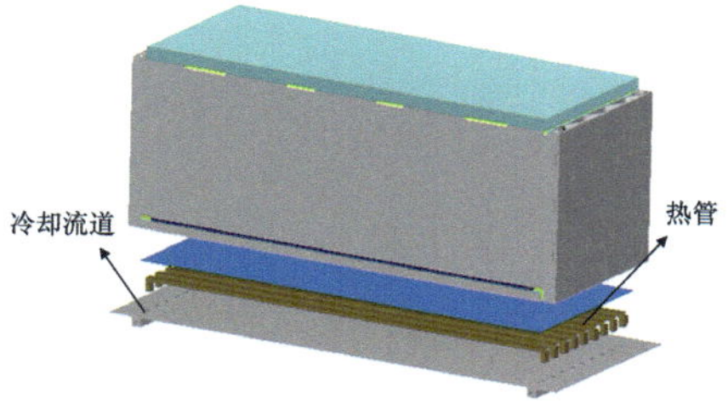

图 5-47 热管应用示例

5.5.3 热管应用注意事项

虽然热管具有超高的导热性能，但它仍然有它自己的局限性：第一个局限性是热管的使用具有方向性，如图 5-48 所示；第二个局限性是热管内部的毛细多孔材料还未经过汽车行业大规模应用的验证，需要验证其可靠性。

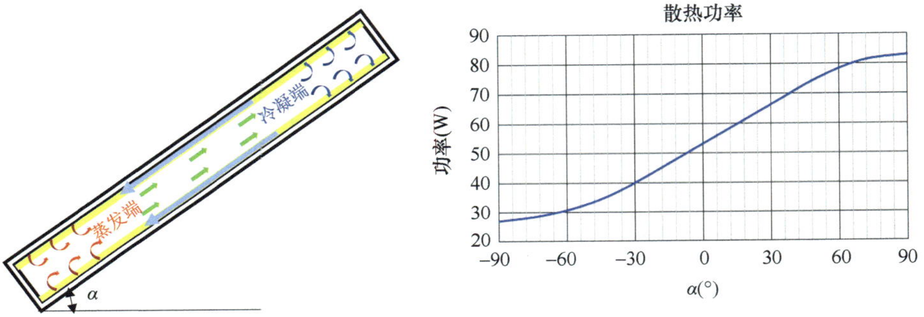

图 5-48　热管换热性能与安装倾角的关系

参 考 文 献

王芳, 夏军. 2016. 电动汽车动力电池系统安全分析与设计. 北京: 科学出版社

Ahmad A. Pesaran. 2002. Battery thermal models for hybrid vehicle simulations. Journal of Power Sources 110 (2): 377–382

Cai L, White R E. 2011. Mathematical modeling of a lithium ion battery with thermal effects in COMSOL Inc. Multiphysics (MP) software. Journal of Power Sources, 196(14): 5985-5989

Ling Ziye, Chen Jiajie, Fang Xiaoming, et al. 2014. Experimental and numerical investigation of the application of phase change materials in a simulative power batteries thermal management system. Applied Energy, 121(15): 104-113

06

动力电池系统结构仿真分析

6.1 电池系统结构优化

结构优化主要包括拓扑优化、形貌优化、尺寸优化、形状优化、复合材料织物铺成角度和铺成顺序优化等。拓扑优化、形貌优化属于前期概念设计阶段的工作；尺寸优化、形状优化以及复合材料织物铺成角度和铺成顺序优化用于详细设计阶段，为设计者提供精细化设计指导。

6.1.1 结构拓扑优化

1. 结构拓扑优化概念及方法

拓扑优化就是在限定的设计空间里，以最少的材料获得最佳结构性能。目前，连续体拓扑优化设计的主要方法包括：均匀化法、变密度法、ESO 法等。

变密度法是受均匀化方法的启发，人为引入一种密度可变的材料作为设计变量，从而将拓扑优化问题变成材料的最优分配问题，因其原理简单，相对均匀化方法设计变量少等优点逐渐成为拓扑优化领域的主要应用方法。

本书优化案例选用变密度方法，以结构的柔度 C 最小为目标，以体积为约束条件，对电池系统结构进行拓扑优化设计。

2. 电池系统结构拓扑优化模型

由文献可知，柔度定义：

$$C = \boldsymbol{U}^{\mathrm{T}} \boldsymbol{F} \tag{6-1}$$

式中，$\boldsymbol{U}$ 为节点位移，$\boldsymbol{F}$ 为载荷向量，C 为结构柔顺度。结构在 $\boldsymbol{F}$ 不变的情况下，柔顺度越小，变形越小，又根据胡克定律有

$$\boldsymbol{F} = \boldsymbol{KU} \tag{6-2}$$

式中，$\boldsymbol{K}$ 为结构刚度矩阵，将公式（6-2）代入（6-1）中，可得

$$C = \boldsymbol{U}^{\mathrm{T}} \boldsymbol{KU} \tag{6-3}$$

SIMP 方法是变密度法插值理论的一种，通过引入惩罚因子解决介于 0 和 1 之间的材料问题。变密度法存在两个假设：①将单元中材料的属性认定为常数，设计变量为单元的相对密度（x_e），假如优化前单元密度为 ρ_0，则 ρ 为优化后的单元的密度，则有 $\rho = x_e \rho_0$；②假设材料属性为设计变量，$\boldsymbol{K}_0$ 是单元的初始刚度矩阵，则有 $\boldsymbol{K}_e = (x_0)^{\mathrm{P}} \boldsymbol{K}_0$。由以上两个假设可得，以结构的柔顺度最小为目标函数，体积为约束条件，可得拓扑优化数学模型：

$$\boldsymbol{X}=(x_1,x_2\cdots x_N)^{\mathrm{T}}$$

$$\text{Minimize}\quad C(x_e)=\sum_{e=1}^{N}(x_e)^{\mathrm{p}}\,\boldsymbol{u}_e^{\mathrm{T}}k_0\boldsymbol{u}_e$$

$$\text{Subject to}\quad \begin{cases} f=\dfrac{V_0-V}{V_{\mathrm{o}}},V=\sum\limits_{e=1}^{N}x_e v_e \\ 0<x_{\min}\leqslant x_e\leqslant x_{\max}\leqslant 1 \end{cases} \tag{6-4}$$

式中，f 为材料的去除率，一般为 0～1 之间的数；V 为优化后的体积；V_0 为原始体积；e 为单元编号；$x_{\max}$ 为单元密度上限，$x_{\min}$ 为单元密度下限；p 为惩罚因子。在优化过程中，当 x_{e} 接近 $x_{\max}$ 时，该单元保留，反之，接近 $x_{\min}$ 时，则该单元去除，直到满足体积约束条件为止。

3. 电池系统结构拓扑优化案例介绍

电池系统结构拓扑优化一般是在产品的概念设计阶段进行的，产品工程师需要与客户对接，确定电池系统的外包络、可布置固定点的区域、电池系统可行性方案、模组在包络中的布置。图 6-1 为某电池包的拓扑优化模型，红色模块为电池模组，两侧紫色为固定点优化区域，灰色为下箱体的优化区域。除模组材料外，所有优化区域材料均为钢。

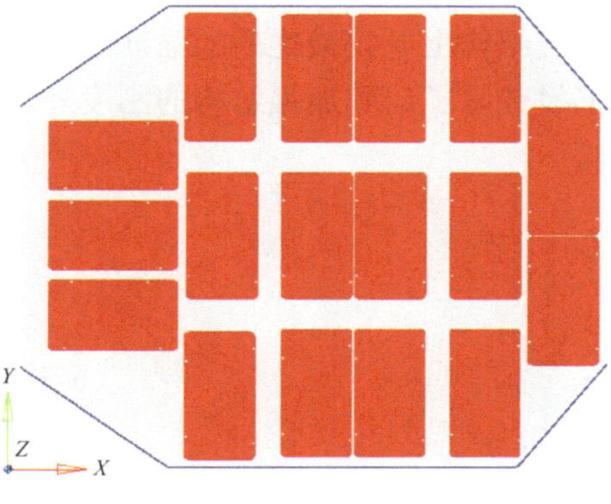

图 6-1　拓扑优化模型

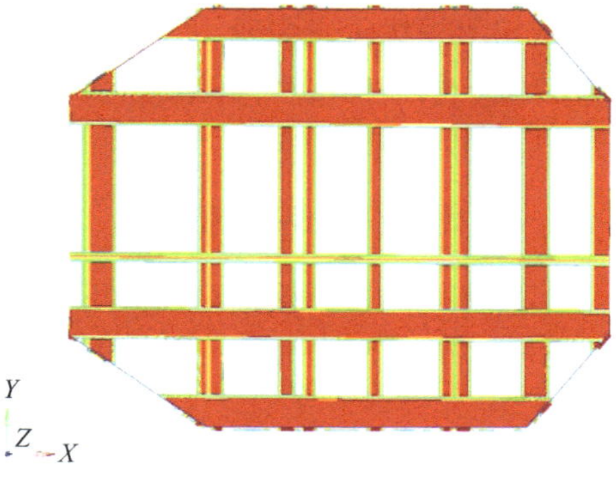

图 6-2　拓扑优化结果

边界条件：电池包两侧紫色固定点优化区域全部固定，6 个方向（±X、±Y，±Z）分布加载 30g 等效静态载荷。以结构的柔度最小为目标，同时约束优化区域的体积，只保留 30%的初始体积。经过迭代运算，得到如图 6-2 所示的优化结果。

基于拓扑优化结果进行结构详细设计，并考虑实际电池包内部线束走线、电气间隙等因素，需要做些避让，最终得到电池包下箱体加强筋分布设计如图 6-3 所示。

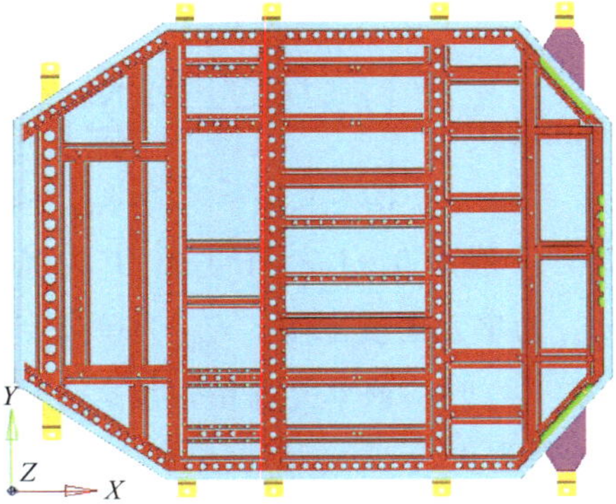

图 6-3　电池包下箱体加强筋设计

除了考虑静载荷工况外，还可以基于挤压载荷工况来进行拓扑优化，这样可以将静载荷工况和挤压载荷工况下得到的拓扑优化结果进行叠加，从而得到最优的加强筋布置设计方案。

6.1.2 电池壳体结构形貌优化

结构形貌优化主要应用于板壳结构，在板壳结构上寻找最优的加强筋形状和布置位置，例如电池包的上盖，上盖的加强筋设计除了起到加强结构的刚度外，还可以提升产品的外观。

1. 形貌优化数学模型

形貌优化的数学模型可以如下描述：

$$\boldsymbol{e}_i=(e_1,e_2,e_3,\cdots,e_N)^{\mathrm{T}} \tag{6-5}$$

$$\text{Minimize}\quad C=\boldsymbol{U}^T K(\boldsymbol{e}_i)\boldsymbol{U}$$

$$\text{Subject to } 0\leqslant \boldsymbol{e}_i\leqslant D$$

式中，$\boldsymbol{e}_i$ 为单元节点在给定设计空间的位移，位移的方向可以是单元法向（负方向），也可以指定全局坐标方向；C 为结构的柔度；$\boldsymbol{U}$ 为载荷工况下单元节点的位移；K（$\boldsymbol{e}_i$）为优化单元节点位移后的结构刚度；$\boldsymbol{D}$ 为给定的单元节点移动的上限值。

2. 形貌优化案例

图 6-4 所示为一款电池箱上盖初始设计，长度为 1075 mm，宽度为 740 mm，

钣金厚度 1 mm，经计算上盖的 1 阶共振频率为 16 Hz，没有达到设计目标要求（>30 Hz）。

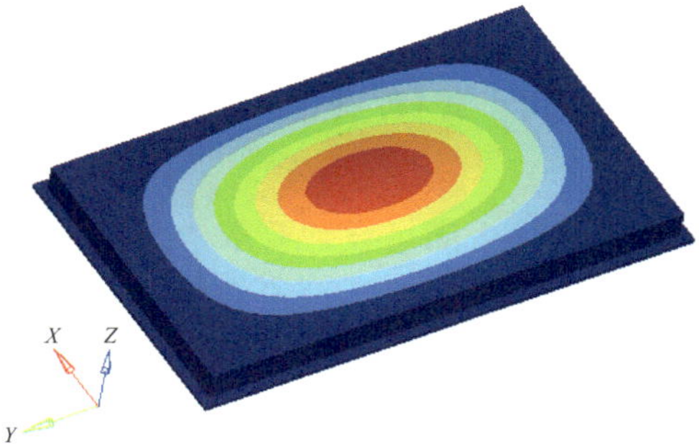

图 6-4　上盖的第 1 阶阵型（16Hz）

图 6-5　上盖的形貌优化模型

为了提升上盖的 1 阶频率，对其进行形貌优化设计，优化模型如图 6-5 所示，其中蓝色区域为优化区域，橙色区域为非优化区域，约束上盖翻边。优化目标是结构柔度最小，约束模型的 1 阶频率>35 Hz；定义起筋高度≤5 mm，起筋的角度设为 60°，筋的最小宽度一般需根据工艺确定，本模型设置为 15 mm。经求解计算，优化后的结果如图 6-6 所示。

图 6-6　优化后的形貌

优化后的上盖频率直接从 16 Hz 提升到了 47 Hz，优化效果非常明显。

6.1.3 其他优化方法简介

尺寸优化主要用于详细结构设计阶段，是种很成熟的优化方法，主要通过改变结构参数如壳的厚度、梁单元的截面参数、材料的弹性模量、复合材料的铺层厚度和铺层角度等来以最少的材料达到最佳结构刚度的设计目标。

形状优化主要用于详细结构设计阶段，该方法是指在给定结构特征的基础上，改变设计区域的边界和形状，寻求结构最佳边界和几何形状，主要应用于优化应力集中、优化结构刚度和减轻结构重量等方面。

6.2 动力电池系统结构强度仿真

结构强度仿真主要用于校核结构强度和刚度是否满足设计要求，是现代结构设计过程常用的手段。结构强度仿真涉及的知识主要包括理论力学、材料力学、工程力学、有限元理论等，下面对一些基本概念进行简要介绍。

6.2.1 弹性变形体的基本假设

材料力学是以变形固体的宏观力学性质作为基础，并不涉及其微观结构，所以，在进行理论分析时，为了使问题得到简化，可以取弹性变形体作为材料力学中研究对象的理想化模型，但必须作出以下三个基本假设：

1）假设组成结构的固体物质是连续、毫无空隙地充满了固体的体积；

2）假设物体内部各部分的材料性质都是完全相同的；

3）假设在固体的任意一点的各个方向都具有相同的材料性质。

当对构件进行强度、刚度、稳定性等力学方面的研究时，一般在弹性变形范围内将材料看作均匀、连续、各向同性的弹性变形体。实践证明，在此基础上建立起来的分析理论和分析计算结果是能够满足工程设计需要的。

6.2.2 应力应变基本概念及关系

当直径为 d 的圆棒，在承受拉力为 F 的载荷时会引起圆棒变形而伸长，如图 6-7 所示。

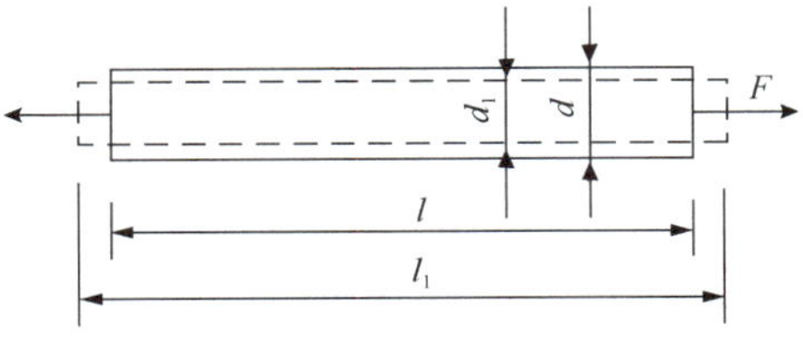

图 6-7 圆柱试棒拉伸变形示意图

假设原始长度为 l，受力变形之后的长度为 l_1，则变形量为 $\Delta l = l_1 - l$，则应变为

$$\varepsilon=\frac{\Delta l}{l} \tag{6-6}$$

由图 6-7 可知，除了轴向有变形外，横向也是有变形的，横向产生的应变为：

$$\varepsilon'=\frac{d_1-d}{d} \tag{6-7}$$

而横向线应变与纵向线应变之比的绝对值为常数，此常数称为泊松比，其表示如下：

$$\mu=\left|\frac{\varepsilon'}{\varepsilon}\right| \tag{6-8}$$

而此杆在承受拉力为 F 时，杆的应力 δ 可表示如下：

$$\delta=\frac{F_{拉压}}{A} \tag{6-9}$$

如图 6-8 所示的受力情况，圆柱试样承受如下所示的载荷，载荷与受力截面平行，此类载荷与前面所述拉伸载荷不同，承受此载荷会使这两个平行面间的任一（平行）横截面产生错动变形，此变形称为剪切变形。

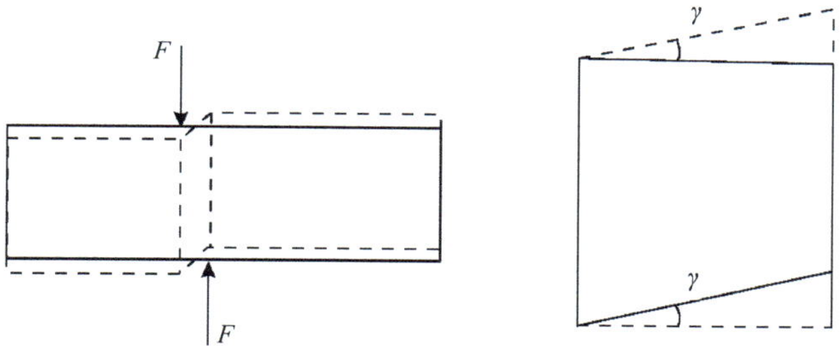

图 6-8　圆柱试棒剪切变形示意图

承受剪切载荷所产生的剪切力可表示如下：

$$\tau=\frac{F_{剪切}}{A} \tag{6-10}$$

承受剪切载荷所产生的角变形量即为剪切应变，可表示如下：

$$\gamma\approx\tan\gamma \tag{6-11}$$

单向应力状态下线弹性阶段的应力应变关系服从虎克定律，即有

$$\delta=\varepsilon E \tag{6-12}$$

式中，E 为材料的弹性模量，将其推广到一般应力状态下各向同性材料下的广义虎克定律，如式（6-13）所示：

$$\begin{cases}\varepsilon_x = \dfrac{1}{E}\left[\sigma_x - \mu\left(\sigma_y + \sigma_z\right)\right] \\ \varepsilon_y = \dfrac{1}{E}\left[\sigma_y - \mu\left(\sigma_x + \sigma_z\right)\right] \\ \varepsilon_z = \dfrac{1}{E}\left[\sigma_z - \mu\left(\sigma_x + \sigma_y\right)\right] \\ \gamma_{xy} = \dfrac{1}{2G}\tau_{xy} \\ \gamma_{yz} = \dfrac{1}{2G}\tau_{yz} \\ \gamma_{zx} = \dfrac{1}{2G}\tau_{zx}\end{cases} \tag{6-13}$$

以上即为材料在线弹性阶段的材料本构关系。

当冲击引起塑性变形时，文献中有研究运动物体对杆端的纵向冲击问题，如图 6-9 所示，一个质量为 m 的大物体沿轴向撞击杆端，物体的初始速度为 $\dot{u}$，在任一时刻 t，应力波传入杆一定的距离，由于连续条件，被撞击的杆端部位移的距离等于杆的端部总的伸长，即有

$$\dot{u}t = \varepsilon l \tag{6-14}$$

应力波的传播速度为 $c = l/t$，则方程（6-14）变为

$$\varepsilon = \frac{\dot{u}}{c} \tag{6-15}$$

故有

$$\delta = \varepsilon E = E\frac{\dot{u}}{c} \tag{6-16}$$

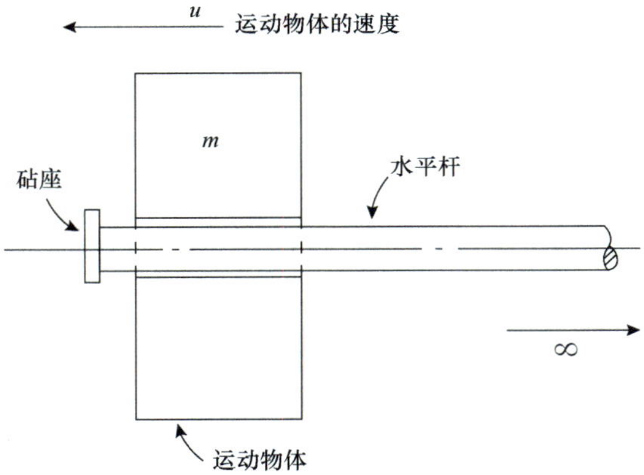

图 6-9　运动物体对杆端的纵向冲击

上述为线弹性情况，当某点的应力超过材料的屈服强度时，显然式（6-12）～（6-16）是不适用的，对弹性情况先进行微分，基于微分结果进行扩展是可以得到塑性变形时的本构方程。首先对弹性情况的微分方程为

$$E\frac{\partial^2 \boldsymbol{u}}{\partial x^2}=\rho\frac{\partial^2 \boldsymbol{u}}{\partial t^2} \tag{6-17}$$

式中，$\boldsymbol{u}$ 是位移，ρ 为密度，应力波的传递速度 $c=\sqrt{\dfrac{E}{\rho}}$。

式（6-17）中的弹性模量 E 是在初始线弹性范围内的应力应变关系曲线的斜率，当有塑性变形时，可用 $\partial\delta/\partial\varepsilon$ 来替代 E，则可以确定应力应变曲线任一位置处的斜率，因此方程（6-17）可以变为

$$\frac{\partial\delta}{\partial\varepsilon}\frac{\partial^2 \boldsymbol{u}}{\partial x^2}=\rho\frac{\partial^2 \boldsymbol{u}}{\partial t^2} \tag{6-18}$$

当材料中的某一点应力超过屈服极限进入塑性状态时，需要通过相关试验获得材料的应力应变关系，如图 6-10 所示为单向拉伸应力应变关系曲线。

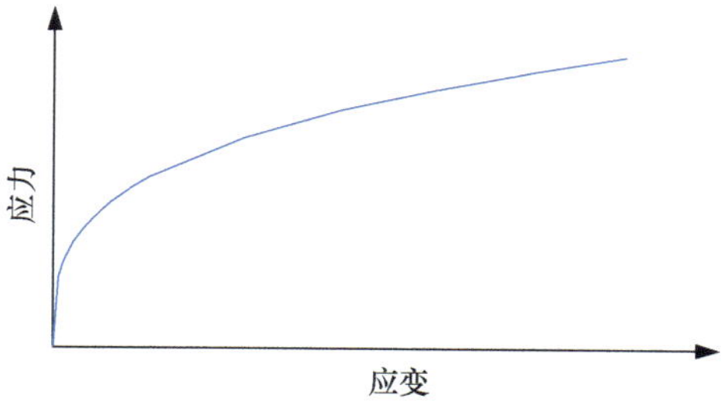

图 6-10　单向拉伸应力应变关系曲线

塑性应力与应变关系包括以下几个特点：

1）应力与应变之间是非线性关系；

2）塑性应变是不可逆的，且应力应变关系不是唯一对应。即一个应力可以对应多个应变状态，同时一个应变也可以对应多个应力状态，与加载路径或者加载历史相关；

3）塑性应变时，材料的体积认为是不变的。

6.2.3 材料模型

在复杂应力状态下，材料的应力与应变的本构关系可以归结为函数的关系：

$$\bar{\delta} = f(\bar{\varepsilon}) \tag{6-19}$$

这种函数关系一般与材料特性、结构的变形相关，与应力的状态无关。根据强度理论可知，可选择单向应力状态来建立这种函数关系。单向均匀拉伸或者压缩试验是反映材料力学行为的基本试验，材料开始进入塑性变形的应力称之为屈服应力，在屈服之前，应力与弹性应变呈线性关系，可参考式（6-12）。一般材料在进入塑性状态后，继续变形将会产生强化，卸载后再加载时，材料的屈服应力将增加，这种不断更新的屈服应力称为后继屈服应力，通过试验获得的真实应力-应变曲线一般都是非线性关系。

常用的材料本构模型有理想弹塑性材料模型、幂指数硬化材料模型、刚塑性线性硬化材料模型、弹塑性线性硬化材料模型等。Crushable 材料模型，此为泡沫类材料或者近似泡沫类材料常用到的材料本构模型，在 LS-Dyna 里面的材料模型为 MAT63 号或者 MAT163 号，除了需要定义密度、初始弹性模量和泊松比外，还需要输入名义应力-体积应变曲线（图 6-11），且曲线输入可以基于不同应变率。此模型可以用来模拟裸电芯受挤压变形时的本构关系。

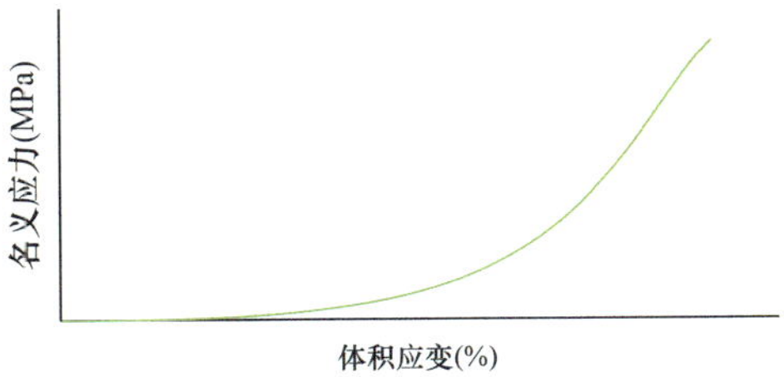

图 6-11 名义应力-体积应变曲线

6.2.4 冲击分析

1. 半正弦脉冲冲击及其响应介绍

冲击响应是指结构在承受一定的冲击后，其在载荷作用下所产生的响应，结构所产生的响应大小与系统的固有频率、冲击载荷频率和阻尼相关。冲击响应图谱的横坐标是频率，纵坐标是最大加速度响应值。

在介绍冲击响应谱时，先介绍一下单自由度系统，如图 6-12 所示，其中 $F(t)$ 为单自由度系统的基础激励（输入加速度），K 为单自由度系统的等效刚度，C 为单自由度系统的阻尼系数，M 为等效质量。

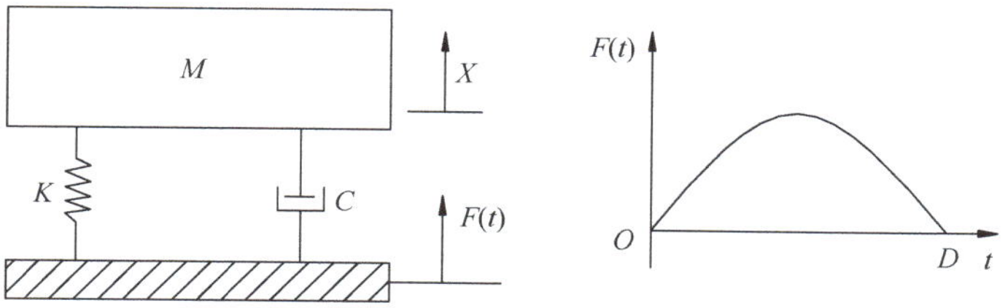

图 6-12 单自由度系统

其数学表达式：

$$[M]\{\ddot{x}\}+[C]\{\dot{x}\}+[K]\{x\}=\{F(t)\} \qquad (6\text{-}20)$$

此即为牛顿第二定律。

电池 Pack 结构虽然零部件很多，结构复杂，但从本质来讲，还是可以近似为由许多单自由度系统组成的复杂系统，每一个固有频率对应一个单自由度系统。电池 Pack 的等效单自由度系统见图 6-13。在同一冲击载荷条件下，系统的每一个固有频率对应的响应加速度是不一样的，且冲击响应谱具有一定的规律。

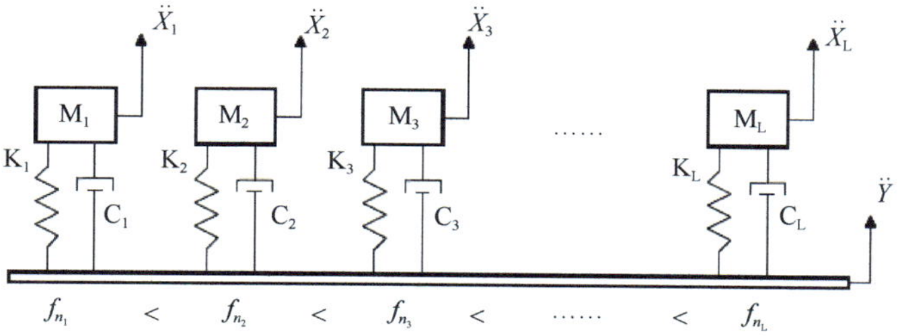

图 6-13 电池 Pack 的等效单自由度系统

根据牛顿定律，对于尖峰脉冲输入，单自由度系统的冲击响应为

$$a_{\text{maxresp}}(t)=2\pi f_n\Delta V\sin(2\pi f_n t) \qquad (6\text{-}21)$$

当 $\sin(2\pi f_n t)=1$ 时，响应峰值为：$a_{\text{maxresp}}=2\pi f_n\Delta V$，式中 ΔV 表示加速度变化率，$\Delta V=\dfrac{1}{2}a_{\text{maxinput}}D$，此计算公式适用于持续时间短的冲击输入。

半正弦脉冲冲击响应谱具有如下特性，如图 6-14 所示。f_n 为系统结构固有频率，D 为冲击载荷持续时间。

1）当 $f_nD<0.3$ 时，系统的冲击响应最大值小于冲击脉冲的峰值加速度，即当 $\dfrac{a_{\text{maxresp}}}{a_{\text{maxinput}}}<1$。因此此段区域的响应可以采用公式（6-21）来预测。

2）当$0.3 < f_n D < 10$时，系统的冲击响应值大于冲击脉冲的幅值，在此区间内冲击响应具有放大作用，即$1 \leqslant \dfrac{a_{\text{maxresp}}}{a_{\text{maxinput}}} < 2$。

3）当$f_n D \geqslant 10$时，$\dfrac{a_{\text{maxresp}}}{a_{\text{maxinput}}} \approx 1$。

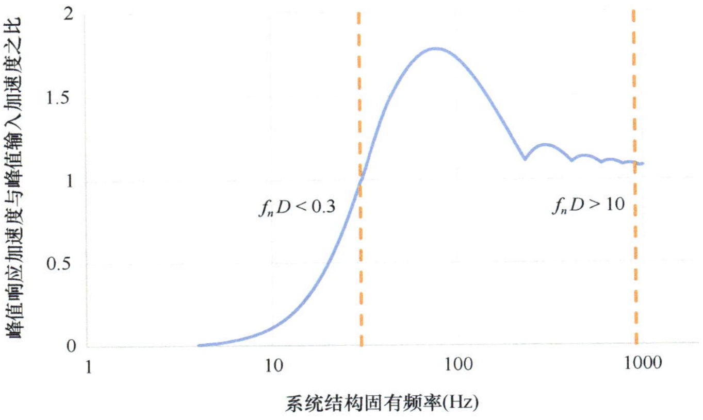

图 6-14　半正弦冲击响应谱

2. 冲击分析案例解析

对于电池系统来说，其结构强度需要满足设计的要求，其中国标是每个电池包必须要满足的条件，参考 GB/T 31467.3 第 7.3 节，电池包需要满足 Z 向 25g，15 ms 的载荷（3 次冲击），根据冲击响应谱的特点可知，基于 25g，15 ms 冲击载荷，结构的固有频率设计最好避开共振点（50 Hz 左右）。

下面以大巴标准 C 箱为例（图 6-15），基于 25g,15 ms 冲击载荷，考察不同的共振频率下结构的响应情况，如图 6-16 所示，从图中可以看出，在结构共振频率为 49.5 Hz 时，箱底底部中间横梁上某点处的响应加速度最大，将共振频率提升或者减小都会改善结构的峰值响应加速度，说明基于此冲击响应谱规律进行结构设计是非常有效的，可避免结构出现共振破坏的情况。

3. 模拟碰撞

模拟碰撞与冲击载荷的加载比较相似，如图 6-17 所示，从载荷特点来看，模拟碰撞的持续时间比较长，其冲击载荷频率比较低（5 Hz 左右），在结构固有频率接近 10 倍的冲击载荷频率（50 Hz）时，响应输出等于输入加速度，因此一般模拟碰撞失效的概率比较小。

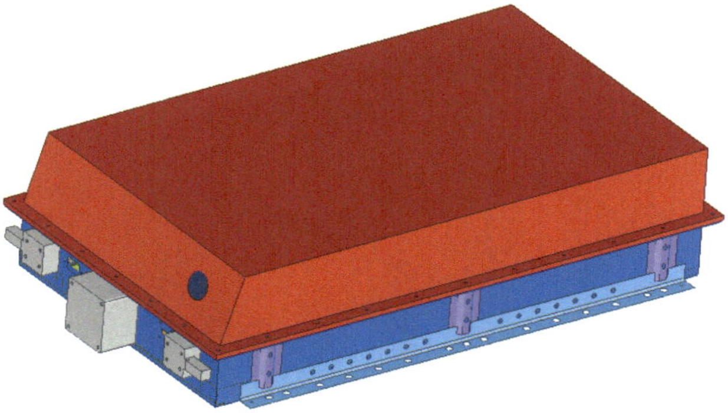

图 6-15 大巴车标准 C 箱

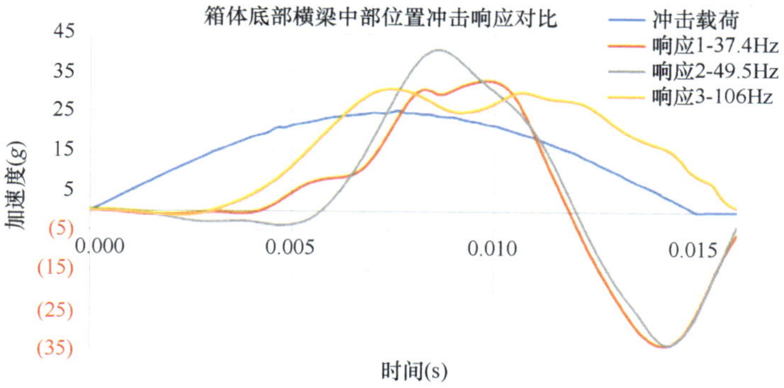

图 6-16 不同共振频率下结构的加速度响应

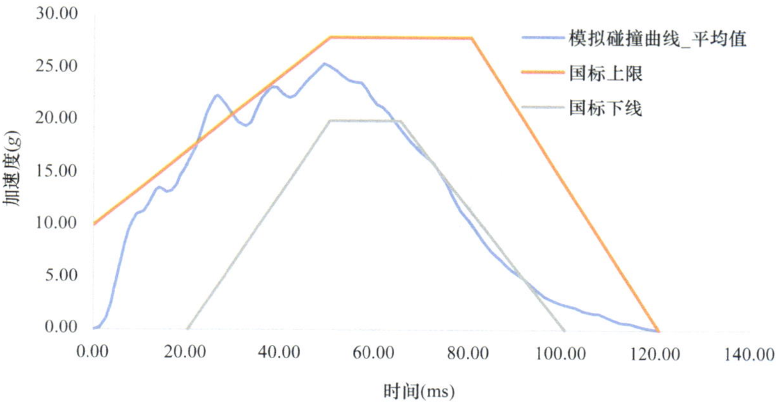

图 6-17 模拟碰撞载荷

6.2.5 挤压仿真分析

电池包的挤压仿真重点在于模组模型的搭建，其中电芯具有非常复杂的结构，且裸电芯是各向异性的结构，电芯的结构如图 6-18 所示。

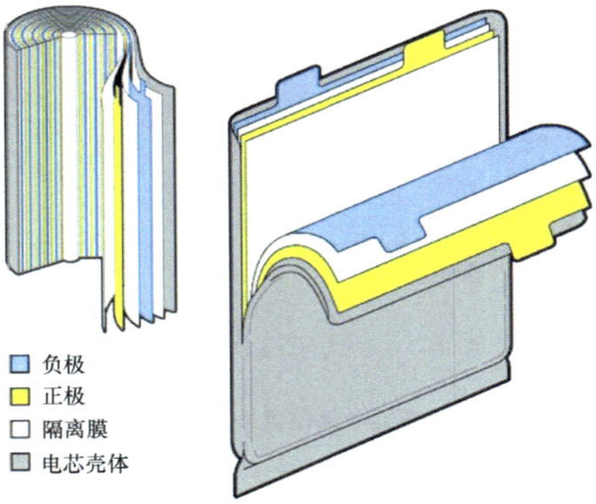

图 6-18 电芯结构示意图

其中，正极和负极极片上面涂有活性材料，这些活性物质为多孔材料，间隙被电解液填充。文献有研究软包电池，其中阴极极片、阳极极片、隔离膜的厚度属于微米级，分别对极片和隔膜进行压缩试验，曲线如图 6-19 所示。如果在 Pack 级将电芯模型完整地建立起来，网格规模和计算量将非常之庞大，因此有必要对电芯的特性单独进行研究，找到一个合适的材料本构模型来对其进行近似，然后扩展至整个 Pack 仿真建模。通过对电芯进行横向挤压研究发现，力随压缩量的曲线关系如图 6-20 所示，在有外壳和没有外壳的情况下，曲线基本一致。

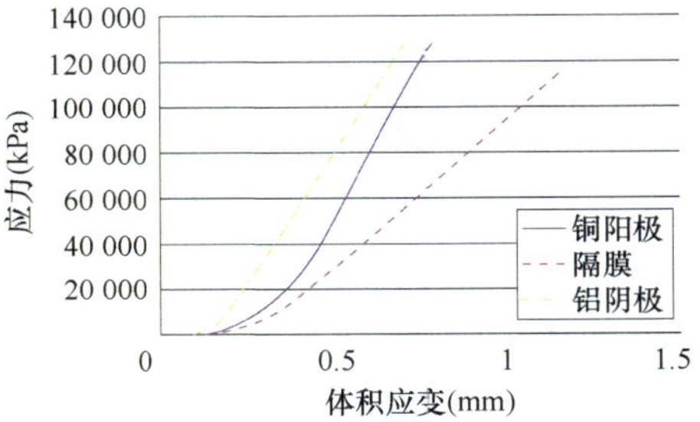

图 6-19 极片、隔膜的应力-体积应变曲线

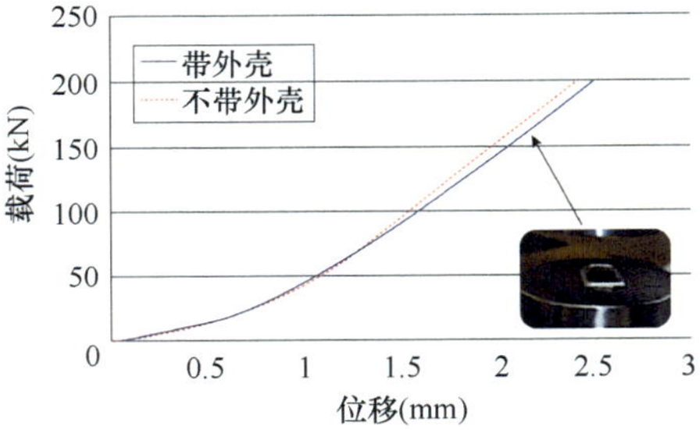

图 6-20 带外壳和不带外壳的载荷-位移曲线

针对圆柱电芯，文献有对 18650 电芯的钢壳和卷绕裸电芯进行研究，先确定

钢壳的应力-应变曲线（图 6-21），采用 Crushable 材料本构模拟裸电芯，图 6-22 为 18650 圆柱电芯挤压仿真与测试对比，由对比可知，仿真与实测基本一致。

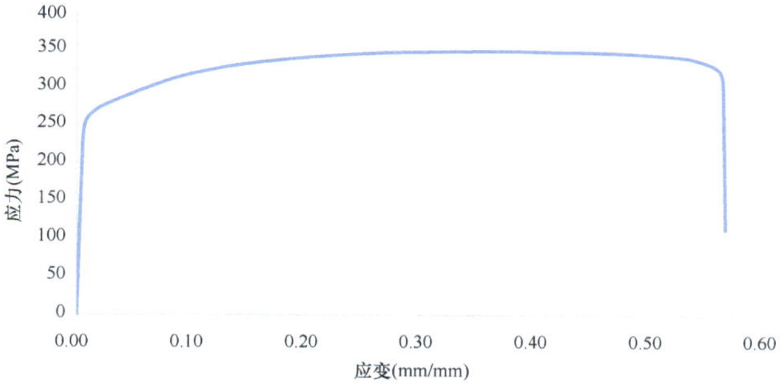

图 6-21　18650 钢壳-应力应变曲线

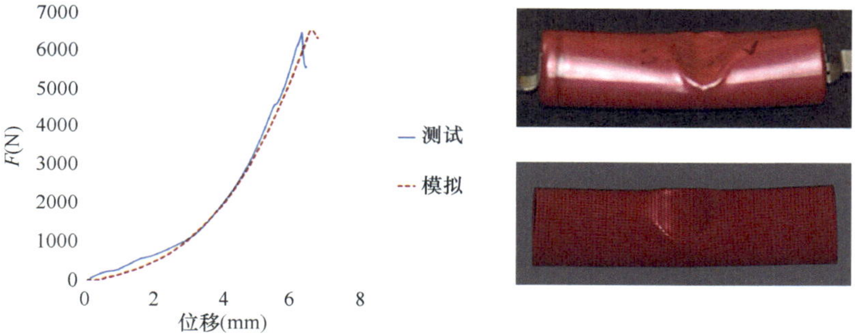

图 6-22　仿真与测试对比

以某一款电池包为例来介绍 Pack 系统挤压仿真，如图 6-23 所示，此款电池包采用的是 18650 电芯，模组的模型如图 6-24 所示。

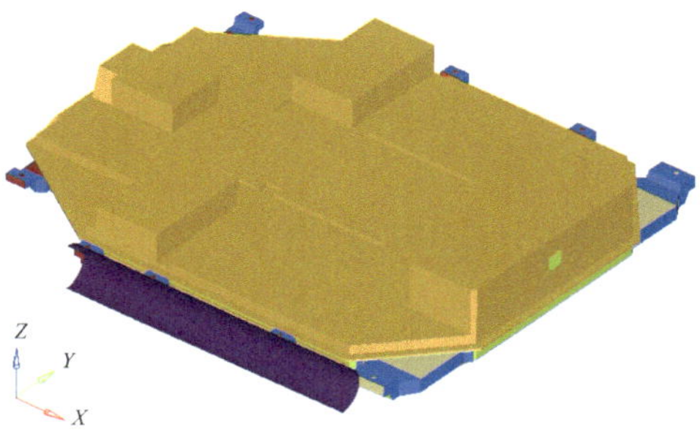

图 6-23　某电池包挤压模型

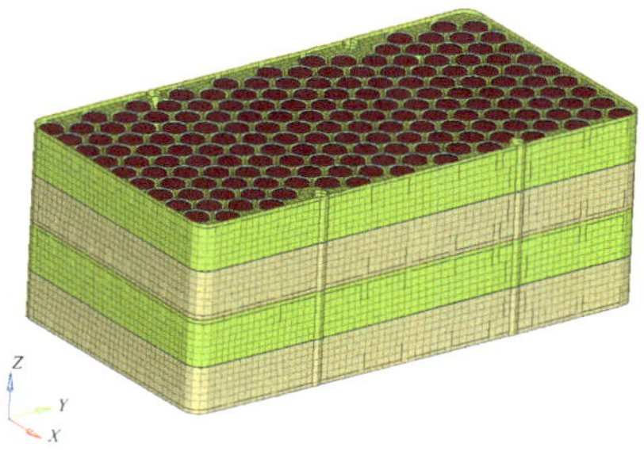

图 6-24　模组模型

在挤压力达到200 kN时，其中变形最严重的电芯如图6-25所示，变形量为15.6%，目前主流电芯的挤压变形量安全阈值在30%，超过30%则存在较大的风险。电池包的整体变形如图6-26所示，图6-27所示为仿真分析结果与测试结果的对比，仿真分析与实测结果基本一致，说明此裸电芯本构模型能够预测实际电池包挤压测试情况。

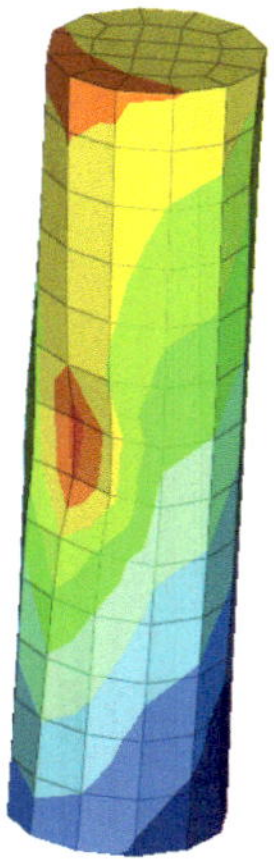

图6-25　电芯变形图

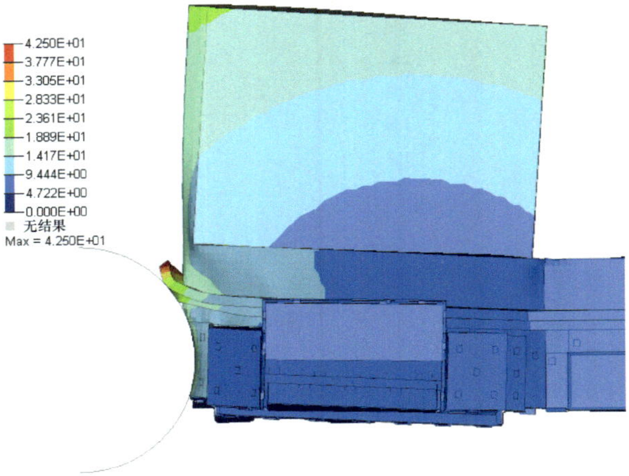

图6-26　电池包整体变形图

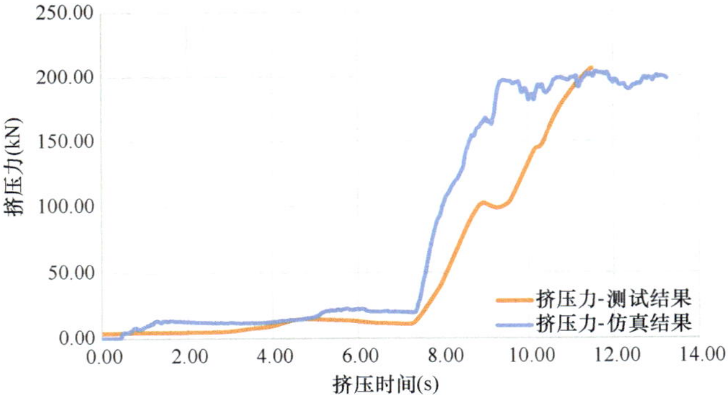

图6-27　电池包仿真结果与测试结果对比

6.3　动力电池系统振动疲劳仿真

6.3.1　疲劳理论介绍

1. 疲劳的概念及类型

在某点或某些点承受扰动应力，且在足够多的循环扰动作用之后形成裂纹或完全断裂的材料中所发生的局部永久结构变化的发展过程，称为疲劳。提到“疲劳”就会联想到“寿命”。寿命的定义是这样的：足够多的扰动载荷作用之后，从高应力或高应变的局部开始形成裂纹，直至到达临界尺寸而发生完全断裂，最后的断裂，标志着疲劳过程的终结，这一发展过程所经历的时间或扰动载荷作用的次数，称为“寿命”。如图 6-28 所示为关于循环应力与循环次数的介绍。循环的应力幅 S_a、平均应力 S_m 以及应力比 R 表示如下：

$$S_a = \frac{S_r}{2} = \frac{S_{max} - S_{min}}{2} \tag{6-22}$$

$$S_m = \frac{S_{max} - S_{min}}{2} \tag{6-23}$$

$$R = \frac{S_{min}}{S_{max}} \tag{6-24}$$

从裂纹扩展的角度，疲劳可以分为高周疲劳和低周疲劳，高循环疲劳裂纹扩展规律可利用线弹性断裂力学方法研究；低循环疲劳裂纹扩展规律一般采用弹塑性断裂力学方法研究。在现代工业中，80%以上的机械破坏都属于疲劳失效。从疲劳的基本概念可以看出，疲劳具有以下几个特点：

1）导致结构发生疲劳失效的外因是扰动应力，即循环载荷，常见的循环载荷有恒幅值循环、变幅值循环以及随机振动载荷；

2）疲劳往往发生在高应力或者高应变的局部区域；

3）结构在承受足够多的扰动载荷之后，才会慢慢形成裂纹或者完全断裂。

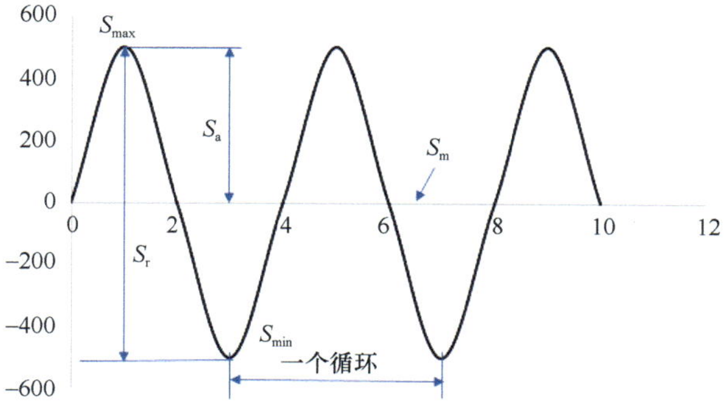

图 6-28 循环应力与循环次数

2. 材料的 *S-N* 曲线

结构在发生疲劳失效前所经历的应力或者应变循环次数称为循环疲劳寿命，一般用 N 表示，试样的疲劳寿命取决于材料的疲劳性能和载荷水平，如图 6-29

所示为结构所承受的三种常见典型载荷：恒幅载荷、变幅载荷以及随机振动载荷。一般地，载荷越低，试件的疲劳寿命越长；反之疲劳寿命越短。这种载荷水平与循环寿命之间的关系能够通过曲线绘制出来，被称为 *S-N* 曲线，也称为维勒曲线，如图 6-30 所示为钢材的 *S-N* 曲线，循环寿命＜10^3 次的疲劳称为低周疲劳，循环寿命在10^3 ～10^6 次为高周疲劳，循环寿命超过10^6 次为永久疲劳或极限疲劳。当然，低周疲劳与高周疲劳之间的界限以及永久疲劳的界限不能由特定循环次数来定义，钢和铝的就不一样。S_{1000} 表示疲劳寿命为 1000 次的疲劳应力幅，S_{be} 表示永久疲劳应力幅。

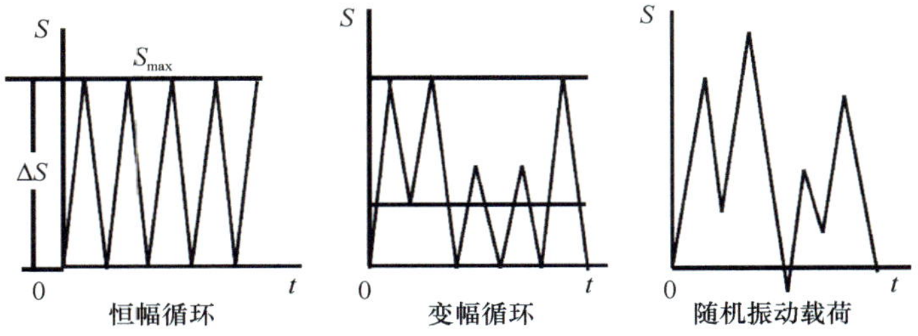

图 6-29　疲劳载荷类型

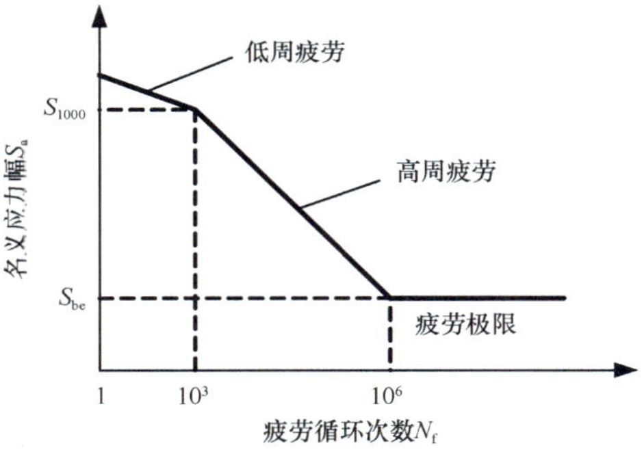

图 6-30　金属材料的应力-寿命曲线

3. 疲劳累积损伤理论

Miner 疲劳损伤累积理论的基本假设：在任何循环应力载荷下结构都将产生疲劳损伤，疲劳损伤的程度与在该应力水平下的工作循环次数有关，与载荷的加载顺序无关，不同应力幅循环下所产生的总损伤等于每个应力水平下的损伤之和。

假设在应力 δ_i 下材料达到破坏的循环次数为 N_i，设 D 为最终断裂时的临界值，根据 Miner 理论，应力 δ_i 水平下每循环一次对材料的损伤为 D/N_i，则经过 n_i

次后，对应的材料累积损伤为 $n_i D / N_i$。当各种对材料的损伤综合达到临界值 D 时，材料即发生破坏，理想情况下 D 为 1，即可表示为如下公式：

$$\sum_{i=1}^{n} \frac{n_i}{N_i} = 1 \tag{6-25}$$

上式即为 Miner 线性累积损伤方程式，线性累积损伤理论显著地简化了疲劳计算，且被 Miner 证实其计算结果与实验结果具有很好的一致性。

6.3.2 基于极限拉伸强度的 *S-N* 曲线估算

S-N 曲线是疲劳仿真的基础输入数据，在进行疲劳寿命设计时，常常有些材料没有现成的 *S-N* 曲线，如果通过试验获取则需要耗费大量的时间和资源，因此，基于前人的大量研究，李永利博士提出了基于有限的信息估算 *S-N* 曲线的方法。如图 6-30 所示，对于钢制试验，在 1，10^3，10^6 次循环时的强度即可以定义一条 *S-N* 曲线了，这些疲劳强度值分别对应着 S'_{f}、S_{1000}、S_{be}，S'_{f} 为修正后的极限抗拉强度。在高周疲劳区域，*S-N* 曲线的斜率 b 可以用如式（6-26）表示：

$$b = \frac{\lg S_{1000} - \lg S_{\mathrm{be}}}{\lg 10^3 - \lg 10^6} = -\frac{1}{3}\lg\left(\frac{S_{1000}}{S_{\mathrm{be}}}\right) \tag{6-26}$$

在双对数坐标下，$S=bN$，已知点（S_1，N_1）即可确定 S_2 应力水平下的疲劳损伤循环次数 N_2：

$$N_2 = N_1\left(\frac{S_1}{S_2}\right)^{-1/b} \tag{6-27}$$

1. *S-N* 估算方法

为了获得零件的基准 *S-N* 曲线，首先需要确定零件材料的抗拉强度，一旦确定了材料的抗拉极限，在此基础上可以近似得到 10^3、10^6 的疲劳强度，然后基于影响强度极限的因素考虑对其进行修正，即可估算出有限寿命区域的 *S-N* 曲线。

以材料钢为例，可以根据其硬度对抗拉强度进行估算。对于布氏硬度较低的低碳钢和中强度钢，材料的极限抗拉强度可以被线性近似为

$$S_{\mathrm{u}}(\mathrm{MPa}) = 3.45BHN \tag{6-28}$$

铸铁的极限抗拉强度可以估算为

$$S_{\mathrm{u}}(\mathrm{MPa}) = 1.58BHN - 86 \tag{6-29}$$

极限抗拉强度有了估算的依据后，再来估算 S_{1000} 和 S_{be}。10^3 次循环时的疲劳

强度取决于加载类型和可靠性水平，一般的：

$$S'_{1000}=\frac{S_{1000}C_{\mathrm{R}}}{K'_{\mathrm{f}}} \tag{6-30}$$

式中，C_{R} 为在规定可靠度下的修正系数；K'_{f} 为 1000 次循环时的疲劳强度折减系数。根据大量研究表明，S_{1000} 在弯曲加载时近似等于 90%的极限抗拉强度 S_{u}，而在轴向加载时近似等于 75%的极限抗拉强度 S_{u}，在扭转加载时，其近似等于 90%的极限剪切强度 S_{us}。如果考虑疲劳数据统计的分散性，则需要在规定可靠度水平的中值基准 *S-N* 数据的基础上，对零件的疲劳强度进行修正，在缺乏严格统计分析数据时，可以参见表 6-1 所示的可靠度系数进行修正。

表 6-1　可靠性系数

可靠性	C_{R}
0.5	1.000
0.9	0.897
0.95	0.868
0.99	0.814
0.999	0.753
0.9999	0.702
0.99999	0.659

由 *S-N* 曲线的特点可知，在疲劳强度达到永久极限寿命时，随着 *N* 的增加，S_{be} 的值基本趋于稳定值，疲劳试验不可能无限进行下去，必须规定一个循环次数，达到该值就停止试验，而这个无失效的疲劳应力幅被称为疲劳极限。前人根据大量的试验观察到了一个现象，锻钢的疲劳极限与材料抗拉强度之间存在着一种关系：

$$S_{\mathrm{be}}=0.5S_{\mathrm{u}}\quad (S_{\mathrm{u}}\leqslant 1400\ \mathrm{MPa}) \tag{6-31}$$

$$S_{\mathrm{be}}=700\ \mathrm{MPa}\quad (S_{\mathrm{u}}>1400\ \mathrm{MPa}) \tag{6-32}$$

铸铁的弯曲疲劳极限一般定为 5×10^{7} 次循环，对应为 0.4 倍的极限抗拉强度。铝合金一般规定为 5×10^{8} 次循环，一般取在 0.4 倍的极限抗拉强度，对于铝合金抗拉强度超过 336 MPa 时，疲劳极限取 130 MPa。

2. 极限疲劳强度修正

极限疲劳强度一般受到载荷系数、表面质量系数、尺寸系数和可靠性水平等因素的影响，因此需要进行修正：

$$S'_{be}=\frac{S_{be}C_L C_S C_D C_R}{K_f} \tag{6-33}$$

式中，C_L 为加载类型修正系数；C_S 为表面质量修正系数；C_D 为试样尺寸修正系数；C_R 为可靠性修正系数，请参考表 6-1；K_f 为极限疲劳强度的折减系数。

（1）载荷类型修正系数

目前前人的研究都是基于交变弯曲应力生成了基准的 *S-N* 数据，而零件在实际情况下时常会受到其他加载载荷的影响，比如轴向载荷、扭转载荷等。加载系数通常是基于应力梯度和应力类型的影响来确定的，表 6-2 归纳了不同加载条件下钢的载荷修正系数。

表 6-2　载荷修正系数

加载类型	C_L	备注
纯轴向加载	0.9	
轴向载荷（略微弯曲）	0.7	
弯曲	1.0	
扭转	0.58	钢
扭转	0.8	铸铁

（2）表面质量修正系数

零件发生疲劳裂纹，主要是在材料的表面上萌生的，因此试验的表面质量尤为关键。机加工会在零件表面引入拉伸残余应力，而拉应力则会使零件材料的疲劳强度降低；锤锻和冷轧加工则会引入压缩残余应力，会增加零件材料的疲劳强度。图 6-31 为当表面粗糙度已知时，表面对极限强度的修正系数。

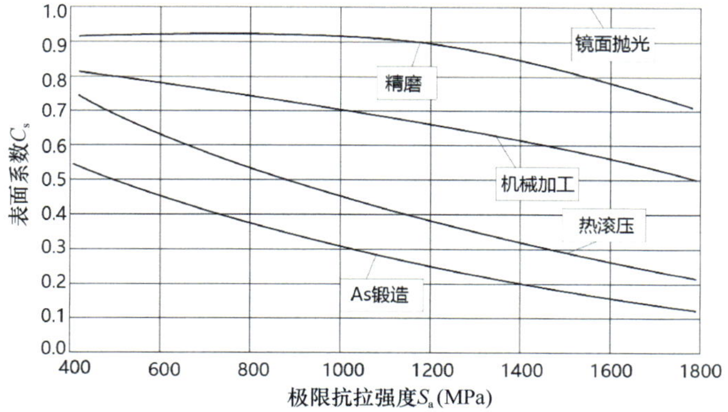

图 6-31　C_S 表面质量修正系数的定性描述

（3）试样尺寸修正系数

库格尔对试样尺寸是否影响疲劳强度做了研究，并于 1961 年提出了临界容积理论，根据这个理论建立了疲劳损伤与承受临界应力的材料容积关系，临界应力范围取作 95%～100%的最大应力。该理论认为，随着试样直径的增加，试样受到的损伤也在增加，且其疲劳强度也比小直径的低。

在弯曲和扭转下，圆柱形试样的尺寸系数定量描述如图 6-32 所示，其公式表达如下：

$$C_D = 1.0 \quad (d < 8\ \text{mm}) \tag{6-34}$$

$$C_D = 1.189 d^{-0.097} \quad (8\ \text{mm} < d < 250\ \text{mm}) \tag{6-35}$$

对于承受轴向载荷的圆形试样，试验研究显示其尺寸影响系数很小，基本可以忽略，故建议其值取为 1。

对于平板类型的试验，可以根据经验公式等效成圆形试样的直径，其直径 d_e 估算的经验公式如下：

$$d_e = \sqrt{0.65wt} \tag{6-36}$$

式中，w 为板截面的宽度，t 为板的厚度。

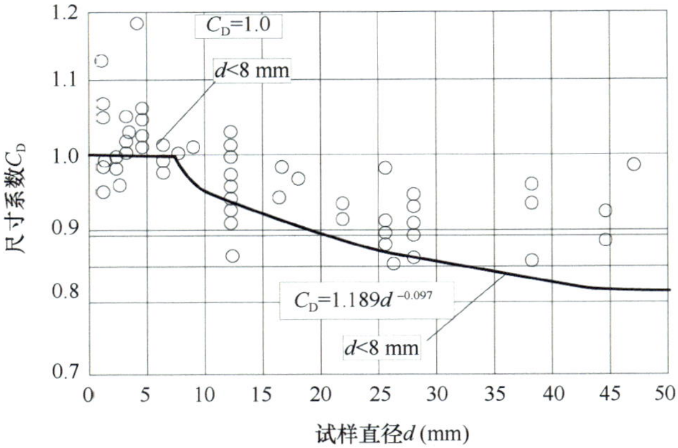

图 6-32　尺寸修正系数与试验直径的关系

（4）切口对疲劳极限的影响

此外，切口对疲劳极限也是有影响的，表面切口应力集中效应导致应力水平增加，切口通常是由设计（圆孔）或者加工工艺引入的（焊接缺陷、铸造缺陷或者机加工痕迹）。对于表面有缺口的零件，弹性应力集中系数 K_t 可以由以下公式进行计算：

$$K_t = \frac{\delta^e}{S} \tag{6-37}$$

式中，S 为名义应力，是指没有缺口时结构的应力水平；δ^e 为最大弹性切口应力。然而前人试验研究表明，有切口零件在名义循环应力下的疲劳强度折减系数并不是 K_t，而是 K_f，K_f 通常被定义为光滑试样与有切口试样名义疲劳极限之比。K_f 与 K_t 之间的关系可以通过如下公式来描述：

$$q = \frac{K_f - 1}{K_t - 1} \quad (0 \leqslant q \leqslant 1) \tag{6-38}$$

式中，q 为切口灵敏度系数，彼得森（1959 年）和诺伊贝尔（1946 年）都有提出 q 的经验公式，以上是高强钢的经验估算公式。海伍德根据内在缺陷理论，于 1962 年提出了铸铁的计算经验公式 K_f

$$K_f = \frac{K_t}{1 + 2\frac{\sqrt{a'}}{\sqrt{r}}\left(\frac{K_t - 1}{K_t}\right)} \tag{6-39}$$

式中，a' 对应于当量材料缺陷的长度；对于片状石墨铸铁，$\sqrt{a'}$ =0.65，对于球状铸铁，$\sqrt{a'}$ =173.6/S_u；对于镁合金，$\sqrt{a'}$ =0.00756。

1000 次循环时的疲劳强度折减系数根据经验定义如下：

$$K_f' = 1 + q_{1000}'(K_f - 1) \tag{6-40}$$

图 6-33 所示为钢、铝和镁三种材料 q_{1000}' 与 S_u 之间的关系。

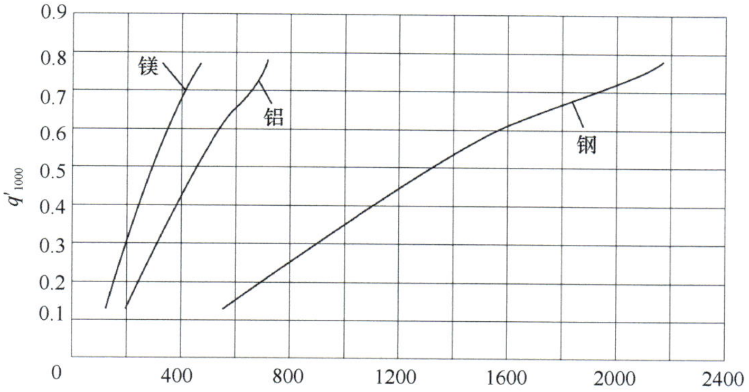

图 6-33 q'_{1000} 与 S_u 之间的关系

（5）平均应力修正

研究表明，在高周疲劳区域，平均应力对零件的疲劳特性具有显著的影响：平均拉应力会使微观裂纹开启，加速裂纹扩展；平均压应力会使微观裂纹闭合，延迟裂纹的扩展。为了考虑平均应力的影响，Gerber、Goodman、Haigh、Soderberg等提出了完全基于经验的早期模型，见图6-34。

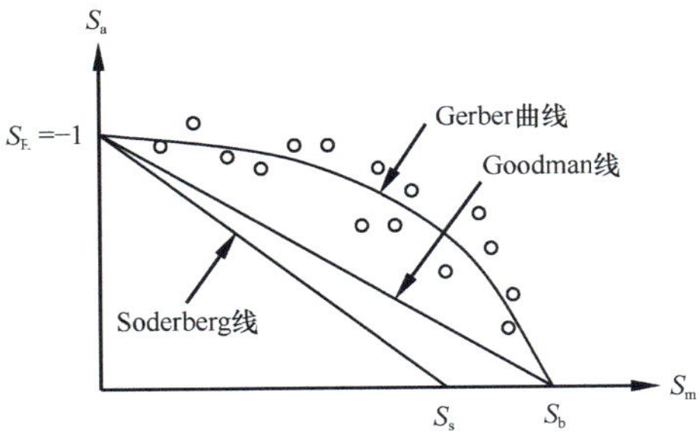

图 6-34　平均应力修正曲线模型

1）Gerber 抛物线模型

$$\frac{S_a}{S_{-1}}+\left(\frac{S_m}{S_b}\right)^2=1 \tag{6-41}$$

2）Goodman 线性模型

$$\frac{S_a}{S_{-1}}+\frac{S_m}{S_b}=1 \tag{6-42}$$

3）Soderberg 直线模型

$$\frac{S_a}{S_{-1}}+\frac{S_m}{S_s}=1 \tag{6-43}$$

Soderberg 模型过于保守，Gerber 模型偏危险，Goodman 模型偏保守，为工程实际中常用。

6.3.3 结构振动疲劳寿命估算

本小节的重点是介绍电池包结构的随机振动疲劳寿命估算，一般有两种方法：时域法和频域法。如果使用时域法评估一款电池包在综合路面激励载荷下的寿命，一般需要输入很长一段的时域信号，而基于现有计算机水平是无法完成的。一般电池包结构疲劳失效为共振引起，需要考虑系统的固有频率和载荷的激励频率，频域法是最好的一种选择，且随机振动时域信号也能很方便地用功率谱密度（PSD）来表示。

随机振动疲劳寿命的估算方法如图 6-35 所示。

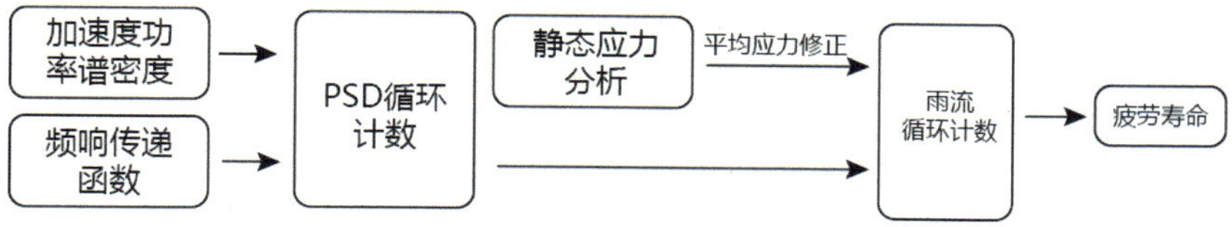

图 6-35　随机振动疲劳寿命估算流程

1. 随机振动基本理论

本小节所描述的随机振动为各态历经平稳的，功率谱密度（PSD）描述了随机过程在频率域内的能量分布。

随机振动载荷统计特征包括最大值、最小值、平均值、均方根值、方差、标准差、自相关函数；最大最小值决定了载荷历程中的最大动态载荷；均值反映了结构所承受的静态载荷水平；标准差反映了每种工况的恶劣程度；自相关函数描述随机过程两个不同时刻的状态之间的关系，通过对自相关函数进行傅里叶变换可以得到功率谱密度函数。

随机振动载荷的平均值

$$\mu_X = E[X(t)] = \lim_{n\to\infty} \frac{1}{n}\sum_{k=1}^{n} x(t) \tag{6-44}$$

随机振动载荷的方差

$$\delta_X^2(t) = E[X(t) - \mu_X(t)]^2 \tag{6-45}$$

自相关函数

$$R_x(\tau) = \lim_{T\to\infty} \frac{1}{T}\int_0^T x(t)x(t+\tau)\mathrm{d}t \tag{6-46}$$

当时间间隔 $\tau = 0$ 时，$R_x(\tau) = E[X^2] = \mu_x^2 + \sigma_x^2$；当时间间隔 $\tau = \infty$ 时，$R_x(\tau) = \mu_x$。

功率谱密度 $S_X(\omega)$ 和自相关函数 $R_X(\tau)$ 是一傅里叶变换对，即

$$S_X(\omega) = \int_{-\infty}^{+\infty} R_x(\tau)\mathrm{e}^{-j\omega\tau}\mathrm{d}\tau \tag{6-47}$$

$$R_X(\tau) = \frac{1}{2\pi}\int_{-\infty}^{+\infty} S_x(\omega)\mathrm{e}^{j\omega\tau}\mathrm{d}\omega \tag{6-48}$$

将平稳的随机过程归一化为零均值，令 $\tau = 0$，则方程（6-48）可以简化为

$$R_x(0)=E[X^2]\int_{-\infty}^{+\infty}S_x(\omega)\mathrm{d}\omega=\sigma_x^2 \tag{6-49}$$

公式（6-50）说明在谱密度曲线下的面积平方根就是归一化平稳随机过程的均方根（RMS）值，为了数学完备性，引入负频率的概念，通常认为频率从 0 到无穷大变化，单位为 Hz/s，而不是 rad/s。因此，双侧谱密度 $S_X(\omega)$ 可以等效为一个单侧谱密度 $W_f(f)$：

$$E[X^2]=\sigma_x^2=\int_0^{+\infty}W_x(f)\mathrm{d}f \tag{6-50}$$

式中，

$$W_x(f)=4\pi S_X(\omega) \tag{6-51}$$

统计矩是描述概率密度的数字特征，类似地引入谱矩描述随机过程谱密度的数字特征，平稳过程的谱矩定义如下：

$$m_i=\int_0^{\infty}f^iW_x(f)\mathrm{d}f \tag{6-52}$$

$$m_0=\delta_X^2=\int_0^{\infty}W_x(f)\mathrm{d}f=E[X^2(t)] \tag{6-53}$$

$$m_2=\int_0^{\infty}f^2W_x(f)\mathrm{d}f=E[\dot{X}^2(t)] \tag{6-54}$$

$$m_4=\int_0^{\infty}f^4W_x(f)\mathrm{d}f=E[\ddot{X}^2(t)] \tag{6-55}$$

2. 随机过程幅值概率密度函数

当随机过程是一个平稳的、各态历经的，那可以用一个样品的统计特性代表整个过程的相应统计特性，即随机过程的幅值概率密度函数可以表示为

$$f_x(x)=P[x\leqslant X(t)\leqslant x+\mathrm{d}x]=\frac{1}{T}\sum_{i=1}^{k}\mathrm{d}t_i \tag{6-56}$$

$$\mu_X=\int_{-\infty}^{+\infty}xf_x(x)\mathrm{d}x\approx\frac{1}{T}\int_0^T X(t)\mathrm{d}t \tag{6-57}$$

$$\delta_X^2\approx\int_0^T[X(t)-\mu_X]^2\mathrm{d}t \tag{6-58}$$

当 μ_x 等于 0，δ_x 是随机过程 $X(t)$ 的均方根（RMS），RMS 就是该过程幅值的特征量，过程服从高斯分布，其幅值概率密度函数 $f_x(x)$ 呈“钟”形分布，如图 6-36 所示。

3. 窄带随机过程下的疲劳寿命计算

利用蒙特卡罗法将 PSD 载荷谱转换成时域信号，并对其进行循环计数，随机

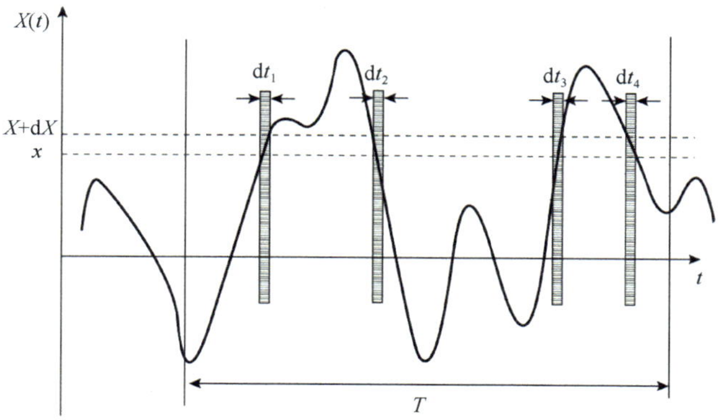

图 6-36 随机过程 $X(t)$的概率密度函数

样本总时间 T 内的循环总次数 $\sum_{i=1}^{k} n_i$ 等于向上穿越率与总时间 T 的乘积，即

$$\sum_{i=1}^{k} n_i = E[0^+]T \tag{6-59}$$

对于一个连续可微分平稳过程 $X(t)$，向上穿越零点的期望穿越率：

$$E[0^+] = \sqrt{\frac{\int_0^\infty f^2 W_x(f)\mathrm{d}f}{\int_0^\infty W_x(f)\mathrm{d}f}} = \sqrt{\frac{M_2}{M_0}} \tag{6-60}$$

峰值穿越率的期望：

$$E[P] = \sqrt{\frac{\int_0^\infty f^4 W_x(f)\mathrm{d}f}{\int_0^\infty f^2 W_x(f)\mathrm{d}f}} = \sqrt{\frac{M_4}{M_2}} \tag{6-61}$$

窄带过程是光滑的，每个峰值对应一个零点向上穿越点，即不规则因子：

$$\gamma = \frac{E[0^+]}{E[P]} = 1 \tag{6-62}$$

根据 Miner 线性损伤累积理论，结构的疲劳损伤为

$$D = \sum D_i = \sum \frac{n_i}{N_i} \tag{6-63}$$

当 $D \geqslant 1$ 时，结构发生失效。根据应力幅载荷块 $S_{a,i}$ 与疲劳寿命 $N_{f,i}$ 之间的关系，见式（6-64）：

$$S_{a,i} = S'_f (2N_{f,i})^b \tag{6-64}$$

式中，S'_f 为疲劳强度系数；b 为疲劳强度指数。

窄带应力过程 $S(t)$的循环计数直方图可以通过雨流循环计数来获得，在 $S(t)$

过程中，峰值计数的总数与随机过程 $X(t)$的相同，可以用 $\sum_{i=1}^{k} n_i$ 表示，则应力幅值 $S_a = S_{a,i}$ 的概率密度 f_i 为

$$f_i = \frac{n_i}{\sum_{i=1}^{k} n_i} \tag{6-65}$$

这样，总的疲劳失效可以表示为（令 $m = -\frac{1}{b}$ ）：

$$D = \sum_{i=1}^{k} \frac{f_i \sum_{i=1}^{k} n_i}{N_{f,i}} = \frac{\sum_{i=1}^{k} n_i}{0.5(S'_f)m} \sum_{i=1}^{k} f_i S_{a,i}^m \tag{6-66}$$

S_a^m 的期望值为

$$E(S_a^m) = \sum_{i=1}^{k} f_i S_i^m \tag{6-67}$$

假设应力幅 S_a 的概率密度函数可以作为图 6-37 所示的连续随机变量处理，则 S_a^m 的期望值为

$$E(S_a^m) = \int_0^{\infty} S_a^m f_{S_a}(S_a) \mathrm{d}S_a \tag{6-68}$$

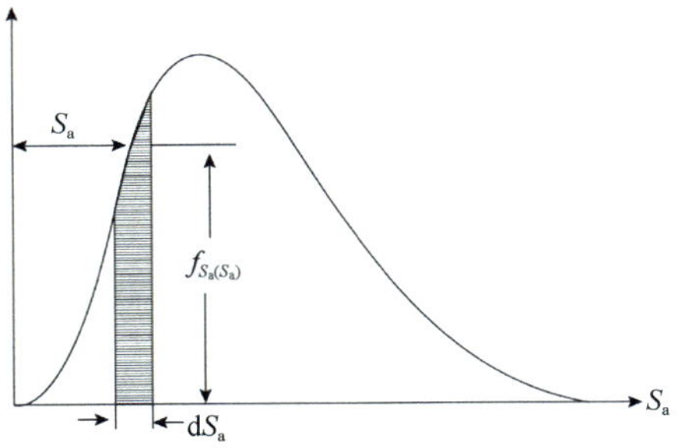

图 6-37 应力幅 S_a 的概率密度函数

S_a 的统计模型采用累积分布函数的威布尔分布求解：

$$F_{S_a}(S_a) = 1 - \exp\left[-\left(\frac{S_a}{a}\right)^{\beta}\right] \tag{6-69}$$

即有

$$E(S_a^m) = a^m \Gamma\left(\frac{m}{\beta} + 1\right) \tag{6-70}$$

式中，$\Gamma\left(\frac{m}{\beta} + 1\right)$ 为伽马函数，在β=2 的情况下，威布尔分布被简化为瑞利分布，

因为瑞利分布是平稳窄带高斯过程中的峰值、幅值的分布，并且有

$$a=\sqrt{2\delta_{\mathrm{S}}} \tag{6-71}$$

$$E(S_{\mathrm{a}}^{m})=\sqrt{2\delta_{\mathrm{S}}}^{\,m}\Gamma\left(\frac{m}{2}+1\right) \tag{6-72}$$

式中，$\delta_{\mathrm{S}}=\sqrt{M_0}$，故结构总损伤值为

$$D=\frac{\sum_{i=1}^{k}n_i}{0.5(s'_f)^m}E(S_{\mathrm{a}}^{m})=\frac{E[0^+]T}{0.5(s'_f)^m}\left(\sqrt{2M_0}\right)^m\Gamma\left(\frac{m}{2}+1\right) \tag{6-73}$$

6.3.4 随机振动案例解析

如图 6-38 所示，材料为 6061T6，屈服强度 240 MPa，抗拉强度 290 MPa，图中标注尺寸单位为 mm，选取一个简单的结构为例来介绍随机振动分析。研究表明，且有实际测试数据可以与本小节阐述的分析结果进行对照，随机振动分析的载荷如表 6-3 所示，对照结果如表 6-4 所示。

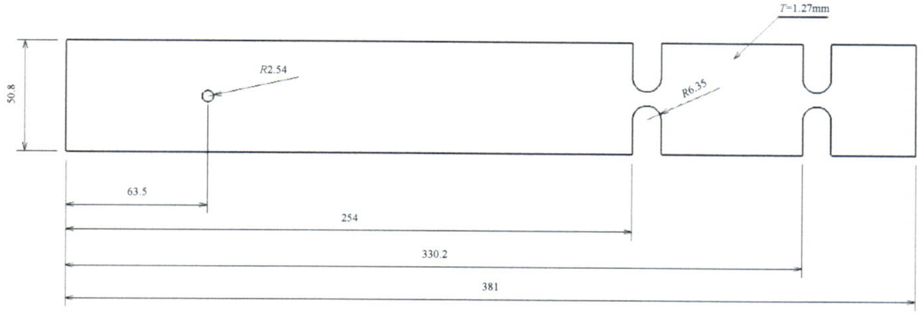

图 6-38 样品尺寸示意

表 6-3 随机载荷谱

频率(Hz)	10	25	50	150	170	200
PSD(g^2/Hz)	0.02	0.02	0.5	0.9	1.2	1.4

表 6-4 样品随机振动疲劳试验结果

样品	1	2	3	4	5	平均
测试时间（min）	3.56	3.24	3.38	4.2	3.32	3.54

通过对图 6-38 所示测试样品进行建模，对其抽取中面并划分网格，其有限元模型如图 6-39 所示，对固定圆孔采用刚性单元耦合节点后，施加固定约束，先进

行 Z 向频响分析，再基于频响分析结果进行随机振动分析，随机振动功率谱如表 6-3 所示，能够进行此类分析的软件比较多，如 nCode、FEMFAT、Fe-safe。

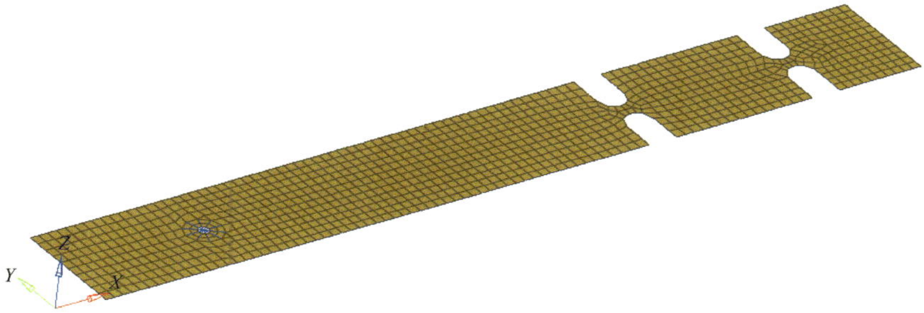

图 6-39　样品有限元模型

以 nCode 为例，随机振动的流程如图 6-40 所示。

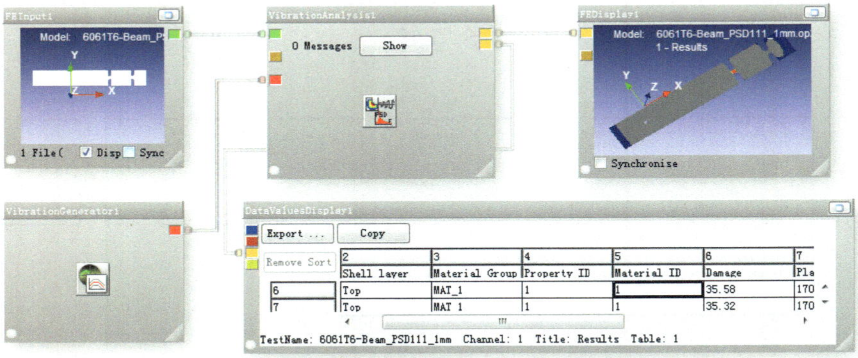

图 6-40　随机振动流程图

将流程搭建好后，导入模型和 PSD 载荷，并设置材料参数，如果材料库中没有目标材料，则可以基于抗拉强度建立近似的材料 *S-N* 曲线（图 6-41），此曲线的估算范围为 1000～5×10^8 次。

同时结合载荷类型、表面质量系数、疲劳强度折减系数、可靠性、缺口应力集中系数等对 *S-N* 曲线进行修正，计算好的修正系数可以通过材料参数中的两个参数来定义，如图 6-42 所示，KUser 为自定义修正系数，KTreatment 为表面加工质量系数，可以查图 6-31。计算结果如图 6-43 所示，红色区域为损伤值大于 1 的部分。

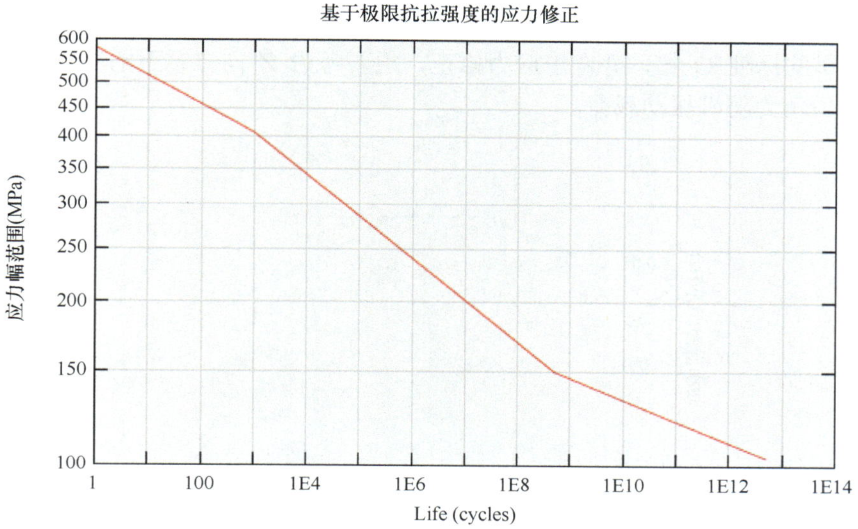

图 6-41　基于抗拉强度生成的 *S-N* 曲线

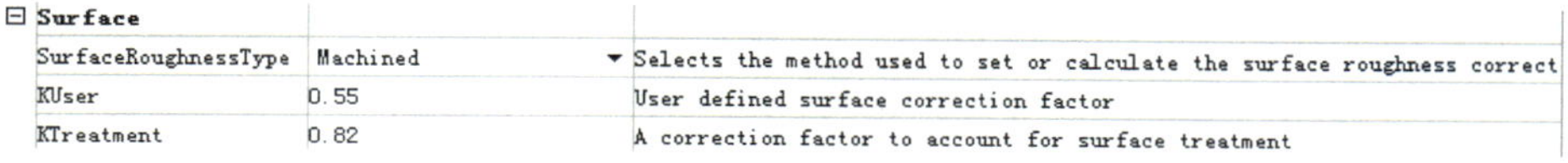

图 6-42　材料疲劳强度修正系数输入窗口

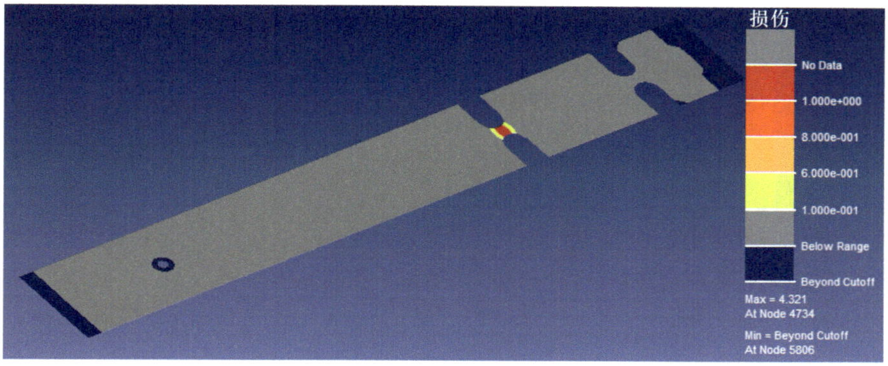

图 6-43　疲劳计算结果

PSD 载荷下的失效时间与测试样品失效时间的对比如表 6-5 所示。

表 6-5　PSD 载荷下失效时间与测试样品失效时间对比

样品	1	2	3	4	5	平均	仿真时间
测试时间(min)	3.56	3.24	3.38	4.2	3.32	3.54	3.17

下面再以电池包的 *X* 方向随机振动分析为例来进行介绍。图 6-15 所示为一款大巴车的标准 C 箱，并考虑应力修正，主要考虑 *Z* 向自重下的受力情况，如图 6-44 所示为随机振动载荷。

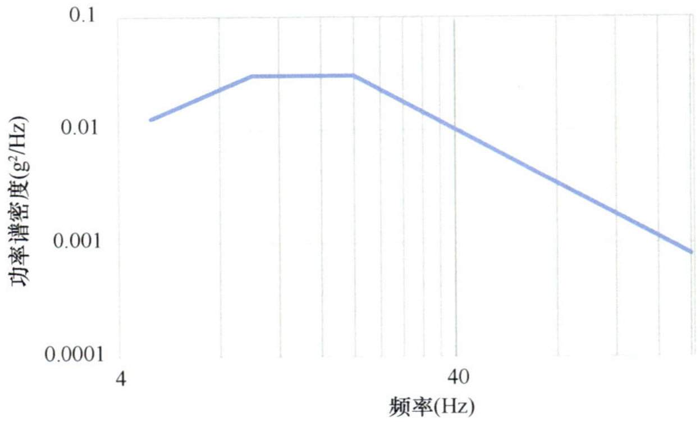

图 6-44　*X* 方向随机振动谱

箱体和加强筋材料都选择 DC01，屈服强度 170 MPa，抗拉强度 318 MPa。随机振动分析的流程上述也有介绍，需要结合加工工艺、应力集中系数等对（基于抗拉强度生成）*S-N* 曲线进行修正。软件实现流程如图 6-45 所示，FEInput1 输入的是基于模态的频响结果模型，FEInput2 输入的是在静载荷工况下的应力结果，用来修正疲劳应力幅，最后在 VibrationAnalysis 中定义载荷加载时间，将 Exposure Duration 设置为 21 h。进行求解运算后，得到的结果如图 6-46、图 6-47 所示，最大损伤为 0.0046，RMS 应力为 25.3 MPa，可知箱体结构设计是满足要求的。

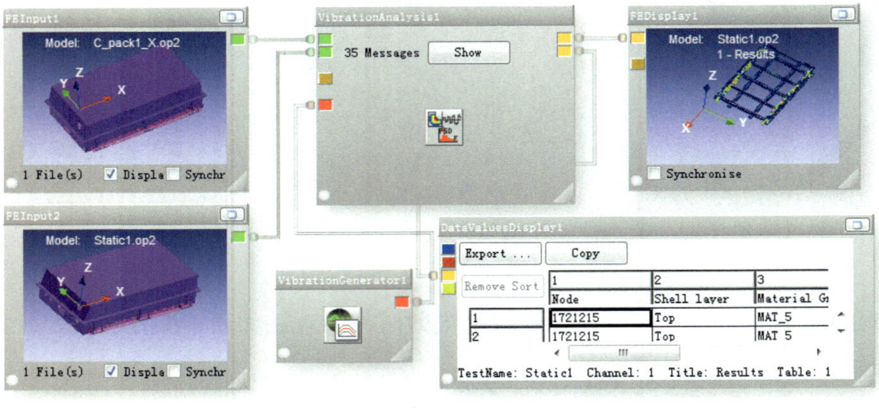

图 6-45　nCode 随机振动分析流程图

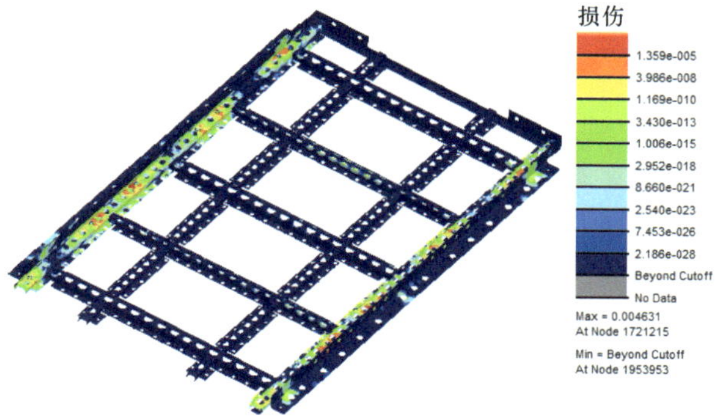

图 6-46 电池箱加强筋损伤曲线云图

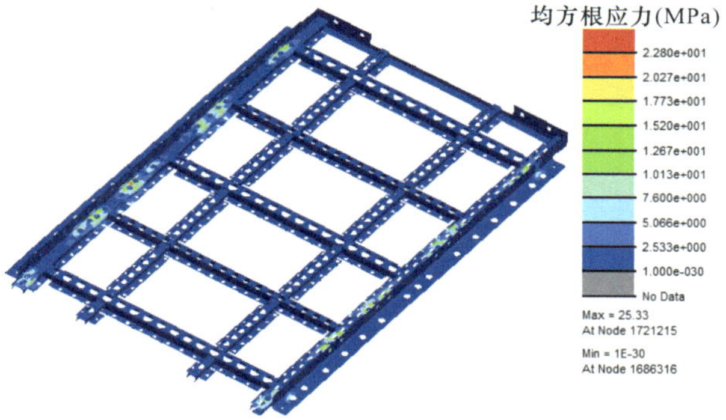

图 6-47 电池箱加强筋 RMS 应力云图

6.4 制造工艺仿真

电池箱体现有制造工艺包括钣金拼焊、冲压加拼焊、压铸、搅拌摩擦焊接。目前商用车用电池箱体采用钣金拼焊工艺比较多，其次是压铸箱体、搅拌摩擦焊接箱体、SMC 等复合材料箱体；乘用车多采用冲压成型加拼焊的工艺，不过随着对电池系统比能量要求的提高，采用铝合金搅拌摩擦焊接的也将越来越多。箱体制造工艺的选择受制于尺寸大小、终端应用、轻量化、成本等的影响，一个项目选择何种制造工艺需要综合评估后选定。

不管是使用何种工艺，都可以通过仿真评估来发现设计存在的问题，从而指导箱体和工装夹具的设计。此外模组中的铜铝超声焊接评估、工夹具设计也都是可以通过仿真来发现和解决问题。采用仿真模拟的作用主要有三个：节约开发成本、加快研发速度、提高产品质量。

6.4.1 冲压成型仿真

冲压成型主要利用了金属塑性变形的原理，通过冲压加工使金属产生塑性变形来制造产品。

图 6-48 所示为一款采用冲压成型工艺的电池箱上盖，尺寸为 1735 mm×900 mm×70 mm。为了对其进行工艺可行性评估，建立了冲压成型仿真模型，如图 6-49 所示，通过计算机模拟冲压成型过程。

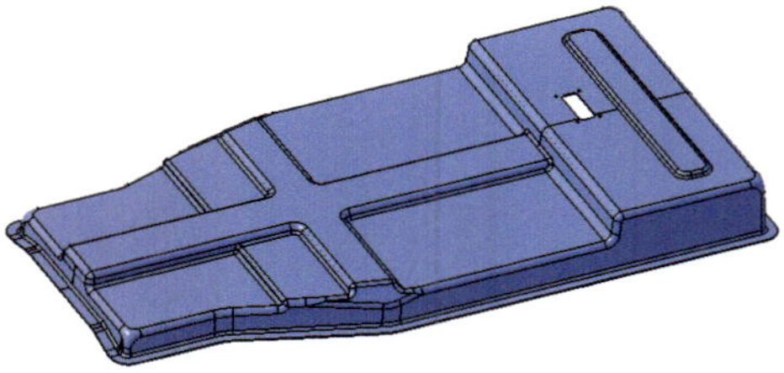

图 6-48　某电池箱上盖

图 6-49　冲压成型仿真模型

仿真模型包含凸模、压边圈、胚料、凹模，采取单动形式，即凸模不动，压边圈将胚料压在凹模上整体向凸模移动。胚料尺寸为 1960 mm×1200 mm，压边力设置为 100 t，摩擦系数设为 0.15。上盖材料选择 DC06，属于塑性非常好的深拉材料。仿真过程如图 6-50 所示。

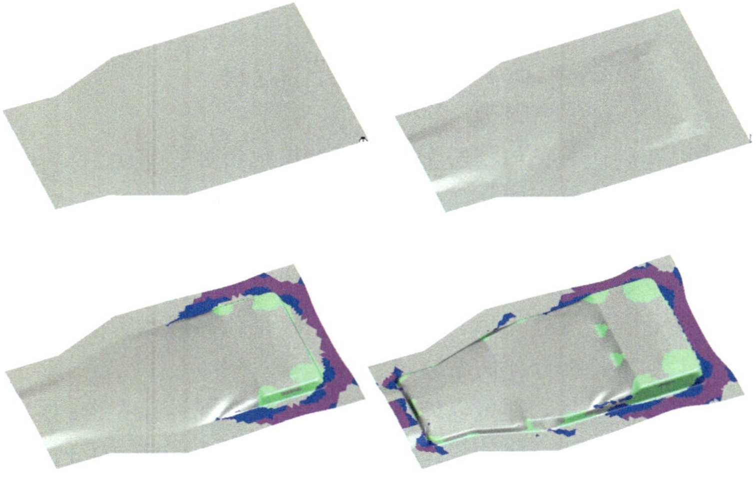

图 6-50　冲压成型过程

图 6-51 和图 6-52 为成型后的起皱云图和料厚云图。

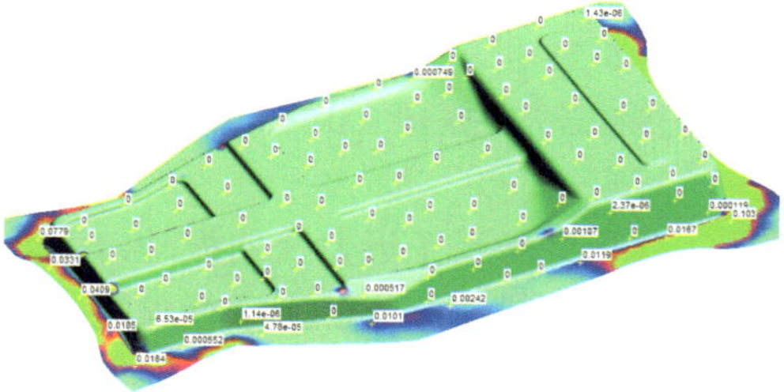

图 6-51　起皱变形量云图

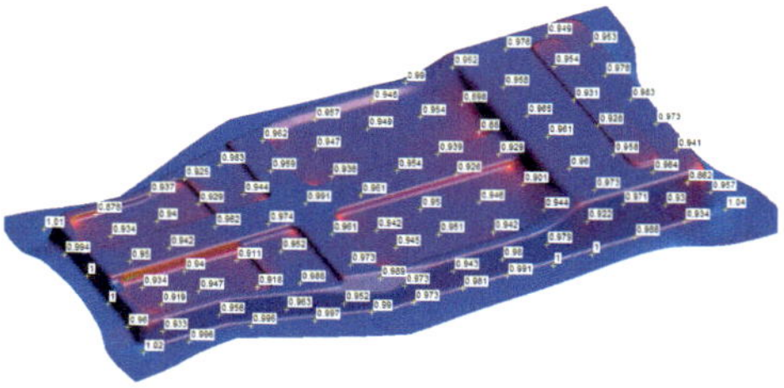

图 6-52　成型件料厚云图

从仿真结果来看，该设计在成型过程中存在一定的撕裂风险，如图 6-53 所示红色区域，成型极限图中也显示有超过材料的极限应变。针对该风险区域，需要增大此处的圆角，

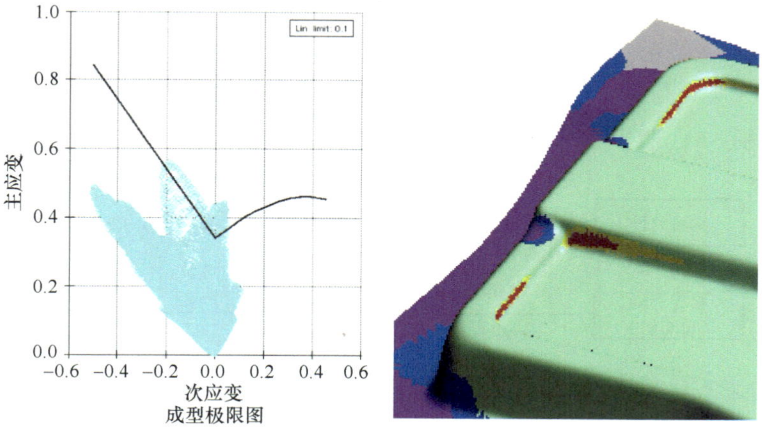

图 6-53　风险区域

6.4.2 超声波焊接仿真

超声波焊接是利用高频振动波传递到两个需要焊接的物体表面，在加压的情况下，使两个物体表面相互摩擦而形成分子层之间的熔合。

由于方形电芯极柱大多是铝合金材料，电芯之间的电连接大部分采用激光焊接工艺，由于铝巴汇流能力没有铜巴强，模组输出极需要铜铝转接，铜铝转接采用超声波焊接工艺。此工艺在方形电芯成组工艺中应用最多，部分低压采样线束也是采用此工艺，图 6-54 所示为方形模组铜铝转接结构。

在生产过程中经常有反馈超声波焊接后工件出现裂纹现象，为了分析问题出现的原因，先了解超声波焊接是如何操作，如图 6-55 所示，超声波焊头以一定的压力压在工件表面，然后以 20 kHz 的频率做正弦振动，振幅 0.04 mm，持续时间 0.3～0.6 s。

从以上可知，每完成一次超声波焊接，工件已经承受了近万次的振动，因此铜铝巴焊后裂纹属于振动疲劳问题，此问题适合采用模态叠加法来进行求解。求解铜铝巴超声波焊接疲劳的基本思路如图 6-56 所示。

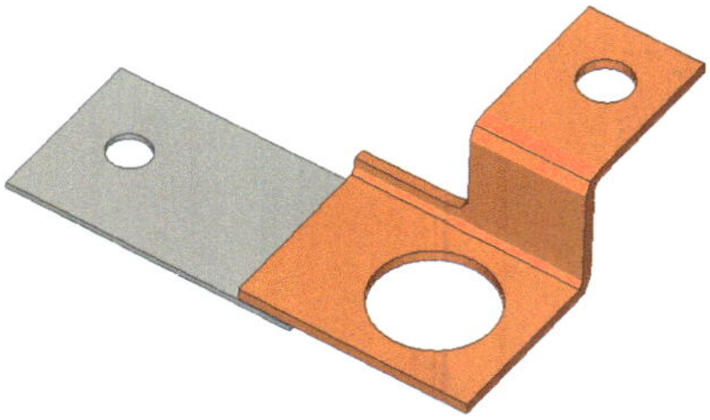

图 6-54　铜铝转接结构

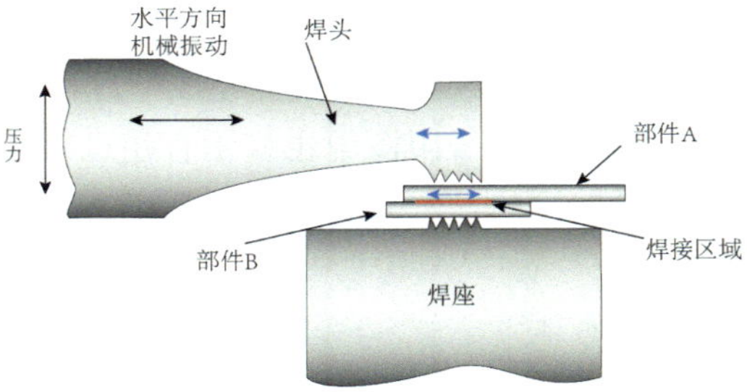

图 6-55　超声波对接焊示意图

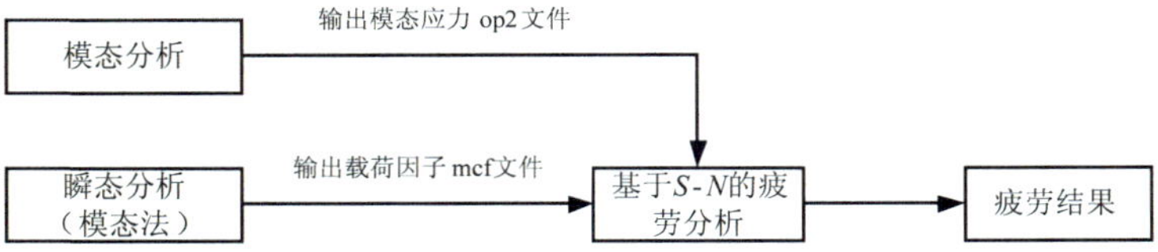

图 6-56　超声波焊接疲劳分析基本思路

图 6-57 和图 6-58 所示为 2 并和 3 并的铜铝巴超声波焊接疲劳分析结果。2 并设计因铝巴比较短，从仿真分析结果来看不存在裂纹的风险；3 并设计因铝巴较长，从分析结果来看有断裂风险，云图中紫色即为危险区域，因此对于这种悬臂

较长的焊接结构需要设计工装夹具以提供额外的支撑和固定，并可以通过多次的仿真分析对比来获得最优的支撑位置，从而指导超声波焊接夹具的设计。

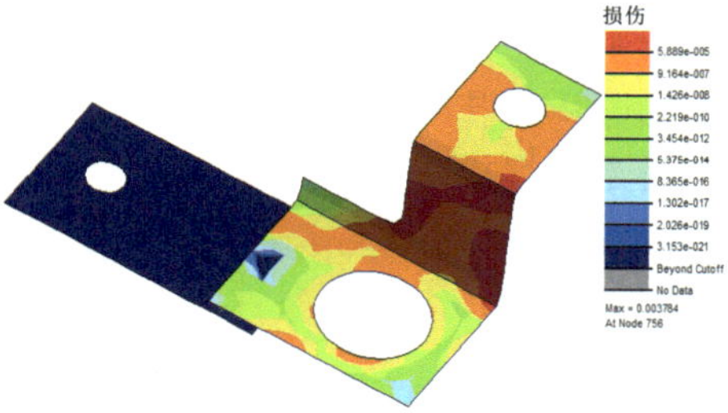

图 6-57　2 并铜铝巴超声焊接疲劳结果

图 6-58　3 并铜铝巴超声焊接疲劳结果

针对 3 并的铜铝超声波焊接，在工件的最外端加一个支撑限位的工装，并增加焊接底座的支持面积，可以降低超声波焊接带来的疲劳应力，避免裂纹的出现，优化后的仿真分析结果如图 6-59 所示。

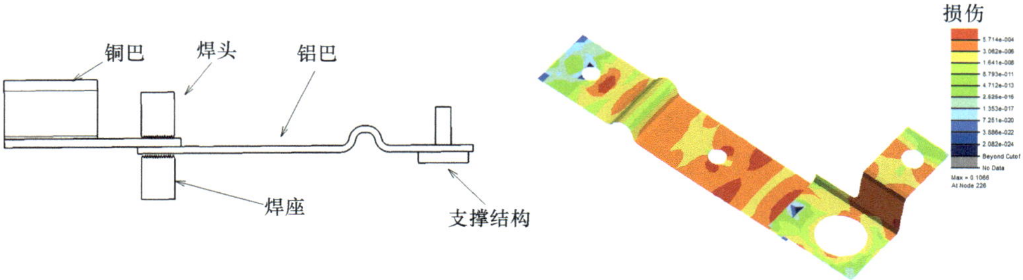

图 6-59　优化焊接工装后的仿真结果

6.4.3　搅拌摩擦焊接

1. 焊接热弹塑性有限元理论

（1）焊接热传导基本方程

焊接温度场分析属于典型的非线性瞬态热传导问题，非线性瞬态热传导问题的控制方程为

$$pc\frac{\partial T}{\partial t}=\frac{\partial}{\partial x}\left(\lambda\frac{\partial T}{\partial x}\right)+\frac{\partial}{\partial y}\left(\lambda\frac{\partial T}{\partial y}\right)+\frac{\partial}{\partial z}\left(\lambda\frac{\partial T}{\partial z}\right)+\overline{Q} \tag{6-74}$$

式中，p、c 和 λ 分别为材料的密度、比热和传热系数，它们都是温度的函数；$\overline{Q}$

为内热源强度。

（2）应力场理论分析

由于高度集中的瞬时热输入，在焊接过程中和焊后将产生相当大的焊接应力和变形。焊接应力和变形计算式以焊接温度场的分析为基础，同时考虑焊接区组织转变对应力应变场带来的影响。热弹塑性分析是在焊接热循环过程中通过一步步跟踪热应变行为来计算热应力和应变的，其包括如下四个基本关系：①应力-应变关系（本构关系）；②应变-位移关系（相容性条件）；③平衡条件；④相应边界条件。

a. 应力-应变关系

材料处于弹性或塑性状态的应力-应变关系为

$$[\mathrm{d}\sigma]=[D]\{\mathrm{d}\varepsilon\}-\{C\}\mathrm{d}T \tag{6-75}$$

式中，$[D]$为弹性或塑性矩阵；$\{C\}$为与温度有关的向量。

在弹性区：

$$[D]=[D]_\mathrm{e} \tag{6-76}$$

$$\{C\}=\{C\}_\mathrm{e}=[D]_\mathrm{e}(\{\alpha\}+\frac{\partial[D]_\mathrm{e}^{-1}}{\partial T}\{\alpha\}) \tag{6-77}$$

式中，α 为线膨胀系数；T 为温度。

在塑性区，设材料屈服条件为

$$f(\sigma)=f_0(\varepsilon_p,T) \tag{6-78}$$

式中，f 为屈服函数，是与温度和塑性应变有关的屈服应力的函数。根据塑性流动法则，塑性应变增量 $\{\mathrm{d}\varepsilon_p\}$ 可表示为

$$\{\mathrm{d}\varepsilon_p\}=\lambda\left\{\frac{\partial f}{\partial\sigma}\right\} \tag{6-79}$$

此时

$$[D]=[D]_\mathrm{ep}=[D]_\mathrm{e}-[D]_\mathrm{e}\left\{\frac{\partial f}{\partial\sigma}\right\}\left\{\frac{\partial f}{\partial\sigma}\right\}^\mathrm{T}[D]_\mathrm{e}/s \tag{6-80}$$

$$\{C\}=[C]_\mathrm{ep}=[D]_\mathrm{ep}\left(\{\alpha\}+\frac{\partial[D]_\mathrm{e}^{-1}}{\partial T}\{\alpha\}\right)-[D]_\mathrm{e}\left\{\frac{\partial f}{\partial\sigma}\right\}\left\{\frac{\partial f_0}{\partial T}\right\}/s \tag{6-81}$$

$$S=\left\{\frac{\partial f}{\partial\sigma}\right\}^\mathrm{T}[D]_\mathrm{e}\left\{\frac{\partial f}{\partial\sigma}\right\}+\left\{\frac{\partial f_0}{\partial\varepsilon_p}\right\}^\mathrm{T}\left\{\frac{\partial f}{\partial\sigma}\right\} \tag{6-82}$$

塑性区的卸载由 λ 值判别，$\lambda<0$ 时为卸载过程，$\lambda>0$ 时为加载过程，$\lambda=0$ 时为

中性过程。

b. 平衡条件

考虑结构的某一单元，有如下平衡方程：

$$\{\mathrm{d}F\}^{\mathrm{e}}+\{\mathrm{d}R\}^{\mathrm{e}}=[K]^{e}\{\mathrm{d}\delta\}^{\mathrm{e}} \tag{6-83}$$

式中，$\{\mathrm{d}F\}^{\mathrm{e}}$ 为单元节点上力的增量；$\{\mathrm{d}R\}^{\mathrm{e}}$ 为温度引起的单元初应变等效节点力增量；$\{\mathrm{d}\delta\}^{\mathrm{e}}$ 为节点位移增量；$[K]^{\mathrm{e}}$ 为单元刚度矩阵：

$$[K]^{\mathrm{e}}=\int[B]^{\mathrm{T}}[D][B]\mathrm{d}V \tag{6-84}$$

$$[\mathrm{d}R]^{\mathrm{e}}=\int[B]^{\mathrm{T}}\{C\}\mathrm{d}T\mathrm{d}V \tag{6-85}$$

式中，$[B]$为联系单元中应变向量与节点位移向量的矩阵。根据单元处于弹性或塑性区，分别用$[D]_{\mathrm{e}}$、$\{C\}_{\mathrm{e}}$或$[D]_{\mathrm{ep}}$、$\{C\}_{\mathrm{ep}}$代替上式中的$[D]\{C\}$，形成单元刚度矩阵和等效节点载荷，然后集成总刚度矩阵$[K]$、总载荷向量$[\mathrm{d}F]$，求得整个构件的平衡方程组：

$$[K]\{\mathrm{d}\sigma\}=\{\mathrm{d}F\} \tag{6-86}$$

其中，

$$[K]=\sum[K]^{\mathrm{e}} \tag{6-87}$$

$$\{\mathrm{d}F\}=\sum\left(\{\mathrm{d}F\}^{\mathrm{e}}+\{\mathrm{d}R\}^{\mathrm{e}}\right) \tag{6-88}$$

考虑到焊接过程一般无外力作用，环绕每个节点的单元相应节点的力是自相平衡的力系，即可取

$$\sum\{\mathrm{d}F\}^{\mathrm{e}}=0 \tag{6-89}$$

故有

$$\{\mathrm{d}F\}=\sum\{\mathrm{d}R\}^{\mathrm{e}} \tag{6-90}$$

2. 搅拌摩擦焊热源模型

在轻量化和快充的需求下，水冷系统、铝合金箱体将会成为电池系统的标配，搅拌摩擦焊接正好是水冷板和铝合金箱体制造中比较常用的一种，下面将以一块水冷板搅拌摩擦焊为例来介绍。划分后的网格模型及坐标如图 6-60 所示，并赋予 6063 铝合金材料属性。

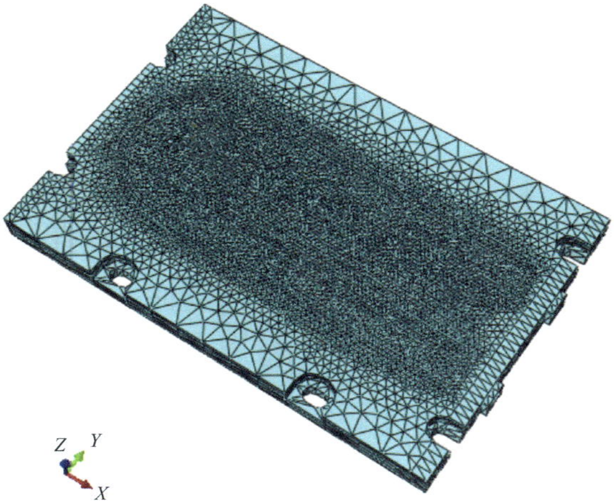

图 6-60　水冷板简化模型图

模拟中设定搅拌头与焊件界面摩擦力所做功的 90% 转化为搅拌头的热输入，搅拌头与试板之间的产热输入包括搅拌头轴肩与试板表面的摩擦热输入；搅拌针表面与其紧密接触的材料之间的摩擦产热；搅拌针端部与材料的摩擦产热。

各部分产热情况如下：

1）轴肩与工件表面的摩擦热输入功率为

$$P_1 = \frac{4\omega\mu F\pi\left(R^3 - {R_1}^3\right)}{3\nu R^2} \tag{6-91}$$

2）搅拌针侧面的热输入功率为

$$p_2 = \pi\mu\sigma_{zz}\omega L r^2 \tag{6-92}$$

3）搅拌针端部的热输入功率为

$$P_3 = \frac{4\omega\mu F\pi {R_1}^3}{3R^2} \tag{6-93}$$

上述各个公式中，ω 为搅拌头转速（单位时间内搅拌头旋转的转数）；μ 为摩擦系数；v 为焊接速度；R_1 为搅拌针根部半径；R 为轴肩半径；F 为轴向压力；σ_{zz} 为柱状搅拌针侧面受到的应力，一般取为材料屈服应力的 0.577 倍。

本小节采用 ABAQUS 软件中热力耦合模块进行数值模拟，模拟模型做简化处理，将轴肩摩擦产热和搅拌针产热分别作为体热源。图 6-61 为热源模型示意图。

热源模型由两部分构成，浅色部分为圆柱形体热源，用来表示轴肩部位的摩擦产热，深色部位为由搅拌针侧面及搅拌针端面简化的体热源。

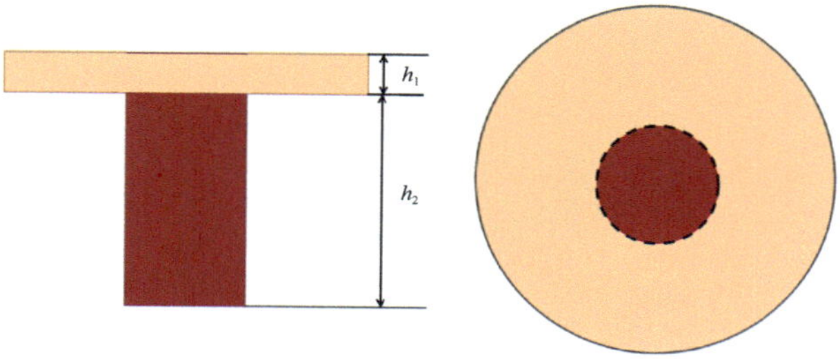

图 6-61 热源模型示意图

1）轴肩体热源热流密度：

$$f_1 = \frac{p_1}{\pi(R_1^{\ 2} - R^2)h_1} \tag{6-94}$$

2）搅拌针体热源热流密度：

$$f_2 = \frac{p_2 + p_3}{\pi R_1^{\ 2} h_2} \tag{6-95}$$

式中，h_1 为轴肩体热源作用区域高度，本节中取 h_1 为 0.5 mm；h_2 为搅拌针的长度，本节中取 h_2 为 4 mm。

采用热弹塑性有限元法模拟焊接过程，可采用热力直接耦合法，分析步时间为焊接路径与焊接速度的比值。

1）温度边界条件设置

焊接过程在预定义场设置室温 20℃，由于搅拌摩擦焊接过程中焊接与空气接触，故须设置对流换热，工件与工作台之间的接触热传导可简化为对流换热，并且设置工件表面的辐射换热系数为 0.85。

2）力学边界条件设置

采用热力耦合分析必须对工件进行约束，根据实际工装情况，工件的 4 边侧面被约束固定住，底面 Z 方向的运动被约束。

3. 仿真分析结果

（1）温度场结果

不同时刻温度场分布如图 6-62 所示。

（2）应力分布

不同时刻 Mises 应力分布及残余应力分布如图 6-63 所示。

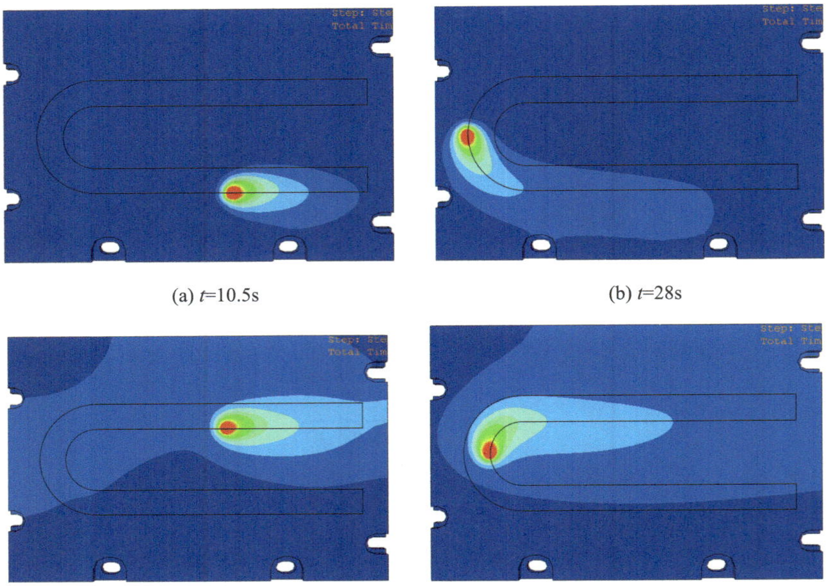

(a) t=10.5s (b) t=28s

(c) t=69s (d) t=83s

图 6-62　温度场结果分析

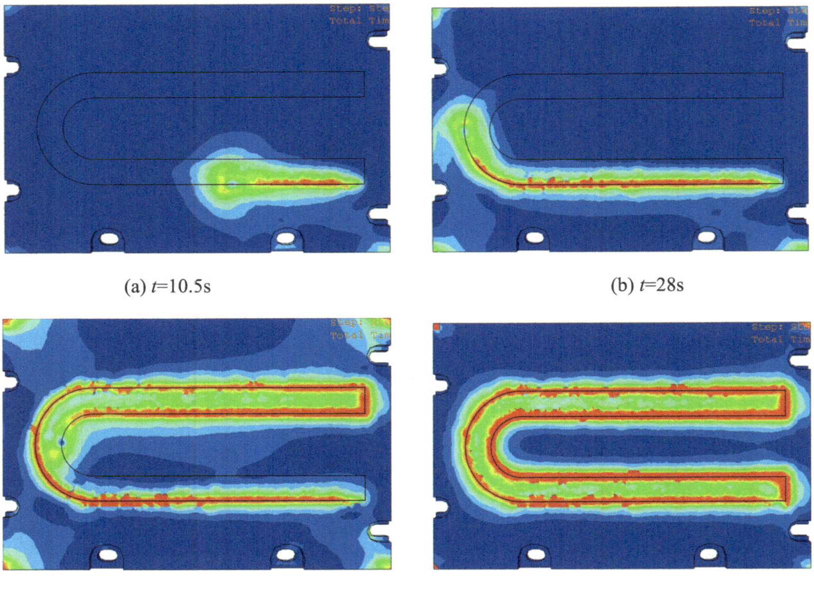

(a) t=10.5s (b) t=28s

(c) t=83s (d) t=710s

图 6-63　应力场结果分析

（3）变形分析

不同时刻最大变形量分布如图 6-64 所示。

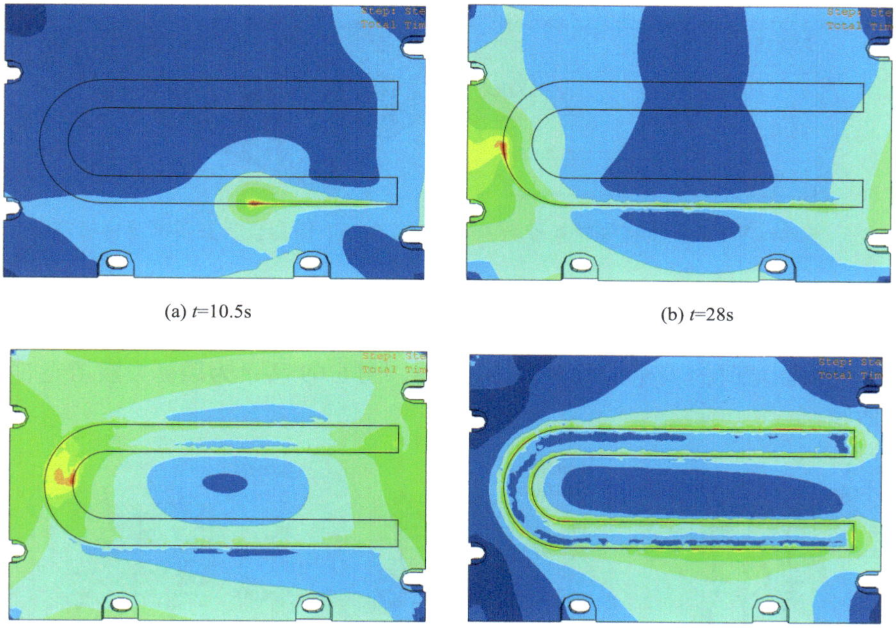

(a) t=10.5s (b) t=28s (c) t=83s (d) t=710s

图 6-64 位移场结果分析

6.4.4 模流分析

模流分析是指运用软件模拟模具注塑的过程。模流分析的常用软件有Moldflow、Moldex3D 等软件，而铝合金压铸比较常见的有 Procast、Flow3D 等。

模流分析通常比较关心的包括充模时间、压力、模温、型腔壁处的剪切应力、熔接线、气穴、冻结时间、体积收缩率、锁模力、锁模力中心位置等关键指数，通过仿真模拟确定模具设计时的关键参数，确保试模能够一次成功。

本节通过一款模组塑料支架的模流分析来进行介绍。支架材料为 PP+20%GF，其最大剪切应力为 0.26 MPa，最大剪切速率为 24000 s^{-1}，转换温度为 122℃，其 Cross-WLF 黏度模型材料参数如图 6-65 所示，模流模型如图 6-66 所示，采用冷流道点绕口，一共八个进胶点。

n	0.2799	
Tau*	19761	Pa
D1	1.63e+015	Pa·s
D2	263.15	K
D3	0	K/Pa
A1	33.138	
A2~	51.6	K

图 6-65 Cross-WLF 黏度模型材料参数

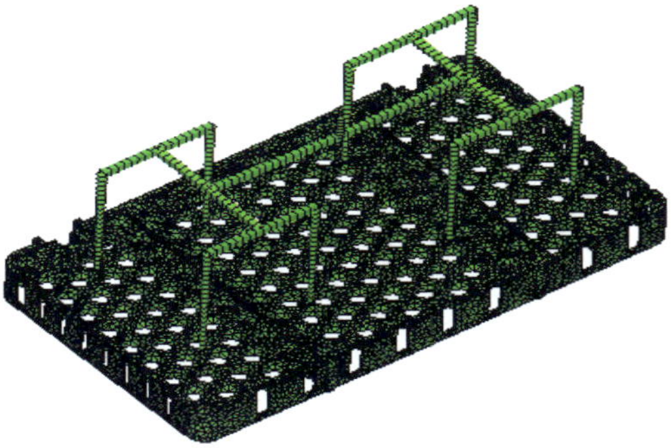

图 6-66 模组塑料支架模流分析模型

设置好模型并求解分析得到了整个注塑过程的材料填充情况，如图6-67所示。由图可知约 3 s 的时间，材料就填充满了整个模具型腔，流动情况良好。图 6-68 所示为材料注塑时的填充压力为 35.29 MPa，图 6-69 所示为锁模力随填充时间的变化曲线。

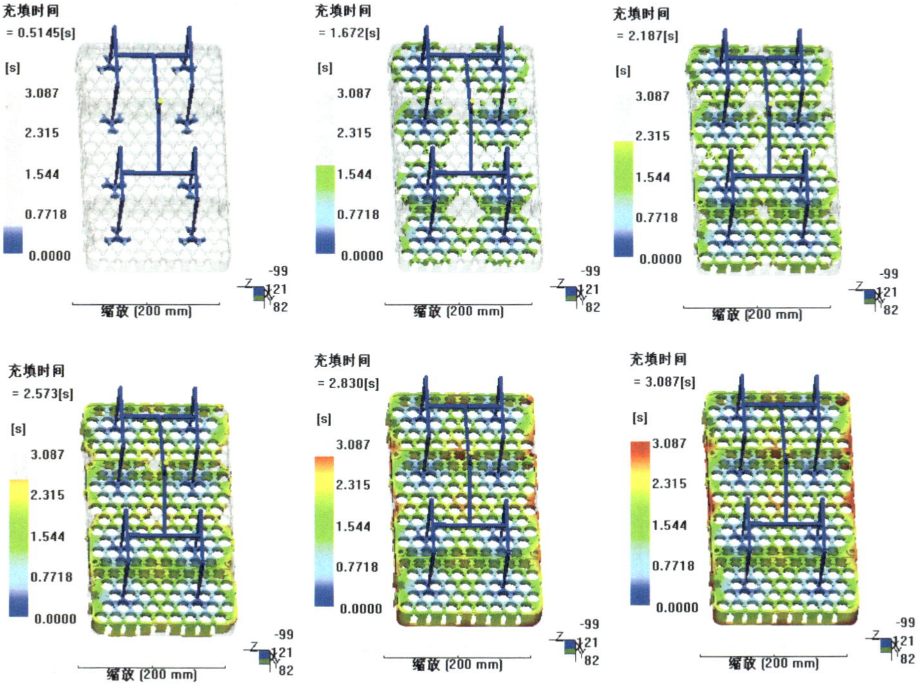

图 6-67 不同时刻的材料的填充过程

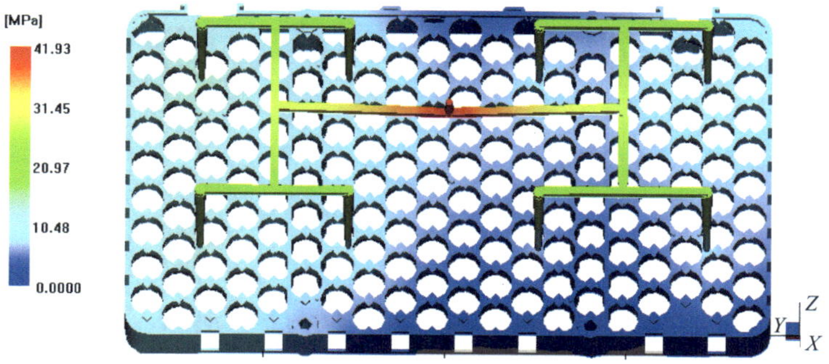

图 6-68 模具的填充压力

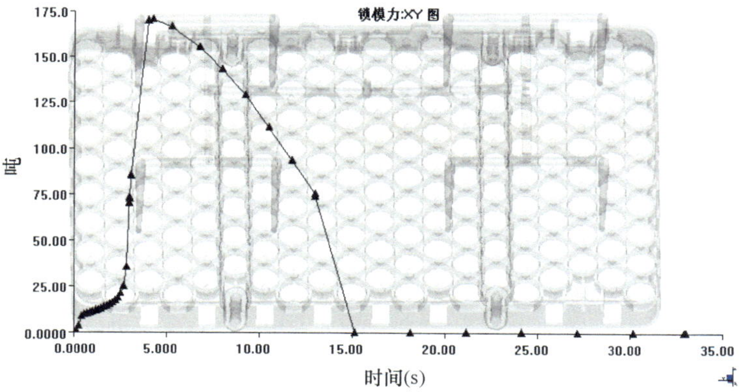

图 6-69 锁模力随填充时间的变化曲线

从图中可知，锁模合力最大为 175 t，当锁模力达到其最大值时，锁模力中心的位置将会被指出，假如锁模力中心没有在模具中心，就可能使注塑机的锁模力能力得不到充分的利用。例如，如果注塑机的最大锁模力为 1000 t，注塑机的 4 根拉杆每根将承受 250 t 的力。当锁模力中心严重偏向其中的 1 根或 2 根时，机器实际能得到的锁模力将降低。该结果可用来检查模具的总体受力平衡，当锁模力中心不在机器的中心时，应加以修正。

图 6-70 所示为注塑成型过程中气穴位置的模拟结果，紫色表示存在气穴。气穴定义在节点位置，当材料从各个方向流向同一个节点时就会形成气穴。当气穴位于分型面时，气体可以排出。制件上的气穴应该消除，可使用以下几种方法做到这一点，如改变制件的壁厚、浇口位置和注射时间，这都有助于消除气穴。

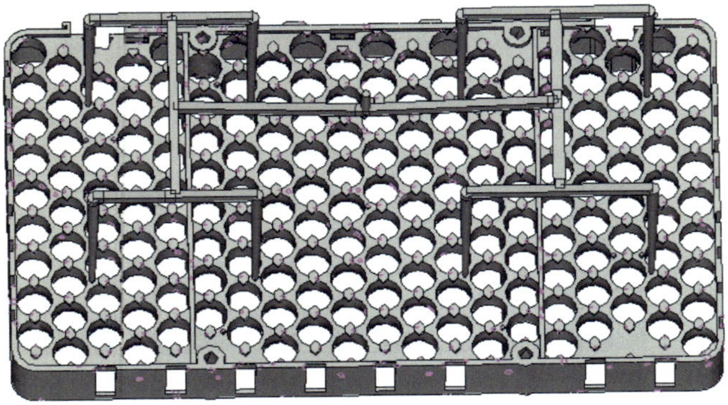

图 6-70　注塑成型过程中气穴位置

最后进行总结，从模拟分析结果可知，模具需要关注表 6-6 所示关键点。

表 6-6　评估结果

评估关键项目	结果
充填流动状况	良好
充填压力（MPa）	35.29
锁模力（t）	85.81
气穴	增加入子、顶针、排气槽

参 考 文 献

杜学成. 2007. 建筑力学. 北京: 中国建材工业出版社, 147-153

李蓓蓓. 2004. 冲击响应谱的规律. 包装工程, 25(1): 12-13

李婧. 2011. 大型船体焊接变形仿真技术研究及其应用. 上海: 上海交通大学, 2011

李庆华. 2005. 材料力学. 成都: 西南交通大学出版社, 197-202

李永利等. 2011. 疲劳试验测试分析理论与实践. 张然治译. 北京: 国防工业出版社

刘琪, 董仕节, 官旭, 等. 2015. 搅拌摩擦焊温度场数值模型的研究进展. 材料导报, 29(21): 118-125

刘志强, 姚峰, 王明强. 2011. 基于动态拓扑信息模型的结构概念设计方法.江苏科技大学学报(自然科学版), 3: 239-244

纽兰 D E. 1980. 随机振动与谱分析概论. 北京: 机械工业出版社

骞永博. 2007. 冲击响应谱试验技术研究. 西安: 西北工业大学

王明珠. 2009. 结构振动疲劳寿命分析方法研究. 南京: 南京航空航天大学

袁熙, 李舜酩. 2005. 疲劳寿命预测方法的研究现状与发展. 航空制造技术, 12: 80-84

By R R, Irvine T. 2012. An introduction to the shock response spectrum. http://www.vibrationdata.com/ tutorials2/srs_intr.pdf

Harris C M, Piersol A G. 2008. 振动与冲击手册(第 5 版). 刘树林, 王金东, 李凤明, 等译. 北京:

中国石化出版社, 284-285
Kaimori H, Kameari A, Fujiwara K. 2006. FEM Computation of magnetic field and iron loss in laminated iron core using homogenization method. IEEE Transactions on Magnetics, 43(4): 1405-1408
Nagulapalli V K, Gupta A , Fan S. 2007. Estimation of Fatigue Life of Aluminum Beams subjected to Random Vibration. https://www.researchgate.net/publication/289450986_Estimation_ of_fatigue _life_of_aluminum_beams_subjected_to_random_vibration
nCode, Desiglife theory guide, https://wenku.baidu.com/view/40b47e8402d276a200292e89.html. 2017.08.16
Sahraei E, Campbell J, Wierzbicki T. 2012. Modeling and short circuit detection of 18650 Li-ion cells under mechanical abuse conditions. Journal of Power Sources, 220(4): 360-372
Sahraei E, Hill R, Wierzbicki T. 2012. Calibration and finite element simulation of punch lithium-ion batteries for mechanical intergrity. Journal of Power Sources, 201 (3): 307-321
Xie Y M, Steven G P. 2000. Evolutionary Structural Optimization. Engineering Structures, 1224-1226
Zhao H, Chen X, Lin Y, Zheng M. 2008. Topology optimization for air suspension bracket integrated shape optimization. IEEE Vehicle Power & Propulsion Conference, 1-5

07

动力电池系统开发性试验验证

通常情况下，动力电池系统主要由电池单体（或称电芯）、BMS、结构件、高低压线束以及热管理组件五大部分组成，是集成了电化学、电气、机械、控制、传热、流体流动等多学科的复杂系统。电池系统的设计与开发需要重点关注电池技术、成组技术以及 BMS 技术，从电芯的选型、组装开始，在全生命周期内做好复杂多变应用环境下的产品使用和维护。

本章从电池单体的测评入手，按照一般的动力电池系统设计开发流程，逐渐延伸到系统层面的开发性试验验证。

7.1　电池单体测评

电芯选型的基础是对其进行系统全面的测试和评价，从出厂一致性、温度特性、倍率特性、脉冲功率特性、循环寿命特性以及安全性等方面评估是否满足动力电池系统的设计需求。表 7-1 列举的是在动力电池系统设计与开发中需要针对电芯进行测评的项目，以及各项测试内容的关注点和评价指标。下述针对表中各项内容的测试方法和规程进行概括。

表 7-1　电芯测评项目、内容和评价指标

编号	项目	内容、目的	指标
1	出厂一致性	统计分析出厂质量	质量平均值、极差、标准差
		统计分析满电态交流内阻	交流内阻平均值、极差、标准差
		统计分析满电态 OCV	OCV 平均值、极差、标准差
		统计分析出厂容量、能量	放电容量/能量平均值、极差、标准差； 体积容量/能量密度、质量容量/能量密度
2	温度特性	分析高低温充电特性	电压、容量、能量、温度系数、体积能量密度、质量/能量密度
		分析高低温放电特性	
3	倍率特性	分析不同倍率充电特性（含快速充电）	
		分析不同倍率放电特性	
4	恒功率特性	分析恒功率放电特性	放电能量
5	脉冲功率特性	分析高低温脉冲功率特性	内阻、功率、可用能量
6	能量效率	分析高低温能量效率	能量效率
		分析不同倍率的能量效率	
7	开路电压（OCV）特性	获得 SOC-OCV 曲线	—
8	产热特性	分析不同温度下的产热特性	产热量、瞬时产热功率、平均产热功率、体积/质量产热功率密度、比容量瞬时产热功率密度
		分析不同倍率下的产热特性	
9	热稳定性	进行热边界条件表征	一级、二级、三级热触发温度
10	循环寿命特性	进行循环寿命、日历寿命分析	循环寿命、日历寿命
11	安全性	分析针刺、过充、过放、短路等安全性	冒烟、起火、爆炸

7.1.1 出厂参数

电芯的一致性对动力电池系统的选型和配组具有至关重要的影响。动力电池系统内的单体数目越多，则电池出厂一致性好坏对电池系统性能、寿命和安全性的影响也就越明显。电池出厂一致性主要是制造过程中的一致性。电芯的各种参数中，质量、OCV、内阻、容量、能量等是评断电池出厂一致性好坏的主要依据。表 7-2 所示为测试电芯充/放电能量和容量、满电态 OCV、满电态交流内阻的具体步骤。

表 7-2 出厂参数测试步骤

步骤	内容	备注
1	电池置于恒温箱中，温度设置为 25℃*，静置 2 h	保证电池温度与环境温度达到一致，且内部温度一致
2	以 I_1**恒流放电至电池终止电压，静置 2 h	—
3	以 I_1 恒流充电至电池充电截止电压，后转为恒压充电，直至电流降至 0.05 I_1，静置 2 h	—
4	重复步骤（2）和（3）三次	—
5	记录电池在步骤 4 中的充/放电容量和能量	求三次的平均值，作为该节电芯的充/放电容量和能量
6	电池置于恒温箱中 2 h，记录电池在满电状态下的 OCV	在电池端电压达到完全稳定（$dV/dt<0.1$ mV/min）后进行测量
7	测量电池在满电状态下的交流内阻	电池仍处于恒温箱中

* 试验的一般条件应在温度为 25℃±2℃、相对湿度 15%～90%、大气压力 86～106 kPa 的环境中进行。

** 表示 1C 倍率电流。下同

根据表 7-2 对所有单体进行测试，针对获得的各关键参数，利用最大值、最小值、平均值、极差、相对极差（极差/平均值）、标准差、正态分布检验、箱线图等统计学工具进行分析，可以比较电池单体的一致性水平。

动力电池样品的质量是其重要的基本参数，出厂质量一致性的优劣在一定程度上反映了电芯制作工艺的好坏。电芯的质量通常呈正态分布，如图 7-1 所示。

基于以上的统计结果，采用相对极差或评分表就可以利用雷达图对不同样品进行比较，从而为样品选型提供参考。图 7-2 为某两款电池出厂一致性雷达图对比。

7.1.2 温度和倍率充电性能

在电动汽车复杂多变的实际运行中，车载动力电池需要面临在不同温度和不同电流倍率下的充电工况，因此需要分析电池单体在上述不同工况下的充电性能

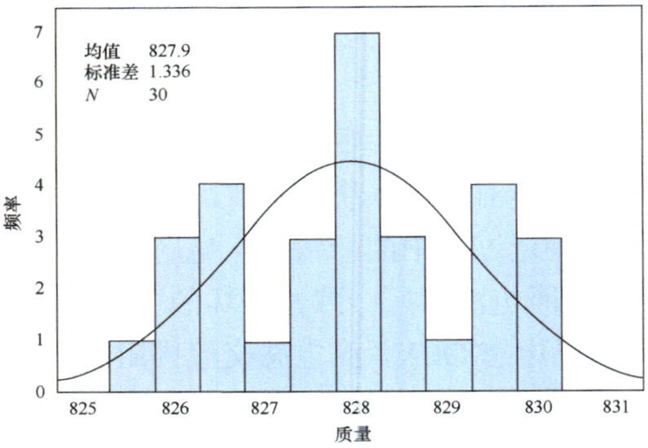

图 7-1 某款电池出厂质量分布直方图

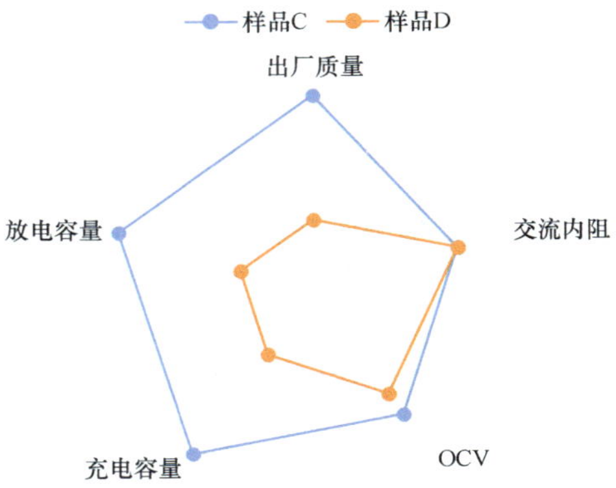

图 7-2 某两款电池出厂一致性雷达图对比

表现。表 7-3 所示为低温、常温和高温工况下，分别以低、中、高倍率进行充电性能测试的试验规程。

表 7-3 温度、倍率充电性能试验规程

步骤	内容	备注
1	电池置于恒温箱中，温度设置为 25℃*，静置 6 h	保证电池温度与环境温度达到一致（电池端电压 dV/dt<0.1 mV/min，则认为电池内部达到稳定），且内部温度一致
2	以 I_1 恒流放电至企业规定的电池终止电压，静置 2 h	—
3	恒温箱温度设置为–20℃，静置 12 h	—
4	以 0.33 I_1 恒流充电至电池终止电压，后转为恒压充电，至电流降至 0.05 I_1	—
5	重复步骤 1～4，其中步骤 4 中充电电流倍率分别改为 1C、2C、XC	X 为厂家规定的电池最大充电倍率
6	重复步骤 1～5，其中步骤 3 中的环境温度分别改为 0℃、25℃、55℃	三个温度点分别代表低温、常温和高温，可根据特定对象调整

图 7-3 所示为某款三元电池单体在不同温度电流倍率下的充电特性。可以看出，低温环境下，由于电池温度较低，电池内部阻抗较大，初期电压较高，随着充电的进行，电压下降，在充电后期又继续升高。总体来说，随着环境温度的升高以及电流倍率的减小，电池的充入容量逐渐增加。此外，除了可充入容量和使用寿命外，需要重点关注的是电池在大充电电流倍率下的温升和产热特征，以合理设计电池系统的充电散热功能，防止电池系统提前失效和发生安全事故。

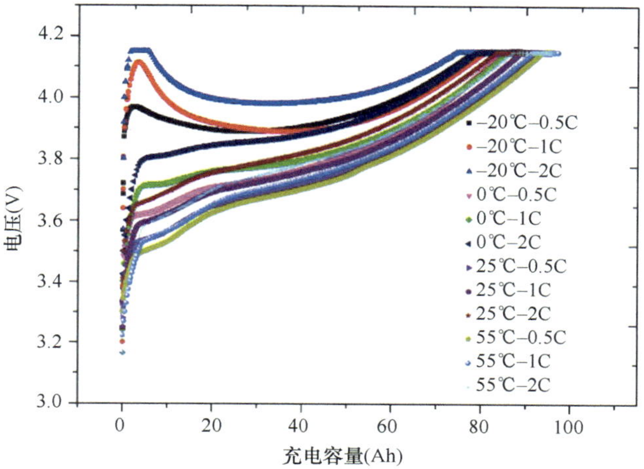

图 7-3 某款三元电池单体在不同温度电流倍率下充电过程中电压随时间变化

7.1.3 温度和倍率放电性能

续驶里程是电动汽车的主要性能指标，反映到动力电池上便是其可用容量。锂离子电池对温度和电流倍率具有高度的敏感性，通过分析电池在不同工况下的充放电曲线，考察其充放电容量、能量等参数，可以分析电池适宜的工作温度区间以及对温度变化的耐受能力。与充电过程类似，电池单体在不同环境温度和电流倍率工况下的放电特性的测试步骤如表 7-4 所示。

表 7-4 温度、倍率充电性能测试步骤

步骤	内容	备注
1	电池置于恒温箱中，温度设置为 25℃*，静置 6 h	保证电池温度与环境温度达到一致（电池端电压 dV/dt<0.1 mV/min，则认为电池内部达到稳定），且内部温度一致
2	以 I_1 恒流放电至企业规定的电池终止电压	—
3	恒温箱温度设置为 25℃*，静置 2 h	—
4	以 0.33 I_1 恒流充电至电池终止电压，后转为恒压充电，至电流降至 0.05 I_1	—
5	恒温箱温度设置为-20℃，电池静置 12 h	—
6	以 0.33 I_1 恒流放电至电池终止电压	—
7	重复步骤 3～6，其中步骤 6 中放电电流倍率分别改为 1C、2C、*X*C	*X* 为厂家规定的电池最大充电倍率
6	重复步骤 3～7，其中步骤 5 中的环境温度分别改为 0℃、25℃、55℃	三个温度点分别代表低温、常温和高温，可根据特定对象调整

图 7-4（b）所示为基于三款锂离子电池单体放电容量随温度的变化趋势对比图。可以看出，对于不同电池样品，随着温度的上升，放电容量的变化趋势具有较大差异。

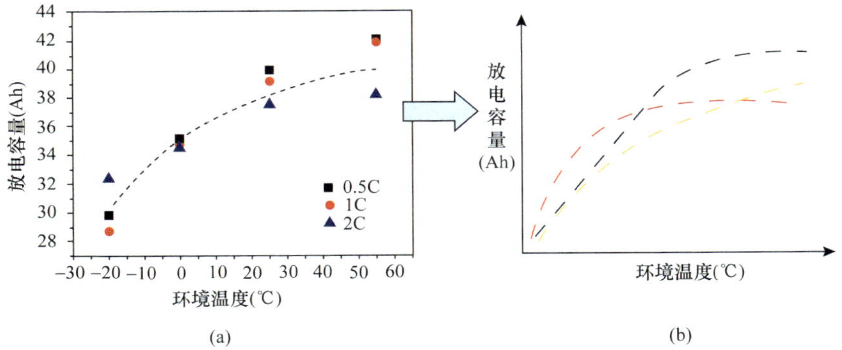

图 7-4　三款锂离子电池单体放电容量随温度的变化趋势对比

为了更综合地考察电池在不同倍率下的充放电特性，可以使用更为复杂的模拟电池在车启动、刹车、加速时工作状态的工况循环。比较典型的包括 USABC《电动汽车用动力电池测试手册》中根据联邦城市驾驶（FUDS）工况简化得到的动态应力测试（dynamic stress test，DST）测试工况，如图 7-5 所示。

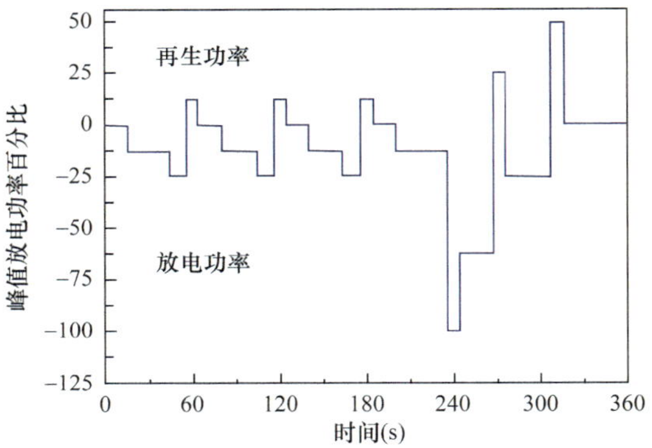

图 7-5　DST 测试示意图

7.1.4 恒功率特性

锂离子电池的恒功率放电特性是另一个需要重要关注的特征，决定着电池系统稳定输出功率的能力，进而影响电动汽车的整车性能，表 7-5 所示为在不同温度和不同功率下进行测试的主要步骤。

表 7-5　恒功率特性测试步骤

步骤	内容	备注
1	电池置于恒温箱中，温度设置为 25℃*，静置 6 h	—
2	以 I_1 恒流放电至企业规定的电池终止电压	—
3	恒温箱温度设置为 25℃*，静置 6 h	—
4	以 0.33 I_1 恒流充电至电池终止电压，后转为恒压充电，至电流降至 0.05 I_1，静置 6 h	—
5	恒温箱温度设置为–25℃*，静置 12 h	—
6	以特定恒功率 P_1 放到截止电压	—
7	重复步骤 3～6，分别改变步骤 6 中恒功率大小为 P_2、P_3…P_x	P_x 为企业规定的最大恒功率
8	重复步骤 3～7，其中步骤 7 分别改变恒温箱温度为 0℃、25℃和 55℃	进行不同环境温度下的恒功率特性测试

7.1.5 脉冲功率特性

功率特性是电动汽车的主要性能指标，反映到动力电池上便是其功率特性。混合功率脉冲测试（HPPC）测试是在被测试对象可用的电流和电压范围内，使用放电和反馈（充电）脉冲的测试制度来表征其动态功率能力。其主要目标是确定以下参数与放电深度（DOD）的函数关系：①在 10 s 放电脉冲结束时放电功率能力；②在 10 s 反馈脉冲结束时反馈脉冲功率能力。HPPC 测试的一般步骤如表 7-6 所示。在单个温度工况下进行 HPPC 测试的电流和电压变化过程如图 7-6 所示。

表 7-6　脉冲功率特性测试步骤

步骤	内容	备注
1	恒温箱温度设置为 25℃，静置一定时间	静置时间推荐大于 6 h
2	以 I_1 恒流放电至企业规定的电池终止电压	—
3	恒温箱温度设置为 25℃*，静置一定时间	静置时间推荐大于 6 h
4	以 0.33 I_1 恒流充电至电池终止电压，后转为恒压充电，至电流降至 0.05 I_1，静置 6 h	—
5	将恒温箱温度设置为目标值，静置一定时间	低温下静置时间推荐大于 6 h
6	按照 HPPC 测试规程进行测试	—
7	重复步骤 1～6，其中改变目标温度分别为 0℃、25℃、55℃	进行不同环境温度下的脉冲功率特性测试

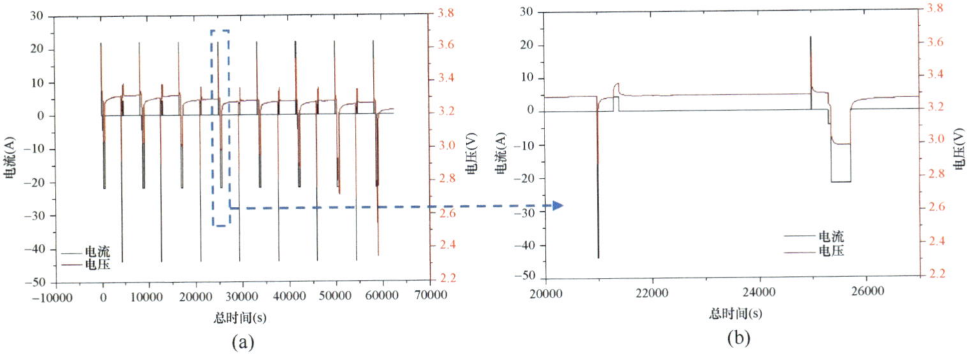

图 7-6 某款锂离子电池单体在 0℃下 HPPC 测试的电压、电流随时间变化曲线

（a）整体；（b）单个 SOC

图 7-7 所示为某款三元锂离子电池单体在不同环境温度下的脉冲功率特性。可以看出，随着环境温度的下降，电池的脉冲功率特性逐渐变差。

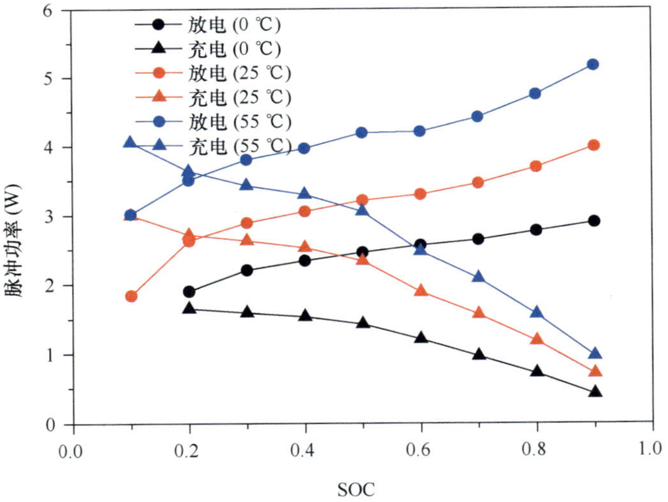

图 7-7 某款样品在不同环境温度下的脉冲功率特性

7.1.6 能量效率

对电池单体在不同温度工况下进行能量效率测试的一般步骤如表 7-7 所示。某款样品在特定温度下以一定的电流倍率进行能量效率测试时的电池电压、电流变化如图 7-8 所示。

表 7-7　能量效率测试步骤

步骤	内容	备注
1	恒温箱温度设置为 25℃，静置 6 h	—
2	以 I_1 恒流放电至企业规定的电池终止电压	—
3	恒温箱温度设置为 25℃*，静置 6 h	静置时间视情况而定，低温下建议静置超过 12 h
4	以 0.33 I_1 恒流充电至截止电压，静置 6 h	—
5	以 0.33 I_1 电流放电直到截止电压，静置 6 h	
6	重复步骤 3～5，其中步骤 3 中恒温箱温度分别调节为 −20℃、0℃和 55℃	针对同样的充放电电流倍率，进行低温、常温和高温下的能量效率测试
7	重复步骤 3～6，其中改变步骤 4 和步骤 5 中电流倍率分别为 $1I_1$、$2I_1 \cdots xI_1$	xI_1 为厂家规定的最大充放电电流倍率

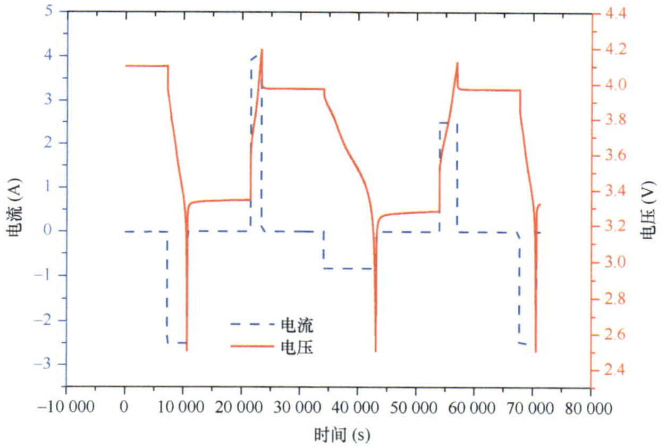

图 7-8　某款锂离子电池在能量效率测试中电池电压、电流随时间变化

7.1.7 荷电保持能力

电池在开路状态下，由于内部自发反应会导致一定的化学能损失（即自放电），从而导致荷电状态的下降。针对特定电池而言，自放电主要受制造工艺、材料体系以及储存条件等的影响，需要测试其在不同温度下的荷电保持能力。电池荷电保持能力的测试可按照以下规程进行：

1）室温下，以 1C 倍率将电池放电至企业规定的终止电压；

2）搁置特定时间（低温下建议不低于 12 h，常温及以上建议不低于 6 h）；

3）以 1C 倍率将电池充电至截止电压，之后在恒压模式下直至电流下降至 0.05C 停止；

4）在特定温度下，储存特定长时间（例如 30 d），并每隔两天记录电池开路电压及内阻；

5）在特定温度下，以 1C 倍率将电池放至企业规定的终止电压，记荷电保持容量 C_1；

6）在特定温度下，以 1C 倍率将电池充电至截止电压，之后在恒压模式下直至电流下降至 0.05C 停止；

7）在室温下搁置特定时间（建议不低于 6 h）；

8）室温下，电芯以 1C 放电至厂家规定的截止电压停止。记荷电保持容量 C_2。

7.1.8 产热特性

由于锂离子电池的性能、循环寿命和安全性等和温度的相关性极大，热管理系统的重要性则不言而喻。而热管理系统设计的第一步就是精确了解电池的产热特性。针对电池热特性进行测试的目的和意义主要在于：①获得不同锂离子电池样品在特定工况下的产热量后，借助体积产热量或容量/能量产热量的概念，比较不同样品的产热水平；②针对特定样品，分析其产热行为与工作温度、电流倍率、SOC 之间的关系，得到综合的产热特性 MAP 图，从而为电池热管理系统的开发提供重要的输入和依据。

图 7-9 所示为针对一款磷酸铁锂电池单体进行测试得到的产热功率 MAP 图，从图 7-9（a）可以明显看出，在特定的电流倍率下，同一款电池在不同 SOC 和温度时存在所谓的产热边界。对于电池单体的热设计而言，其目标之一便是将产热边界条件尽量向下移，以减小电池热管理系统的热负荷。

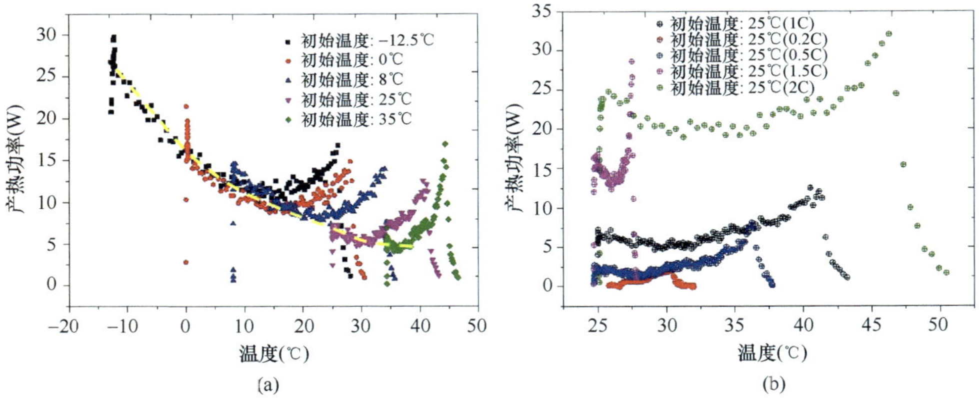

图 7-9 某款锂离子电池产热功率 MAP 图

（a）1C 放电、不同初始温度；（b）相同初始温度、不同电流倍率在测试电池产热特性之前，需要精确获知电池比热容。采用量热法获取电池比热容的原理是：将电池置于绝热环境中，通过外部热源（通常为加热片）对电池进行加热，在已知外部热源提供的热量 Q（恒加热功率与时间的乘积）以及对应的电池温升ΔT后，即可通过式（7-1）计算电池比热容。

$$Q = m\,C_p \Delta T \tag{7-1}$$

式中，Q 为电池产热量，kJ；m 为电池质量，kg；C_p 为电池比热容，kJ/(kg·K)；ΔT 为电池的温升，K。

绝热环境可以由加速绝热量热仪（ARC，图 7-10）实现，实验中测试样件表面布置有温度传感器，ARC 通过保持腔壁温度与电池温度瞬时一致，从而为被测样品提供控制精确的绝热环境。

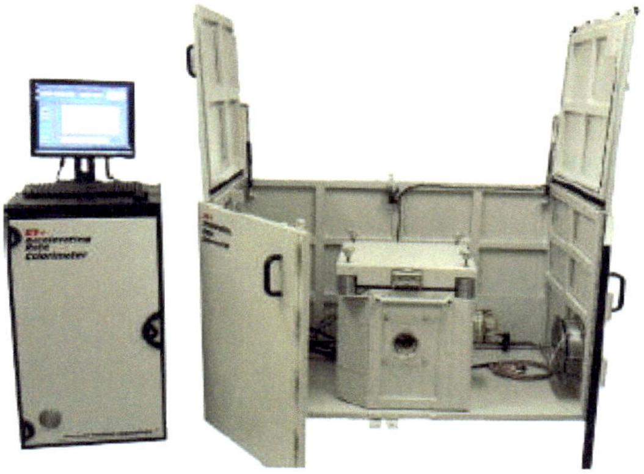

图 7-10　某种大容腔加速绝热量热仪

在产热测试中，采用充放电仪对电池进行特定工况下的充放电，借助于比热容测试相同的设备，就可以通过公式（7-1）和公式（7-2）分别测量电池的产热量和瞬时产热功率。

$$q = m\,C_p\ \mathrm{d}T/\mathrm{d}t \tag{7-2}$$

7.1.9 老化特性

电池寿命包括循环寿命和日历寿命两部分，而循环寿命测试又可分为两部分，即循环测试和特性测试。循环测试以模拟电池的实际使用状态为主，包括常规循环和工况循环；特性测试则以获取动力电池寿命的表征参数为主，包括内阻、容量和峰值功率等［计算方法如公式(7-3)～公式(7-6)所示］，以量化电池性能与循环次数之间的关系。电池老化受影响因素较多，包括工作温度、电流倍率、SOC 范围等。

1）内阻测试。内阻测试以 HPPC 方法为主，通过对电池加载特定时长的脉冲电流，获取电压激励来测算电池直流内阻。

2）容量测试。容量测试中以 0.33 C 将电池充电至 100% SOC，然后以 0.33C 放电至放电终止电压，计算放电过程中电池放出的电量。

3）峰值功率。峰值功率测试以 USABC 方法为主，即对电池加载特定时长的脉冲电流。

内阻计算公式为

$$R=(V_{t1}-V_{t0})/(I_{t1}-I_{t0}) \tag{7-3}$$

功率计算公式为

$$P_1=-\frac{2V_{\text{IRFree}}^2}{9R} \tag{7-4}$$

$$P_2=-V_{\min}\frac{V_{\text{IRFree}}-V_{\min}}{R} \tag{7-5}$$

$$P_3=I_{\max}(V_{\text{IRFree}}+I_{\max}R) \tag{7-6}$$

$$V_{\text{IRFree}}=V-IR \tag{7-7}$$

式中，V_{t0}，I_{t0} 为 t_0 时刻的电压值和电阻值；V_{t1}，I_{t1} 为 t_1 时刻的电压值和电阻值。根据公式（7-4）～公式（7-6），计算得到的放电功率值中的最小值为放电功率值。

从试验验证的角度而言，通常采用标准循环寿命测试的方法，可参考表 7-8 中所示测试规程。图 7-11 所示为某厂家的两款锂离子电池在 25℃环境下进行 1C 循环充放电时容量百分比随循环次数的变化，两款电池都呈线性衰减特性，但样品 B 是样品 A 的 4.5 倍。

表 7-8　电芯老化特性测试步骤

步骤	工作模式	温度
1	以特定倍率（如 1C）放电至企业规定的放电终止电压	特定温度
2	搁置 30 min	特定温度
3	以特定倍率（如 0.33C）充电至企业规定的充电终止电压后，转为恒压模式放电，直至电流下降为 0.05C 停止	特定温度
4	静置 2 h	25℃
5	常温下以 1C 倍率放电至企业规定的放电终止电压，记录放电容量	25℃
6	重复步骤 2～5 若干次（例如 500 次），计量室温放电容量和放电能量	—
7	改变循环老化温度，得到电池循环寿命预测模型	—

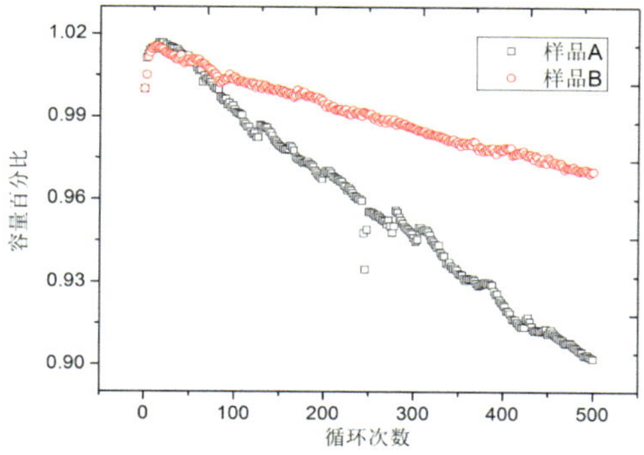

图 7-11　某两款锂离子电池容量衰减特性比较

7.1.10 安全性测试

根据各国针对动力电池能量密度设置的目标，在未来 5～10 年间，电池能量密度需要从目前的 120～250 Wh/kg 提升至 300～350 W h/kg 的水平。作为一个同时包含氧化剂（正极材料）和还原剂（负极材料和电解液）的密封体，电池的高比能化必然会带来潜在的电化学不稳定性，进而导致其潜在热失控危险系数的增加。

相比于笔记本电脑、手机，以及固定用途（如储能、备用电源）等应用场景，电动汽车用锂离子电池的使用环境更加复杂多变和苛刻。例如电池需要暴露在极宽的温度范围内工作、持久的振动，以及高倍率的充放电等。大倍率的充放电会导致极高的温度，如果热管理系统不能及时为电池散热，高温会引起电池内部各种分解副反应的发生，如 SEI 膜分解、负极与电解液反应、电解液分解等，并最终导致热失控。电池一旦进入热失控阶段，电池的温升将不再需要外部热源的支持，会有在短时间内发生起火、爆炸的危险。此外，与电子产品用电池不同的是，电动汽车用动力电池的容错率更低。以 18650 型电池为例，其发生内部自发失效（或称为现场失效，field failure）的概率可以控制在四千万分之一到千万分之一之间，这对于消费类电子产品的电池而言是相对可靠的，但是在电动汽车上使用时，即便是如此低的自发失效概率也是无法容忍的，因为电池包内的电池单体数量通常数以百计甚至数以千计，以特斯拉 Model S 85D 的电池包为例，其内部的 18650 电芯数量就接近 8000 个。因此对于动力电池而言，提升其安全性就变得尤为关键。

电池的安全性测试包括机械安全、电安全和环境安全性测试三部分，例如针刺、挤压、过充、短路、加热、温度循环、海水浸泡等，其分类如表 7-9 所示。各项内容的测试规程可参考 GB/T 31485—2015《电动汽车用动力蓄电池安全要求及试验方法》。

表 7-9 电芯安全性测试方法分类及方法

编号	分类	项目	评价指标	验证方法
1	电安全性	过充电	起火、爆炸	6.2.3/6.3.3
2		过放电	起火、爆炸、漏液	6.2.2/6.3.2
3		短路	起火、爆炸	6.2.4/6.3.4
4	环境安全性	加热	起火、爆炸	6.2.6/6.3.6
5		温度循环	起火、爆炸、漏液	6.2.10/6.3.10
6		海水浸泡	起火、爆炸	6.2.9/6.3.9
7		低气压	起火、爆炸、漏液	6.2.11/6.3.11
8	机械安全性	挤压	起火、爆炸	6.2.7/6.3.7
9		针刺	起火、爆炸	6.2.8/6.3.8
10		跌落	起火、爆炸、漏液	6.2.5/6.3.5

热稳定性是决定电芯、模块、电池包安全性的参数中最重要的一个。而提升电池单体的安全性，需要从探究电池的安全阈值边界开始，即热稳定边界条件。测试电池单体的热稳定性同样在加速绝热仪中进行。试验中通过加速绝热量热仪模拟该过程：将电池置于加速绝热量热仪（图 7-10）中，在实验开始阶段，通过提高 ARC 腔体温度对电池进行加热，等电池开始自放热后，ARC 腔体温度保持与电池壳体温度一致，当电池壳体温度达到 300℃后（此时锂离子电池通常已经进入绝热热失控状态），ARC 开启冷却模式。如图 7-12 所示，锂离子电池典型的绝热热失控过程主要包括开始自产热、加速温升（自产热扩展）、热失控触发和热失控反应 4 个典型阶段。

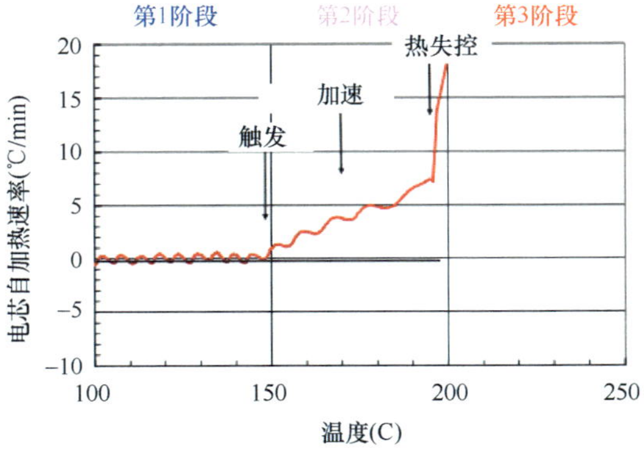

图 7-12 锂离子电池绝热热失控反应的典型过程

与上述阶段对应的典型温度分别包括自放热温度、热失控触发温度、剧烈热失控温度和最高温度。当电池达到自放热温度后，内部反应速率在开始阶段很低，随着一系列的加速阶段后逐渐提高（该孵化过程的时间通常从数小时到十几小时不等，时间长短取决于电池自身材料体系、SOC 和老化状态等因素）。一旦达到触发温度，失效将会很快发生。

7.2 动力电池系统开发性验证

电池系统的开发过程中的验证测试，应该力求简单、高效、准确，在尽量控制开发成本的基础上完成系统的研发验证测试，确保系统能够满足设计功能，实现设计目标。

对于电池系统的开发性验证测试，应该关注的方面包括：系统功能、系统壳体防护功能、电性能、可靠性、安全性等方面。

系统功能测试主要是验证电池系统的基本功能和采样精度等方面；系统的壳体防护功能主要针对电池系统的外壳，验证壳体对电池系统的保护功能；电性能以验证电池系统的基本电性能是否能够满足设计目标；可靠性方面涵盖机械可靠性、环境可靠性和保护可靠性等方面，全方位验证电池系统能否满足可靠性设计目标；安全性测试是验证电池系统在极端滥用的情况下的安全性及对成员的保护能力。

7.2.1 系统功能

系统功能测试以验证电池系统的基本功能和采样精度为主要内容。

电池系统能够对系统电压、最小监控单元的电压、系统工作电流、系统温度、系统的绝缘电阻、系统的荷电状态（SOC）等重要参数进行测量，并满足系统设计的目标精度。

1. 电压采集功能及精度

对系统电压和最小监控单元的电压的采集功能是系统的重要指标，其精度直接关系系统运行的稳定性和可靠性。

电压采集主要靠电压传感器实现，为验证系统电压采集功能，建议在不同的温度环境和不同的 SOC 下分别进行。表 7-10 中是电压采集功能的正交表格，分别在高温、常温、低温环境下测试电池系统在不同 SOC 下的采集功能和精度。

表 7-10　电压采集功能验证表

温度 / SOC	高温（50℃）	常温	低温（-20℃）
高 SOC（90%）			
中 SOC（50%）			
低 SOC（10%）			

2. 工作电流采集功能及精度

电流采集功能及精度测试在于验证电池系统充放电电流采集功能和采集精度。

电流采集功能和精度主要依靠电流传感器保证。为验证系统的电流采集功能和精度，建议在不同温度下对电池系统进行全电流范围的采集和对比。

温度环境为高温、常温和低温。

对于 0～10 A 的小电流范围，以 0.5 A 为步长，验证电流采集功能和精度（图 7-13）。

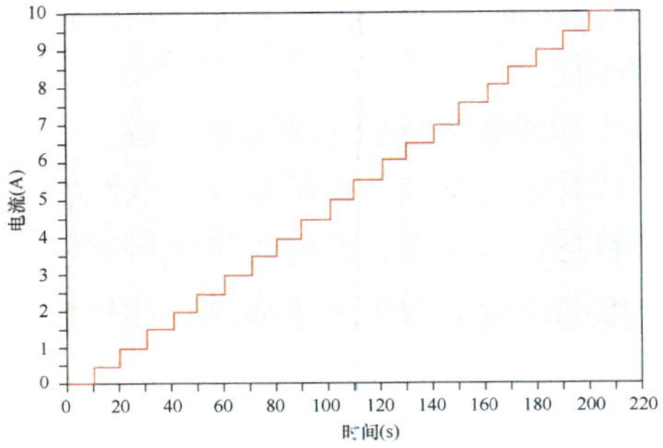

图 7-13　小电流范围电流采集功能和精度验证

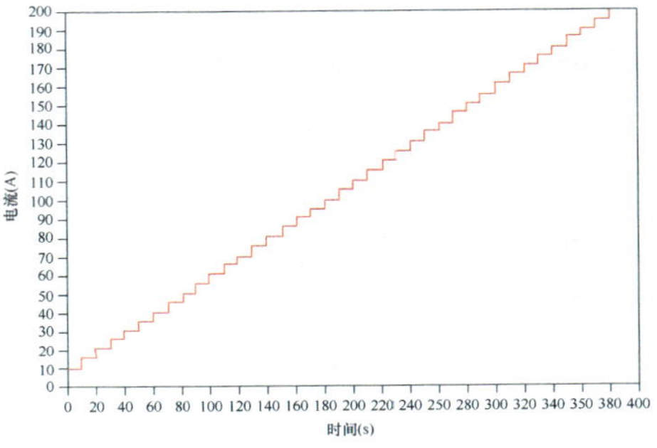

图 7-14　大电流范围电流采集功能和精度验证

对于 10 A～I_{max} 的电流范围，以 5 A 为步长，验证电流采集功能和精度（图 7-14）。

3. 温度采集功能及精度

温度采集功能及精度测试在于验证电池系统在不同的温度采集和精度。

温度采集主要靠温度传感器实现，为验证系统的温度采集功能和精度，建议对电池系统进行全温度范围的验证。

温度范围 T_{min}～T_{max}，以 5℃为步长，验证在不同温度条件下的温度采集功能和精度。

4. 绝缘电阻采集功能及精度

绝缘电阻采集功能验证电池系统绝缘电阻的采集功能和精度。

5. 荷电状态（SOC）估算功能及精度

SOC 估算功能及精度是验证电池系统在不同的温度条件下的对荷电状态的估算精度。

具体试验方法可以参照 QC/T 897—2011 进行。建议在不同温度下分别进行，涵盖低温、常温和高温环境。

（1）常温放电容量测试

参照 QC/T 897—2011，对电池系统的常温放电容量进行测试，并记录放电量 Q_0

（2）常温 SOC 测试

参照 QC/T 897—2011，进行常温条件下不同区间的 SOC 测试：SOC>80%、30%<SOC<80%、SOC<30%。测试工况如图 7-15 所示。

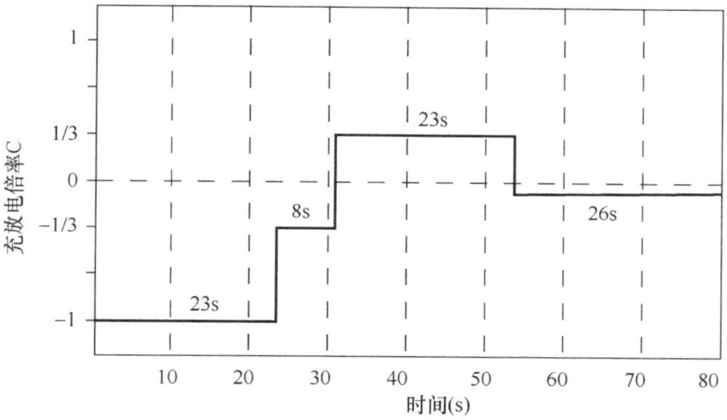

图 7-15　常温 SOC 测试工况

（3）高温和低温下 SOC 测试

a. SOC≥80%

1）在室温环境下按照企业规定的充电方法将电池组系统充电至满电状态；

2）静置大于 30 min，且电池组系统检测的最高温度点小于 30℃；

3）以（$1Q_0$）A 放电 10 min；

4）在低温（或高温）环境下静置 24 h（16h）或达到温度均衡；

5）采用图 7-15 的充放电工况，进行 10 个循环测试；

6）在室温环境下静置 8 h 或者达到温度均衡；

7）以（$Q_0/3$）A 充电 20 min；

8）以（$Q_0/6$）A 充电 10 min；

9）静置 10min；

10）记录电池管理系统上报 SOC 值；

11）按照步骤 3.1.3 标准将电池组系统充电至满电状态，记录充电量 Q_{01}；

12）SOC 真值按（Q_0–Q_{01}）/ Q_0 计；

b. 30%＜SOC＜80%

1）在室温环境下按照企业规定的充电方法将电池组系统充电至满电状态；

2）静置大于 30 min，且电池组系统检测的最高温度点小于 30℃；
3）以（1 Q_0）A 放电 15 min；
4）在低温（或高温）环境下静置 24 h（16h）或达到温度均衡；
5）采用图 7-15 的充放电工况，进行 10 个循环测试；
6）在室温环境下静置 8 h 或者达到温度均衡；
7）记录电池管理系统上报 SOC 值；
8）按照步骤 3.1.3 标准将电池组系统放电，记录放电电量 Q_1；
9）SOC 真值按 Q_1/Q_0 计；

c. SOC≤30%

1）在室温环境下以可用容量测试时所采用的充电规范将电池组系统充电至满电状态；
2）静置大于 30 min，且电池组系统检测的最高温度点小于 30℃；
3）以（1Q_0）A 放电 40 min；
4）在低温（或高温）环境下静置 24 h（16h）或达到温度均衡；
5）采用图 7-15 的充放电工况，进行 10 个循环测试；
6）在室温环境下静置 8 h 或者达到温度均衡；
7）记录电池管理系统上报 SOC 值；
8）按照步骤 3.1.3 标准将电池组系统放电，记录放电电量 Q_1；
9）SOC 真值按 Q_1/Q_0 计；

7.2.2 系统壳体防护功能

系统壳体防护功能主要是验证动力电池系统壳体的保护功能以及壳体的耐腐蚀功能，主要包括防尘、防水、碎石冲击、阻燃、耐腐蚀等内容。

1. 防尘

壳体防尘功能测试主要参照 GB 4208—2008《外壳防护等级（IP 代码）》完成。标准中规定了防尘等级分为 IP0X～IP6X 等七个等级，IP0X 要求最低，为无防护；IP6X 为最高等级，要求无灰尘进入。表 7-11 为防止固体进入的防护等级表。

通常情况下，电动汽车用的动力电池系统均要求“IP6X 尘密”级别，即试验过程中无灰尘进入。试验在防尘箱内进行，如图 7-16 所示，试验持续时间为 8 h。试验后，壳内无明显的灰尘沉积，即认为试验合格。

2. 防水

壳体防水功能测试主要参照 GB 4208—2008《外壳防护等级（IP 代码）》完成。

标准中规定了防水等级分为 IPX0～IPX8 等 9 个等级，IPX0 要求最低，为无防护；IPX8 为最高等级，要求防持续潜水影响。表 7-12 为防止水进入的防护等级表。

表 7-11　防止固体进入的防护等级

特征数字	简要说明	含义
0	无防护	—
1	防止直径不小于 50 mm 的固体异物	直径 50 mm 球形物体试具不得完全进入壳内
2	防止直径不小于 12.5 mm 的固体异物	直径 12.5 mm 的球形物体试具不得完全进入壳内
3	防止直径不小于 2.5 mm 的固体异物	直径 2.5 mm 的物体试具不得完全进入壳内
4	防止直径不小于 1.0 mm 的固体异物	直径 1.0 mm 的物体试具不得完全进入壳内
5	防尘	不能完全防止尘埃进入，但进入的灰尘量不得影响设备的正常运行，不得影响安全
6	尘密	无灰尘进入

图 7-16　动力电池系统 IP6X 防尘试验示例

表 7-12　防止水进入的防护等级

特征数字	简要说明	含义
0	无防护	—
1	防止垂直方向滴水	垂直方向滴水应无有害影响
2	防止当壳体在 15°范围内倾斜时垂直方向滴水	当外壳的各垂直面在 15℃范围内倾斜时，垂直滴水应无有害影响
3	防淋水	各垂直面在 60°范围内淋水，无有害影响
4	防溅水	向外壳各方向溅水无有害影响
5	防喷水	向外壳各方向喷水无有害影响
6	防强烈喷水	向外壳各个方向强烈喷水无有害影响
7	防短时间浸水影响	浸入规定压力的水中经规定的时间后外壳进水量不致达到有害程度
8	防持续潜水影响	按生产厂和用户双方同意的条件（应比特征数字 7 时严酷）持续潜水后外壳进水量不致达到有害程度

通常情况下，电动汽车用动力电池系统均要求满足“IPX7 防短时间浸水影响”等级。IPX7 测试如图 7-17 所示，具体试验方法为：

1）对于高度小于 850 mm 的样品，要求其外壳的最低点低于水面 1000 mm；

2）对于高度等于或大于 850 mm 的要求，要求其外壳的最高点低于水面 150 mm；

3）试验持续时间 30 min。

图 7-17　动力电池系统 IPX7 防水试验示例

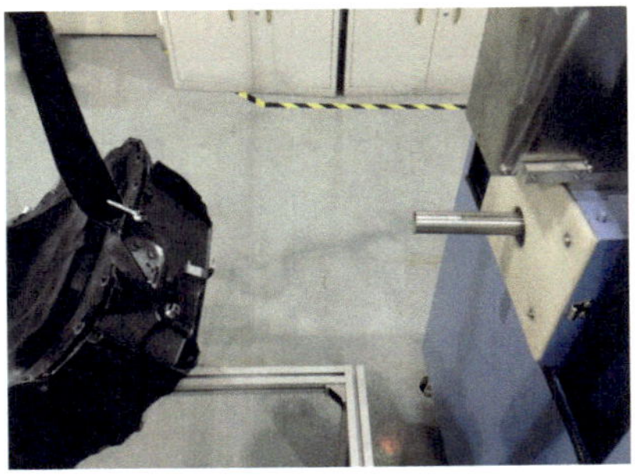

图 7-18　动力电池系统碎石冲击试验示例

3. 碎石冲击

针对壳体表面涂层的碎石冲击试验，SAE J400 规定了砂石（砂砾）冲击试验，在 JASO M104 中也有相关的规定。

试验中，砂砾通过喷气喷向试料，如图 7-18 所示。试验中采用的砂砾大小为 9～15 mm 的花岗岩，撞击到倾斜角为 20°的试验样品上。通常情况下，试验中喷气的空气压力为（0.2±0.02）MPa，喷射压力为（20.4±0.03）MPa，砂砾量约为 850 g，试验次数为 3 次或者 5 次。

4. 阻燃特性试验

对于动力电池系统的阻燃特性试验，主要是验证动力电池系统使用的绝缘材料以及线束、线缆等材料的阻燃特性，具体试验方法和要求参照《新能源客车技术条件》，如下所述。

1）B 级电压部件所用绝缘材料的阻燃性能应符合 GB/T 2408—2008 规定的水平燃烧 HB 级，垂直燃烧 V-0 级。B 级电压电缆防护用波纹管及热收缩双壁管的温度等级应不低于 125℃，热收缩双壁管的性能应符合 QC/T 29106—2014 中附录 B 的要求，波纹管的性能应符合 QC/T 29106—2014 中附录 D 的要求。

2）可充电储能系统内应使用阻燃材料，阻燃材料的阻燃等级应达到 GB/T 2408—2008 规定的水平燃烧 HB 级，垂直燃烧 V-0 级。

5. 耐腐蚀

动力电池系统壳体材料的耐腐蚀试验主要参照 ISO 16750-5 进行。

腐蚀试验的目的主要是验证壳体材料的耐腐蚀能力，研究其使用寿命，并选择有效的防腐措施，提高壳体的防腐能力。

耐腐蚀试验主要分为三大类：实验室试验、现场试验和实物试验。

实验室试验是有目的地将小型试验在人工配制的受控制的环境介质条件下进行腐蚀试验。

现场试验是将专门制备的样件置于现场的实际环境进行腐蚀试验。

实物试验是将材料制成实物部件、设备或者装置，在现场的实际应用下进行腐蚀试验。

通常情况下，以实验室试验方式为主要试验手段。一般采用 3～12 个平行试验，通常采用 5 个，试验尺寸要求为：

- 矩形：50 mm×25 mm×（2～3）mm；
- 圆盘形：φ（30～40）mm×（2～3）mm；
- 圆柱形：φ10 mm×20 mm。

对于电动汽车用动力电池系统壳体，应根据实际情况选择合适的腐蚀液，诸如汽油、机油、电池电解液等。

7.2.3 电性能

电性能测试以测试动力电池系统的基本电性能为主，验证其是否符合动力电池系统的设计目标，是否满足车辆实际需求。

电性能测试包括容量和能量测试、功率和内阻测试、能量效率测试、启动测试、自放电测试、充电接受能力测试、寿命测试等内容。

对动力电池系统进行测试时，通常会设计温度均衡过程。一般情况下，常温设定为 25℃±2℃。在低温下，建议静置至少 24 h，或者样品温度达到均衡状态。在高温下，建议至少静置 16 h，或者样品温度达到均衡状态。

在对电池系统进行充放电操作时，根据整车实际使用工况，由系统集成方制定充放电机制。

标准充电：根据制造商规定的充电机制充电至充电截止条件，静置至少 30 min；

标准放电：根据制造商规定的放电机制放电至放电截止条件，静置至少 30 min；

标准循环：在室温条件下，包括标准充电和标准放电过程。

1. 容量和能量测试

容量和能量测试的主要目的在于测定电池系统在不同条件下的可用容量和能量。一般情况下，对测试结果影响较大的是环境温度，同时放电机制也会有一定的影响。故此本节将着重从环境温度出发，验证电池系统在不同条件下的可用容量和能量，以及在不同的放电机制下电池系统的性能指标。

对于环境条件，以低温、常温、高温三种不同条件为主，常温为25℃，低温和高温根据整车实际使用情况确定。对于放电机制，采用恒流放电和恒功率放电两种不同条件。

通常情况下，在相同的环境下，放电倍率越大，系统的放电容量越小（图7-19）。

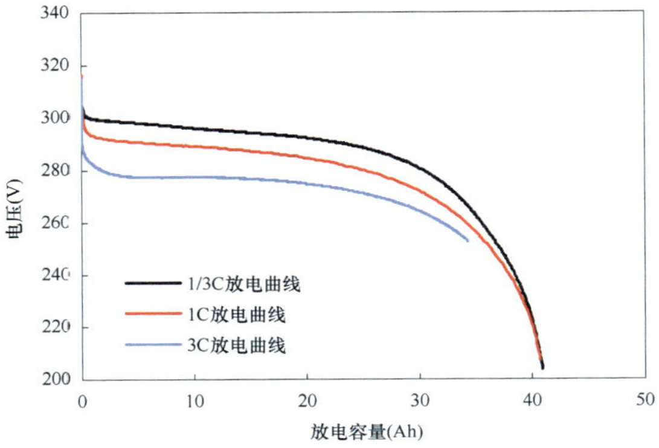

图 7-19 相同温度下不同倍率放电容量曲线

在不同的温度下进行试验时，需要充分研究电池系统的使用状态。通过试验，模拟车辆实际使用中可能发生的情况。例如在低温下进行测试，主要是验证电池系统在低温环境下搁置一段时间后系统的低温性能。对于液冷系统，车辆在发动后，车辆的冷却液会开始循环，对系统内部的热环境产生影响。因此，对于特殊情况应该根据车辆的实际状态确定冷却系统的运行状态，确保试验结果能够反映车辆实际使用的状态。

在不同的温度下进行试验时，通常情况下，环境温度越低，系统的放电容量越少（图7-20）。

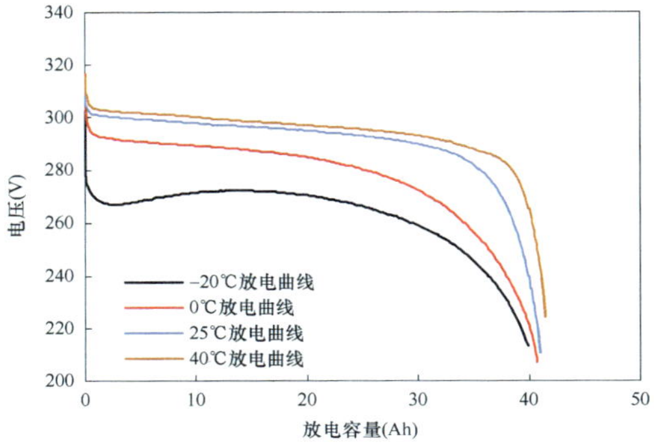

图 7-20 不同温度下电池系统 1C 放电容量曲线

2. 功率和内阻测试

电池系统的功率和内阻测试主要是测定电池系统在不同温度下电池系统的可用功率和直流内阻情况。主要测试标准包括 ISO 12405 和 FreedomCAR。

ISO 12405 规定功率和内阻测试分别在高温、低温和常温环境下进行，动力电池系统 SOC 可选择为 90%或制造商规定的最高允许状态、50%、20%或制造商规定的最低允许状态。测试工况参数如表 7-13，测试工况如图 7-21 和图 7-22。

表 7-13　ISO 12405 功率和内阻测试工况

时间增加量（s）	累计时间（s）	电流（A）
0	0	0
18	18	$I'_{max}(SOC,T,t)$
102	120	$0.75I'_{max}(SOC,T,t)$
40	160	0
20	180	$-0.75I'_{max}(SOC,T,t)$
40	220	0

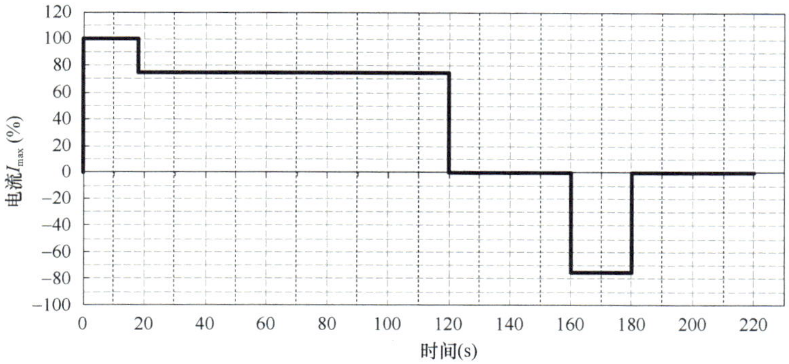

图 7-21　功率和内阻-ISO 12405 测试工况示意图

详细测试步骤可参阅 ISO 12405，需要注意的是，在高低温环境下进行功率和内阻测试时，需要在常温状态下进行 SOC 调节，然后在目标环境温度下进行温度均衡，然后进行相应测试。

FreedomCAR 中规定的混合功率脉冲测试（HPPC）可以测定电池系统 10% SOC～90% SOC 下的直流内阻和可用功率，SOC 间隔为 10%SOC。HPPC 测试也是行业中使用最为广泛的内阻和功率测试方法。表 7-14 为 HPPC 测试脉冲参数，图 7-23 和图 7-24 分别是 HPPC 测试过程的示意图。

表 7-14　HPPC 测试脉冲参数

持续时间	累积时间	电流倍率
10	10	1.00
40	50	0
10	60	–0.75

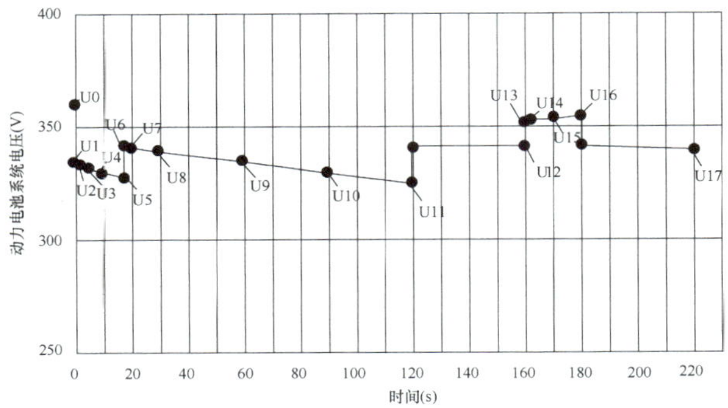

图 7-22　功率和内阻测试中脉冲功率特性曲线——电压示例

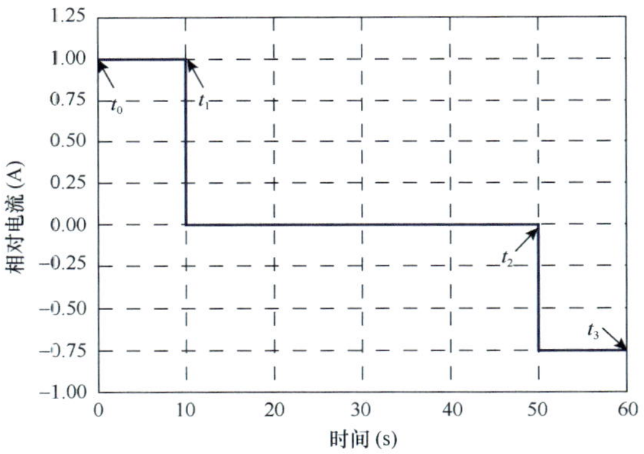

图 7-23　功率和内阻测试中脉冲功率特性曲线——电流示例

HPPC 测试中的 SOC 间隔为 10%，整个测试过程中电流变化示意如图 7-24 所示。在测定功率和内阻的同时，可以得到系统的 SOC-OCV 曲线，分别如图 7-25 和图 7-26 所示。

3. 能量效率测试

针对不同的应用类型，能量效率测试方法各不相同。对于高功率应用，能量效率测试偏重于验证系统对高倍率回馈能量的回收和利用；对于高能量应用，偏重于验证不同充电机制下的充电性能。

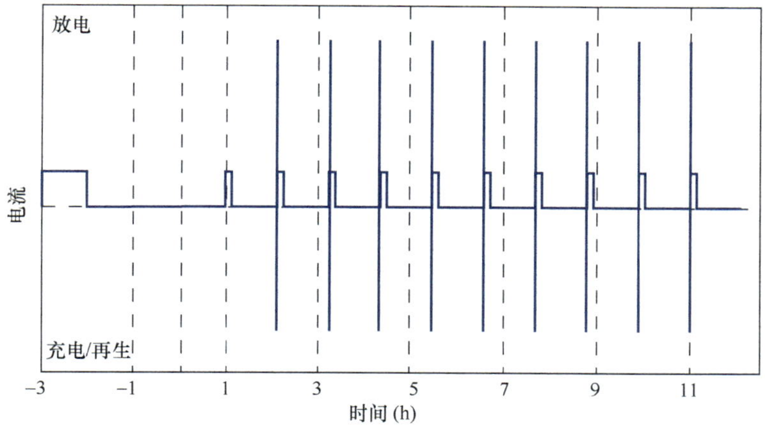

图 7-24　HPPC 测试示意图

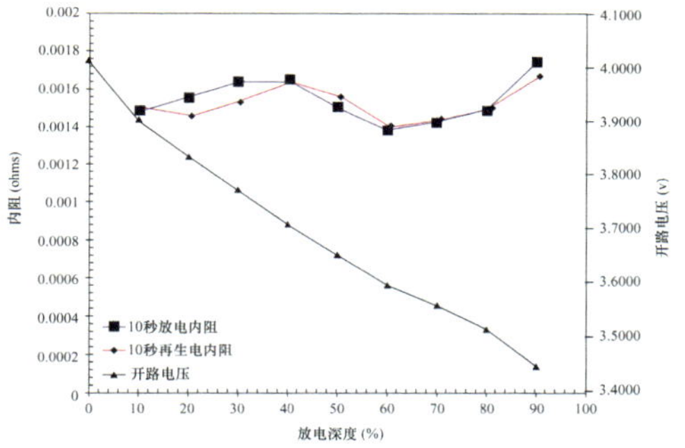

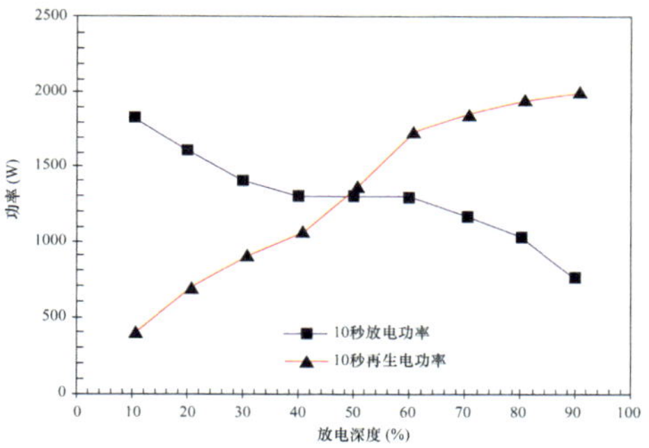

图 7-25　HPPC 测试直流内阻测试结果示意图　图 7-26　HPPC 测试可用功率测试结果示意图

（1）高功率应用

对于高功率应用类型，能量效率主要用于验证在不同环境温度下动力电池系统在不同 SOC 状态时回收和利用高倍率回馈能量的能力。环境温度分为低温、常温和高温，电池系统的 SOC 状态主要根据整车实际使用状态确定，推荐使用 65%、50%、35%等。

能量效率的测试过程由电量相互中和的放电脉冲和充电脉冲及静置过程组成：

1）20C 或 I_{max}（取两者之间较大值）恒流放电，持续 12 s；

2）静置 40 s；

3）15C 或 0.75 I_{max}（取两者之间较大值）恒流充电，持续 16 s；

能量效率按下述步骤计算：

对步骤 1）和步骤 3）中的电流和电压的乘积对时间积分，分别计算出蓄电池系统放电脉冲输出的能量 E_0 和充电脉冲过程输入的能量 E_i，单位为 Wh；

按下式计算高功率动力电池系统能量效率（%）：

$$\eta = \left|\frac{E_o}{E_i}\right| \times 100\% \tag{7-8}$$

（2）高能量应用

对于高能量应用类型，能量效率主要用于验证不同环境温度下充电的性能。在常温、高温和低温条件下，以制造商规定的充电机制进行充电，直至达到充电截止条件，然后在常温条件下，以相同的放电机制进行放电，验证不同条件下的充电可用容量和能量。表 7-15 为针对某款样品进行能量效率测试结果。图 7-27 为能量效率测试中不同温度下充电能量曲线。

表 7-15　针对某款样品进行能量效率测试结果

序号	试验温度（℃）	试验电流	充电能量	放电能量	能量效率（%）
1	25	1C	12.16	11.52	94.78
2	0	1C	11.94	11.15	93.34
3	–20	1C	11.49	10.34	89.95

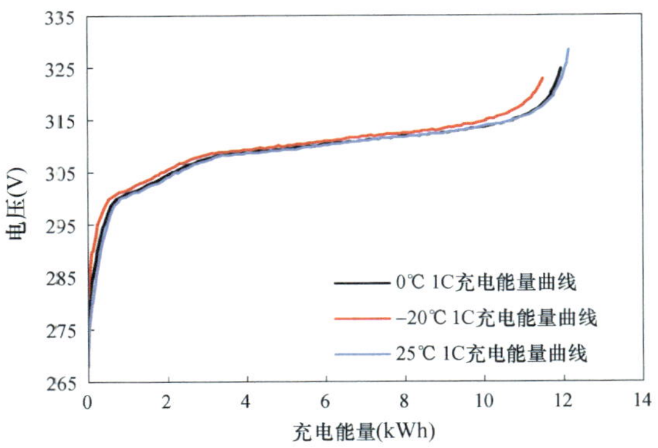

图 7-27　能量效率测试中不同温度下充电能量曲线

4. 启动测试

动力电池系统的启动能力主要是验证在低温和低 SOC 下的启动功率输出能力。启动能力测试以恒压放电的方式进行，并将制造商规定的最大脉冲放电电流作为电流上限，采集放电脉冲末端的电压 U 和电流 I，根据以下公式计算动力电池系统的低温启动功率。

第 i 次恒压放电平均功率：

$$P_i' = \frac{\sum U \times I}{n} \tag{7-9}$$

低温启动功率：

$$P' = \frac{P_1' + P_2' + P_3'}{3} \tag{7-10}$$

5. 自放电性能

自放电性能在于验证动力电池系统在长期搁置状态下的荷电保持能力以及荷电恢复能力，同时自放电性能测试中最小监控单元的电压差可以作为系统内部是否有内短路隐患的依据。在搁置过程中，断开动力电池系统的高压连接、低压连接，关闭冷却系统及其他必要的连接装置。系统的 SOC 可依据具体情况确定。试验温度为 45℃，试验周期为 168 h 和 720 h。具体测试流程如下：

1）在常温环境下，以设定的放电机制将电池系统放电至规定的放电截止条件；

2）静置不小于 30 min；

3）以设定的充电机制将电池系统充电至满电态；

4）静置不小于 30 min；

5）调整 SOC 至目标值；

6）将电池系统至于 45℃环境中 168 h 或 720 h；

7）在常温环境中静置不少于 8 h；

8)在常温环境下，以设定的放电机制将电池系统放电至规定的放电截止条件；

9）静置不小于 30 min；

10）以设定的充电机制将电池系统充电至满电态；

11）静置不小于 30 min；

12）在常温环境下，以设定的放电机制将电池系统放电至规定的放电截止条件；

将测试结果记录在表 7-16 中。

表 7-16　自放电性能测试结果记录

序号	试验周期	SOC 值	搁置前电压差	搁置后电压差	剩余容量	恢复容量	备注
1	168 h						
2	720 h						

6. 充电接受能力

充电接受能力测试为验证动力电池系统在不同状态下的可充电能力，主要分为两种充电制式，慢充和快充。

慢充是指系统设计目标中设定的以较低倍率进行充电的制式。

快充是指系统设计目标中设定的以较高倍率进行快速充电的制式。

（1）慢充电接受能力测试

分别在低温、常温、高温环境下进行测试。

在指定温度下进行慢充电接受能力测试时，重点在于考核充电的容量和能量，以及充电时间。具体测试流程如下：

1）常温条件下，以相同的放电机制将电池系统放电至规定的放电截止条件；

2）在目标温度下静置；

3）在目标温度环境下，以设定的充电方式对电池系统进行充电，直至达到充电截止条件，记录充电容量、充电能量和充电时间 t；

4）在常温环境下静置至温度均衡；

5）在常温环境下，以相同的放电机制将电池系统放电至规定的放电截止条件，记录放电容量和放电能量。

测试完成后，将相应的测试结果记录在表 7-17 中。

表 7-17　慢充电接受能力测试试验结果记录

序号	环境	充电时间	充电容量	充电能量	放电容量	放电能量	备注
1	低温						
2	常温						
3	高温						

根据表 7-17 中记录的试验结果，可以对充电效率进行分析。

（2）快充电接受能力测试

高倍率快速充电通常情况下是在系统运行一段时间后，在 SOC 偏低状态下进行的大倍率快速充电行为。以设计的目标倍率，在低温、常温和高温环境下分别进行测试。

在指定温度下进行快充电接受能力的测试时，重点在于考核系统接受大倍率充电的能力。具体测试流程如下：

1）常温条件下，以相同的放电机制将电池系统放电至规定的放电截止条件；

2）在目标温度下静置；

3）在目标温度环境下，以设定的充电方式对电池系统进行充电，直至达到充电截止条件，记录充电容量、充电能量、充电时间 t、充电结束时系统内部温差；

4）在常温环境下静置至温度均衡；

5）在常温环境下，以相同的放电机制将电池系统放电至规定的放电截止条件，记录放电容量和放电能量。

测试完成后，将相应的测试结果记录在表 7-18 中。

表 7-18 快充电接受能力测试试验结果记录

序号	环境	充电时间	充电容量	充电能量	系统温差	放电容量	放电能量	备注
1	低温							
2	常温							
3	高温							

7. 寿命测试

对于动力电池系统的寿命测试，建议以 GB/T 31484—2015《电动汽车用动力蓄电池循环寿命要求及试验方法》中的工况寿命测试方法为基础，增加容量和能量、功率和内阻等测试。

工况寿命测试可以在一定程度上体现在快速充放电模拟工况下动力电池系统的寿命变化趋势。

容量和能量、功率和内阻测试可以对动力电池系统的基本性能进行参数标定，并将容量、能量、内阻、功率等参数作为电池系统寿命变化的表征参数。

在对动力电池系统的寿命参数进行分析时，质量比能量和比功率可以作为重要参数予以考虑。

以纯电动乘用车工况为例，具体测试流程如下：

1）常温容量和能量测试；

2）常温功率和内阻测试；

3）电池系统参照表 7-19 进行工况循环 100 次；

4）重复步骤 1)～3)，直至系统性能衰减至设定值。

表 7-19 纯电动乘用车用蓄电池工况循环寿命测试步骤

步骤	试验内容
1	按照企业规定的方法充电
2	搁置 30 min
3	运行“主放电工况”直到：–20% SOC 或者企业规定的最低 SOC，或企业规定的放电终止条件
4	搁置 30 min
5	重复步骤 1～4 共 x 小时（x 约为 20 且循环次数为如图 8 所示大循环的整数倍）
6	搁置 2 h
7	重复步骤 1～7 共 6 次
8	按照 6.1.1.5 方法测试容量和能量
9	重复步骤 1～9，直至总放电能量与电池初始能量的比值达 500
10	按照 6.1.1.5 方法测试容量和能量

注：①如果步骤 8 中测试的放电容量低于初始容量的 90%，允许维护一次（不更换电池），然后再重复步骤 8，如仍不满足条件，则提前终止试验。

②表中章节编号及图号，请查阅 GB/T 31484—2015

主放电工况参数表如表 7-20 所示。

表 7-20 纯电动乘用车用蓄电池主放电工况试验步骤

时间增量（s）	累计时间（s）	电流（A）	ΔSOC（%）
5	5	3C	–0.417
3	8	–1C	–0.333
6	14	–1/3C	–0.278
40	54	1/3C	–0.648
30	84	1/2C	–1.065
10	94	1C	–1.343

主放电工况示意图如图 7-28 所示。

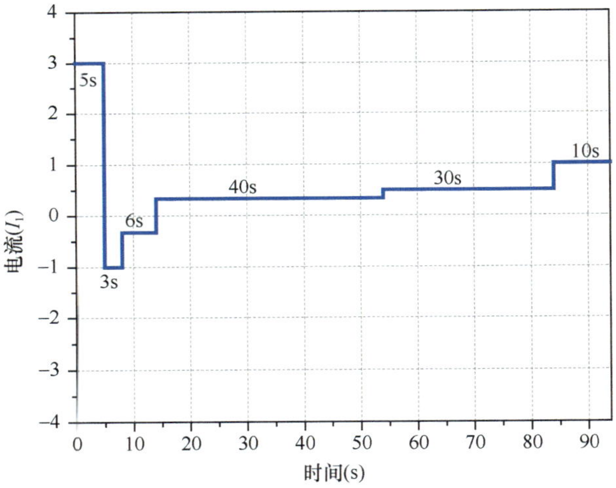

图 7-28 纯电动乘用车用蓄电池主放电工况

7.2.4 可靠性

可靠性测试主要是验证动力电池系统在不同的使用条件下可靠运行的能力，包括机械可靠性、环境可靠性、保护可靠性等内容。

1. 机械可靠性测试

机械可靠性测试主要是通过模拟不同的运行条件，验证动力电池系统在振动、机械冲击、模拟碰撞等条件下的可靠性。

（1）振动

振动试验主要采用两种振动方式：扫频振动和随机振动。扫频振动是指用一个连续变化但不间断的频率进行振动的测试方法。随机振动是指未来任一给定时刻的瞬时值不能预先确定的机械振动。

通常情况下，扫频振动主要用于：

1）产品振动频响的检查（即最初共振检查），确定共振点及工作的稳定性，找出产品共振频率，以便进行耐振处理；

2）耐扫频处理，当产品在使用频率范围内无共振点时，或有数个不明显的谐振点，必须进行耐扫频处理，扫描处理方式在低频段采用定位移幅值，高频段采用定加速度幅值的对数连续扫描，其交越频率一般在 55～72 Hz，扫频速率一般按每分钟一个倍频进行；

3）共振检查，以产品振动频响检查相同的方法检查产品经耐振处理后，各共振点有无改变，以确定产品通过耐振处理后的可靠程度。

典型的用于电动汽车电池系统的扫频振动方法可以参照 ECE R100，简要描述如下：

在 20℃±10℃环境下，采用正弦波形对电池系统进行 *Z* 轴向 7～50 Hz 对数扫频振动，持续时间 3 h。

试验后，对电池系统进行一个标准充放电循环。

要求无电解液泄漏，无破裂，不起火，不爆炸，电池系统绝缘阻抗不低于 100 Ω/V。

但是在电动汽车使用过程中，电池系统经受的是随机振动，因此在考核电池系统振动疲劳耐久性时，应该侧重研究随机振动条件下系统的可靠性。国内外测试标准或规范中对随机振动有较多描述，如 ISO 12405-3、SAE J2380、GB/T 31467.3—2015 等。

随机振动通常采用 *X*、*Y*、*Z* 三个轴向分别施振的方式进行。由于电池系统在每个方向上的振动强度各有差别，因此不同方向的振动图谱各有差别，图 7-29 是 GB/T 31467.3—2015 中规定的不同轴向的 PSD 图谱。

与此同时，由于电池系统配套车型的不同，系统在车上的安装位置也会有所区别。单个标准已经无法覆盖所有车型的振动强度。所以目前大部分车企和科研机构正在对多个车型的实际振动路谱进行采集，通过分析研究不同车型的振动强度，制定更加符合实际工况的振动曲线。

（2）机械冲击和模拟碰撞

机械冲击和模拟碰撞试验都是考核电池系统在经受惯性载荷影响的情况下的

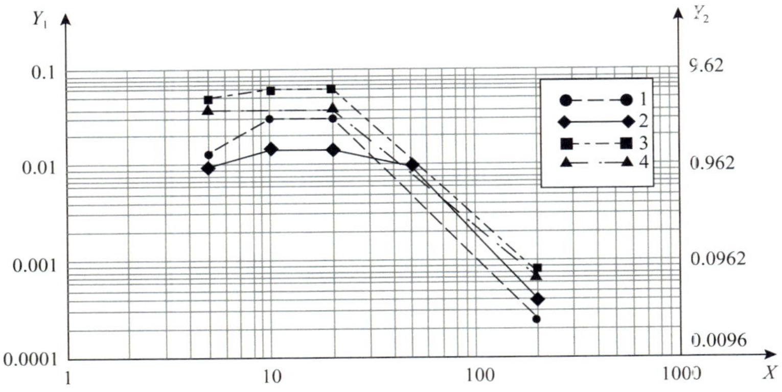

图 7-29　蓄电池包或系统的振动测试功率谱密度曲线

X：频率（Hz）；Y_1：谱密度（g^2/Hz）；Y_2：谱密度（PSD）[$(m/s^2)^2$/Hz]

1：水平纵向 PSD X；2：水平横向 PSD Y；3：水平横向 PSD Y；4：纵向 PSD Z

可靠性。机械冲击侧重于垂直方向，模拟车辆过不平路面或其他情况下车辆受到冲击时电池系统受到的 Z 向冲击载荷。模拟碰撞是验证车辆以一定的车速发生碰撞时在水平方向上受到的惯性载荷。

在国内外测试规范和标准中均有机械冲击的测试方法，如表 7-21 所示。

表 7-21　国内外标准中机械冲击测试方法对比

序号	标准	加速度值	脉冲时间	方向	备注
1	ISO 12405-3	50g	6 ms	Z	
2	GB/T 31467.3—2015	25g	15 ms	Z	
3	UL 2580	25g	15 ms	X、Y、Z	

机械冲击试验，主要是验证在 Z 轴方向上电池系统的可靠性。在对样品施加一定的冲击载荷后，观察试验现象。一般情况下，要求试验后动力电池系统安装可靠，无松动或脱落，无漏液，无着火，无爆炸等。

在验证试验中遇到最多的问题是试验后样品连接处断裂等现象。

针对动力电池系统的模拟碰撞试验，国内外的测试规范和标准的方法比较一致，均沿用了 ECE R100 中的规定，如图 7-30 和表 7-22 所示。

2. 环境可靠性测试

环境可靠性测试是通过模拟不同的环境条件，验证电池系统在高温、低温、高温高湿、温度骤变、盐雾等环境下的可靠性。

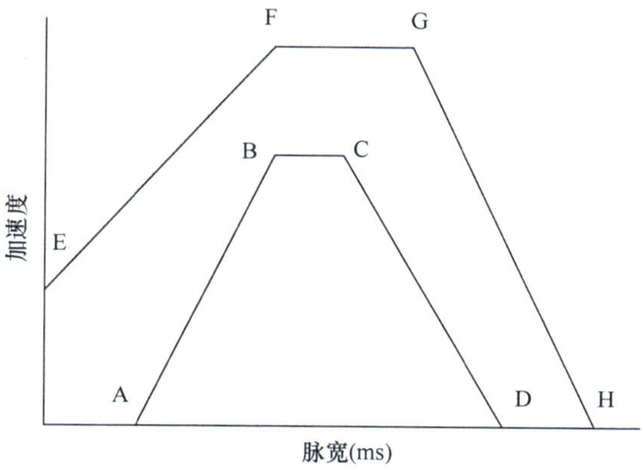

图 7-30　加速度脉冲示意图

表 7-22　模拟碰撞试验脉冲参数表

	脉宽（ms）	≤3.5 t		3.5～7.5 t		≥7.5 t	
		x 方向加速度（g）	y 方向加速度（g）	x 方向加速度（g）	y 方向加速度（g）	x 方向加速度（g）	y 方向加速度（g）
A	20	0	0	0	0	0	0
B	50	20	8	10	5	6.6	5
C	65	20	8	10	5	6.6	5
D	100	0	0	0	0	0	0
E	0	10	4.5	5	2.5	4	2.5
F	50	28	15	17	10	12	10
G	80	28	15	17	10	12	10
H	120	0	0	0	0	0	0

（1）耐高温

该试验主要是验证电池系统在开路状态下的耐高温性能。

试验参照 IEC 60068-2-2 中的 B 部分进行，试验温度为 85℃，试验持续时间为 48 h。

试验后，电池系统恢复至常温状态，要求功能正常。

（2）耐低温

该试验主要是验证电池系统在开路状态下的耐低温性能。

试验参照 IEC 60068-2-1 中的 A 部分进行，试验温度为–40℃，试验持续时间为 24 h。

试验后，电池系统恢复至常温状态，要求功能正常。

（3）温湿循环

参考 GB/T 2423.4 执行试验 Db、变量见图 7-31。其中最高温度是 80℃，循环次数 5 次。在室温下观察 2 h。

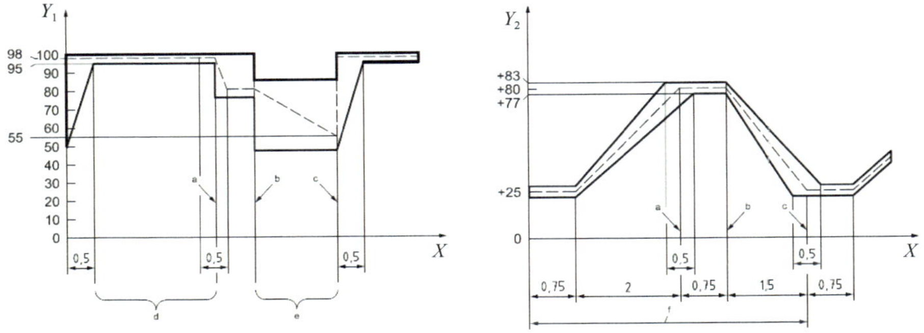

图 7-31　温湿度循环

Y_1：相对湿度，%RH；Y_2：温度，℃；X：时间，h；
a：升温结束；b：降温开始；c：推荐温湿度值；d：冷凝；e：干燥；f：一个循环周期

（4）快速温变

测试对象置于（–40±2）℃～（85±2）℃的交变温度环境中，两种极端温度的转换时间在 30 min 以内。测试对象在每个极端温度环境中保持 24 h，循环 5 次。在室温下观察 2 h。

（5）温度冲击

测试对象置于（–40±2）℃～（85±2）℃的交变温度环境中，两种极端温度的转换时间在 1 min 以内。测试对象在每个极端温度环境中保持 24 h，循环 5 次。在室温下观察 2 h。

（6）盐雾

盐雾试验主要是考核电池系统的抗盐雾腐蚀能力，也可以用于评定保护性涂层的质量以及均匀性。盐雾试验主要分为两种模式：连续喷雾和间歇喷雾。

a. 连续喷雾

参照 GB/T 2423.17—2008 进行，温度应维持在（35±2）℃。盐溶液采用氯化钠（化学纯、分析纯）和蒸馏水或去离子水配置，其浓度为（5±0.1）%（质量百分比）。（20±2）℃下测量 pH 在 6.5～7.2 之间。试验周期可选 16 h、24 h、48 h、

96 h、168 h、336 h 或 672 h。图 7-32 为盐需实验示例。

图 7-32 盐雾试验照片

b. 间歇喷雾

参照 GB/T 2423.18 严酷等级（5）进行四个试验循环。盐溶液采用氯化钠（化学纯、分析纯）和蒸馏水或去离子水配置，其浓度为（5±0.1）%（质量百分比）。（20±2）℃下测量 pH 值在 6.5～7.2 之间。

将测试对象放入盐雾箱，在 15～35℃下喷盐雾 2 h。喷雾结束后，将测试对象转移到湿热箱中储存 20～22 h，温度为（40±2）℃，相对湿度为（93±3）%，组成一个循环。将这一循环再重复三次，然后在试验标准大气条件［温度为（23±2）℃，相对湿度为 45%～55%］下储存 3 天，组成一个周期。重复进行 4 个周期测试。

3. 保护可靠性测试

保护可靠性是通过模拟车辆使用可能发生的意外情况，验证电池系统的保护功能，包括过充电保护、过放电保护、过温保护、过电流保护、短路保护等方面。

保护可靠性测试中，电池管理系统或保护装置起作用是唯一的合格条件。制造商在保护条件设定上，可以分为不同的等级。以过充电为例，可以规定不同级别的电压阈值对应不同的动作——提示、报警、开继电器等。

（1）过充电保护

测试中测试对象中所有控制系统应处于工作状态。

充电电流倍率为 1C 或者由双方协商确定，充电至电池管理系统起作用，或达到以下条件时停止试验：

1）测试对象的最高电压的1.2倍；

2）SOC=130%；

3）超过厂家规定的最高温度5℃；

4）出现其他意外情况。

（2）过放电保护

测试中测试对象中所有控制系统应处于工作状态。

标准放电至放电截止条件，继续以1C（不超过400 A）放电，直至电池管理系统起作用，或达到以下条件时停止试验：

1）总电压低于额定电压的25%；

2）过放电时间超过30 min；

3）超过厂家规定的最高温度5℃；

4）出现其他意外情况。

（3）过温保护

测试中测试对象中所有控制系统处于工作状态。

测试温度为测试对象最高工作温度，以测试对象允许的最大持续充放电电流进行充放电试验，直至电池管理系统起作用，或达到以下条件时停止试验：

1）超过最高工作温度10℃；

2）在1 h内最高温度变化值小于4℃；

3）出现其他意外情况。

（4）过电流保护

测试中测试对象中所有控制系统处于工作状态。

室温下，逐步增大电池的充/放电电流，当电池电流达到充/放电流保护限值时，电池管理系统起作用，或达到以下条件时停止测试：

1）超过最大电流限值10%。

2）温度达到最高温度限值。

3）出现其他意外情况。

（5）短路保护

测试中测试对象的所有控制系统应处于工作状态。

将测试对象的接线端短路10 min。

短路电阻不大于20 mΩ，由双方共同商定。观察2 h。

7.2.5 安全性

安全性测试的目的在于验证动力电池系统在滥用情况下的安全性，最重要的目的在于验证动力电池系统保护自身的能力以及在发生危险情况下对乘员的保护能力。

安全性测试主要包括跌落、挤压、火烧、水浸、热蔓延等测试。

1. 跌落

（1）1 m 跌落

测试对象以实际维修或者安装过程中最可能跌落的方向，若无法确定最可能跌落的方向，则沿 *Z* 轴方向，从 1 m 的高度处自由跌落到水泥地面上，观察 2 h。

（2）10 m 高空跌落

测试对象以最可能跌落的方向，若无法确定最可能跌落的方向，则沿 *Z* 轴方向，从 10 m 的高度处自由跌落到水泥地面上，观察 2 h。

2. 挤压

按下列条件进行加压：

1）挤压板形式：半径 75 mm 的半圆柱体，半圆柱体的长度大于测试对象的高度，但不超过 1 m。

2）挤压方向：*x* 和 *y* 方向（汽车行驶方向为 *x* 轴，另一垂直于行驶方向的水平方向为 *y* 轴）。

3）挤压程度：挤压力达到 100 kN 或挤压变形量达到挤压方向的整体尺寸的30%时停止挤压。

4）保持 10 min。

5）观察 1 h。

3. 水浸

室温下，测试对象以实车装配状态与整车线束相连，然后以实车装配方向置于 3.5% NaCl 溶液（质量百分比，模拟常温下的海水成分）中 2 h。水深要足以淹没测试对象。观察 2 h。

对于满足 IPX7 的样品，要求振动试验完成后进行海水浸泡试验。

4. 火烧

（1）短时耐火烧试验

测试中，盛放汽油的平盘尺寸超过测试对象水平尺寸 20 cm，不超过 50 cm。平盘高度不高于汽油表面 8 cm。汽油液面与测试对象的距离设定为 50 cm，或者为车辆空载状态下测试对象底面的离地高度，或者由双方商定。平盘底层注入水。

在离被测设备至少 3 m 远的地方点燃汽油，经过 60 s 的预热后，将油盘置于被测设备下方。如果油盘尺寸太大，无法移动，可以采用移动被测样品和支架的方式。

测试对象直接暴露在火焰下 70 s。

将盖板盖在油盘上。测试对象在该状态下测试 60 s。或经双方协商同意，继续直接暴露在火焰中 60 s。

将油盘移走，观察 2 h。

（2）长时间耐火烧试验

测试中，盛放汽油的平盘尺寸超过测试对象水平尺寸 20 cm，不超过 50 cm。平盘高度不高于汽油表面 8 cm。汽油液面与测试对象的距离设定为 50 cm，或者为车辆空载状态下测试对象底面的离地高度，或者由双方商定。平盘底层注入水。

在离被测设备至少 3 m 远的地方点燃汽油，经过 60 s 的预热后，将油盘置于被测设备下方。如果油盘尺寸太大，无法移动，可以采用移动被测样品和支架的方式。

测试对象直接暴露在火焰下 20 min。火烧试验过程详见图 7-33。

5. 热蔓延

热蔓延测试主要验证动力电池系统发生热失控时，确保车内乘客的人身安全。

测试对象为整车或完整的车载可充电储能系统或包括蓄电池及电气连接的车载可充电储能系统子系统。如果选择储能系统子系统作为测试对象，则需证明子系统的试验结果能够合理地反映完整的车载可充电储能系统在同等条件下的安全性能。如果储能系统的电子管理单元（BMS 或其他装置）没有集成在封装蓄电池的壳体内，则必须保证电子管理单元能够正常运行并发送报警信号。

试验应在以下条件进行：

1）除另有规定外，试验应在温度为（25±5）℃，相对湿度为 15%～90%，大气压力为 86～106 kPa 的环境中进行。本节所提到的室温，是指（25±2）℃；

2）试验开始前，测试对象的 SOC 应调至大于电池厂商规定的正常 SOC 工作

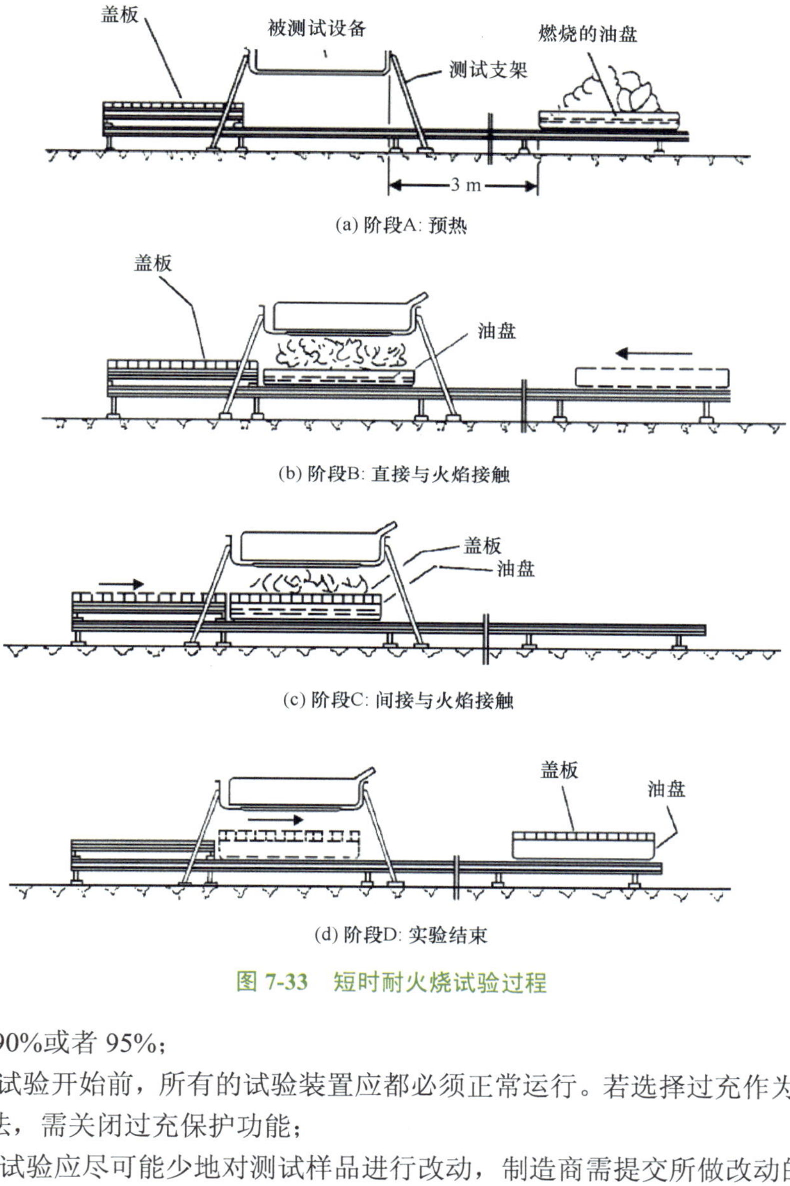

图 7-33　短时耐火烧试验过程

范围的 90%或者 95%；

3）试验开始前，所有的试验装置应都必须正常运行。若选择过充作为热失控触发方法，需关闭过充保护功能；

4）试验应尽可能少地对测试样品进行改动，制造商需提交所做改动的清单；

5）试验应在室内环境或者无风条件下进行。

考虑到试验的可行性和可重复性，以下三种不同的方法可作为动力电池系统热失控扩展试验的候选方法，可从中选择一种方法。加热是其中一种触发方法，另外两个可选方法分别是针刺和过充，两者均只须对动力电池系统做很小的改动。针刺触发要求提前在动力电池系统的外壳上钻孔，过充触发要求在触发对象上连接额外的导线以实现过充。

热失控触发对象：选择可通过其中一种方法实现热失控触发的单体电池作为热失控触发对象，热失控触发对象热失控产生的热量应非常容易传递至相邻单体电池。例如，选择电池包内最靠近中心位置的单体电池，或者被其他单体电池包围且很难产生热辐射的单体电池。

针刺触发热失控：试验应在如下条件下开展：刺针材料：钢；刺针直径：3 mm及 8 mm；针尖形状：圆锥形，角度为 20º～60º；针刺速度：10～100 mm/s；针刺位置及方向：选择可能触发单体电池发生热失控的位置和方向（例如，垂直于极片的方向）。如果能够发生热失控，也可以直接从单体电池的防爆阀刺入，被针刺穿孔的单体电池称为触发对象。

过充触发热失控：以最小 1/3C、最大不超过电池厂商规定正常工作范围的最大电流对触发对象进行恒流充电，直至其发生热失控或者触发对象达到 200% SOC，动力电池系统中的其他单体电池不能被过充。

加热触发热失控：使用平面状或者棒状加热装置，并且其表面应覆盖陶瓷，金属或绝缘层。对于尺寸与单体电池相同的块状加热装置，可用该加热装置代替其中一个单体电池；对于尺寸比单体电池小的块状加热装置，则可将其安装在模块中，并与触发对象的表面直接接触；对于薄膜加热装置，则应将其始终附着在触发对象的表面；在任何可能的情况下，加热装置的加热面积都不应大于单体电池的表面积；将加热装置的加热面与单体电池表面直接接触，加热装置的位置应与图 7-36 中规定的温度传感器的位置相对应；安装完成后，立即启动加热装置，以加热装置的最大功率对触发对象进行加热；加热装置的功率要求见表 7-23，但不做强制性要求；当发生热失控或者监测点温度达到 300℃时，停止触发。

表 7-23　加热装置功率选择

测试对象能量 E（Wh）	加热装置最大功率（W）
$E<100$	30～300
$100\leqslant E<400$	300～1000
$400\leqslant E<800$	300～2000
$E\geqslant 800$	>600

以下是判定是否发生热失控的条件：

1）测试对象产生电压降；

2）监测点温度达到电池厂商规定的最高工作温度；

3）监测点的温升速率 $dT/dt\geqslant 1$℃/s

当 1）& 3）或者 2）& 3）发生时，判定发生热失控。

如果测试已经停止，且过程中未发生热失控，测试中止。

电压及温度的监测：

监测触发对象的电压和温度以判定是否发生热失控，监测电压时，应不改动原始的电路。监测温度定义测试过程中触发对象的最高表面温度。温度数据的采样间隔应小于 1 s，准确度要求为±2℃，温度传感器尖端的直径应小于 1 mm。

针刺触发时，温度传感器的位置应尽可能接近针刺点（图 7-34）。

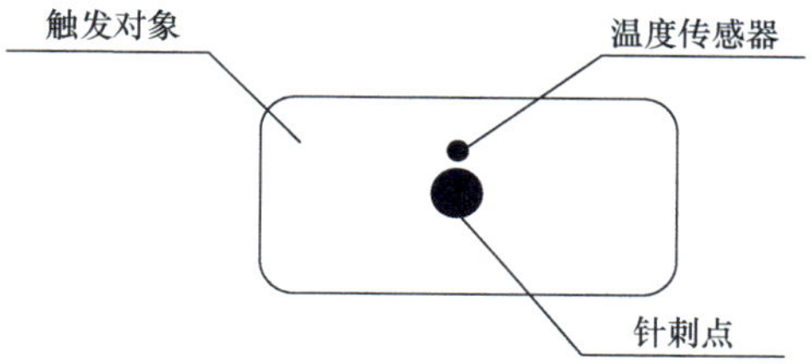

图 7-34　针刺触发时温度传感器的布置位置示意图

过充触发时，温度传感器应布置在单体电池表面与正负极柱等距且离正负极柱最近的位置（图 7-35）。

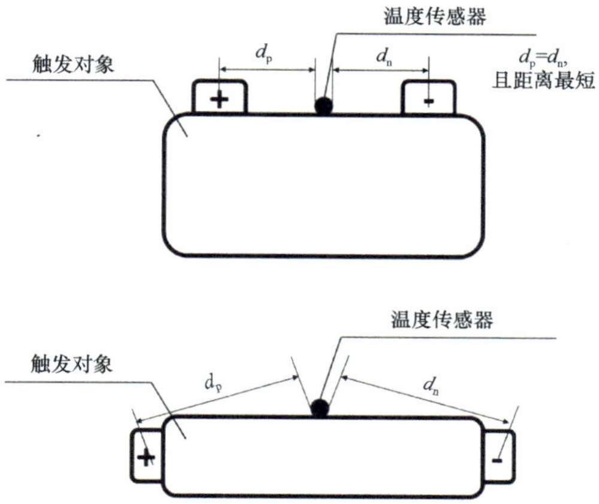

图 7-35　过充触发时温度传感器的布置位置示意图

加热触发时，温度传感器布置在远离热传导的一侧，即安装在加热装置的对侧。如果很难直接安装温度传感器，则将其布置在能够探测到触发对象连续温升的位置（图 7-36）。

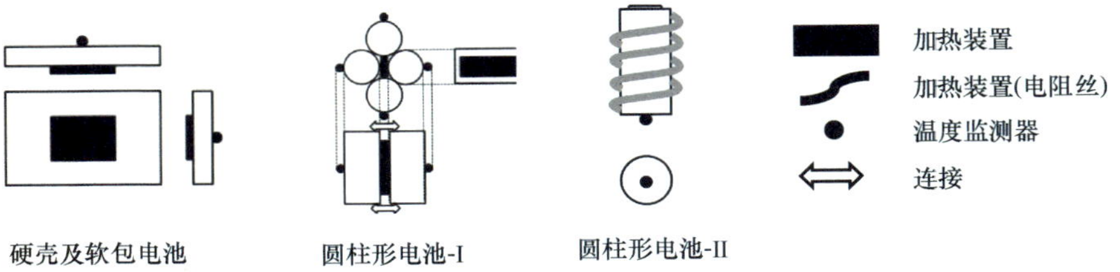

图 7-36　加热触发时温度传感器的布置位置示意图

7.2.6 热管理系统开发性试验验证方法

通常情况下，锂离子电池放电工作温度为–20～55℃，充电温度为 0～45℃，如果超出此范围工作，电池寿命会大大降低，甚至会诱发安全问题的出现。整车厂一般将动力电池系统的使用温度控制在 0℃以上，在此温度之下会启动加热功能，而在 35℃以后会考虑开启制冷功能，以便电池在最“舒适”温度下工作。

目前实际采用的热管理系统方式有很多种，例如按照能量的来源可分为主动式和被动式冷却，其中在热管理系统内部具有能够在低温情况下提供热源或在高温下提供冷源的方式为主动式冷却，而只能利用周围环境进行冷却的方式称为被动式。按照冷却介质的不同可以分为空气冷却、液体冷却、相变材料冷却、空调制冷、热管冷却以及以上方式的组合等。但是目前并没有针对动力电池系统热管理性能的评价以及评价方法。基于实际测试经验，本节提出的动力电池系统热管理性能的测试方法，将从热管理性能和能耗等最重要的方面进行综合测评，从而达到对动力电池系统温度适应性客观、科学评价的目的。以下测试方法和步骤，仅作为了解和参考热管理系统测评基本思路和内容之用，不作为标准内容和针对特定样品进行具体测试评价的依据。

（1）动力电池系统预处理

将动力电池系统按照厂家规定的标准充放电方法进行预处理，测量动力电池系统的放电性能。

（2）动力电池系统热管理性能测试

1）动力电池系统低温工作性能：①将动力电池系统充满电后，置于低温环境（例如–20℃）中 24 h；②温度箱保持该温度，启动动力电池系统，并让热管理系统介入，监测动力电池系统最低温度达到 5℃时的状态；③记录动力电池系统（热管理系统）的工作参数及状态；④计算动力电池系统（热管理系统）的能耗。

2）动力电池系统高温工作性能：①将动力电池系统充满电后，置于高温环境

（例如 50℃）中 24h；②温度箱保持在该温度下，启动动力电池系统（热管理系统），监测动力电池系统最高温度达到 30℃时的状态；③记录动力电池系统（热管理系统）的工作参数及状态；④计算动力电池系统（热管理系统）的能耗。

3）热管理系统温度均匀性性能：①将动力电池系统充满电后，置于特定环境（例如 40℃）中 24 h；②温度箱保持在该温度下，对动力电池进行工况循环测试，同时启动热管理系统；③记录动力电池系统（热管理系统）的工作时间；④计算动力电池系统（热管理系统）的能耗；⑤将动力电池系统充满电后，置于特定低温环境（例如 0℃）中 24 h；⑥温度箱保持在该温度下，对动力电池进行工况循环测试，同时启动热管理系统；⑦记录动力电池系统（热管理系统）的工作时间；⑧计算动力电池系统（热管理系统）的能耗。

（3）动力电池系统热管理性能评分

根据以上测试结果，对动力电池系统热管理性能进行评分，并形成性能综合评价结果。评分表的一种设计方案如表 7-24 所示，将各部分分数加和即得到总分。该分数用于评价动力电池系统热管理性能的优劣，同时各个部分的得分情况也可以反映动力电池系统在各个单方面能力的强弱。

7.2.7 EMC 开发性试验验证方法

动力电池系统的电磁兼容测试方法与其他汽车零部件测试相比，有如下所述特点。

（1）金属接地平板尺寸要求更大

接地平板在汽车零部件测试过程中用于模拟汽车车架接地系统，通常置于标准高度桌子上，参考 GB/T 18655—2010 规定，接地平板采用至少 0.5 mm 厚的铜板或镀锌钢板。这对于汽车零部件试验是通用的，电池系统测试可沿用该试验条件。

关于接地平板的大小，GB/T 18655—2010 规定：用于传导发射测量的接地平板最小宽度应该为 1000 mm，最小长度应该为 2000 mm，或者比整个设备的各边大 200 mm。由于电池包尺寸通常为 1.5 m×1 m 左右，所以电池包试验应该选用尺寸较大的接地平板。

（2）人工电源网络

通常试验室只具备低压 12 V/24 V 的人工电源网络，而电池包电压大都在

表 7-24 动力电池系统热管理性能综合评分表

测试项目	参量	参数	得分
动力电池系统低温工作性能	加热时间	$T \leqslant X_{h1}$ min	Y_{h1}
		X_{h2} min $< t \leqslant X_{h3}$ min	Y_{h2}
		X_{h3} min $< t \leqslant X_{h4}$ min	Y_{h3}
		…	…
		$t \geqslant X_{hn}$ min	Y_{hn}
	能耗	$w \leqslant n_{h1}\%$	Y_{hw1}
		$n_{h2}\% < w \leqslant n_{h3}\%$	Y_{hw2}
		$n_{h4}\% < w \leqslant n_{h5}\%$	Y_{hw3}
		…	…
		$w \geqslant n_{hn}\%$	Y_{hwn}
动力电池系统高温工作性能	散热时间	$t \leqslant X_{s1}$ min	Y_{s1}
		X_{s2} min $< t \leqslant X_{s3}$ min	Y_{s2}
		X_{s3} min $< t \leqslant X_{s4}$ min	Y_{s3}
		…	…
		$t \geqslant X_{sn}$ min	Y_{sn}
	能耗	$w \leqslant \mathrm{n}_{s1}\%$	Y_{sw1}
		$n_{s2}\% < w \leqslant n_{s3}\%$	Y_{sw2}
		$n_{s4}\% < w \leqslant n_{s5}\%$	Y_{sw3}
		…	…
		$w \geqslant n_{sn}\%$	Y_{swn}
热管理系统温度均匀性性能	最大温度差	$\Delta T \leqslant X_{c1}$℃	Y_{c1}
		$X_{c2} < \Delta T \leqslant X_{c3}$℃	Y_{c2}
		$X_{c4} < \Delta T \leqslant X_{c5}$℃	Y_{c3}
		…	…
		$\Delta T \geqslant X_{cn}$℃	Y_{cn}

300 V 以上，在充电过程中，电池包需要更大的电压，所以测试需要配备更大的人工电源网络，确保其可以提供 1000 V 的直流电压及 500 A 电流。电池包测试中，人工电源网络与低压布置应一致，直接安装在接地平板上，其外壳应与接地平板连接。

（3）负载模拟器的位置

GB/T 18655 中规定，在不影响测试的情况下，可将负载模拟器直接固定在接地平板上，如果负载模拟器外壳为金属，则外壳应与接地板直接连接。负载模拟器也可以放置在靠近接地板处或安装在暗室外面。

电池包在放电过程中，负载需能够吸收比较大的放电功率，通常采用电子负载，这会影响测试结果。所以，电池包测试时，负载模拟器应该放于暗室外面，并与人工网络相连。

（4）电源

12 V/24 V 的汽车零部件可使用汽车电瓶进行测试，且不影响测试结果，而电池包充电需要高电压、大电流电源，比如开关电源，因此充电电源需要放置在暗室外，并通过滤波器和人工网络与电池包连接。电池包的低压电源可以沿用传统的方式，采用汽车电瓶进行测试。图 7-37 为电池系统辐射发射测试示例。

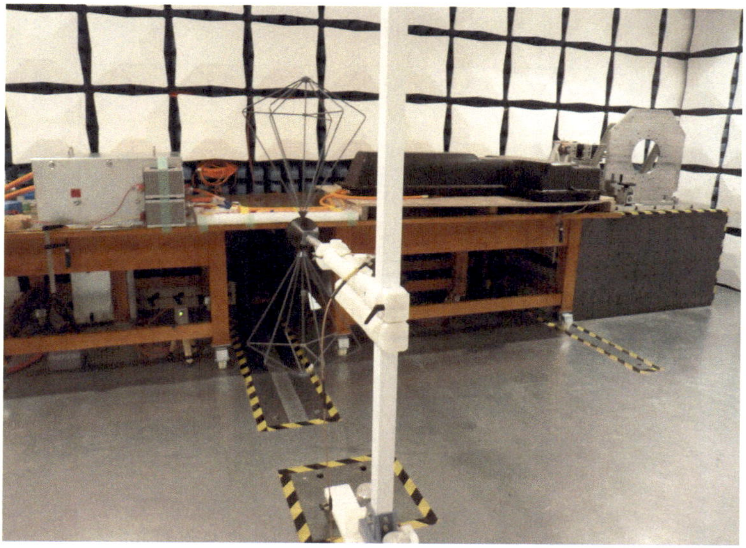

图 7-37　电池系统辐射发射测试照片

（5）线束

通常，汽车零部件测试时，测试线束平行于接地板边缘部分的长度应为（1500±75）mm，距离桌子边缘为 100 mm。电池包的低压线束布置可参考上述线束要求。而电池包的高压动力线束根据 CISPR25 最新版标准的规定，应将高压线束与低压线束平行布置，距离低压线束约 100 mm。线束的类型采用整车上实际使用的线束型式。

图 7-38～图 7-40 展示了动力电池系统进行电磁兼容测试的几个主要布置图。

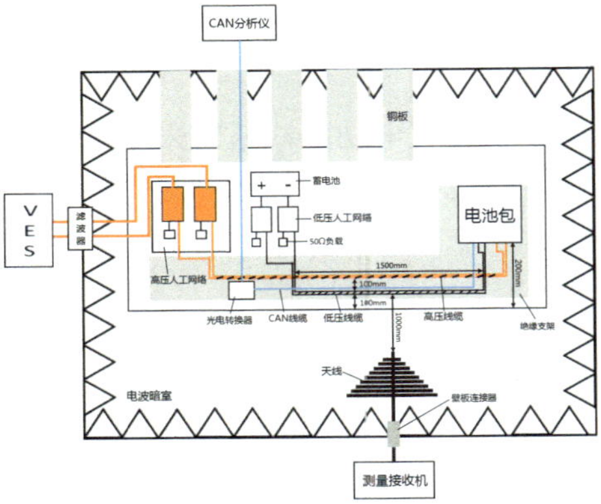

图 7-38　电池包辐射发射布置图

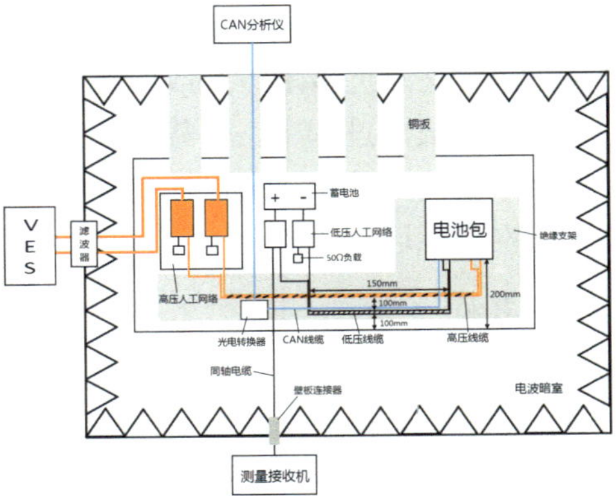

图 7-39　电池包传导发射（电压法）测试布置图

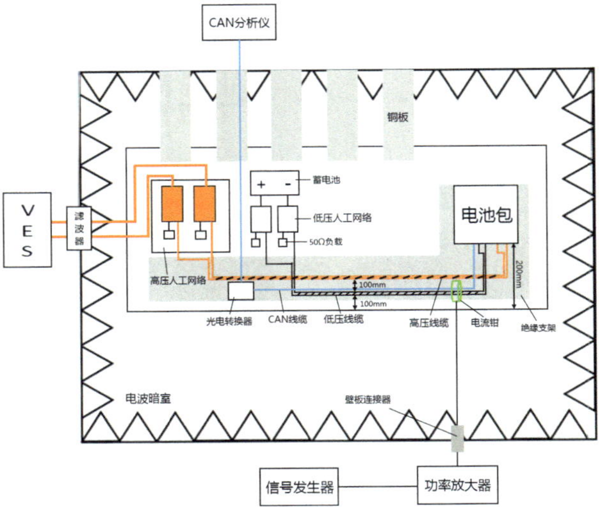

图 7-40　电池包抗扰布置图（大电流注入法）

图 7-38 是针对动力电池系统辐射发射的测试布置，考察其正常工作时对外以空间形式传播的干扰；图 7-39 是进行动力电池系统传导干扰的测试布置；电磁抗干扰测试的布置可参考图 7-40 所示，根据电池系统在施加骚扰过程中的电压电流波动、BMS 数据采集数据变化等现象判定其功能状态类别。

参 考 文 献

戴海峰，王楠，魏学哲，等. 2014. 车用动力锂离子电池单体不一致性问题研究综述. 汽车工程，，36(2): 181-188

ALLCELL, Lithium-Ion Batteries. Https://www.allcelltech.com/images/ act/allcell_brochure-v4-web.pdf

Doughty D H. 2012. Vehicle Battery Safety Roadmap Guidance. Hybrid Vehicles,

Freedom CAR Battery Test Manual for Power Assist Hybrid Electric Vehicles. U.S. Department of Energy, 2003

GB 4208. 外壳防护等级(IP 代码). 2008. 中国国家标准化管理委员会

GB/T 18655. 车辆、船和内燃机 无线电骚扰特性 用于保护车载接收机的限值和测量方法. 2010. 中国国家标准化管理委员会

GB/T 2408. 塑料 燃烧性能的测定 水平法和垂直法. 2008. 中国国家标准化管理委员会

GB/T 2423.17. 电工电子产品环境试验 第 2 部分: 试验方法 试验 Ka: 盐雾. 2008. 中国国家标准化管理委员会

GB/T 2423.18. 环境试验 第 2 部分: 试验方法 试验 Kb: 盐雾, 交变(氯化钠溶液). 2000.中国国家标准化管理委员会

GB/T 2423.4. 电工电子产品环境试验 第 2 部分:试验方法 试验 Db: 交变湿热(12h＋12h 循环). 2008. 中国国家标准化管理委员会

GB/T 31467.3. 电动汽车用锂离子动力蓄电池包和系统 第 3 部分: 安全性要求与测试方法. 201. 中国国家标准化管理委员会

GB/T 31484. 电动汽车用动力蓄电池循环寿命要求及试验方法. 2015, 中国国家标准化管理委员会

GB-T 31485.电动汽车用动力蓄电池安全要求及试验方法. 2015. 中国国家标准化管理委员会

IEC 60068-2-1. Environmental testing—Part 2-1: Tests-Test A: Cold. 2007. 国际电工委员会

ISO 12405-3. Electrically propelled road vehicles—Test specification for lithium-ion traction battery packs and systems—Part 3: Safety performance requirements. 2014. 国际标准化组织

ISO 16750-5. Road vehicles—Environmental conditions and testing for electrical and electronic equipment—Part 5: Chemical loads. 2010. 国际标准化组织

SAE J2380. Vibration Testing of Electric Vehicle Batteries. 2009. 美国汽车工程师学会

SAE J400. Test for Chip Resistance of Surface Coatings[S]. 2016. 美国汽车工程师学会

Thermal Hazard Technology, ARC-The world benchmark battery testing calorimeter systems. http://www.thermalhazardtechnology.com/uploaded_images/files/131_ARCBrochure-BATTERYApplications.pdf

USABC electric vehicle Battery Test Procedures Manual. Revision 2. Office of Scientific & Technical Information Technical Reports, 1996

08

动力电池系统制造技术概述

8.1 概　　述

在进行动力电池系统（简称 Pack）制造工艺设计时，不但要满足 Pack 产品的安全和性能要求，还需要满足生产中的安全、节拍、成本等制造要求。为了便于生产过程的管控，一般厂家把 Pack 的生产按 BOM 结构分成六部分：模组组装、线束生产、结构件生产、BMS 生产、高压控制盒组装、电箱组装。在实际生产过程中，Pack 在下线或出厂前会进行 EOL 测试，以确保 Pack 在客户端的安全和性能，这样就构成了 Pack 完整的生产环节，如图 8-1。

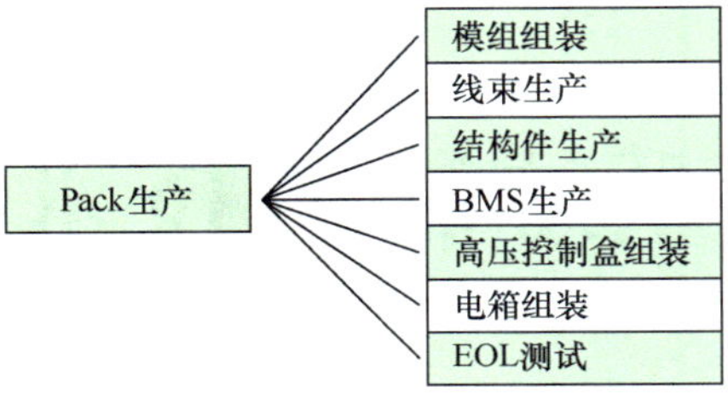

图 8-1　Pack 生产环节构成图

在动力锂电池行业中，根据公司规模和工艺路线的不同，每家公司生产环节的设置会有不同，有的只做其中的部分生产环节，即使是同一部分，生产工艺也是不相同的。从长远规划和成本的角度考量，所有的生产都自己做是不利于资源合理利用的，也不利于降低产品成本。本章重点以电动汽车行业中的模组组装、Pack 组装、关键工艺和 EOL 测试来展开，进而分析模组及 Pack 生产中的安全、工艺和设备等制造技术。

8.2 模组结构和工艺介绍

模组一般指把单体电芯通过串并联的方式，经过模组结构件绝缘隔离并固定，再配上电池单元保护控制板（简称 BMU）而形成的电芯组合体。电芯厂家一般按形状把电芯分为圆柱、方形、软包和异形电芯，在模组和 Pack 设计中，一般不采用异形电芯。对应电芯的模组通俗叫法分别是圆柱、方形和软包模组。

虽然国家和行业在大力推行标准化，目前电芯规格仍然比较多，即使是圆柱电芯，也有多种规格，导致模组设计、结构、工艺方面的差异非常大，下面主要以三种模组的典型结构、工艺流程来分别进行说明。

8.2.1 圆柱电芯模组结构和工艺介绍

1. 圆柱电芯模组结构简介

在圆柱电芯模组设计中，模组结构是多种多样的，主要根据客户和车型的需求来确定，最终导致模组的制造工艺也不一样。模组一般由电芯、上下支架、汇流排（有的也称连接片）、采样线束、绝缘板等主要部件组成，图 8-2 是较为典型的一种圆柱电芯模组结构，下面以图 8-3 所示的模组常用工艺流程来进行介绍。

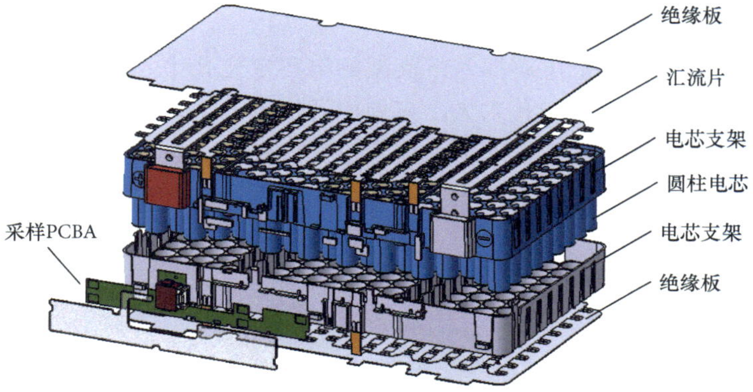

图 8-2 圆柱电芯模组结构示意图

2. 圆柱电芯模组装配工艺流程介绍

（1）电芯分选

模组工艺设计时，需要考虑模组电性能的一致性，确保 Pack 整体性能达到或满足整车的要求。为了保证模组电性能的一致性，需要对电芯来料进行严格的要求。电芯厂家一般在电芯出货前，也会按电芯的电压、内阻和容量规格进行分组，但是电芯厂家与 Pack 厂家的最终需求是不同的，考虑到制造工艺、成本、电芯性能等因素，Pack 厂家一般会按自己的标准重新对电芯进行分选。

电芯分选需要考虑分选标准的问题，标准制定得合理，会减少剩余闲置的电芯，提升生产效率，降低生产成本。在实际生产过程中，还需要对电芯的外观进行检查，比如检查电芯有无绝缘膜破损、绝缘膜起翘、电芯漏液、正负极端面污渍等不良品。关于电芯分选详细内容参见 8.3.1 节。

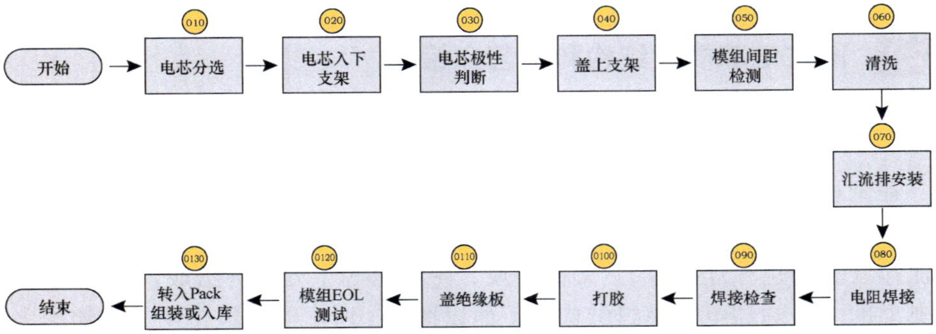

图 8-3 典型圆柱电芯模组工艺流程图

（2）电芯入下支架

电芯入下支架是指把电芯插入下支架的电芯定位孔中。难点在于电芯与下支架孔之间的配合公差，假如孔太大，方便电芯插入，但是电芯固定不好，影响焊接效果；假如孔太小，电芯插入下支架定位孔比较困难，严重的可能导致电芯插不进去，影响生产效率。为了便于电芯插入，又能固定好电芯，可以把下支架孔前端开成喇叭口（图 8-4）。装配时需要防止电芯极性装反，若是手动装配，需要对电芯极性进行快速检查，以免不良品流入后工序。

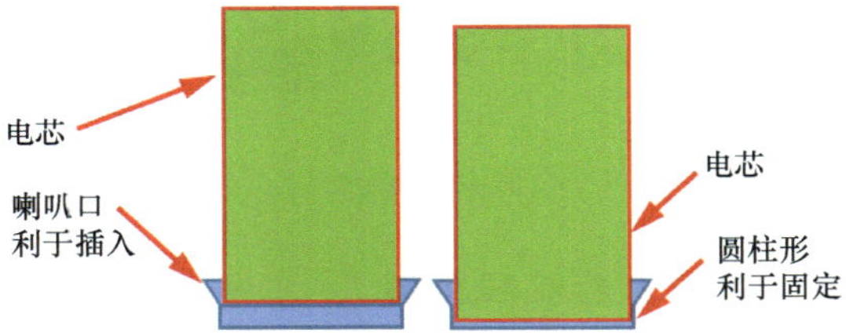

图 8-4 下支架开喇叭口示意图

（3）电芯极性判断

电芯极性判断是指检查电芯的极性是否符合文件要求，属于安全检查。假如没有极性检查，而电芯极性又装反了，在装入第二面的汇流排时模组就会产生短路，导致产品毁坏，严重的可能导致人员受伤。

注意，在每班开班前，都需要检测设备处于良好的工作状态，否则需要停机维修。

（4）盖上支架

盖上支架是指把上支架盖到电芯上，并把电芯固定在支架内。一般情况下，盖上支架比电芯入下支架困难，一是与圆柱电芯的生产工艺有关，工艺里面有个滚槽的工序，假如控制不好，会导致电芯尺寸的一致性差，影响盖上支架，严重的会盖不上去；二是电芯与下支架固定不好，导致电芯有一定的歪斜，导致上支架不好盖或者盖不上。

（5）模组间距检测

模组间距检测是指检测电芯极柱端面与支架表面的间距检测，目的是检查电芯极柱端面与支架的配合程度，用于判断电芯是否固定到位，为是否满足焊接条件进行提前预判。

（6）清洗

等离子清洗是一种干法清洗，主要是依靠等离子中活性离子的“活化作用”达到去除物体表面污渍的目的。这种方式可以有效地去除电芯极柱端面的污物、粉尘等，为电阻焊接提前做准备，以减少焊接的不良品。

（7）汇流排安装

汇流排安装是指把汇流排安装固定到模组上，以便电阻点焊。设计时需要考虑汇流排与电芯的位置精度，特别是定位基准的问题，目的是使汇流排位置处于电芯极柱面的中心，便于焊接。

在进行上下支架设计时，要考虑对汇流排的隔离；假如不好做隔离设计，在工序设计时需要考虑增加防短路工装的使用，可以避免在异常情况下发生短路。

（8）电阻焊接

电阻焊接是指通过电阻焊的方式把汇流排与电芯极柱面熔接在一起。目前国内一般采用电阻点焊，在进行电阻点焊工艺设计时，需要考虑以下 4 点：

1）汇流排的材质、结构和厚度；

2）电极（也称焊针）的材质、形状、前端直径和修磨频次；

3）工艺参数优化，如焊接电流、焊接电压、焊接时间、加压力等；

4）焊接面的清洁度和平整度。

在实际生产中，失效因素非常多，需要技术人员根据实际情况来分析处理，详细内容参见 8.3.2 节。

（9）焊接检查

在电阻焊接过程中，设备一般对焊接的参数都有监控，假如监测到参数异常，设备都会自动报警。由于影响焊接质量的因素很多，只通过参数监测来判断焊接失效，目前结果还不是特别理想。在实际的生产控制中，一般还会通过人工检查外观和人工挑拨汇流排的方式，再次检查和确认焊接效果。

（10）打胶

胶水在模组应用上，一般有两种用途：一种用途是固定电芯，主要强调胶水的黏接力、抗剪强度、耐老化、寿命等性能指标；另一种用途是把电芯和模组的热量通过导热胶传递出去，主要强调胶水的导热系数、耐老化、电气绝缘性、阻燃性等性能指标。由于胶水的用途不同，胶水的性能和配方也不同，实现打胶工艺的方法和设备就不同。在胶水选择和打胶工艺方面，需要考虑以下 3 点：

1）胶水的安全环保性能：尽量选择无毒无异味的胶水，不但可以保护操作者，也可以保护使用者，还能更好地保护环境，也是新能源发展的目标。

2）胶水的表干时间：为了提高生产效率，一般希望胶水的表干时间越短越好。在实际生产过程中，假如胶水表干时间过短，由于待料、设备异常等因素，会导致胶水的大量浪费；也可能由于操作员处理不及时，因胶水固化时间短而导致设备堵塞，严重时导致停拉线。按经验，尽量把表干时间控制到 15～30 min 比较合理。

3）胶水的用量：胶水用量主要由产品和工艺来确定，目的是满足产品的要求。目前常用打胶工艺有点胶、涂胶、喷胶和灌胶，每种工艺所需要的设备也是不同的。在打胶时需要注意胶量的控制，避免产生溢胶而影响其他工序。

关于打胶的介绍，参见 8.3.5 节。

（11）盖绝缘板

盖绝缘板是指把模组的汇流排进行绝缘保护起来。在工艺设计时，需要注意绝缘板不能高出支架的上边缘，同时绝缘板与支架边框之间的间隙最好小于 1 mm。

（12）模组 EOL 测试

EOL 测试（end of line）（一般也称下线测试）是生产过程中质量控制的关键环节，主要针对模组的特殊特性进行测试，主要测试项目有：

1）绝缘耐压测试；

2）内阻测试；

3）电压采样测试；

4）尺寸检测；

5）外观检查。

测试项目一般根据客户和产品的要求来增减，其中安全检测项目是必不可少的，关于 EOL 测试，8.5 节有专题阐述。

（13）转入 Pack 组装或入库

经 EOL 测试合格的模组按规定转入 Pack 组装工序或入库，转运过程中需要对模组进行绝缘保护和防止模组跌落。

通过圆柱电芯模组生产工艺流程的介绍，针对不同的客户和产品，工艺流程的设计是不同的，目的都是为了快速地响应客户和市场的需求。

在进行模组工艺流程设计时，一般需要考虑以下几点：

1）安全性：产品安全和安全生产；

2）电性能：容量、电压、内阻、性能的一致性；

3）生产节拍：节拍越高，表示产能越大；

4）尺寸：外形尺寸和固定尺寸；

5）工艺路线：指关键工艺的选择和确定；

6）成本：产品设计和工艺设计时都需要考虑的要素。

通过上面的分析，仅仅把模组工艺流程设计好是不够的，还需要有完善的生产体系来支撑，才能制造出让客户满意的产品。

8.2.2 方形电芯模组结构和工艺介绍

1. 方形电芯模组结构简介

方形电芯模组一般由电芯、端板、侧板、底板、连接片（通常也称 Busbar）、线束隔离板、上盖、端板绝缘罩等主要部件组成，图 8-5 是较为典型的一种方形电芯模组结构，下面以图 8-6 所示的模组常用工艺流程来进行介绍。

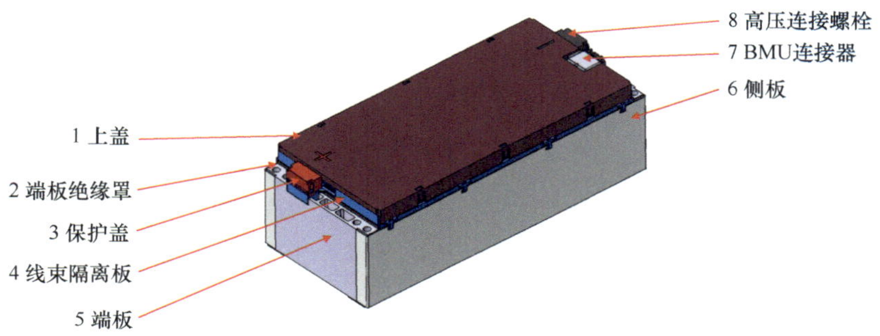

图 8-5 典型方形电芯模组结构示意图

2. 方形电芯模组工艺流程介绍

通过前面对圆柱电芯模组的介绍，对比这两种模组的差异还是比较大的，由于电芯外形的不同，导致模组的结构和工艺流程也不同。下面就重点介绍方形电芯模组与圆柱电芯模组工艺不同的地方，主要从以下几方面进行分析。

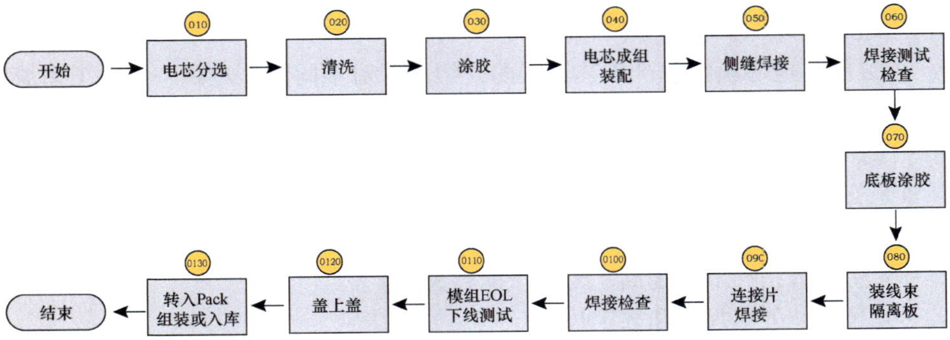

图 8-6　典型方形电芯模组工艺流程图

（1）模组的绝缘性

早期方形电芯模组一般采用胶框来固定电芯，这一点与目前的圆柱电芯模组相似，模组的绝缘性相对比较好。但是方形电芯用胶框来固定，可能会产生 3 个问题：一是因电芯与胶框的尺寸配合不好而导致电芯不能有效固定；二是电芯尺寸控制不好导致模组不好装配；三是胶框结构强度偏弱可能会因电芯膨胀而导致胶框断裂。随着技术的发展，目前采用金属外框的方式来固定电芯，可以有效避免用胶框固定电芯的弊端。

由于采用金属外框来固定电芯，如果绝缘保护没有做好，绝缘就失效了，一般在焊接前和焊接后都需要增加绝缘测试。焊接前做测试时发现绝缘不良，一般返工处理就可以解决；若是焊接后做测试时发现绝缘不良，一般不好处理，严重的可能会导致模组报废。做绝缘处理时，一般在端板、侧板内侧增加绝缘垫或绝缘板隔离；电芯之间也需要做绝缘处理，一般通过涂胶或喷胶的方式来隔离。

（2）模组尺寸控制

如果模组的关键尺寸偏差过大，会导致模组无法安装，严重的直接导致模组报废。要控制好模组的关键尺寸，需要从以下 3 个方面来考虑：

1）电芯尺寸配组：配组时对电芯厚度尺寸要严格把关，从源头上解决来料尺寸不良的问题。假如是全自动生产线，不解决好这个问题，将直接导致生产线停产。

2）工装夹具设计：假如夹具设计不合理，会导致装配效率低下，也可能导致关键尺寸控制不精准。为了解决因夹具而引起的问题，在夹具设计时就需要考虑以下 3 个方面的问题：一是基准问题，夹具与模组的定位基准要保持一致，避免因基准不同而导致公差累积；二是精度问题，夹具的精度需要高于产品的精度，避免引起新的偏差增加；三是耐用性问题，夹具的活动或摩擦部件需要考虑耐用耐磨，避免因夹具松动或磨损导致尺寸超差。

3）检测方式：工作中会遇到因检测工具使用不当，而产生测量不准、效率低下等问题。为避免因检具不当而产生问题，推荐大家使用定制检具，这样可以使检测变得简单易于操作，效率又高，客户接受度也高。

（3）打胶

方形模组一般会采用两种用途的胶水：一种是结构胶，使电芯之间固定不产生滑移；另一种是导热胶，把电芯产生的热量传递出去。详细内容参见 8.3.5 节。

（4）焊接

模组焊接在模组生产中一般会定义为关键工序，一是焊接不良品若流出去可能导致安全隐患，二是焊接不良品可能会导致模组报废。在实际生产中，侧缝焊接一般采用 CMT 和激光焊接工艺，而连接片与电芯极柱焊接一般采用激光穿透焊。因为电芯极柱结构的不同，可以分为穿透焊、缝焊、对边焊等。关于激光焊接的介绍，详见 8.3.4 节。

8.2.3 软包电芯模组结构和工艺介绍

1. 软包电芯模组结构简介

软包电芯模组一般由电芯、铝排、铜排、内支架、外框架、铝板、导热垫、采样线束等主要部件组成。图 8-7 是较为典型的一种软包电芯模组结构，下面以图 8-8 所示的模组常用工艺流程来进行介绍。

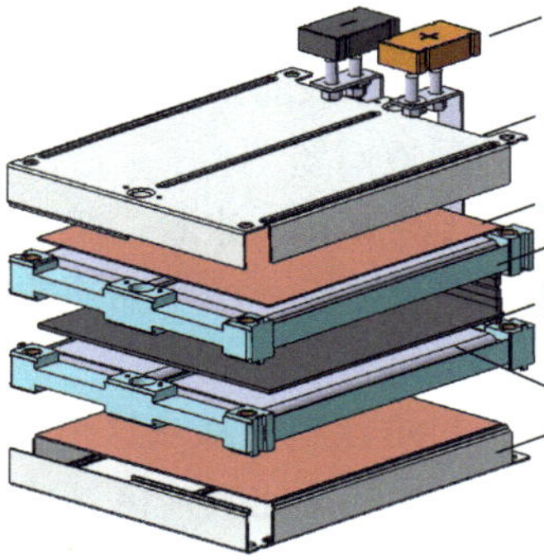

图 8-7 软包电芯模组结构示意图

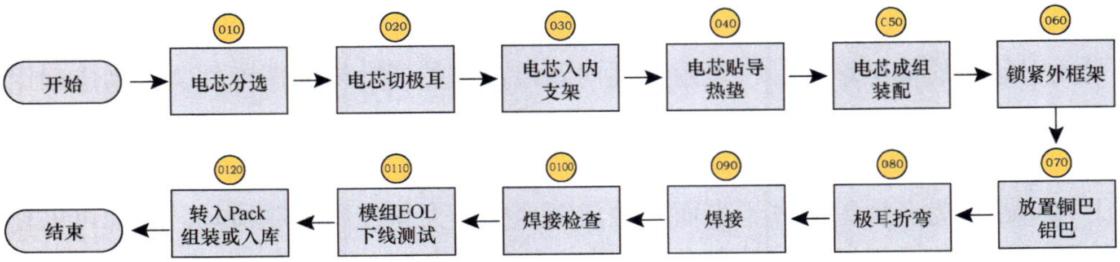

图 8-8 软包电芯模组常用工艺流程图

2. 软包电芯模组工艺流程

通过圆柱和方形电芯模组的介绍，使大家对模组结构和工艺流程有了一定的了解。相对于圆柱和方形模组来说，要做好软包电芯模组，需要从以下 4 个方面来考虑。

（1）漏液

软包电芯相对于圆柱和方形电芯来说，容易产生漏液，如果发生了漏液的情况，整个模组都需要报废，严重的甚至可能引起短路燃烧。为什么软包电芯容易产生漏液呢？主要是由电芯的封装工艺确定的，从图 8-9 铝塑膜结构示意图可以看出，铝塑膜非常薄，一般不超过 200 μm，而最内层热熔胶层就更薄了。

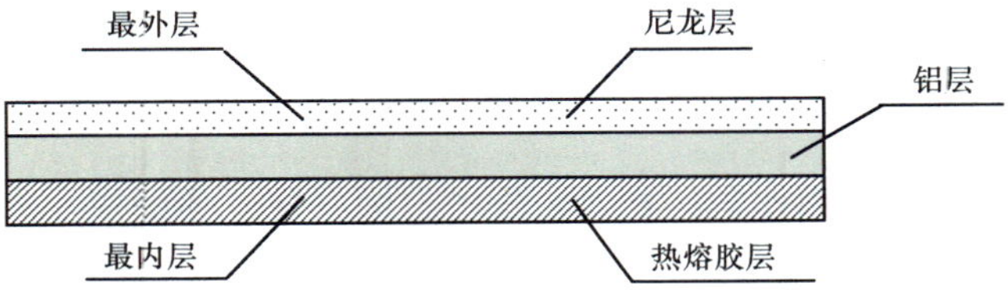

图 8-9 铝塑膜结构示意图

软包电芯在模组中产生漏液的情况，一是电芯封装不良引起的问题，二是模组设计时电芯膨胀空间预留不合理而导致的问题。

a. 电芯在制造过程中导致的漏液问题

从软包电芯封装位置示意图（图 8-10）来看，软包电芯有顶封和二次顶封区域，一般这两个区域是封装不良的重灾区，产生漏液的情况大部分也会集中在这两个区域。

1）从电芯封装原理上看，顶封难点是极耳从这个封装边引出来，极耳上还有密封胶带需要热熔，极耳部分需要的热量比其他区域多，这样才能有效热熔极耳部分的密封胶，同时极耳还会把热量传导到其他地方，可能产生封装能力不足，

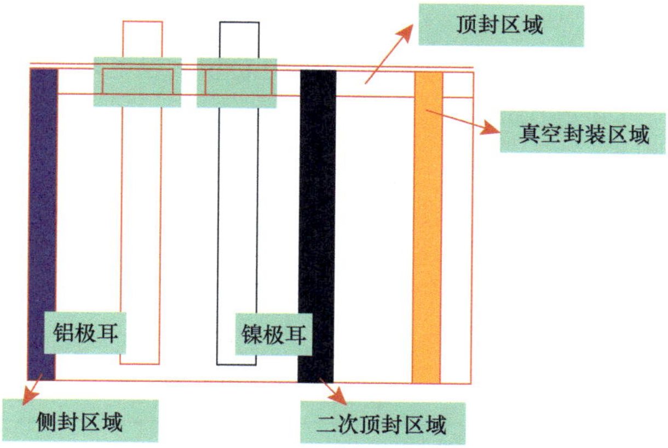

图 8-10 软包电芯封装区域示意图

导致封装不良。过封装可能导致热熔胶层与铝层分离，降低封装强度。在实际生产中，由于设备异常、封头损耗、封装溢胶等因素也会导致顶封不良，从而导致电芯漏液。

2）二次封装产生封装不良的原因：在封装时会先进行抽真空，把多余的电芯未吸收的电解液吸出去，但是在电芯转角的地方电解液不易抽吸干净，假如二次封装区域有电解液的话，一般会造成不良封装。假如抽出的电解液把封头污染腐蚀了，没有及时处理，也会造成不良封装。

b. 模组设计不合理导致的漏液问题

假如模组结构设计不合理，电芯在使用过程中会产生膨胀，电芯膨胀需要空间，如果膨胀时电芯没有足够的预留空间，电芯就会受到挤压，当电芯内的压力大于封装薄弱地方的压力时，电芯就会冲开密封，从而导致电芯漏液。在进行模组设计时，模组人员一般需要跟电芯设计人员进行沟通，明确电芯的预留空间，避免因空间不够而导致电芯挤压漏液。

（2）焊接

软包电芯模组目前主要有两种焊接方式，一种是极耳顶封焊接，另一种是极耳顶焊接方式，这种方式比较复杂，需要夹具折弯。这两种方式各有优点，关键是如何进行设计来满足产品的需求，详见 8.3.4 节“激光焊接”。

（3）散热性

软包电芯因为外包装材料的原因，散热是一个问题。温度对电芯寿命的影响很大，目前一般采用在电芯之间加薄铝板，通过薄铝板把电芯的热量传导出来，再通过其他方式把薄铝板的热量导走，从而保持电芯温度的均匀性，延长电芯的寿命。

通过上面的分析来看，圆柱电芯、方形电芯和软包电芯模组各有优缺点，表8-1对它们进行一简单的比较。

表 8-1 各类模组对比表

类别	模组				
	自动化程度	电连接核心工艺	能量密度	安全性	制造成本
圆柱类	高	电阻焊+铝丝焊	低	一般	低
软包类	低	激光焊接	高	低	一般
方形类	一般	激光焊接	一般	高	高

注：表中的高、一般、低只是针对这三种电芯的相对比较而言的

8.3 关键工艺介绍

8.3.1 电芯分选

1. 电芯分选概述

电芯分选是模组或Pack生产中的关键工序，目的是通过分选，把电性能一致性好的电芯选出来配成一组，以保证模组或Pack电性能的一致性，延长Pack的使用寿命。

模组一般由多个电芯通过串并联组合而成，如果单体电芯一致性不好，模组寿命会变短，模组性能最后由最差的单体电芯决定。虽然电芯制造自动化程度越来越高，但是其制造工艺复杂，原料、零部件、环境每个环节都有可能造成单体电芯之间的不一致，并且这种不一致在使用过程中会逐渐累积扩大。

因此电芯生产厂家不仅需要对电芯生产的每个环节进行严格把控，确保电池生产的一致性；Pack厂家也需通过合适的分选方法，来降低电池组中单体电芯之间的初始差异，提高电池组性能和寿命。

2. 电芯分选方式

目前动力电芯的分选方法主要有单参数分选法、多参数分选法、动态特性曲线分选法以及电化学阻抗谱分选法。

（1）单参数分选法

利用电芯外在特性参数（电压、内阻、容量）进行单独分选。开路电压法，操作简单，但准确度差；内阻法测量会导致电池极化产生极化内阻；容量法分选

有一定效果，但是不能反映电池组在不同工况下的工作特性。

（2）多参数分选法

选取多个参数进行分选，参数可选择容量、电压、内阻、自放电率等。根据配组要求设定综合容量差异、内阻差异、电压差异、自放电速率差异多方面条件，从而提高分选的准确性。

（3）动态特性曲线分选法

充放电曲线是容量、内阻、充放电电压平台和极化程度的集中表现。对电池进行特定的充放电实验，根据充放电曲线之间相似性进行电池分选。

（4）电化学阻抗谱分选法

施加一个频率不同的小振幅的交流信号，测量交流信号电压与电流的比值（阻抗）随正弦波频率变化关系的方法。

从表 8-2 可以发现，几种方法都有优缺点，选择适合实际的才是合理的

表 8-2　四种分选方法的优缺点

分选方法	优点	缺点
单参数分选法	操作简单，耗时短	准确度差
多参数分选法	综合电池的外在特性	无法反映电池内特性
动态特性曲线分选法	能反映电池内特性	耗时长，无法反映电池外特性
电化学阻抗谱分选法	能反映电池内特性	耗时长，需要电化学工作站设备

8.3.2 电阻焊接

1. 电阻焊接的定义

电阻焊接是将被焊工件压紧于两电极之间，并通以电流，利用电流流经工件接触面及邻近区域产生电阻热将其加热到熔化状态，使之形成金属结合的一种焊接方法。常见的电阻焊方式主要有四种，即点焊、缝焊、凸焊、对焊（图 8-11）。

在模组焊接中，一般采用电阻点焊和凸焊，相对来说，电阻点焊占比更多，在实际应用中，又以点焊中的平行焊接居多，下面主要以电阻点焊来分析。

2. 电阻点焊

（1）点焊原理

在实际生产中，圆柱电芯模组采用电阻点焊的比例最大。点焊原理是利用电

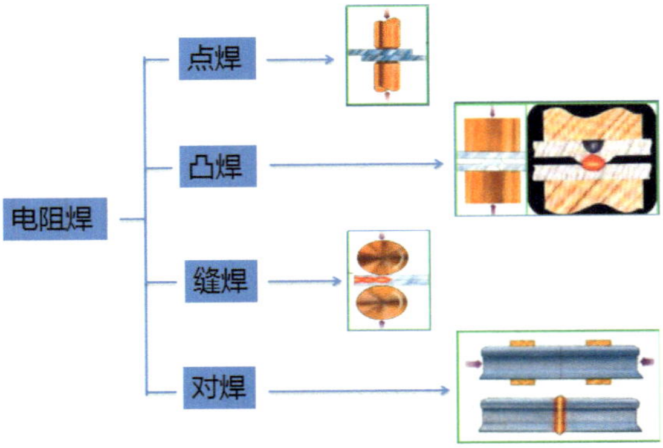

图 8-11　电阻焊接方法示意图

阻热原理来焊接的，因此，它符合焦耳定律：

$$Q=I^2RT \tag{8-1}$$

式中，Q 为产生的热量（J）；I 为焊接电流（A）；R 为电极间电阻（Ω）；T 为焊接时间（s）。

从式中可以看出，电流 I 对焊接效果的影响最大，在焊接设备的模式选择上，一般有定电流、定电压和综合模式。为了获得稳定的焊接效果，推荐采用定电流模式，当然，也需要根据自身产品和工艺设计的实际情况来定。

（2）点焊的基本特点

为了获得稳定的焊接效果，也便于进行焊接的工艺设计，通过图 8-12 和焊接原理，来分析实现焊接的一些基本特点：

1）接头形式是搭接，就是电极与被焊接产品要接触；

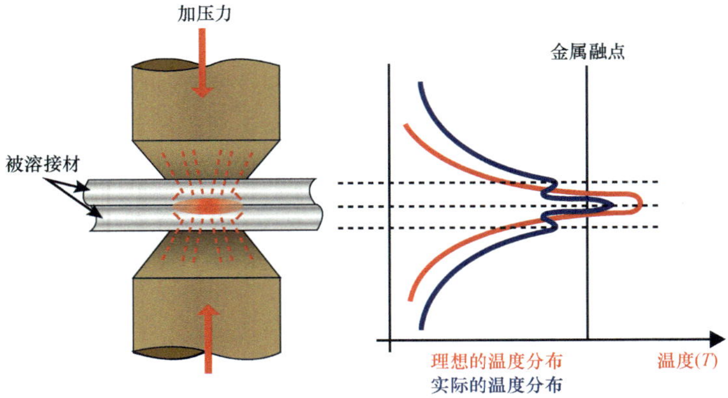

图 8-12　电阻点焊示意图

2）焊接过程中始终需要保持压紧力，通过压紧力保持工件的良好接触，利于焊接；

3）电阻点焊的能量是通过热熔的方式焊接在一起的，也就是电阻热的方式；

4）焊接时热熔温度要高于焊接材料的熔点，否则焊接时会产生虚焊，产生焊接失效；

5）焊接工艺设计时，尽量把焊核热熔区间设置在焊接物的中间。

（3）点焊焊接循环过程分析

点焊焊接过程一般分成 4 个基本阶段：①预压阶段，②焊接阶段，③维持阶段，④休止阶段。若按是否施加电流来分，可以分成 3 个阶段：①预压阶段，②通电加热阶段，③冷却结晶阶段。在分析焊接过程时，一般采用 4 阶段方法，如图 8-13 所示。

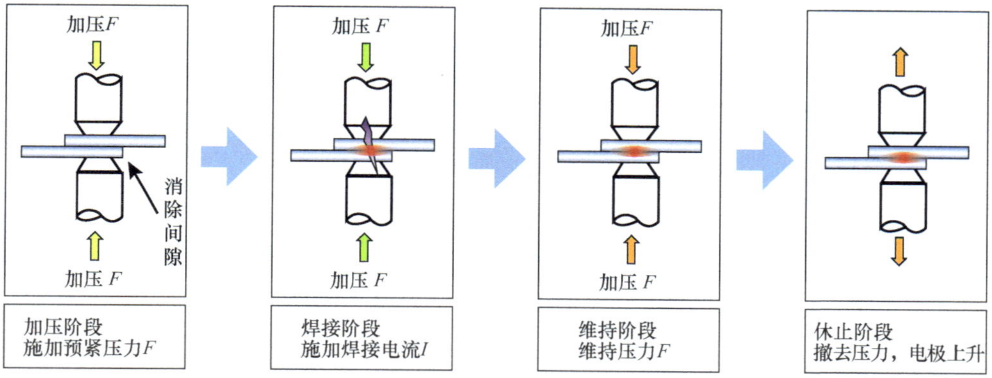

图 8-13　焊接循环过程示意图

从上面的分析可以得知，点焊过程一般分解成 4 个阶段，自动焊接过程就是不断重复循环这 4 个阶段。点焊的过程，就是在电阻热与机械（力）作用下形成焊核的过程，电阻热作用使焊件贴合面母材金属熔化，机械（力）作用使焊接区产生必要的塑性变形。

（4）影响焊接的因素

从焦耳定律和实际生产来看，影响焊接效果主要有六大因素（图 8-14），要想获得好的焊接效果，在产品和工艺设计时就必须要考虑这些因素。在实际生产中，焊接电流和焊接时间基本可以通过焊接设备来保证，而其中最大的变数就是由电极和工件引起的。要获得良好的焊接效果，需要优化条件，找到图 8-15 所示的允许范围（参见图中小红圈范围）。

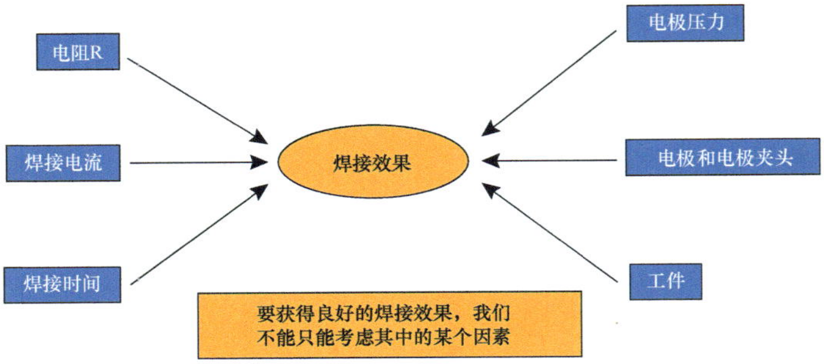

图 8-14　焊接效果影响因素

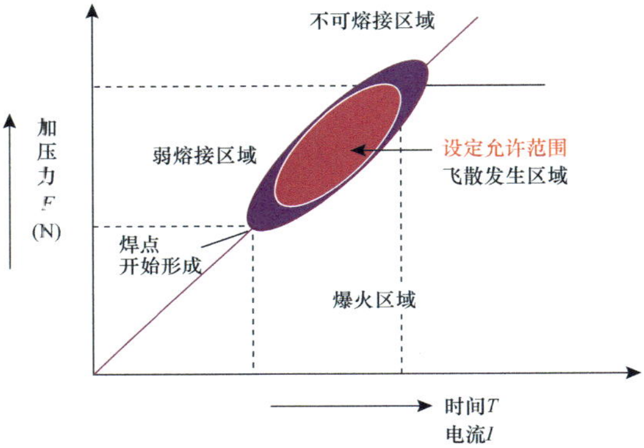

图 8-15 飞散限度曲线

下面结合实际，重点分析一下焊接电阻、电极和工件对焊接的影响关系。从焦耳定律可以看出，假如在时间和电流确定的情况下，焊接电阻越大产生的电阻热就越多，反之，电阻热就越少。焊接电阻一般由 R1、R2、R3、R4 和 R5 组成（图 8-16），其中 R2 和 R4 是固有电阻，只要工件材质和厚度选定，阻值就确定了；但是 R1、R3 和 R5 是接触电阻，会随着焊针接触面的变化和加压力的变化而变化。在实际生产过程中，需要定义电极的形状、打磨时间和更换时间，以确保电极处于控制状态。

电极是电阻点焊中非常重要的一环，同时电极也是耗材，在整个生产过程中都需要严格加以管理。在选择电极材质时，需要注意以下 4 点：

1）导电率高：通大电流也不易发热；

2）热传导高：即使发热也能马上冷却；

3）机械性强度好：即使在高温状态也能保持硬度，在受到加压冲击或者焊接中的发热也能不变形；

4）不易与被焊接物（工件）形成合金：电极与工件不易黏上。

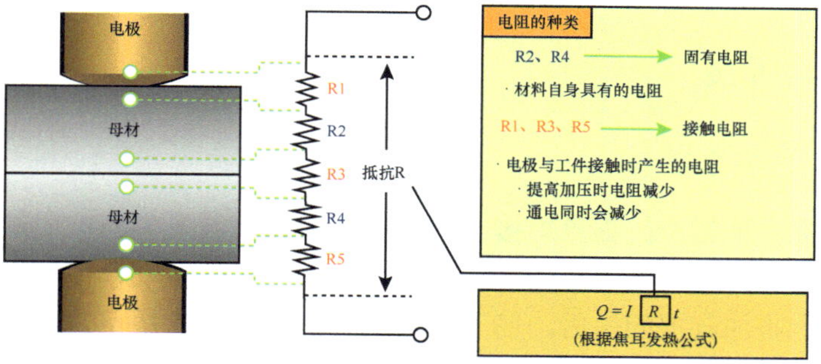

图 8-16　电阻组成示意图

焊接工序是圆柱电芯模组中的关键工序，如果控制不好，会导致产品存在严重的缺陷。为了管控好焊接工序，从产品的设计、工艺到生产管控，都需提前做风险分析，尽量把不可控因素降低到最小。

在生产过程中，经常会遇到焊接不良的情况，表 8-3 是焊接时经常遇到的情况，供大家参考。

表 8-3　常见焊接问题及建议对策

序号	焊接不良	对策
1	焊点被烧穿	1. 焊接电流过大 2. 工件厚度材质差异过大 3. 电极头接触不良 4. 电极压力过小 5. 工件或电极有污物 6. 被焊金属本身缺陷
2	焊接时飞溅大	1. 焊接电流过大 2. 电极焊到汇流片边缘 3. 工件厚度、材质差异过大 4. 电极压力偏小 5. 工件或电极有污物
3	焊点压痕过大	1. 电极端面直径过小或端面变形 2. 电极压力过大 3. 上下电极未对准或端面不平行
4	焊点太小或强度不够	1. 焊接电流太小或焊接时有电流的分流 2. 焊接时间过短 3. 焊接回路接触不良 4. 电极压力过大 5. 工件或电极有污物 6. 工件厚度材质差异过大
5	焊点有烧痕或划痕	1. 焊接电流过大 2. 被焊金属本身缺陷 3. 电极头冷却不良，导致黏针 4. 电极压力过小 5. 电极端面有污物 6. 电极端面修磨粗糙

8.3.3 键合焊接

1. 键合焊接原理

键合焊接也称超声波铝丝焊接，原理是利用超声波发生器产生能量，通过磁致伸缩换能器，在高频磁场感应下，迅速伸缩产生弹性振动，使劈刀相应振动，同时在劈刀上施加一定的压力，劈刀在这两种力的共同作用下，带动铝丝在被焊区的金属氧化层（如铝膜）表面迅速摩擦，使铝丝和铝膜表面产生塑性形变，这种形变也破坏了铝层界面的氧化层，使两个纯净的金属表面紧密接触达到原子间的键合，从而形成焊接。焊接时通过焊头把超声能量传递到焊区，由于焊区即两个焊接的交界面处声阻大，因此会产生局部高温，又由于工件导热性差，热量瞬间不能及时散发，聚集在焊区，使两个工件接触面的分子之间迅速相互渗透和扩散，使其融合成一体。当超声波停止作用后，继续保持一定的压力使其凝固成型，形成一个坚固的分子链，达到焊接的目的，焊接强度能接近于原材料本体的强度。

目前锂电池键合焊接主要应用在镍、铝等材质上，通常电芯的每个极性（正极或负极）焊接 1 根铝丝或铝带，每根铝丝或铝带有两个焊点（图 8-17）。

图 8-17 键合焊接外观

2. 键合焊接分类

根据铝丝形状，键合焊接可分为铝丝焊接和铝带焊接。

（1）铝丝焊接（图 8-18）

根据在锂电池铝丝焊接中通常使用的铝丝直径在 200～500 μm 范围内；
铝丝焊接压力调整范围值在 50*g*～1500*g*；
铝丝焊接的换能器：ORTHODYNE 超声发生器，工作频率 60 kHz；
铝丝焊接的超声波发生器功率：60 W；

以上参数仅供参考，可以根据实际应用场合进行相应的调整。

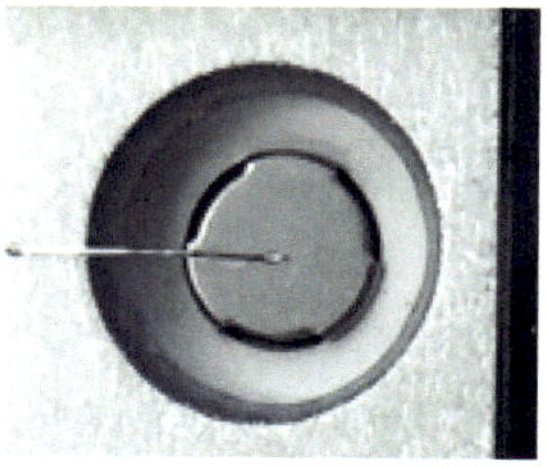

图 8-18　铝丝焊接图例

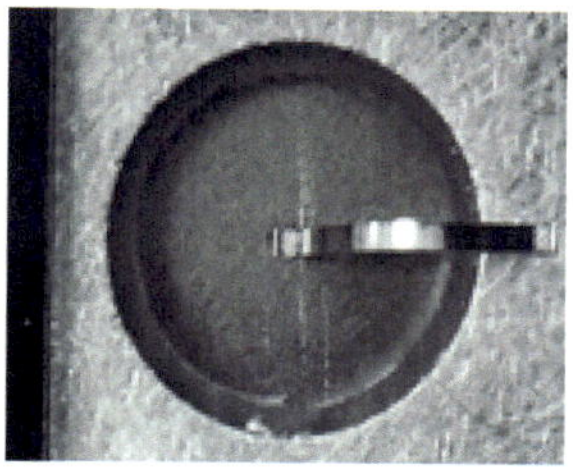

图 8-19　铝带焊接图例

（2）铝带焊接（图 8-19）

根据在锂电池铝带焊接中通常使用的铝带直径在 20×4～80×12 mil①范围内；
铝带焊接压力调整范围值在 100g～5000g；
铝带焊接的换能器：ORTHODYNE 超声发生器，工作频率 60 kHz；
铝带焊接的超声波发生器功率：150 W；
以上参数仅供参考，可以根据实际应用场合进行相应的调整。

3. 铝丝焊接规则

铝丝焊接不只是用于连接，还起到另一个重要的作用：过流保护即保险丝效应。不同规格的铝丝存在不同的过流值，见表 8-4。

表 8-4　不同铝线线径的焊点大小及各铝线最大承受电流

线径（mil/μm）	焊点长度：153/175（μm）	焊点宽度（μm）	最大承受电流（A）
5/125	490/400	170	4.5
6/150	555/465	200	6
8/200	750/605	260	9
10/250	920/780	330	12.5
12/300	1140/900	390	16.5
15/380	1360/1190	500	22.5
20/500	1820/1300	650	34.5

注：需要说明的是，
1）焊点长度以常规使用劈刀口长度 1.3 倍左右进行计算，其中 153 为长焊点劈刀，175 为短焊点劈刀；
2）焊点宽度以使用铝线线径 1.3 倍左右进行计算，框架上二焊点宽度可适当放宽即不超过线径 1.8 倍均可；
3）铝线通过的最大承受电流选取小于国标不超过 0.5 A；
以上参数仅供参考，具体情况可根据实际产品焊接工艺要求作相应调整

① mil 为非法定单位，1 mil=0.025 mm

4. 焊点强度判断方法

（1）拉力判断法

键合设备有自动拉力检测装置，且拉力测试在焊接过程中完成，也称为在线检测法。

此检测方式为非破坏性拉力测试，在每个焊点焊接完成后，设备自动根据设定值进行拉力检测并判断。根据不同规格的铝丝尺寸，设定的在线式拉力标准值见表 8-5。

表 8-5　不同铝丝在线拉力标准值

金属丝大小（mil）	建议拉力（gf）
5	40
6	45
7	50
8	60
10	100
12	120
15	150
20	200

注：以上参数仅供参考，具体情况可根据实际产品焊接工艺要求作相应调整

（2）焊点强度标准

不同尺寸的铝丝会有不同的拉力强度标准（表 8-6）。

表 8-6　不同铝丝焊接强度标准值

线径	拉力要求
125 μm（5 mil）	≥65gf
150 μm（6 mil）	≥85gf
175 μm（7 mil）	≥120gf
200 μm（8 mil）	≥150gf
250 μm（10 mil）	≥200gf
300 μm（12 mil）	≥250gf
375 μm（15 mil）	≥400gf
500 μm（20 mil）	≥700gf

注：以上参数仅供参考，具体情况可根据实际产品焊接工艺要求作相应调整

5. 键合焊接过程注意事项

在键合焊接过程中需要注意以下几个方面：

◆ 被焊接物（电芯、汇流排）必须保证固定牢靠，防止在键合焊接过程中因晃动而出现焊接不稳定和焊接后因振动而铝丝或铝带断裂，建议电芯端采用 UV 固定，汇流排固定螺丝锁紧；

◆ 焊接物整体固定必须稳固牢靠，防止焊接过程中因晃动而导致焊接异常；

◆ 必须保证焊接物（汇流排、锂电池组）焊接表面清洁，建议采用激光清洗措施清洁；

◆ 同一锂电池组内不可同时存在铝丝和铝带焊接方式；

◆ 每个锂电池焊接表面与汇流排焊接高度一致；

◆ 为了产品质量，建议开启拉力检测功能但此功能启动后会降低生产率，根据实际应用计算：键合焊接+拉力检测总工时约为 1.2～1.5 s 一个焊点。

注：以上参数仅供参考。

◆ 遵循键合最大线弧距：40 mm；

◆ 遵循键合最小线距检测：2 mm；

◆ 必须遵循设备保养周期、方法对设备进行维护保养。

8.3.4 激光焊接

1. 激光焊接概述

电芯与电芯之间的连接一般采用连接片焊接的方式，在模组制造过程中，一般软包电芯和方形电芯模组采用激光焊接，具体情况可能每家公司都有一些差异，下面就以业界对软包电芯和方形电芯采用的激光焊接工艺进行介绍。

激光产生的三要素：激励源，介质，谐振腔。介质受到激发至高能量状态，由于受激吸收跃迁光在两端镜间来回反射，将光波放大，并获得足够能量而开始发射出激光。激光鲜明的四个特性：单色性、相干性、方向性、高亮度，因而高度集中的激光可以提供焊接、切割及热处理等功能。

激光焊接属于熔融焊接，以激光束为能源，冲击在焊件接头上。激光束可由平面光学元件（如镜子）导引，随后再以反射聚焦元件或镜片将光束投射在焊缝上。激光焊接属非接触式焊接，作业过程不需加压，但需使用惰性气体以防熔池氧化。

2. 激光焊接参数

在实际的生产使用中，激光焊接要实现稳定可靠的焊接效果，必须要有优化的工艺参数，主要考虑的参数有：

1）激光功率：增加激光输出功率，可提高焊接速度，增加焊缝宽度和熔深。

2）焊接速度：焊接速度对熔深影响较大，提高速度会使熔深变浅，但速度过低又会导致材料过度熔化、工件焊穿。

3）透镜焦距：聚焦光斑大小与焦距成正比，焦距越短，光斑越小。

4）离焦量：离焦量直接关系到激光作用在工件上的功率密度，焦平面位于工件上方的为正离焦，反之则为负离焦。

5）光束焦斑：光斑的大小，一定程度上决定能量密度的大小。

6）保护气体：激光焊接过程常使用惰性气体来保护熔池，作用有：①保护熔池免受氧化；②保护聚焦透镜免受金属蒸气污染和液体熔滴的溅射；③对驱散高功率激光焊接产生的等离子屏蔽很有效。

7）材料吸收值：材料的吸收率与材料本身特性有关，吸收率低，焊接效果差。

3. 激光焊接方式

激光焊接要获得稳定可靠的焊接效果，不但要考虑工艺参数，还需要焊接工装来保证焊接面的良好接触，也要考虑焊接材质的选型，一般对焊接面要进行清洁去氧化层，如果有一点控制不好，焊接效果就不可控。下面就以软包电芯和方形电芯常见的焊接方式进行简单的分析。

软包电芯模组中极耳与连接片的连接方式，业界目前采用螺栓和焊接的方式，但是趋势是越来越多的公司采用激光焊接工艺，其又可分为顶封焊接（图 8-20）和折弯焊接（图 8-21）。

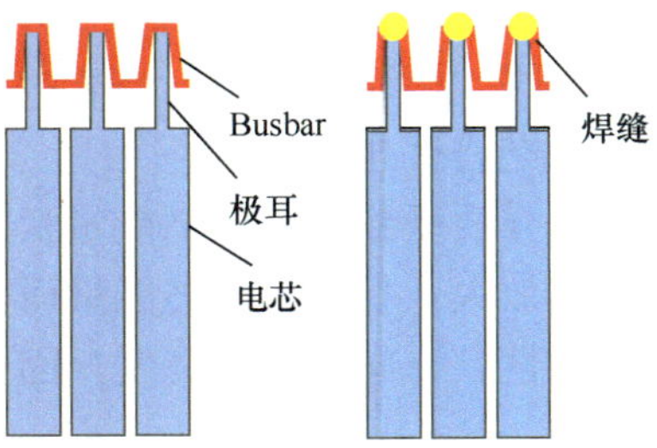

图 8-20　顶封焊接示意图

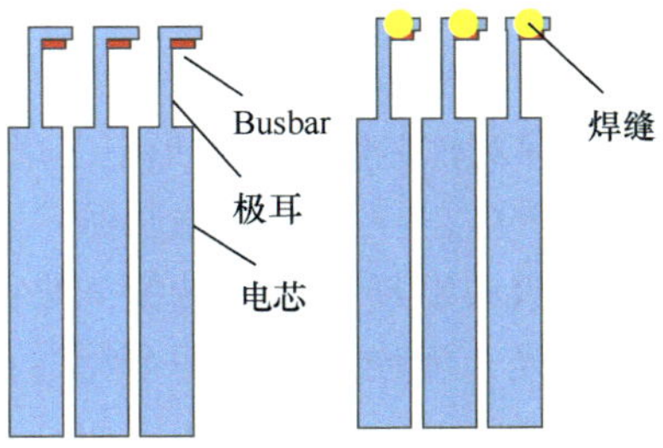

图 8-21　折弯焊接示意图

顶封焊接一般只能选择连续激光焊接工艺来实现，相对于折弯焊接方式来说，对极耳裁切的要求非常高，并且模组装配工艺相对简单一些。折弯焊接可以选择脉冲激光点焊，也可以选择连续激光焊接来实现，只是在效率上有区别，若是量产提升效率，推荐连续激光焊接工艺，关于顶封焊接和折弯焊接的差异，参考表 8-7。

表 8-7　顶封焊接与折弯焊接对比

项目	顶封焊接	折弯焊接
技术成熟度	高	高
成组效率	高	低
裁切极耳精度要求	高	低
焊接稳定性	低	高
焊接强度	低	高
焊接变形	低	低
综合性价比	低	高

方形电芯模组焊接业界一般有两个工序需要用到焊接：一种是方形电芯极柱与连接片的连续激光焊接；另一种是侧板与端板的焊接。焊接连接片目前业界主要有两种焊接，一种是缝焊（图 8-22），另一种是穿透焊（图 8-23）。是选择缝焊还是穿透焊的方式，主要取决于电芯极柱的设计。

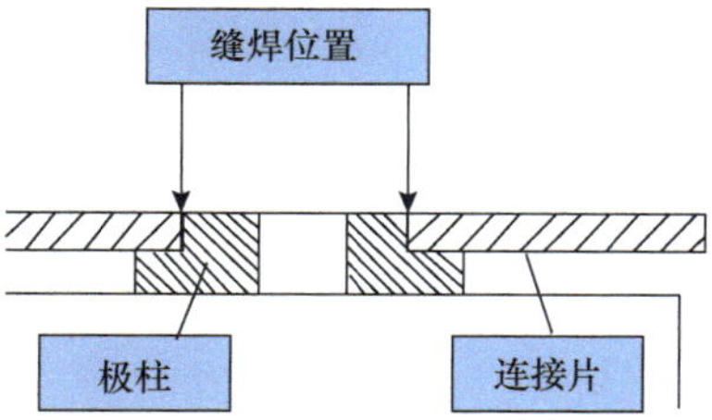

图 8-22　缝焊示意图

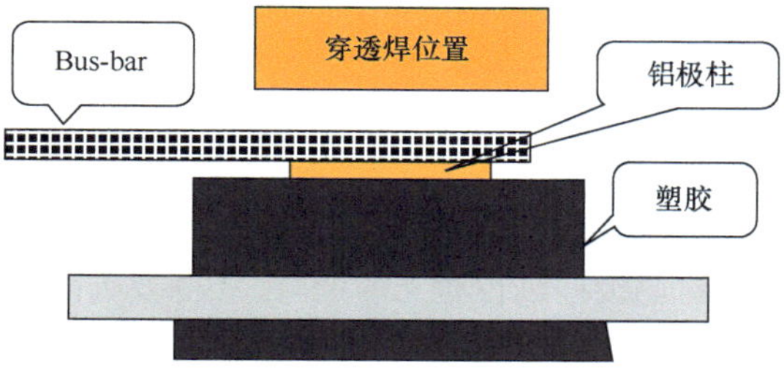

图 8-23　穿透焊示意图

侧板与端板焊接（图 8-24）一般有 CMT 焊接和连续激光焊接两种方式。与 CMT 焊接相比，激光焊接具有效率更高，基本没有耗材成本，综合性价比更优的优势，使越来越多的厂家都在推广激光焊接。侧板与端板焊接时，侧板与端板的错位尺寸 h（图 8-25）要控制到合理的值以内，不然会形成焊接不良品。

4. 激光焊接注意事项

要获得可靠、稳定的焊接效果，需要把控好生产的各个环节，从物料、工艺参数、工装夹具、员工培训等方面去细化和落实，只有把细节做好了，才能把生产管控好。下面重点介绍需要关注的一些事项：

1）焊接参数。焊接参数的重要性就不用多讲了，要优化参数，只有通过实验的方式，最好采用 DOE 方法，找到最佳的焊接参数。

2）焊接夹具。激光焊接时，需要被焊接工件之间的接触面紧密结合在一起，不能有间隙，这样才能确保焊接效果。同时也需要注意对焊渣的防范，不能让焊渣飞溅到模组中，否则后患无穷。

3）焊接材质。工艺验证好的材料型号，甚至批号能确定下来，就不要轻易改变；假如一定要改变，建议改变前先进行验证，验证通过后再改变。另外，因铝材质在空气中容易氧化，若是铝材质物料，建议提前做钝化处理，以防铝材质被氧化，影响激光焊接。

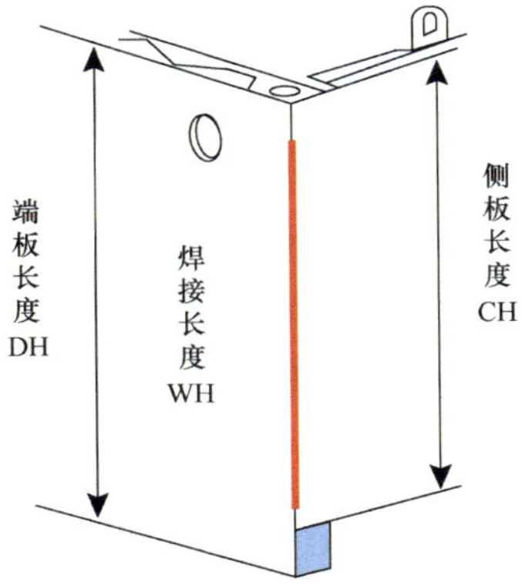

图 8-24　侧板与端板焊接示意图

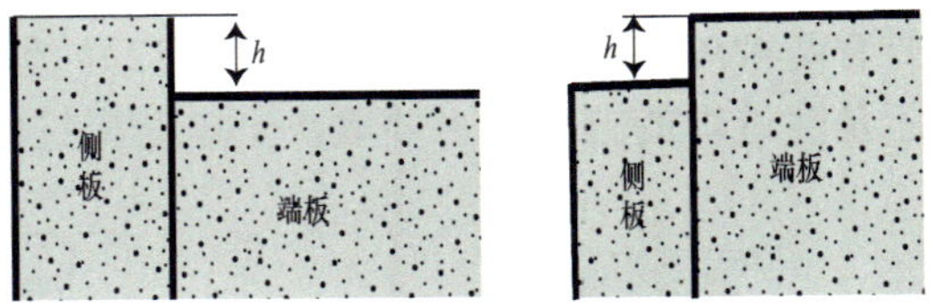

图 8-25　侧板与端板错位示意图

4）清洁。在模组焊接前，一般会先进行焊接面的清洁，以去除表面的污渍；另外对铝极柱进行激光清洁时，还需要去除焊接面氧化层，以提升焊接效果和优率。

8.3.5 打胶工艺

模组生产一般会用到两种性能的胶水：一种是以导热性为主的导热胶，另一种是防止电芯之间相互滑移的结构胶。在实际生产中，目前一般采用双组分 A、B 胶。下面主要以双组分胶来介绍打胶工艺。

1. 打胶原理和方式

在业界一般 A 胶是主性能胶，B 胶是助 A 胶固化的，简单来说，A、B 胶不混合在一起，胶水的固化时间很长，因此需要设备把 A、B 胶先混合在一起，然后再涂到指定的工件上。打胶设备的原理是：把 A、B 胶储存搅拌，再各自经过泵体，两泵体以设定的转速打胶至混胶头混合，涂胶头经工作台带动涂胶。

根据产品设计要求的不同，打胶方式有四种：点胶、涂胶、喷胶和灌胶（图 8-26）。点胶一般在线束与连接片的焊接中比较常用，主要用来固定线束和防止焊接氧化；涂胶就是把胶按一定的行走轨迹进行涂抹，是一种比较常见于电芯之间的涂胶方式；喷胶就是在高压下通过喷头把胶喷洒在电芯表面上的一种形式；灌胶主要是将称重好的胶倒入电箱底部，填充并凝固电芯，业界俗称的无模组方案上会使用到该种方式。

(a) 点胶示意图　(b) 涂胶示意图　(c) 喷胶示意图　(d) 灌胶示意图

图 8-26　打胶方式示意图

2. 导热胶参数与注意事项

导热胶顾名思义是以导热为主要性能来定义的，除了导热性要求外，还要考虑固化时间、黏结强度、阻燃等级、耐老化性等方面的性能。比如一款产品需要在铝板上涂导热胶，胶的涂层越薄越好，因为一般金属的导热性都比胶的性能好，另一个少涂胶的原因是可以减轻模组的重量，适当的提高模组的能量密度，但是如果胶的涂层太薄，比如涂层厚度<0.5 mm 又会减少胶与铝板的黏接力，所以厚度必须在一个合理范围内，按经验，一般厚度控制在 0.7～1.2 mm 之间比较合适。

胶的老化性能也是非常关键的参数，随着客户的要求越来越高，产品的行驶里程和年限也越来越高，对产品的性能要求就更严格了。假如一款产品的寿命是 8 年，如果我们的胶到 5 年的时候就老化使黏接力急剧降低，导致导热胶与铝板脱落，铝板与胶之间由空气填充，从之前的接触传热变成空气传热，使导热的作用和效果变差，从而导致模组和 Pack 寿命大大缩短，甚至有可能发生热失控的风险。

胶的固化时间（也称表干时间）对生产的影响非常大，主要是对生产节拍的影响，比如一款胶的表干时间是 10 min，另一款胶的表干时间是 30 min，假如胶要表干之后才能正常流拉，相信读者已经看出两款胶水对节拍的影响了。如果选择的胶是通过放热反应来固化的，一般胶都是从内往外固化，有时会出现内部硬化外部还会沾手现象。从图 8-27 可以看出，加热可以使胶水从内外同时开始凝固，可以缩短固化时间，提升生产效率。

3. 结构胶参数与注意事项

结构胶是以黏接强度为主要指标，同时也要考虑固化时间、使用寿命、阻燃等级、耐老化性等方面的性能。从图 8-28 可以看出，结构胶主要是把电芯、隔板和端板粘接在一起，根据产品的不同，可能胶的型号也不相同。

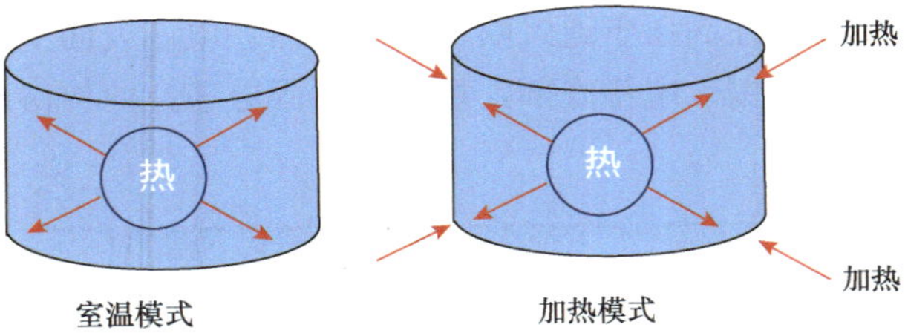

图 8-27　胶水固化原理示意图

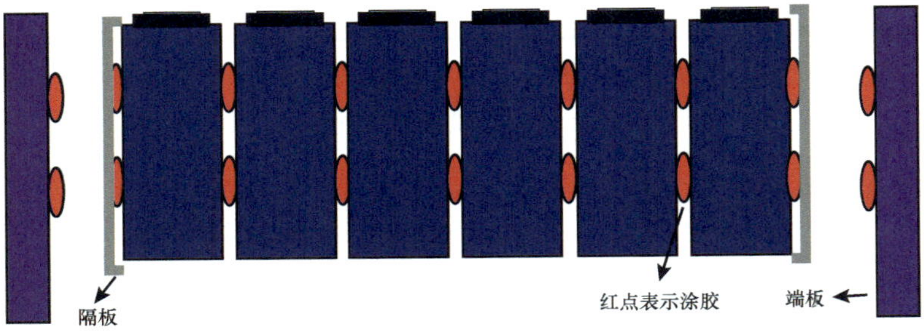

图 8-28　结构胶黏接示意图

8.3.6 Pack 总装紧固

在 Pack 组装中模组紧固一般指用螺栓把模组固定到箱体中，模组不但占比空间大，重量占比也大，模组紧固的好坏直接决定整个 Pack 的性能和安全。Pack 装配中不只是模组采用螺栓紧固方式，还有箱体结构件、充放电接插件、安全阀、MSD 开关、BMS、高压电缆等也需要采用螺栓紧固的方法。Pack 装配中主要以螺栓紧固为主，采用螺栓紧固有以下 4 个优点：①装配方便；②拆卸方便；③效率高；④成本低。

在螺栓拧紧过程中，一般通过扭矩值来控制，拧紧方法有：扭矩控制法、转角控制法、扭矩斜率法（表 8-8）。实际选择时需要结合工件的紧固等级、夹紧力精度要求、成本效率、可操作性、可维护性等因素。

表 8-8　三种典型的拧紧方法

方法	指标	区域	紧固系数（参考）
扭矩法	力矩值	弹性区	1.4～3
转角法	回转角度	弹性区	1.5～3
		塑性区	1.2
扭矩斜率法	对应于回转角紧固扭矩斜率	弹性极限	1.2

上述三种拧紧方法的理论和实验参考 GB/T 16823.2—1997《螺纹紧固件紧固通则》，GB/T 16823.3—1997《螺纹紧固件拧紧试验方法》。仅靠理论和实验是无法确定合适的拧紧方法和标准的，通常还要依赖其他的可靠性测试，例如振动测试等。

1. 螺栓紧固控制方法

在国内 Pack 行业里，采用扭矩控制法的比较多，不管如何选择，目的都是要得到可靠稳定的拧紧质量，下面主要以扭矩控制法来说明如何拧紧螺栓。扭矩就是为了拧紧螺丝或螺母必须施加外力，扭矩 $T=F\times L$，单位 Nm。通过外加扭矩旋转螺栓或螺母使螺杆受力伸长，通过螺纹相互的咬合产生的夹紧力使工件紧固外加扭矩转化而来的夹紧力才是拧紧需要的最终结果（图 8-29）。通常来讲，90%的扭矩能量被摩擦力消耗，只有 10%能量转化为夹紧力。

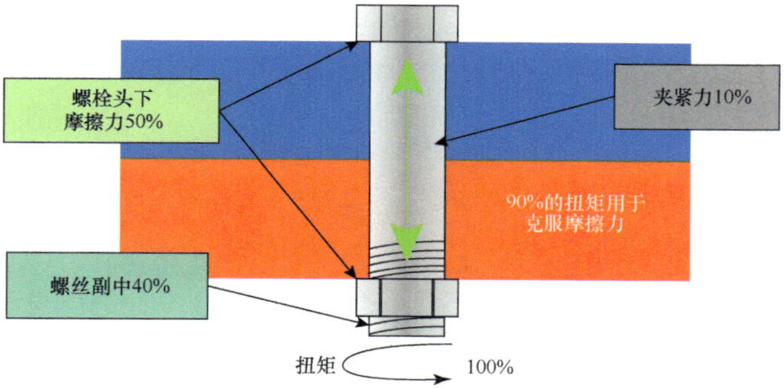

图 8-29　螺丝拧紧示意图

2. 螺栓紧固实现方式

（1）拧紧工具的选择

1）满足拧紧过程中需要监控参数功能的要求，比如拧紧过程不仅有扭矩的要求，还有角度要求、时间要求等。

2）满足精度和过程能力的要求，需要达到产品和客户的要求。

3）满足其他要求，比如产能和成本的要求。

（2）拧紧操作方式与要求

1）手动/半自动拧紧方式。在拧紧过程中需要在人工的协助下才能完成拧紧的要求，操作时需要注意：①操作时应握紧拧紧工具，避免大幅度摆动或歪斜；②应对螺丝批头施加一定的压力，避免旋转过程中批头与螺帽松脱。

2）自动拧紧方式。在拧紧过程中由拧紧设备自动完成，不需要人工的协助就能完成，选择设备和工艺时需要注意：①要根据产品特点，灵活选择单轴或多轴拧紧方式；②优先考虑螺丝自动送料；③螺丝批头要在螺丝出现偏斜时能够自动导正；④拧紧转速设置要合理。

（3）拧紧工具的检查

1）内部点检。主要适合无反馈类型的拧紧工具，在使用工具前调好目标值，然后定期用点检仪器确认，点检仪器需要定期内部校验或外部校验。

2）外部计量。主要适用内部无法检查和评估的拧紧工具，如带扭矩、角度实时监控的工具。

常见的拧紧不良：在实际生产中，经常会遇到各种各样的螺栓拧紧不良，比如常见的拧紧不良中的漏拧紧或忘记拧紧、工件错位导致螺栓倾斜拧下去、螺丝滑牙等（图 8-30）。

图 8-30　拧紧不良示意图

为了降低拧紧不良的流出，一般在拧紧后，需经品检员工抽检，合格后再画上一条骑缝线，以防止拧紧不良的情况流到客户端。

8.3.7 线束装配

Pack 中的线束一般分低压线束和高压线束，低压线束指电压采样线、温度采样线、通信线和控制线等线束；高压线束主要指过大电流的主回路线束，比如铜巴、连接电缆等。线束连接一般有两种方式，一种是插接的方式，另一种是螺栓紧固的方式，实际中如何选择，需要根据客户和产品的需求来定。

低压线束在安装之前必须要全检线束的正确性，不然跳错线或插错线会导致短路，引起严重的后果。一般厂家都会做测试工装（图 8-31）来检测，这样操作方便效率又高，还不会出差错。

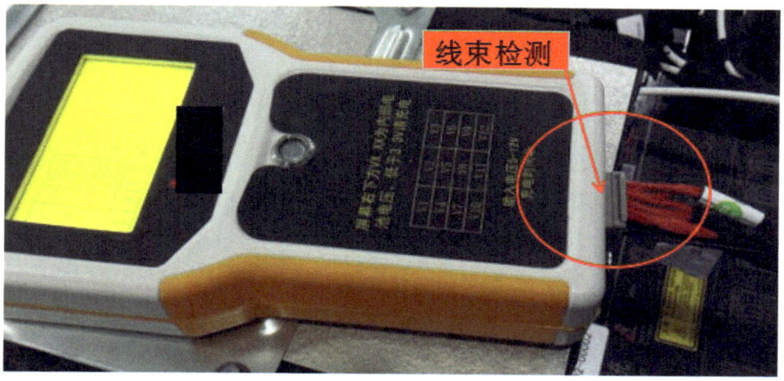

图 8-31　测试工装检测线束示意图

高压线束连接前需要核对文件，并把连接顺序熟记于心。在条件允许的情况下，最好做防呆工装，避免员工误操作导致电箱短路，轻则导致产品毁坏，严重的导致人员伤亡。

在线束连接中一定不能有试错的想法，因为电芯都是带电的，需要 100%的确定后才能连接上去；假如连接错误，可能会引发严重的后果，只要时刻把安全放心上，时刻保持危机感，安全事件就不会轻易发生。

8.3.8　气密性检测

气密性检测是一项安全测试，一般要求达到 IP67 的等级，目前业界测试气密性的方法有三种：正压测试、负压测试和流量测试。实际中如何选择，根据自身情况综合评估，以不低于客户标准和国家标准为原则。下面主要从装配的角度来介绍需要注意的事项。

（1）箱体连接件的安装

一般 Pack 系统都会有安全阀、MSD 保护开关、低压线束连接器和充放电连接器等器件，在安装这些器件时，需要注意与箱体的配合密封，如果配合密封不好，会导致箱体的密封失效，IP67 测试就不合格。

（2）箱盖与箱体的安装

箱体与箱盖的密封一般要借助密封条或密封胶来完成，同时也要看箱体与箱盖的形状和复杂程度。在安装时，注意不要损坏密封条，若是密封胶，需要等胶固化后才能安装。箱体与箱盖的紧固，一般通过拧紧螺丝来压紧密封条，使密封条产生合理的压缩变形，以达到良好的密封效果。

（3）气密性测试

测试箱体气密性一般需要通过专门的测试仪器来进行，同时也需要考虑与被测试箱体的密封连接。若是采用正压测试，检测过程分为充气、保压、检测和排气四个阶段，假如被测试箱体密封性差，可能还达不到保压压力值，需要检查漏点，修复后再重新测试。

在实际测试时，需要注意检查易漏点，比如连接器的密封、安全阀的密封等；同时充气时压力不要太高，最好不要超过 0.3 MPa。如果测试时发现有泄漏，又不便于查找到泄漏点，建议使用涂抹肥皂水的方法，把认为是易漏点的地方先涂抹上肥皂水，直到找到泄漏点。泄漏点检查处理后重复测试，若没有通过继续查找，直到通过为止。

8.4 生产过程控制

产品是实体工厂的魂，如果一个工厂没有好的产品，工厂的未来也会面临巨大的经营风险。一个好的产品，不但设计上要求精益求精没有缺陷，更要保证整个制造过程中也没有缺陷，这样制造出来的产品才有竞争力。在 Pack 的实际生产中，如何来平衡优率、效率和成本，使制造系统合理化和最优化，从图 8-32 中可知，只有把优率、效率和成本合理配置了，生产控制才会顺畅得流动起来。

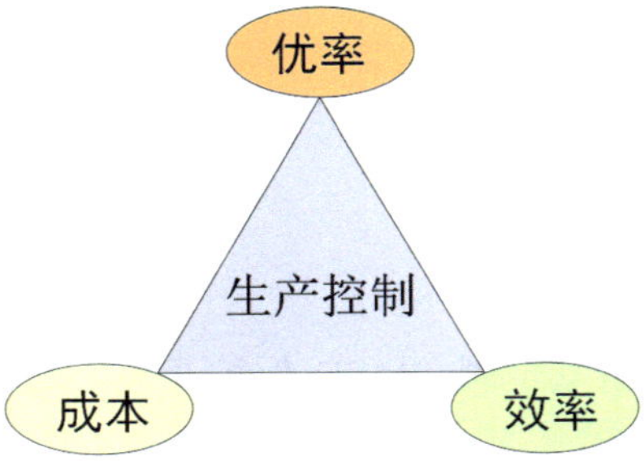

图 8-32　优率、效率和成本的对应关系

在模组、Pack 的生产过程中，都遵循 TS16949 体系的相关要求和规定，TS16949 体系是以过程为基础的质量管理体系，涉及的面非常广。在实际的产品开发生产中，产品的内部关联，如图 8-33 所示，从中可以了解到产品特殊特性的关联和传递，同时把各个环节的过程也关联起来了。

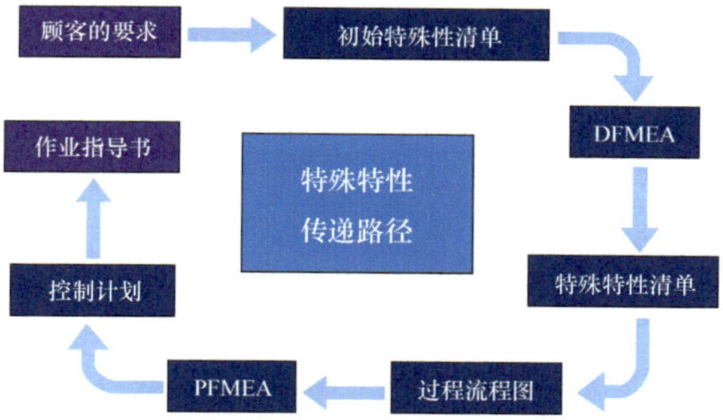

图 8-33　产品特殊特性的传递路径

从图 8-33 可以看出，特殊特性是贯彻整个产品的，又是关联各个环节的。下面通过 Pack、模组的特殊特性，来了解一下 Pack、模组的一些关键性能和控制点。由于每家公司的产品不同，特殊特性清单内容也是不同的，下面列举 Pack 的特殊特性清单（表 8-9）仅供参考。

表 8-9　Pack 特殊特性清单示例

项目编号	PSV01	编制人	×××	客户名称	×××
Pack 名称	35kWh 电池系统	核心小组：		初始日期	2016/11/18
Pack PN	PSV01-00003			修订日期	/
编号	特性名称	特性符号	特殊特性描述/说明		特性来源
			产品特性	过程特性	
1	密封性	★	防水等级 IP67		顾客要求
2	重量	☆	小于 350 kg		顾客要求
3	尺寸（体积）	☆	1637×1407×239		顾客要求
4	电压范围	☆	250~368 V		电芯保证
5	标称电压	☆	331 V		电芯保证
6	平均放电容量	☆	>105 Ah @ 0.5C		电芯保证
7	最大持续放电电流	☆	1C（105 A）		电芯保证
8	Pack 初始内阻 DCR	☆	< 120 mΩ		电芯保证
9	正负输出铜巴连接螺丝锁紧力矩	☆	（10±0.5）Nm	扭力批精度 扭力批可靠性	
10	高压盒串联铜巴连接螺丝锁紧力矩	☆	（10±0.5）Nm	扭力批精度 扭力批可靠性	
11	MSD 开关安装螺丝锁紧力矩	☆	（8±0.5）Nm	扭力批精度 扭力批可靠性	
12	模组铜巴螺丝锁紧力矩	☆	（10±0.5）Nm	扭力批精度 扭力批可靠性	
13	箱体与箱盖螺丝锁紧力矩	☆	（5.5±0.5）Nm	扭力批精度 扭力批可靠性	
14	防火性	★	防火等级 UL94V-0		设计选材保证
15	绝缘性	★	正极>500 MΩ 负极>500 MΩ	测试设备参数	
16	耐压测试	★	漏电流≤1 mA	测试设备参数	

下面列举模组的特殊特性清单（表 8-10），以供参考。

表 8-10　模组特殊特性清单

项目编号	PSV01	编制人	×××	客户名称	×××
模组名称	105 Ah 模块	核心小组：		初始日期	2016/11/18
模组 PN	46302-00003			修订日期	/
编号	特性名称	特性符号	特殊特性描述/说明		特性来源
			产品特性	过程特性	
1	电芯性能	★	电压差≤10 mV	自动分选机参数	
			内阻差≤2 mΩ		
			容量差≤0.1 Ah		
2	模组电压	☆	14.4±0.3 V（4S）	检测设备参数	
3	模组内阻	☆	≤3 mΩ（4S）	检测设备参数	
4	绝缘性	★	＞500 MΩ	检测设备参数	
5	耐压测试	★	漏电流≤1 mA	测试设备参数	
6	模块电压压差	☆	≤15 mV	检测设备参数	
7	模块温度差	☆	≤3℃	测试界面读取	
8	模组重量	☆	≤10 kg	检测设备参数	
9	铜巴焊接拉力	☆	>100 N	激光焊机参数	
10	汇流排焊接拉力	☆	>70 N	激光焊机参数	
11	焊接可靠性	☆	保证使用可靠	激光焊机参数	
12	温度采样端子安装螺丝锁紧力矩	☆	（5.0±0.5）Nm	扭力批精度 扭力批可靠性	

从图 8-33 可以看出：在工艺和生产过程环节，一般需要的文件有：过程流程图（PFC）、过程潜在失效模式及后果分析（PFMEA）、控制计划（CP）和标准作业指导书（SOP）。下面就以方形模组（4S）的底板涂胶工序为例，介绍如何来制作工艺控制文件。

1. 过程流程图

过程流程图示意性地表示了现有的或提出的过程流程，它可用来分析制造、装配过程自始至终的机器、材料、方法和人力变化的原因。它是用来强调过程变化原因的影响。流程图有助于分析总的过程而不是过程中的单个步骤。当进行 PFMEA 和设计控制计划时，流程图有助于产品质量策划小组将注意力集中在过程上。

下面以 4S 模组的底板涂胶工序为例，介绍如何编制过程流程图。

从表 8-11 可以看出，底板涂胶的特殊特性参数是胶的混合比例、打胶量和胶水的导热性能及黏性，这些关键点在 PFMEA、CP 和 SOP 中都有体现。

表 8-11 模组底板涂胶工序过程流程图示例

项目名称		PSV01					模组 PN	46302-00003			编制人		
模组名称		105Ah 模块					核心小组						
过程编号	操作说明	储存	搬运	加工	检验	特殊过程	特性描述		特殊特性符号	变差来源(基于经验)	加工设备		检测装置
		▽	➔	○	◇		产品特性	过程特性			名称	台数	
1	备料		➔				类型、数量正确				物料货架	若干	BOM 表
□	□												
7	底板涂胶			○		■	导热、黏接、填充		☆	设备参数	自动涂胶机	1	
								胶的比例	☆				
								胶量	☆				电子称
								温湿度					
18	流入 Pack 装配区域		➔					出货到 Pack 车间			小推车	若干	
审核/日期：								批准/日期：					

2. 过程潜在失效模式及后果分析

潜在失效模式及后果分析（FMEA）是一种系统化的可靠性定性分析方法，它是对新的、修改的过程的一种规范化的评审与分析：是为新的、修改的产品项目指导其预防、解决或监视潜在的过程问题。PFMEA 是一种动态文件，当发现新的失效模式时需要对它进行评审和更新。

从图 8-34 可以看出，FMEA 是越早做越好，可以提前把风险识别出来并加以控制，项目越往后推进问题就越来越少，既加快了项目进度，又减少了成本支出。做 FMEA 的优点：①提高产品、过程、服务的质量可靠性和安全性；②提高客户满意度；③缩短开发周期和减少成本；④提前识别并采取措施来降低风险。

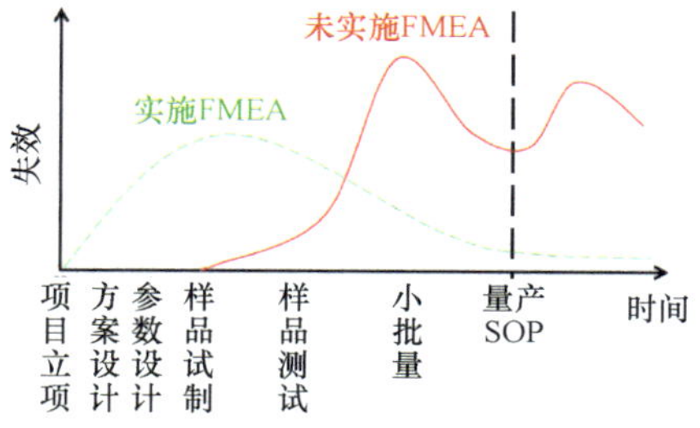

图 8-34 FMEA 实施效果图

PFMEA 的制定首先将过程流程图完成，并将产品/过程特性识别出来，同时通过特性矩阵图，识别产品特性与过程特性的关系。

FMEA 是一种工具，详细的介绍可参阅 FMEA 手册，本节仅做简单介绍。下面仍以底板涂胶工序来介绍如何编制 PFMEA（表 8-12），从表 8-11、表 8-12 可以看出，表 8-12 中的关键点与表 8-11 的特殊特性是对应的。

3. 控制计划

控制计划是企业质量管理体系不可缺少的部分，控制计划是质量策划的输出，是质量计划的一种表现形式。实际上，控制计划描述了过程的每个阶段所需的控制措施，包括保证所有的过程输出将处于控制状态的进货检验、入库/储存、生产/制造/加工、过程检验、成品检验、全尺寸检验和功能试验、包装、入库/储存、产品审核、交付/出货等阶段性的要求。在正式生产运行当中，控制计划提供了用来控制特性的过程监测和控制方法，由于期望过程是不断更新和改进的，因此控制计划反映了与这种过程改变状况相对应的战略。控制计划对于最大限度减少过程和产品变差的体系作了简要的书面描述，控制计划不能替代包含在详细的操作指导书中的信息。

控制计划作为一动态文件，它反映当前使用的控制方法和测量系统。控制计划随着测量系统和控制方法的评价和改进而被修订。为了达到过程控制和改进的有效性，应对过程有一个基本的了解。为了达到对过程更好的了解，建立一个多方论证的小组，通过利用所有可用的信息来制定控制计划，这些信息包括：

- 过程流程图；
- 系统/设计过程失效模式及后果分析；
- 特殊特性；
- 从相似零件得到的经验；
- 小组对过程的了解；
- 设计评审；
- 优化方法（QFD，DOE 等）。

控制计划是 APQP 工作中重要的输出，是控制零件和过程系统的书面描述，单独的控制计划包括三个独立的阶段：

1）样件。在样件制造过程中，对尺寸测量和材料与性能试验的描述；如顾客有要求时，公司必须编制样件控制计划。

2）试生产。在样件试制之后，大批量生产投产之前，对产品/过程特性所涉及尺寸测量、材料和性能/功能试验、过程控制、检验和试验的测量系统等作出描述。

3）生产。在大批量生产过程中，对产品/过程特性所涉及尺寸测量、材料和性能/功能试验、过程控制、检验和试验的测量系统作出书面描述。

表8-12　潜在失效模式及后果分析（PFMEA）

项目：PSV01-模组　　工艺责任人：　　编制者：

年份：2016年　　关键日期：　　FMEA日期：2016/11/15 (Update) 2017/4/23

核心小组：　　FMEA 版本 1.6

过程步骤/功能	要求	潜在失效模式	潜在失效后果	严重度	分类	潜在失效起因/机理	频度	现行过程控制（预防）	现行过程控制（探测）	探测度	风险系数	建议措施	责任和目标完成日期	措施执行结果：采取的措施及生效日期	严重度	频度	探测度	风险系数
底板涂胶（070）■	涂胶量满足要求	胶量偏小	导热不好，影响模组电性能	8	☆	打胶泵速度比较小	5	定义打胶泵的速度，并机器设定	100%检查胶量，设备控制	2	80							
						出胶嘴走速过快	2	定义出胶嘴走速并在程序上设定	100%检查胶量，设备控制	2	32							
		胶量偏大	溢胶返工	4		打胶泵速度比较大	5	定义打胶泵的速度，并机器设定	100%检查胶量，设备控制	2	40							
						出胶嘴走速过慢	5	定义出胶嘴走速并在程序上设定	100%检查胶量，设备控制	2	40							
	A、B胶比例满足要求	比例偏大	凝固时间太长	8	☆	胶泵打胶速度比不匹配	1	定义出胶速度比并在设备上设定	首件检查，设备控制	2	16							
		比例过小	导热不好，影响电性能	8	☆	胶泵打胶速度比不匹配	1	定义出胶速度比并在设备上设定	首件检查，设备控制	2	16							
	涂胶位置满足要求	轨迹错误、位置偏移	导致电芯与底板之间有空隙，导热性不好	7	☆	机器设涂胶轨迹错误	1	定义涂胶轨迹，并程序重新设定	100%涂胶外观检查，设备控制	1	7							
						涂胶时组件位置偏移	1	夹具定位	100%涂胶外观检查，设备控制	2	14							
	外观满足要求	涂胶有气泡、断胶	黏接力不够，BUS-BAR连接松动	7	☆	储胶罐中有气泡被打出	3	储胶罐抽真空保压	首件检查，设备控制	2	42							

APQP 中有关于控制计划的详细介绍，感兴趣的读者可以结合下面的实例来阅读，下面仍以底板涂胶工序为例，来介绍如何编制控制计划（表 8-13）。

表 8-13　底板涂胶工序 CP

控制计划

文件编号：__________
版本号　：__________
格式编号：__________

材料	工序	相关设备		产品参数	规格	抽检频率/数量	检查和控制方法	数据记录	责任部门	反应计划	工序说明
		设备名称型号	控制参数								
		自动涂胶设备		☆A\B胶配比	17.8~18.2	首件	电子秤	首件记录表	PRD	反馈	
					17.6~1 （过程）	1次/4小时	电子秤	MES系统	PRD&SPC		
底板双组分胶 ▽				☆程序胶量	参考附件	100%	电子秤	MES系统	PRD&SPC		
	■ 70 底板涂胶装配			静置时间	≤30min	100%	目检	MES系统	PRD		
			温度		10～30℃	100%	温湿度计	MES系统	PRD		
			湿度		≤60%	100%	温湿度计	MES系统	PRD		
		装配夹具		安装位置	参考SOP	100%	目检		PRD	反馈	
				压力	（180±10 kgf）	100%	设备读取		PRD		
				压紧时间	≥30 s	100%	设备读取		PRD		

说明：1. "★" --表示关键参数."☆"--表示重要参数
　　　2. "■" -- 表示关键工序

4. 标准作业指导书

标准操作流程（standard operation procedure，SOP），就是标准作业指导书。SOP 是生产与管理规范化、制度化、流程化、标准化、形象化、简单化的载体，为企业提供最基本、最有效的管理工具。

实行 SOP 的目的和优点有：

1）企业隐形知识显性化，起到对企业知识的积累和提炼的作用，使我们能够站立在前人的肩膀前进。

2）利用 SOP 在最短的时间内培养新员工达到熟练工的技能。

3）SOP 建设是一个不断优化的过程，可促使我们不断改革和进步。

4）保障我们的业务稳定健康的发展，而不会因某个人而导致业务中断或出现差错。

5）能让个人在 SOP 的推动力下形成一种原动力，在不断的推进中，进而强化执行力。

制订 SOP 要结合实际，需要不断地完善和改进，把做得好的地方沉淀下来，做得不好的地方去改善，这样 SOP 就会越来越适用，才能发挥它应有的作用，下面以底板涂胶工序为例来说明如何制作 SOP（图 8-35）。

从图 8-35 中可以看出，SOP 是把一系列的过程串联在一起，完成一个工序的动作要点和控制。同时也告诉我们如何一步步做，这样新员工老员工都可以在短时间内通过培训上岗，同时提升产品的品质。

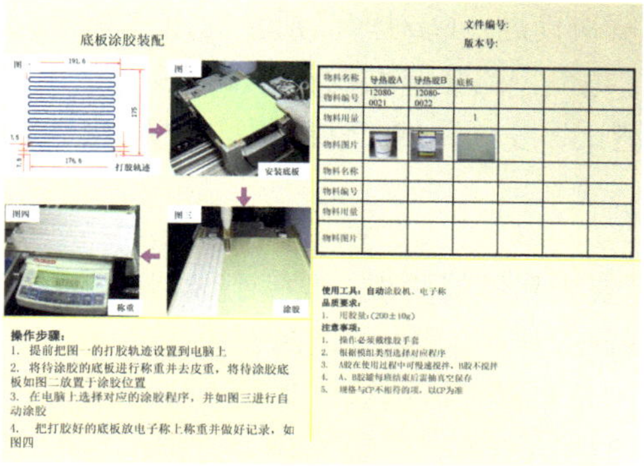

图 8-35 底板涂胶工序 SOP

通过以上分析，想要把产品做好，首先需要把生产过程管控好。通过对 PFC、PFMEA、CP 和 SOP 的制作，把产品的特殊特性、关键控制点和风险识别出来，并不断地去改善实施。只要秉持持续改进的原则，逐步完善管控水平，就一定能够把生产过程控制搞好。

8.5 下线测试（EOL）

动力电池系统作为电动汽车动力核心部件，在生产线上有严格的质量管理，但是产品从组装线下线之后、交付客户之前，除外观尺寸要求外还应经历产品综合测试、安全测试，以模拟最坏情况下产品的应对能力。只有通过了所有下线测试的产品，才能放心安装在整车上。

8.5.1 下线测试（EOL）作用

动力电池系统出厂之前，要对整个系统的电器部件、开关、线束以及 BMS 进行检测，避免故障产品到客户端，同时某些特殊的功能需要进行一些特殊方式才能触发验证。

因此下线测试是在产线终端对产品出厂前的测试，它包括机构组装、电气安规性能、BMS 通信、内部电器部件逻辑是否正常、电池之间电压和温度是否正常等功能测试。

8.5.2 下线测试（EOL）检测功能需求分析

下线检测主要检测有无错漏装以及有无电器不良品，因此下线测试具有两大功能：①发现问题、解决问题；②对产品质量给出客观评价。

根据产品的设计、电气网络拓扑结构及产品的实际应用需求，下线测试系统应具备回路电流与电压测试、安规测试、性能测试、模块CAN诊断等功能测试。

1. 模组下线检测

为保证Pack满足安规和性能要求，在模组级别就必须满足安规、性能和尺寸要求，避免因模组来料问题导致的返工，同时在模组级别安规测试参数要高于Pack级别测试参数，其目的是将潜在风险诱发失效。

模组下线测试常见的检测内容见表8-14。

表 8-14 模组下线测试常见检测项目

测试项目	测试目的	测试等级	测试方法	判定标准
模组开路电压	检测模组电压是否在允许范围内	必测	利用多功能电表测量模组的开路电压	V_{min}≥电芯来料串联总压（未做任何充放电时）
模组单体电芯电压	模组单体电芯一致性是保证Pack一致性的前提	选测	利用测试工装测量模组各电芯的开路电压，并确认各电芯之间的压差小于固定数值	≤10 mV（未做任何充放电时）
模组内阻	检测模组内阻是否在允许范围内	必测	利用内阻测试仪测量模组总正/总负之间的内阻值	≤产品特性决定（常温下）
绝缘电阻	检测模组高压回路与模组外壳是否绝缘异常	必测	测试正/负极分别与壳体之间绝缘阻抗值。 500 VDC，5s	≥500 MΩ
耐压测试	检测模组高压回路和外壳之间电气间隙是否满足要求	必测	测试总正对壳，总负对壳，测试电压2750VDC（建议值），5 s 1）耐压机正对模组正，耐压机负对壳； 2）耐压机正对模组负，耐压机负对壳； 3）耐压机负对模组正，耐压机正对壳； 4）耐压机负对模组负，耐压机正对壳	≤1 mA
模组DCR	检测模组高压回路DCR是否在范围内	选测	测试模组直流阻抗，确认功率性能和连接状况。 室温情况下，3.0C放电12 s，计算第10秒的DCR	≤产品特性决定（常温下）
模组尺寸	检查模组外形尺寸和固定孔位是否在规格范围内	必测	用卡尺测量模组外形尺寸和模组固定孔位是否满足要求并在误差允许范围内	产品特性决定
模组外观	检查模组外观是否有漏液、绝缘层破裂等外观不良	必测	人工检查模组外观包括模组底板是否有外观不良问题	无绝缘膜破损、无绝缘膜起翘，无电芯漏液，表面无污渍

注：以上数值为建议值，具体根据各产品而定。

2. Pack下线检测

Pack级别的下线检测项目除安规性能测试外，更多涉及功能方面的测试，包括但不限于单体电压、单体温度、总电压、总电流、故障报警等。

Pack下线测试常见的检测内容见表8-15。

表8-15　Pack 下线测试常见检测项目

测试项目	测试目的	测试等级	测试方法	判定标准
高压短路测试	在上电前确保高压端口没有短路故障	必测	测量正/负极分别与壳体（地）之间是否存在短路	≥5 MΩ
绝缘测试	检测整个高压回路与箱体间是否绝缘异常	必测	测量正/负极分别与壳体（地）之间绝缘阻抗值。500 VDC，5 s	≥5 MΩ
耐压测试	模拟充电时电网对高压回路和箱体间电气间隙和元器件是否满足要求	必测	有输出的情况下，关闭绝缘监测功能，测试总正对壳，总负对壳，测试电压 2121 VDC，5 s 1）耐压机正对 pack 正，耐压机负对壳； 2）耐压机正对 pack 负，耐压机负对壳； 3）耐压机负对 pack 正，耐压机正对壳； 4）耐压机负对 pack 负，耐压机正对壳	漏电流≤1 mA
通信检测	软件/版本等 BMS 参数是否正常	必测	连接 A-CAN 和调试 C-CAN，看是否有通信	有数据上传
Pack-OCV 检测对比	BMS 检测数值与实测数值做比较，判断测量精度是否在正常范围内	必测	测试输出电压与 BMS 侦测 Vout 的差值ΔU_1	$-1\ V \leq \Delta U_1 \leq +1\ V$
单体 OCV 检测	检测所有电芯数据是否正常	必测	通过 BMS 检测所有电芯电压	V_{min}≥电芯来料电压（未做任何充放电时）
单体压差检测	检测整个 Pack 系统电压一致性是否满足要求	必测	通过 BMS 检测所有电芯电压值，并比较最大值与最小值的差值	≤10 mV（未做任何充放电时）
温度检测	检测所有温度数据是否正常	必测	通过 BMS 检测所有电芯温度值	温度数据上报正常
温差检测	检测整个 Pack 系统温度一致性是否满足要求	必测	比较 BMS 检测最大值与最小值的差值	≤温度探头精度（未做任何充放电时）
BMS 绝缘检测	检测绝缘检测功能和读取系统绝缘阻值	必测	开启绝缘监测功能，读取系统绝缘阻抗值	≥2.5 MΩ
预充电回路测试	检验预充电模式是否工作正常	选测	闭合预充电回路，通过 CAN 读取预充状态	预充电完成

续表

测试项目	测试目的	测试等级	测试方法	判定标准
充电模式测试	模拟充电模式是否工作正常	选测	模拟充电枪、充电机信号	进入充电模式
加热功能测试	检验加热模式是否工作正常	选测	闭合加热继电器，通过 CAN 能够读取到加热电流	进入加热模式
DCR 测试	检测整个高压回路 DCR 是否在范围内	必测	测试 Pack 直流阻抗，确认功率性能和连接状况。 室温情况下，3.0C 放电 12 s，计算第 10 秒的 DCR	≤产品特性决定（常温下）
电流测试	电流精度和电流方向检验	必测	1）当充放电机器不工作时，检测 BMS 的零点电流是否正确； 2）当充放电机器正常工作时，检测 BMS 的电流与充放电机的电流方向是否一致； 3）检测 BMS 的电流值与实测值差值（50 A DC 5 s，100 A DC 5 s）	（1）零点电流 0 （2）在充放电过程中，对比充放电机的电流与 BMS 的电流，两者相差≤霍尔传感器精度
均衡诊断测试	模拟均衡模式是否工作正常	选测	发送均衡指令，检测均衡状态	均衡功能正常
气密性测试	模拟 IP67 测试 Pack 密封性能	必测	给 Pack 箱体灌入气体，达到一个固定气压值关闭气阀，在规定的时间内通过气压表监控 Pack 箱体气体泄漏量	泄漏量在规定值以内
容量测试	检测 Pack 容量是否满足产品规格要求	抽测	1）静置：1 min； 2）放电：0.5C 放电，单体保护电压限制； 3）放电：0.2C 放电，单体保护电压限制； 4）静置：30 min； 5）充电：0.5C 充电，单体保护电压限制； 6）充电：0.2C 充电，单体保护电压限制； 7）静置：30 min； 8）重复步骤 2）～4）； 9）结束（以上参数根据电芯自身和产品性能决定）	≥产品额定容量
SOC 调整	满足客户出货容量要求	必测	充电：0.5C 充电对应容量时间。 保证 Pack 出货容量大于等于客户指定容量（如设置 50% SOC）	≥产品出货容量

注：以上数值为建议值，具体根据各产品而定。

8.6 模组及 Pack 信息/自动化

对于动力电池模组 Pack 产线的智能化要求，国内很多模组 Pack 厂家意识到了智能化生产的重要性，并且提出了一系列的相关解决方案。作为模组及 Pack 产线的集成商，在自动化产线的基础上，结合制造执行系统（manufacture executive system，MES）技术、产线视觉控制技术、智能工业机器人、PROFINET 现场总线等当前先进设备和技术，打造“整线设备+机器人+软件控制”的智能化解决方案，旨在实现从动力电池到模组 Pack 的智能制造。

8.6.1 动力电池模组与 Pack 产线的自动化

动力电池产业实现智能制造的第一步则是实现产线自动化。在工业机器人还未在工业领域中大量应用之前，很多动力电池系统的装配制造还是以手工和半手工自动化为主。由于生产工艺流程和人工操作制约着企业的生产节拍和效率，从而无法有效地提升产品质量和产能。随着可编程逻辑控制器（PLC）、数控系统、伺服系统、变频器以及工业机器人和 PROFINET 现场总线等技术大量应用于生产现场，使得产线的自动化水平有了较大提高。由于 PLC、数控系统、伺服系统、变频器等技术已基本普及应用，因此以下将主要对工业机器人和 PROFINET 现场总线技术进行阐述。

1. 工业机器人应用

在生产制造过程中，工业机器人通常取代操作员工进行单调的重复操作，一方面将工人从繁重和单调的工作中解脱出来，另一方面很大程度上提高了生产效率、产品质量，改善了劳动环境，保障了人身安全。工业机器人在动力电池模组及 Pack 产线上的应用，主要是实现动力电池模组的自动化装配和转运。

一般而言，不管是由软包电芯、硬壳电芯，还是我们常见的 18650 圆柱电芯成组的动力电池模组，其自动化装配工艺流程都是从电芯上料开始的，这个上料方式可以是供应商提供的包装，也可以是企业自身经过检测后统一整理好的专用托盘；一般上料是通过传送带自动上料，经由机器人抓手抓取，进入到下一工位。在上料的同时激光读码设备会对电芯进行读码以便对每个电芯的身份数据信息进行采集，以及对电芯极性进行检测判断、电芯分选与电阻值（DCIR）的检测，并将不良品剔除。来料通过初检和分选之后，根据模组结构和工艺要求的不同，分别进行诸如等离子清洗—电芯堆叠—组装—焊接—模组打码—打螺丝—模组检测—采样线束安装—模组终检测—模组下料等工序。工艺流程如图 8-36 所示。

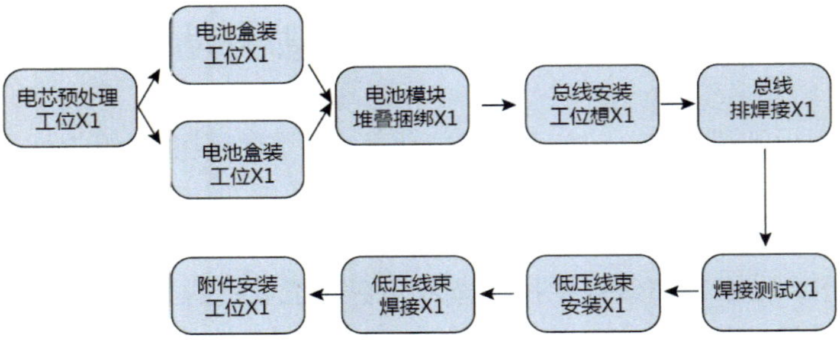

图 8-36　模组自动化组装工艺流程

在满足了以上硬件配置和工艺要求以外，还需要重点关注产品尺寸、重量的兼容性和“整线节拍”。由于来料的电芯、隔离板、壳体、PCB 板、连接片等都有可能因为产品的变化而发生变化。而采用多轴机器人作业方式，可借助机器人的灵活性，更大的工作覆盖面来提升工作节拍、减少空间，同时也解决了定制式工装夹具的缺点。因为工业机器人是可以灵活定制机器人抓手，并且采用中心定位的方式，而这种抓取、真空吸、夹持等方式都会比定制的工装板和夹具有广泛的兼容性。

2. PROFINET 现场总线技术应用

装配线的自动化程度离不开控制系统的水平高低。传统标准以太网因其无法满足过程控制实时操作、不能有效地使用带宽造成资源浪费、标准电话式连接器不能满足工业设备实际需求等缺点，所以需要采用新一代基于工业以太网技术的自动化总线标准 PROFINET 来解决当前所面对的问题。

目前，动力电池模组装配线普遍采用现场总线控制方式，通过现场分布 I/O 统一控制装配线的运行及完成各工位间的通信。PROFINET 可以完全兼容工业以太网以及现有的现场总线技术，能够实现从现场级到管理层的整个系统的直接、实时与开放性通信访问等优点，为动力电池模组及 Pack 产线自动化通信提供了一个完整的网络解决方案。PROFINET 能够方便管理层获取现场级的数据，使得原本在管理层存在的数据安全性问题延伸到现场级。还能保证现场级控制数据的安全性，因为 PROFINET 提供了其特有的安全机制，通过使用专用的安全模块，能够保护自动化控制系统，使自动化通信网络的安全风险能够降到最低。

3. 小结

PLC 技术、PROFINET 现场总线技术、工业机器人技术、自动化输送线、HMI、数控伺服等智能控制器件在工业领域的大量应用，以及先进控制技术的不断研发与拓展，我国工业设备自动化水平已接近世界先进水平，有些单机控制技术也能够达到当今世界一流水平，这也促使了动力电池模组及 Pack 产线自动化水平的提升；实现了“无人化产线”，具备了自动化生产、自动化运输、自动化车间，开始了向智能自动化的方向发展。

8.6.2 动力电池模组与 Pack 产线的信息化

信息化时代的到来伴随着越来越多的信息化技术被运用到日常生产中，很多企业也已经开始或正在进行信息系统的建设，如采用 ERP、PLM、SCM 等信息系统，这些信息系统可以提高生产效率，保证产品质量，因此在企业管理中发挥着不可替代的作用。动力电池企业想要实现电池智能制造的另一必经途径则是实现信息化平台的建设，针对动力电池模组及 Pack 产线建立现代化的数据采集和监控系统，实现设备远程监控、工厂无人化操作、产品质量预警以及自动生成质量报表等，通过对每一加工环节严格控制，实现正确加工，能确保制造出的产品性能一致性。而制造执行系统（MES）则是实现这些功能目标的工具之一。

1. MES 系统

对于 MES 系统在动力电池模组及 Pack 产线上的集成应用，直接将动力电池模组及 Pack 产线打造成了一个准无人化的生产车间，操作工人已不再需要进行人工操作，只需要在线外补充相应的物料即可。在提高了安全性的同时，也减少了产品和生产对于人为因素的影响。从每一道工序的参数、电芯的数据、其他来料的信息到模组的构成再到 Pack 的构成等所有过程信息，都可以通过 MES 系统快速查询并得到信息，从而有效提升生产管理水平。图 8-37 分别是模块自动装配线 MES 数据流程示意图和 Pack 半自动装配线 MES 数据流程示意图作为参考。

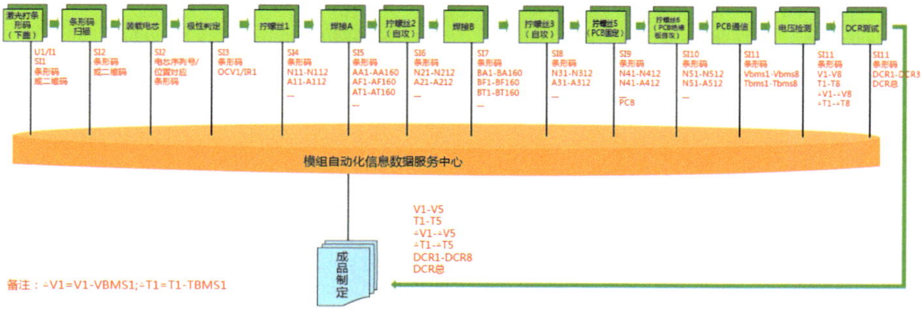

图 8-37 模组自动装配线 MES 数据流程示意图

2. MES 系统组成

整线 MES 系统包含本条生产线的数据采集以及数据处理，存储功能，以及客户目前的半自动生产线以及 Pack 生产线，需要客户提供通信端口以及数据采集，MES 预留通信端口进行数据对接，进行数据处理以及存储。

以模组自动化生产线为例，工位数据项目和判定方式见表 8-16。

表 8-16 模组自动化工位数据项目与判定

工序	数据项目	判定输出说明
电芯检测工位	电芯条形码；电压；内阻	电芯条码读码成功进入分组区，失败推入 NG 区，电芯条码与电芯顺序对应
打标读码工位	模组壳体条码（二维码）	将读码与激光打码联系起来，并上传到 MES 系统，读码成功进入下工位，失败人工干预
电芯组装到下壳体	电芯位置与电芯条码对应； 电芯条码与下壳体位置	按照次序组装
模组极性测试工位	测试结果；极性图像以及判定结果	测试结果与壳体条码相对应，上传到 MES 系统，测试 OK 进入下工序，NG 退出
上下合壳自动拧螺丝	扭矩 螺丝扭紧结果 数量	数据上传到 MES 系统，合格进入下一个工序，失败进行二次拧螺丝，再次失败推入人工干预区
连接板凸焊	电流 压力 通电时间 螺丝扭紧结果 数量	数据上传到 MES 系统，不合格重新点焊，再次不合格转人工干预
模组测试	电压 DCR 其他数据	数据上传到 MES 系统，工作站对数据进行分析判断，保存分选数据
BOM 数据	BOM 数据（配方数据）	生产加工的配方数据
计划数据	批次号；计划数量	触摸屏中计划的批次号与数量
设备实时状态	设备状态：运行；警告；停止	各种设备的运行状态

3. MES 数据采集系统特点

1）配置数据采集系统，可储存已生产 Pack 信息、装配人员信息、Pack 测试数据等，满足可追溯性要求，可实时查询、预览，并可以将所有数据或者指定数据通过 EXCEL 导出；

2）系统具备数据的备份、删除和恢复操作功能；

3）具备信息查询功能；

4）提供窗口输入和条码扫描两种方式查询生产信息，窗口输入可提供按生产日期查询、按项目名称查询、按 Pack 型号查询、按模块条码查询等查询方式，条码扫描可提供扫描模块条码查询信息、扫描电池盒条码查询信息、扫描电池条码查询信息等 3 种查询方式；

5）可对历史和当前工作的配对结果进行查找；

6）可对模块组装整个生产过程中产生的所有数据进行集中管理和分析归类，绘制 SPC 图表、三西格玛与六西格玛计算等；

7）具备电子看板功能，可实时显示当前项目名称，生产进度、产品规格、合格统计等内容；

8）可统计记录不合格品信息，并可查询、下载；

9）系统对于关键字段的表空间大小，需要预留 20%的空间；

10）数据库系统可以根据在实际生产中出现的情况进行功能上的局部调整；

11）数据采集系统接口可扩展，用于后续新建或扩建生产线的数据记录；

12）数据采集系统在技术要求没有提到的方面应符合国家的相关标准和规范。

4. 小结

计算机技术与网络通信技术的发展，推动了动力电池模组及 Pack 产线的信息化系统建设，MES 作为企业生产管理的核心软件系统，能够将企业管理层的 ERP 系统、车间底层生产设备和自动化系统实现无缝的连接。为了实现生产线信息化系统与自动化控制系统的结合，就应首先实现数据自动采集与监控，保证原始数据的准确性、可靠性和及时性。

8.6.3 动力电池模组与 Pack 产线的智能化

1. 动力电池模组与 Pack 产线实现智能化

通常来讲，动力电池模组与 Pack 产线要实现产品的智能化生产，就需要通过：①MES 系统的实施；②先进自动化设备；③工业机器人的使用来实现。这三大途径是助力动力电池模组与 Pack 产线实现智能化的必要手段。

国内新能源汽车市场需求的井喷，带来动力电池发展的黄金时代，在对电池产能需求增加的同时，对于动力电池的品质要求也越来越高。动力电池生产线智能化的实现是动力电池制造企业今后发展的必经阶段。目前国内很多电池制造企业已经深刻地意识到了智能化生产的重要性，并提出了相关的智能化解决方案。伴随时间的推进，科技技术的发展，国内实现动力电池的智能化生产将仅仅只是时间的问题。

2. 动力电池模组与 Pack 产线智能化的特点

智能化的动力电池模组及 Pack 产线具备以下几个方面的特点。

（1）生产效率的提升（高效性）

相比较于传统的半自动化动力电池组装配线的装配过程而言，半自动化装配线很多工位还停留在手工操作阶段，由于存在人员因素的影响，很容易造成失误率提高，装配的精度低下，人工劳动强度大，最终影响产线的生产效率。智能化装配线在应用了大量的工业机器人的基础之上，贯穿了各种先进的信息技术，使得产线不仅在装配速度上有了极大的提升，对于装配精度、准确性等方面也有极大地提高。

模组装配的过程当中，装配机器人根据所装配的器件，保证有较高的位置精度，以使器件准确、精确地装配。而且在高装配定位精度的前提下，也能提高其装配效率。另外，工业机器人的应用在保障工作人员人身安全的前提下，还能改善工作人员的工作环境，减轻工作人员劳动强度，提高劳动效率。智能化的装配线能够自动匹配物料，柔性混流可以实现多种不同规格的标准化生产。其物料从生产线前端进入，经过多台工业机器人并行作业与数控加工，全自动完成整个制造过程，生产效率提升。

（2）生产数据追溯

传统的生产现场管理无法监控车间制品数量、车间的实时运行状态、装配工艺过程稳定性等生产现场信息，就如同是黑箱作业一样，无法做到问题产生的事前控制，因此这种传统黑箱式的生产现场管理模式已经接近被淘汰，不能够再满足当前复杂多变的竞争需求。因而将黑箱作业透明化，对生产装配线能够进行实时追踪、监测、控制和管理已经成为需求。

在装配线装配动力电池模组产品的整个生命周期中会产生很多数据，即所谓的大数据。智能化的动力电池模组与 Pack 产线能够让电池制造商利用这些数据对产品进行跟踪，以了解产品的状态。一旦客户购买的产品出现了问题，生产厂商通过数据能够知道这个产品的哪个生产环节出现问题以采取必要措施。

MES 系统为车间现场管理的透明化提供了有效的途径，弥补了 ERP /MRP 偏重对计划的管控而无法监控制造现场执行情况的缺陷。MES 系统通过信息的实时传递，对从生产指令下发到产品完成的整个产品生产过程进行优化管理；MES 系统利用条码识别，RFID 射频识别等自动化数据采集手段，实时获取生产现场在制品、物料以及制造过程中的质量信息，并对生产过程进行及时的调控。MES 系统借助于生产过程数据库建立了集成的生产现场控制与品质保障平台，能够满足车间现场管理对生产过程的实时监控与全面追溯的需求，并可通过 SPC 统计过程控制与分析工具，帮助企业不断改善产品品质，从而达到企业持续提升客户满意度的需求。

（3）产线高柔性（柔性生产）

智能化的装配线所要实现的又一目标就是使生产实现最大的柔性化。智能化的装配线可按照客户的需求，对模组类型进行定制，生产类型不同的各种动力电池模组，可进行多品种动力电池模组的混线生产，“按需生产”能力极强，生产线具备很大的成长性，能够适应市场化需求的发展，生产线生命周期长。

智能化的柔性装配线由多个柔性单元组成，其中的夹具换手部分辅助机器人灵活高效地完成模组柔性装配。配备的快换系统的机器人可以自动更换机械手、工具端或其他执行器，安装过程从手动更换的 10~30 min 降为 10~30 s，锁定和解锁操作则仅需几毫秒。配合防缠绕机构、补偿装置以及各类传感器构成机器人臂端解决方案，由同一台机器人精准完成动力电池模组的搬运、装配、下料等各项要求。

（4）产线故障率低

智能化的动力电池模组装配产线由多个工位组成，各工位均设置有独立的电气控制系统，各工位控制系统由传感器、电磁阀、气缸、HMI 和 PLC 等组成，实现单工位的自动装配控制；工位之间通过 PROFINET 互联，便于产线内部集中管理。通过工业交换机，产线向上接入质量追溯系统。各工位控制系统均采用带有 PROFINET 通信接口的西门子 PLC 为控制单元，支持 PROFINET 通信的触摸屏为人机交互界面，采用磁性开关、接近传感器、激光传感器和位移传感器等采集信号形成反馈控制，采用电磁阀和气缸作为执行器。工位执行器件数量较多，为解决接线难度、故障点遗留、后期维护困难等问题。产线采用的支持 PROFINET 通信功能的总线阀岛来对电磁阀的开闭集中控制，并配备输入模块采集气缸位置信息。在产品终检工位，设置了几十个位移传感器来检测产品高度，均为模拟量信号。产线选择支持 PROFINET 的传感器模组，可以将位移数据通过网络实时传输给 PLC，大大降低了电气接线难度，简化了电气系统。PROFINE 应用于产线网络，大大简化了电气系统，降低了故障率，提高设备稳定性和可靠性。

智能化的动力电池模组产线的自控系统通过选用符合工业级标准的成熟定型产品，利用 PLC 模块自身具备的自我诊断（检错）与容错功能，PLC 控制柜内完善的防雷及抗干扰等技术措施，现场控制站及中控室设备设置的供电冗余功能，即使在上位机发生通信中断或设备故障的情况下，现场控制站亦可以选择在手动模式下独立完成基本局部控制，确保系统的长期稳定及可靠运行。

8.6.4 本章小结

本章主要讲述了动力电池模组及 Pack 产线实现自动化与信息化的进程及必要手段，通过先进自动化设备、工业机器人、PROFINET 现场总线技术、MES 系统的集成应用，实现了产线的自动化与信息化，进而向智能化的生产线进军，最终实现智能化生产、制造。

参考文献

陈燕虹，吴伟静，刘宏伟，张振兆. 2016. 电动汽车锂离子动力电池分选方法研究. 湖南大学学报(自然科学版), 10: 23-31

陈一梅. 2006. MEMS 芯片激光封装技术的研究. 厦门：厦门大学

电池中国. 我国动力电池生产线将何时实现智能化？[2016.06.24] http://cbea.com/html/www/dcsb/201605/ff80808154de05c90154e06e0748142e.html

韩伟，张卫平，王亮，等. 2014. 汽车矩阵式动力电池配组的新技术——按伏安特性曲线分选电池的方法. 电源技术, 12: 2225-2227

金伟. 2014. 动力锂电池组装配生产线作业机器人的设计与实现. 成都：电子科技大学

李茹娟. 2007. 低碳钢电阻点焊过程的有限元分析. 合肥：合肥工业大学

刘喜海. 2012. 激光焊接对汽车用双相钢组织及性能的影响. 沈阳：东北大学

刘亚权. 2012. 电机铁心通风槽板点焊工艺的改进. 科技与企业, 19: 1004-9207

王延军，金柱发，李银生. 2013. 浅谈螺纹连接的扭矩控制. 机电产品开发与创新, 5: 1002-6673

周琳舒. 2010. 铝合金电阻点焊熔核质量强化研究. 天津：天津大学

主要缩略语

BCU Battery Control Unit，电池控制单元
BEV Battery Electric Vehicle，纯电动汽车
BMC Battery Monitoring Circuit，电池监测回路
BMS Battery Management System，电池管理系统
CD Charge Depleting，能量消耗
CFD Computational Fluid Dynamics，计算流体力学
CS Charge Sustaining，能量维持
DOD Depth of Discharge，放电深度
EMC Electromagnetic Compatibility，电磁兼容
EOL End of Line，下线测试
EV Electric Vehicle，电动汽车
FMEA Failure Mode and Effect Analysis，潜在失效模式及后果分析
HEV Hybrid Electric Vehicle，混合动力汽车
HPPC Hybrid Pulse Power Characteristic，混合功率脉冲测试
HVIL High Voltage Interlock Loop，高压互锁
MES Manufacture Executive System，制造执行系统
MSD Manual Service Disconnect，手动服务开关
NEDC New European Driving Cycle，新欧洲测试循环
NVH Noise，Vibration and Harshness，噪声、振动与声振粗糙度
OCV Open-Circuit Voltage，开路电压
Pack 动力电池系统或电池包
PHEV Plug-in hybrid electric vehicle，插电式混合动力汽车
PLC Programmable Logic Controller,可编程控制器
PSD Power Spectrum Density，功率谱密度
PTC Positive Temperature Coefficient，正温度系数
SOC State of Charge，荷电状态或剩余电量
SOE State of Energy，能量状态或剩余能量
SOH State of Health，健康状态
SOP Standard Operation Procedure，标准操作流程
TRO Thermal Runaway Obstructing，热失控阻隔
WLTC Worldwide Harmonized Light Vehicles Test Procedure，全球统一轻型车排放测试规程